东南大学规划教材

电子商务与互联网经济导论

An Introduction to E-Commerce and Internet Economy

吴清烈　编著

·南京·

内 容 提 要

本书紧密结合电子商务与互联网经济发展的实践,从电子商务和互联网经济总论、电子商务和互联网经济前沿、电子商务驱动传统产业发展、电子商务催生互联网新经济等四个板块安排内容,共计 10 章。本书不仅让学生对电子商务与互联网经济的理论和实践有一个比较全面的了解,同时注重培养学生在电子商务与互联网经济时代勇于创新的意识、善于创意的思维和敢于创业的素养。

本书体系、内容和结构新颖,强调电子商务和互联网的经济核心理念以及创新意识、创意思维和创业素养,充分体现了作者多年来对电子商务教育的思考,也包含作者及其研究团队的一些原创性研究成果。

本书是电子商务专业"电子商务概论或导论"课程教学用书,也可作为各专业电子商务普及教育"电子商务与互联网经济导论"课程教学用书,也是各类人员了解电子商务与互联网经济的参考书。

图书在版编目(CIP)数据

电子商务与互联网经济导论 / 吴清烈编著. —南京:东南大学出版社,2024.5
ISBN 978-7-5766-1390-2

Ⅰ. ①电… Ⅱ. ①吴… Ⅲ. ①电子商务 ②网络经济 Ⅳ. ①F713.36 ②F49

中国国家版本馆 CIP 数据核字(2024)第 081668 号

责任编辑:张绍来　责任校对:子雪莲　封面设计:顾晓阳　责任印制:周荣虎

电子商务与互联网经济导论
Dianzi Shangwu Yu Hulianwang Jingji Daolun

编　　著	吴清烈
出版发行	东南大学出版社
出 版 人	白云飞
社　　址	南京市四牌楼 2 号　邮　编:210096
网　　址	http://www.seupress.com
印　　刷	苏州市古得堡数码印刷有限公司
开　　本	787 mm×1092 mm　1/16
印　　张	17.5
字　　数	450 千
版　　次	2024 年 5 月第 1 版
印　　次	2024 年 5 月第 1 次印刷
书　　号	ISBN 978-7-5766-1390-2
定　　价	49.00 元

经　　销:全国各地新华书店
发行热线:025-83790519　83791830

* 版权所有,侵权必究
* 凡购买东大版图书如有印装质量问题,请直接与营销部联系
　(电话:025-83791830)

前　言

　　人类已经进入电子商务和互联网经济时代，网上购物已经成为人们的消费习惯，"互联网+"已经成为中国的流行词汇。对当今的企业来说，已不是要不要电子商务，也不是如何看待电子商务，而是如何应用电子商务。电子商务是21世纪商务领域的新理念和新技术，越来越多的企业把电子商务应用看作是获取核心竞争力和超越竞争对手的机会。各国政府尤其是发达国家政府把电子商务作为国家经济政策的一个重要方面，并希望利用它来提升整个国家的竞争力。据中国互联网络信息中心发布的第53次《中国互联网络发展状况统计报告》，截至2023年12月，我国网民规模达10.91亿人，较2022年12月增长2562万人，互联网普及率达76.4%。很显然，电子商务是互联网革命的必然产物。随着云计算、物联网、大数据、区块链、人工智能、社交网络和移动互联网等新兴技术不断发展，网络化与数字化浪潮冲击着社会的方方面面，商业领域中的电子商务变革不断对产业、企业和市场产生巨大影响。中国互联网和电子商务应用的发展非常迅速，并在未来有很好的发展前景。

　　电子商务的发展迫切需要培养电子商务人才。目前很多所高校都已设立电子商务专业。如何培养社会急需的电子商务人才是电子商务专业需要面对的问题。我国电子商务应用发展迅速，但是电子商务教育与电子商务实践脱节非常严重。在所有问题中，教材是重中之重。目前的《电子商务概论》教材虽有不少，但是存在一个共同的问题：基本都是几门电子商务专业课程知识模块的压缩，与电子商务专业课程内容重复，没有让学生对电子商务与互联网经济的理论和实践有一个比较全面的了解。另外，非电子商务专业也急需电子商务素质教育或普及教育的教材，培养学生在电子商务与互联网经济时代勇于创新的意识、善于创意的思维和敢于创业的素养。所以，非常有必要为大学电子商务专业教育编写合适的导论课或概论课教材以及为大学各专业电子商务普及教育编写合适的电子商务与互联网经济通识课教材。

　　作者对电子商务与互联网经济相关理念的思考，源于10多年来在东南大学参与电子商务专业人才培养与专业建设工作以及《电子商务与互联网经济》通识选修课教学工作。东南大学重视电子商务专业和学科建设，2002年设立电子商务本科专业，2004年成立电子商务系，2015年成立电子商务与互联网经济研究中心。本书作者在国内最先提出电子商务专业核心能力问题以及区分电子商务专业岗位和普通岗位的必要性，并一直呼吁在重视电子商务专业教育的同时，也要重视电子商务普及教育。

　　本书从电子商务专业教育导论课以及电子商务普及教育通识课教学需求出发，设计框架体系，紧密结合电子商务与互联网经济发展的实践，从电子商务和互联网经济总论、电子商务和互联网经济前沿、电子商务驱动传统产业发展、电子商务催生互联网新经济等四个板块安排内容，共计10章（每章内容是一个相对独立的电子商务与互联网经济主题，可按照课时数灵活安排课程教学）。本书不仅让学生对电子商务与互联网经济的理论和实践有一个比较全面的了解,同时注重培养学生在电子商务与互联网经济时代勇于创新的意识、善于创意的思维和敢于创业的素养。

本书要求学生掌握电子商务和互联网经济的核心理念、基本模式、创新思维和未来趋势;了解电子商务和互联网经济的前沿实践以及新兴技术对我国电子商务和互联网经济创新发展所产生的影响;掌握电子商务和互联网应用对传统产业创新转型升级的战略变革,理解电子商务发展对各个经济领域发展的促进作用;掌握电子商务和互联网应用对我国新兴产业发展的促进作用,了解互联网新技术发展及其对互联网新经济的影响。本书体系、内容和结构新颖,强调电子商务和互联网的经济核心理念以及创新意识、创意思维和创业素养,充分体现了作者多年来对电子商务教育的思考,也包含作者及其研究团队的一些原创性研究成果。

本书在编写过程中,得到东南大学电子商务与互联网经济研究中心汪瑞楠、邢星、赵雨晴、董陈超、陈启运等5位研究生的大力支持,他们在本人提供课件和目录框架后承担了本书初稿的撰写工作。

东南大学教务处和经济管理学院以及东南大学出版社对本书出版给予了大力支持和帮助,在此一并表示衷心的感谢! 另外,在本书的编写过程中,参考了国内外大量相关专业文献,并引用其中的一些概念和观点。在此,对相关文献的作者也表示衷心的感谢! 由于水平有限,书中的缺点和错误在所难免,恳请广大读者和专家们批评指正。

本书是大学电子商务专业教育"电子商务概论或导论"课程教学用书,也是大学电子商务普及教育"电子商务与互联网经济导论"课程教学用书,并可作为各类人员了解电子商务与互联网经济的参考书。

电子商务与互联网经济是一个崭新而又在不断发展的新兴领域,本人期待与感兴趣的同行做进一步的交流,希望大家为本书的进一步完善和修改提出宝贵建议。欢迎需要教辅资料的教师与本人联系(电子邮箱: wql@sina.com;QQ交流群:680375893)。

吴清烈
2024年3月于南京

目 录

前言

1 电子商务与互联网经济发展概述 ... 1
  1.1 电子商务与互联网经济概述 ... 1
    1.1.1 电子商务的概念 ... 1
    1.1.2 电子商务的本质内涵 ... 2
    1.1.3 E-Commerce 与 E-Business 的区别 ... 4
    1.1.4 互联网经济的概念 ... 5
    1.1.5 互联网经济的本质与特点 ... 7
    1.1.6 对互联网经济理解的误区 ... 8
    1.1.7 互联网经济与数字经济的关系 ... 9
  1.2 电子商务与互联网经济现状 ... 10
    1.2.1 电子商务的产生与发展现状 ... 10
    1.2.2 互联网经济的产生和发展现状 ... 18
  1.3 电子商务与互联网经济趋势 ... 25
    1.3.1 电子商务应用的发展趋势 ... 25
    1.3.2 互联网经济的发展趋势 ... 28
  思考与练习 ... 31

2 电子商务的应用模式与商业模式 ... 32
  2.1 电子商务中的典型应用模式 ... 32
    2.1.1 电子商务应用概述 ... 32
    2.1.2 长尾理论与电子商务应用 ... 33
    2.1.3 电子商务的主要应用模式 ... 34
    2.1.4 电子商务的其他应用模式 ... 39
    2.1.5 不同理念的电子商务应用 ... 41
  2.2 互联网驱动的商业模式创新 ... 42
    2.2.1 商业模式的概念与内涵 ... 42
    2.2.2 电子商务应用与商业模式 ... 43
    2.2.3 电子商务的商业模式创新 ... 44
    2.2.4 互联网驱动新型商业模式 ... 46
  2.3 电子商务中的主要商业模式 ... 47
    2.3.1 B2B 电子商务平台的商业模式 ... 47
    2.3.2 B2C 电子商务应用的商业模式 ... 50
    2.3.3 C2C 电子商务平台的商业模式 ... 53
  思考与练习 ... 54

3 移动与社交时代的电子商务发展 ... 55
3.1 移动互联网与移动电子商务 ... 55
3.1.1 移动互联网及其发展 ... 55
3.1.2 移动电子商务及其活动 ... 62
3.1.3 移动网络支付的发展与创新 ... 63
3.1.4 移动电子商务面临的风险与挑战 ... 66
3.2 智能手机对电子商务的影响 ... 66
3.2.1 智能手机促进电子商务发展 ... 67
3.2.2 智能手机影响网络购买行为 ... 67
3.3 社交电子商务及其发展趋势 ... 68
3.3.1 社交电子商务的概念 ... 69
3.3.2 社交电子商务的分类 ... 70
3.3.3 社交电子商务的优势 ... 71
3.3.4 社交电子商务的发展历史 ... 72
3.3.5 社交电子商务的发展现状 ... 73
3.3.6 社交电子商务的未来趋势 ... 74
3.3.7 社交电子商务的经典案例 ... 77
思考与练习 ... 79

4 电子商务中的创新、创意与创业 ... 80
4.1 电子商务应用中的创新服务 ... 80
4.1.1 电子商务创新服务的理论基础 ... 80
4.1.2 电子商务创新服务的人才需求 ... 83
4.1.3 电子商务创新的主要类型 ... 85
4.1.4 电子商务创新服务的思维模式 ... 90
4.2 电子商务应用中的创意设计 ... 91
4.2.1 创意设计的概念 ... 91
4.2.2 电子商务创意设计的理念和要求 ... 92
4.2.3 电子商务应用中的典型创意设计 ... 93
4.3 电子商务应用中的创业决策 ... 97
4.3.1 创业与电子商务创业 ... 97
4.3.2 电子商务创业的主要途径 ... 98
4.3.3 电子商务创业失败的常见原因 ... 100
4.3.4 电子商务创业的策略建议 ... 102
4.3.5 创业计划书的撰写 ... 102
4.3.6 大学生自主创业优惠政策 ... 103
思考与练习 ... 105

5 电子商务变革与产业数字化转型 ... 106
5.1 电子商务变革的概念与内涵 ... 106
5.1.1 对电子商务变革的理解 ... 106

5.1.2　企业外在的电子商务变革 ································· 107
　　　5.1.3　企业内在的电子商务变革 ································· 109
　5.2　电子商务对传统产业的影响 ······································· 112
　　　5.2.1　电子商务对产业外部环境的影响 ··························· 112
　　　5.2.2　电子商务对传统产业变革的影响 ··························· 113
　5.3　传统产业的数字化与升级转型 ····································· 119
　　　5.3.1　数字化与产业数字化 ····································· 119
　　　5.3.2　数字化的发展历程 ······································· 121
　　　5.3.3　对数字化转型的理解 ····································· 123
　　　5.3.4　产业数字化转型的必要性 ································· 125
　　　5.3.5　如何进行产业数字化转型 ································· 127
　思考与练习 ··· 131

6　电子商务生态化与互联网经济体 ·· 132
　6.1　电子商务应用中的生态系统 ······································· 132
　　　6.1.1　生态系统与商业生态系统 ································· 132
　　　6.1.2　互联网与电子商务生态系统 ······························· 134
　　　6.1.3　互联网经济生态系统 ····································· 137
　　　6.1.4　生态视角下的互联网电子商务 ····························· 139
　6.2　互联网经济的基础设施建设 ······································· 145
　　　6.2.1　互联网经济的基础设施 ··································· 145
　　　6.2.2　"互联网＋"的新基础设施 ································· 148
　　　6.2.3　社会经济的新基础设施 ··································· 149
　　　6.2.4　新型基础设施建设领域 ··································· 157
　6.3　互联网经济体的概念与内涵 ······································· 158
　　　6.3.1　经济体的概念 ··· 158
　　　6.3.2　互联网经济体与电子商务经济体 ··························· 158
　　　6.3.3　对互联网经济体的新理解 ································· 160
　思考与练习 ··· 162

7　跨境电子商务与全球贸易数字化 ·· 163
　7.1　跨境电子商务的概念与应用 ······································· 163
　　　7.1.1　跨境电子商务的相关概念 ································· 163
　　　7.1.2　跨境电子商务的分类 ····································· 166
　　　7.1.3　跨境电子商务的业务流程 ································· 168
　　　7.1.4　跨境电子商务应用的典型案例 ····························· 170
　　　7.1.5　跨境电子商务应用的关键问题 ····························· 172
　7.2　中国跨境电子商务发展现状 ······································· 175
　　　7.2.1　从服务模式的演化看跨境电子商务发展 ····················· 176
　　　7.2.2　从综合试验区看跨境电子商务发展 ························· 177
　　　7.2.3　从外贸进出口看跨境电子商务发展 ························· 179

7.3 数字贸易与全球贸易数字化 ································· 181
 7.3.1 数字贸易时代的来临 ································ 181
 7.3.2 对数字贸易的理解 ·································· 183
 7.3.3 全球贸易数字化的关键技术 ························ 184
 7.3.4 全球贸易数字化的挑战 ····························· 185
 7.3.5 全球贸易数字化的未来发展和趋势 ··············· 186
 7.3.6 全球贸易数字化的典型案例 ······················· 187
思考与练习 ·· 188

8 农村电子商务与乡村数字化发展 ································ 189
8.1 农村电子商务的概念与发展 ································· 189
 8.1.1 农村电子商务的概念和作用 ························ 189
 8.1.2 与农村电子商务相关的概念 ························ 190
 8.1.3 农村电子商务的发展现状 ··························· 191
8.2 农村电子商务的前景与趋势 ································· 199
 8.2.1 我国农村电子商务发展的前景 ····················· 199
 8.2.2 未来农村电子商务发展的趋势 ····················· 200
8.3 乡村振兴与乡村数字化发展 ································· 206
 8.3.1 国家乡村振兴战略规划提出 ························ 206
 8.3.2 农村电子商务促进乡村振兴 ························ 208
 8.3.3 数字乡村与乡村数字化发展 ························ 210
思考与练习 ·· 213

9 电子商务服务与新兴产业的发展 ································ 214
9.1 电子商务服务催生新服务业 ································· 214
 9.1.1 电子商务服务概述 ·································· 214
 9.1.2 生态视角的电子商务服务 ··························· 215
 9.1.3 电子商务服务业概述 ································ 216
 9.1.4 典型的电子商务服务业 ····························· 217
9.2 电子商务为新兴服务业赋能 ································· 221
 9.2.1 新兴服务业概述 ····································· 221
 9.2.2 新兴服务业中的电子商务应用 ····················· 222
9.3 智慧技术与互联网智慧产业 ································· 229
 9.3.1 电子商务应用中的智慧技术 ························ 229
 9.3.2 智慧产业与互联网智慧产业 ························ 231
 9.3.3 典型的互联网智慧产业领域 ························ 232
思考与练习 ·· 239

10 互联网新兴技术与互联网新经济 ································ 240
10.1 互联网的发展与新技术涌现 ································ 240
 10.1.1 互联网与Web技术的发展 ························· 240

  10.1.2 互联网发展的三个时代 241
  10.1.3 互联网发展中涌现的新技术 243
10.2 互联网新兴技术的发展现状 246
  10.2.1 云计算技术 246
  10.2.2 物联网技术 249
  10.2.3 大数据技术 251
  10.2.4 区块链技术 254
  10.2.5 人工智能技术 256
  10.2.6 元宇宙技术 259
10.3 互联网新经济的发展与趋势 261
  10.3.1 互联网新经济的概念与内涵 261
  10.3.2 互联网新经济的发展历程 261
  10.3.3 互联网新经济对中国经济发展的影响 263
  10.3.4 互联网新经济中人工智能的发展趋势 264
思考与练习 264

参考文献 266

1 电子商务与互联网经济发展概述

【内容概要】

本章首先介绍电子商务和互联网经济的概念与基本内涵,然后分析电子商务和互联网经济的发展历程与基本现状,最后讨论电子商务与互联网经济的未来趋势。

【学习目标】

(1) 掌握电子商务及相关的基本概念与内涵。
(2) 掌握互联网经济相关的基本概念与内涵。
(3) 了解电子商务应用发展历程与基本现状。
(4) 了解互联网经济的发展历程与基本现状。
(5) 了解电子商务与互联网经济的未来趋势。

【基本概念】

电子商务,电子商业,互联网经济,数字经济。

1.1 电子商务与互联网经济概述

随着电话、电报、计算机和互联网的诞生,信息技术在不断地改变我们的世界。互联网的发明是人类历史上伟大的发明。互联网对人类社会的影响是革命性的,所产生的影响不仅在技术层面,也体现在商业和社会的各个方面。互联网的发展从根本上改变了人类的生活方式、商业模式和思维方式。随着互联网技术的迅速发展和广泛应用,电子商务已经成为颇受人们关注的新型商务方式和新兴学科领域。这一节,重点对电子商务和互联网经济的定义以及电子商务和互联网经济相关概念进行讨论,目的在于让读者准确理解电子商务和互联网经济的本质内涵。

1.1.1 电子商务的概念

尽管在亚马逊和阿里巴巴等大型电子商务平台出现前,大多数人对电子商务是比较陌生的,但电子商务在某种程度上并非新事物。早在1839年,人们就开始讨论如何运用电子手段进行商务活动。而电子商务这一概念最早可以追溯到20世纪60年代,美国经济学家保罗·拉萨尔提出了"Electronic Data Interchange"(电子数据交换,EDI)。虽然在那个时期互联网还没有广泛普及,但一些早期的技术和想法为电子商务的发展奠定了基础。20世纪60年代末,美国的一些企业开始尝试使用EDI来进行商务交易。EDI是一种通过计算机网络进行结构化数据交换的方法,企业可以在计算机系统中发送订单、发票和其他交易文件。虽然EDI的应用局限于少数大型企业,但它为后来电子商务的发展提供了一些思路。20世纪70年代初,出现了第一个用于在线交易的计算机系统,被称为电子商城(Electronic Mall)。该系统由斯坦福大学的学生和教授共同开发,可以实现在线购物和订单处理。尽管这个系统的应用范围很有限,但它被认为是电子商务发展的早期尝试。

随着互联网的发展,至20世纪90年代,电子商务得到了迅速的推广和普及,电子商务的出现为传统商业活动带来了巨大的变革,使得交易更加便捷、快速和高效。1994年,亚马逊成立,成为最早的在线图书零售商之一,奠定了电子商务应用的商业模式。随后,eBay(1995年)和Alibaba(1999年)等平台相继成立,推动了C2C和B2B电子商务的发展。

电子商务(Electronic Commerce,E-Commerce,EC)有广义和狭义之分。广义上讲,电子商务就是通过电子手段进行的商业事务活动。狭义上讲,电子商务是指通过使用互联网等电子工具(包括电报、电话、广播、电视、传真、计算机、计算机网络、移动通信等)在全球范围内进行的商务贸易活动,是以计算机网络为基础所进行的各种商务活动,包括商品和服务的提供者、广告商、消费者、中介商等的总和。人们一般理解的电子商务是指狭义上的电子商务。

有很多与电子商务相关的概念,如E-Business、E-Market、E-Transaction、E-Trade、E-Shopping等。对于电子商务,有不少学者从不同角度给出过定义。比如电子商务领域著名美国学者拉维·卡拉科塔(Ravi Kalakota)和安德鲁·温斯顿(Andrew B. Whinston)认为,电子商务是一种现代商业方法,他们于1997年在《电子商务:经理人指南》(*Electronic Commerce: A Manager's Guide*)一书中对电子商务进行了详细的阐述,并从如下几个不同角度来定义电子商务:

(1) 从通信的角度定义,电子商务是指在计算机网络上或借助其他电子媒介进行商品、服务与信息的递送或支付。

(2) 从在线的角度定义,电子商务提供在互联网上购买与销售商品和信息的能力或其他在线服务。

(3) 从业务流程的角度定义,电子商务是指技术在商业交易和工作流自动化中的应用。

(4) 从服务的角度看,电子商务是设法达成企业、消费者与管理人员在改善服务水平和提高交付速度的同时削减服务成本的愿望的一种工具。

维基百科中对电子商务的定义为:电子商务,简称电商,是指在互联网上或以电子交易方式进行交易活动和相关服务活动,是传统商业活动各环节的电子化、网络化。

电子商务包括电子货币交换、供应链管理、电子交易市场、网络购物、网络营销、在线事务处理、电子数据交换(EDI)、存货管理和自动数据收集系统。在此过程中,利用到的信息技术包括互联网、万维网、电子邮件、数据库、电子目录和移动电话。

1.1.2 电子商务的本质内涵

对电子商务的很多定义,虽然具体表达有所差异,但有一点是共同的,就是对电子商务过程和内容的直观描述。虽然,很多学者强调电子商务是商务,但没有从比较深的层次来理解电子商务的内在本质。

如著名的创业研究机构CommerceNet(商务网)对电子商务所下的定义与1.2节中的定义有所不同:"电子商务即是用互相连接的计算机网络去创造和变革商业关系"。它进一步解释:"其最普遍的用途是通过互联网将买卖信息、产品和服务连接起来,但它也在机构内部通过内部网传输和共享信息,从而改善决策过程和消除重复的劳动。电子商务的新范例并非仅建立在交易上,还与建立、维护和改善现存和潜在的关系休戚相关。"

根据CommerceNet对电子商务的定义,电子商务是通过相互连接的计算机网络来创造和改变商业关系的过程。从根本上来看,电子商务是基于互联网来创新和改变商业关系的活动。然而,电子商务不仅仅是简单地将传统商业模式搬到了电子平台上,它更强调在互联网的环境下,创造出与传统商业不同的商业关系。

企业在电子商务应用中应建立与传统商业不同的商业关系,这些新的商业关系可能从零开始创造,也可能是在传统基础上进行的变革。电子商务的本质在于利用互联网的便利性和连接性,实现商业模式和关系的创新和发展。通过在线平台,企业能够更广泛地触及客户,提供个性化的服务,以及探索新的商业机会。这种数字化和在线化的商业模式促使企业不断地创新,以适应不断变化的市场需求和消费者行为。因此,电子商务不仅仅是一种技术应用,更是一种商业变革和发展的驱动力。

CommerceNet对电子商务下的定义指出了电子商务的本质:运用电子化互联网络创造和变革商业关系。同样,本书作者认为,电子商务不仅是基于互联网络创造和变革商业关系的活动,也是创新和发展业务能力的电子化互联网络应用过程。电子商务在本质上是运用互联网络创造和变革商业关系,以及创新和发展业务能力的过程,所建立的支持业务和创新的商业关系,无论对客户还是对企业,都会创造新的商业价值。

所以,我们可以从更一般意义上来定义电子商务:电子商务是基于互联网创造和变革商业关系、创新和发展业务能力的过程,是运用互联网为不同商业主体创造商业价值的活动。电子商务支持的业务活动,除交易外,还包括服务、沟通和协作等。

著名管理大师彼得·德鲁克强调了电子商务在信息革命中的巨大影响。他认为,信息革命的革命性影响才刚刚开始被人们所感知,而引发和强化这种影响的不是信息本身,不是人工智能,也不是计算机和数据处理对决策、政策制定或战略制定的作用,而是电子商务。他将电子商务的重要性类比于铁路运输在工业革命中的作用,认为电子商务在信息革命中扮演着类似的角色。铁路是工业革命中真正革命性的组成部分。在铁路所创造的心态地理学中,人们征服了距离。而在电子商务的心态地理学中,距离被消除了。电子商务应用使互联网成为创造和变革商业关系、服务和创新业务过程的商务技术,对人类社会正在产生真正革命性的影响。彼得·德鲁克的观点深刻地揭示了电子商务在信息革命中的关键地位,以及它所带来的对商业模式、交易方式和市场动态的深刻变革。

电子商务的重要性在于它不仅仅是对技术的应用,更是对商业模式、交易方式和市场动态的根本性改变。通过电子商务,企业可以以前所未有的速度和规模与全球范围内的客户和供应商进行交流和合作。它创造了全新的商业机会,推动了创新的商业模式的诞生,也促使了企业更加关注个性化的客户体验。此外,电子商务在信息传递和数据处理方面也具有巨大的影响。它使得信息可以实时传递、共享和分析,从而支持了更迅速和准确的决策制定。人工智能、大数据分析和云计算等技术的发展进一步增强了电子商务的能力,使其成为现代商业不可或缺的一部分。电子商务应用的发展将持续地塑造和重新定义商业环境,为企业和消费者创造更多的机会和便利。

对电子商务本质内涵的认识具有重要的实践指导意义。电子商务在本质上是运用互联网创造和变革商业关系、创新和发展业务能力的过程,应深入思考以下问题:第一,如何创造和变革企业与客户(或合作伙伴)间的商业关系?商业关系建立的基础是什么?客户体验和客户感知价值的变化对建立新的商业关系有什么影响?第二,用什么商业模式支持创新的商业关系？简单地把传统商业模式搬到互联网上很难成功。如何才能建立以网络为媒介的商业关系？商业模式的正确选择对电子商务成功十分重要。第三，用什么商务技术支持商业模式和业务能力的创新和发展？商务技术是基于 IT 的商务支持技术，在线商务需要与离线商务不一样的商务支持技术。业务流程优化带来的效率对电子商务成功是至关重要的。从技术层面，我们可以说，电子商务是商业领域的高科技，因为电子商务的成功总离不开创新的商务技术，我们不能简单把电子商务理解为一般的信息技术。

人们常常简称电子商务为电商，并将其视为与传统零售业不同的一种商业模式。然而，电商不只涉及电子，也不仅是商业。它是一种介于"电"和"商"之间的服务，涵盖了理念、方式、模式、技术和能力等多个层面。电子商务应用本身应当被视为一种能力。如图 1-1 所示，是本书作者对电子商务应用能力的理解。

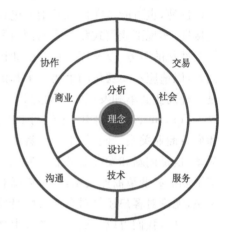

图 1-1 电子商务应用能力

电子商务应用能力可以概括为一个中心：理念；两个重点：分析和设计；三个维度：技术、商业与社会；四个方面：沟通、协作、交易和服务。基于电子商务创新理念创造性解决电子商务应用问题的分析和设计能力是电子商务专业岗位的核心能力。一个电子商务专业人员应该有理念、精分析、善设计，能够从技术、商业、社会三个视角，为在线商务的沟通、协作、交易和服务提供创造性解决方案。

电子商务并不是一个独立的产业或行业，应用电子商务应成为各个产业和行业的共同能力。事实上，几乎所有的产业和行业都有可能实现电子商务化。因此，电子商务不是一个特定的商业领域，而是一个普适的商业趋势。

电子商务应用的发展潜力巨大，其服务范围几乎涵盖了各行各业。从传统零售到金融、医疗、教育、制造等不同领域，都能够通过电子商务的方式进行创新和发展。这使得电子商务服务业有着广阔的发展前景，甚至可能成为一个独立的重要产业。大力发展电子商务服务业，可以降低传统企业开展电子商务应用的瓶颈。

由于不同行业的特点和需求各异，其电子商务应用也会呈现出多样化的特点。例如，在医疗行业，电子健康记录和远程诊疗可能成为重要的电子商务应用；在制造业，供应链管理和智能制造可能是关键的应用方向。因此，电子商务的实现需要因行业而异，充分考虑到各自的特点和需求。总之，电子商务已经超越了单一的商业概念，它不仅涉及商业模式的变革，还涵盖了全球范围内多个产业和行业的创新和变革，成为推动社会经济进步的一股强大力量。

电子商务与具体业务的关系是服务，电子商务是对业务基础服务的创新，电子商务应用并不能改变业务本质。在实际的电子商务应用中，一定要明白电子商务应用的根与本。根与本有时候并不完全一样。电子商务应用的根是互联网。对任何电商应用而言，互联网是基础。电子商务应用的本是商业逻辑。在电商应用中，不同的业务，具体的商业逻辑不一样。

1.1.3 E-Commerce 与 E-Business 的区别

E-Commerce（电子商务）和 E-Business（电子商业）是两个相关但有区别的术语，它们都涉及电子化和数字化在商业领域中的应用，但强调的重点不同。

(1) E-Commerce(电子商务) 电子商务强调的是在线交易和买卖的过程。它关注的是在互联网或电子网络上进行的商业活动,涵盖了消费者对消费者(C2C)、商家对消费者(B2C)、商家对商家(B2B)等各种交易形式,包括商品和服务的在线销售,以及与之相关的在线支付、物流等方面。

(2) E-Business(电子商业) 电子商业更广泛,它涵盖了商业活动的多个维度,不仅仅限于交易。E-Business强调利用互联网和电子技术,将商业流程、信息共享、合作、交流等数字化和在线化。它包括了电子商务的所有内容,还包括数字化营销、供应链管理、在线客户服务、数字化商业流程和企业内部的数字化管理等。

总的来说,E-Commerce注重的是商业活动的交易和买卖;而E-Business更广泛地涵盖了商业活动的各个方面,从交易到合作,从营销到资源管理。两者紧密相关,但E-Business更加综合和全面地描述了电子技术在商业领域的应用。

本书作者认为,E-Business和E-Commerce看问题的角度有所不同。E-Business强调电子化信息技术对企业主体商业活动(Business)的支持,是指企业运用电子信息技术工具来支持自身以及与外部主体间的业务活动。而E-Commerce强调电子化信息技术对商业活动主体参与交易过程(Commerce)的支持,指企业在外部与客户或者供应商进行产品或服务交易。E-Commerce的角度可以是一个交易主体之外的角度,是一个相对宏观视野下的商务行为(方式)。所以,一般政府对E-Commerce提得比较多,而企业通常会对E-Business提得比较多。E-Commerce与E-Business的关系,我们可以用图1-2表示。

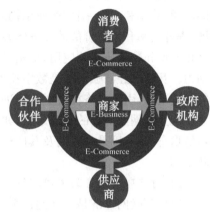

图1-2 E-Commerce与E-Business的关系

一个企业的E-Business可以不是E-Commerce活动。但企业要参与E-Commerce,就必须考虑E-Business,也就是如何运用电子信息技术工具来支持自身以及与外部主体间的业务活动。但在E-Commerce时代,E-Commerce事实上形成了企业无可选择的商务环境。企业不可能用完全传统的商业活动和商业模式参与E-Commerce。所以,一个企业考虑E-Commerce应用实际上就是在考虑E-Business应用,尽管E-Business的应用有可能是局部范围的。

在本书中,E-Commerce可指比较广义的电子商务,但与E-Business在概念上还是有所不同。

1.1.4 互联网经济的概念

1) 互联网经济的定义

互联网经济是以互联网技术为平台,以网络为媒介,以应用技术创新为核心的经济活动的总称,是基于互联网所产生的经济活动的总和。在当今发展阶段,互联网经济主要包括电子商务、互联网金融、即时通信、搜索引擎和网络游戏等。

在互联网经济时代,经济主体的生产、交换、分配、消费等经济活动,以及金融机构和政府职能部门等主体的经济行为,都越来越多地依赖信息网络,不仅要从网络上获取大量经济信息,依靠网络进行预测和决策,许多交易行为也直接在信息网络上进行。

人类20世纪最伟大的发明分别是上半叶的计算机和下半叶末的互联网。互联网应用对中国经济来讲犹如另外一场改革开放。互联网经济是信息网络时代产生的一种崭新的经济现象。美国经济学家约翰·弗劳尔最先提出"Internet Economy"这一概念,并在其著作《网络经济:数字化商业时代的来临》中进行了详细的论述。

西方经济学界有4种不同的网络经济理论:网络经济学、网络产业经济学、Internet经济学和电子商务经济学。这4种网络经济理论的研究对象有一定的差异。很多人把"Internet Economy"理解成"Network Economy",从概念上说是不完全准确的。"Network Economy"的范畴要更大一些,网络(Network)不一定是互联网(Internet),如20世纪80年代,一些日本学者在研究中将第三产业中的商业、运输业、金融业等通过建立相关网络来发展业务的做法称为网络经济。

互联网经济是在互联网技术的基础上,以互联网为平台,通过信息、数据、数字内容和服务的流通、共享和交换,引发产业结构的深刻变革,促进创新模式和商业模式的涌现,推动经济发展、提升效率和创造价值的经济体系。它涵盖了互联网产业本身,也渗透到传统产业,通过数字化转型和数字技术的应用,重构了生产、流通、消费等经济活动,创造了新的商业机会和增长动力。互联网经济强调的是数字技术的催化作用,将互联网作为连接人与人、人与物、物与物的关键平台,引领经济社会变革和进步。除了上述表现形式,随着新兴互联网技术的出现,还会出现互联网经济新的表现形式,如区块链经济、元宇宙经济等。互联网经济作为一种新兴的经济形态,其基础是互联网及其广泛的应用。它代表着在数字化背景下,经济活动的不断演化和变革。

2) 对互联网经济的不同理解

(1) 互联网经济是互联网这个产品或服务的经济　在互联网发展早期,互联网的经济价值仅表现为互联网这个产品或服务价值。在这个层面上,可以将互联网经济理解为围绕着互联网所提供的各种产品和服务所形成的经济体系。互联网经济为人们提供了各种互联网应用产品和数字化服务。这些产品和服务不仅具有实际的使用价值,也具有经济价值。

互联网产品包括各种网络设施、数字内容(如音乐、电影、游戏等)、在线应用(如社交媒体、在线教育平台等)等。互联网服务包括在线支付、数据分析等一系列为了方便用户和企业而提供的服务。这些产品和服务在互联网经济中具有双重作用,既满足了用户的需求,又构成了经济活动的一部分。

(2) 互联网经济是基于互联网应用的经济　随着互联网应用的推广,互联网的经济价值不再仅表现为互联网产品或服务价值,也表现在互联网应用产生的附加经济价值。互联网技术在各个领域的普及和应用,催生了全新的商业模式和交易方式,包括电子商务、共享经济、平台经济等,它们在连接买卖双方、资源配置和创新方面发挥着重要作用。

在此层面上,互联网经济强调互联网技术在商业领域的广泛应用,以及这些应用如何改变和塑造了经济活动和商业模式。互联网应用涵盖了许多技术和平台,如电子商务、共享经济、在线金融、社交媒体、数字化营销等。这些应用利用了互联网的连接性和数字化特点,创造了新的商业模式和交易方式。举例来说,电子商务平台为消费者和商家提供了在线买卖的便捷途径;共享经济模式通过在线平台共享资源,改变了传统的所有权观念;在线金融服务则提供了数字化的支付、投资和借贷方式。

因此,将互联网经济视为基于互联网应用的经济突出了互联网技术如何在各个层面影响经济体系。这种理解强调了互联网应用在不同产业和领域中的融合和创新,以及它们如何为经济增长、创新和效率提升提供了新的机会。同时,也意味着互联网经济的发展需要密切关注技术创新和应用的不断演进。

(3) 互联网经济是互联网时代的经济　随着互联网广泛应用到几乎所有经济领域,互联网的经济价值更多表现为对整个社会经济发展的支撑作用。互联网经济是整个社会经济的重要组成部分,甚至严格讲,现在已经没有完全不受互联网应用影响的经济了,只是影响和支撑程度不同而已。互联网不断渗透到各行各业,传统产业也在不断进行数字化转型,从而重塑了整个经济格局。互联网的影响已经扩展到几乎所有领域,在生产、流通、销售和消费等方面都产生了深远的影响。

互联网经济是经济形态在互联网时代所产生的变革和发展。它强调了互联网技术的普及和广泛应用如何深刻地影响了经济活动、商业模式和产业格局。互联网时代指的是在互联网技术普及和广泛应用的背景下,经济和社会发展的时期。在这个时代,互联网不仅仅是一种工具,更成了影响人们生活、工作和商业方式的重要因素,互联网经济作为互联网时代的经济,体现了这种变革的实质和特点。

互联网经济的出现导致经济活动的数字化、在线化和智能化。传统商业模式被重新构想和创新,新兴的商业模式如电子商务、共享经济、平台经济等应运而生。互联网是一种使能技术,连接、传播、聚合是互联网最核心的能力。在互联网时代,人们可以更方便地购物、交流、学习、工作,企业可以更快速地连接市场、客户和合作伙伴。电子商务和互联网经济的发展不断改变人们对互联网的认识,如图1-3所示。

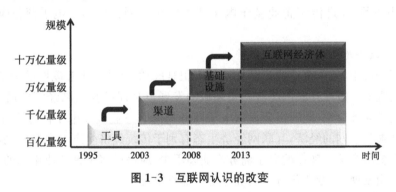

图1-3　互联网认识的改变

1.1.5　互联网经济的本质与特点

互联网经济突显了互联网技术如何改变人们的生活方式、商业环境和经济结构。这种变革在各个层面都带来了深刻的影响,成了塑造现代社会经济的重要力量。所以,互联网经济在本质上是互联网技术革命对人类社会各个层面产生巨大变革所形成的经济新形态。

首先,互联网经济改变了人们的消费习惯和购物方式。消费者可以通过在线购物平台方便地购买商品和服务,这促使零售业从传统实体店转向了线上市场,同时也推动了更个性化的消费体验的崛起;其次,互联网经济重塑了商业环境和企业经营模式。传统企业面临数字化转型的压力,纷纷采用互联网技术来拓展市场、提高效率和创新产品。同时,互联网催生了一系列新兴商业模式,如共享经济、订阅服务和平台经济,这些新模式引领着商业的发展方向,改变了产业格局和竞争态势;最后,互联网经济也影响了社会的信息传播、教育、医疗等方面。信息的快速传播使得知识变得更加平等和普及,基于互联网的在线教育和在线医疗为人们提供了更加便捷的学习和健康服务途径。

互联网经济作为互联网技术革命催生的经济新形态,具有如下5个方面的特点:

1) 互联网经济是知识创新型经济

在互联网经济中,人的素质、人的理念、人对知识的创新和运用能力至关重要。重视培养、培训人才是互联网经济的重中之重。互联网技术人才重要,有互联网创新思维的管理人才更重要。电子商务应用的根在互联网,电子商务应用的本是具体的商业逻辑。

2) 互联网经济是服务创新型经济

在互联网经济中,服务创新是根本的理念,互联网是为服务而生的,纯粹的功利思维不利于互联网经济发展。传统的商业理念和经济思维更会阻碍互联网经济的进一步发展。电子商务应用不仅是互联网创业,更是所有行业基于电子商务应用的创新转型。支持电子商务创业,更要支持电子商务转型。

3) 互联网经济是应用创新型经济

在互联网经济中,应用创新是发展的驱动力。互联网的价值体现在互联网的具体应用中。鼓励互联网应用、降低互联网应用瓶颈是促进互联网经济发展的重要措施。企业在电子商务应用方面会有很多瓶颈,最大的瓶颈是理念,其次才是技术和人才。发展互联网经济,应该重视发展降低互联网应用瓶颈的新兴产业,如电子商务平台服务、电子商务技术服务、电子商务咨询服务、电子商务教育/培训服务等,这些产业的大力发展有利于降低企业电子商务应用瓶颈,促进传统企业基于电子商务应用的创新转型。电子商务应用普及化是未来大趋势。

4) 互联网经济是生态创新型经济

在互联网经济中,单个企业或产品在市场上很难成功,因此基于互联网的全新商业生态培育和优化至关重要。重视互联网经济相关领域的发展也是促进互联网经济发展的重要措施。如发展零售电子商务应用,同时需要发展电子商务物流服务业以及电子商务专业服务业。互联网经济是扎根互联网的经济,互联网经济生态有别于传统经济生态。在互联网经济中,企业竞争是生态系统的竞争。现在的电子商务产业园不少,应该更多考虑商业生态的培育和优化。在电子商务应用发展中,专业化分工的商业生态非常重要。

5) 互联网经济是跨界创新型经济

在互联网经济中,互联网的创新应用可涉及几乎所有领域,这为基于互联网的跨界经济发展创造了条件。放松一些行业管制、鼓励企业跨界创新也是促进互联网经济发展的重要措施。当然,鼓励跨界创新的同时,监管和立法也是必要的。互联网经济发展中出现的不少问题并不是互联网本身的问题,本质上还是人的问题。

1.1.6 对互联网经济理解的误区

1) 把互联网经济理解成"虚拟经济"

人们对互联网应用或互联网经济的理解,常常有一个大误区,认为互联网经济是 Virtual Economy。但是,Virtual 不同于 Fictitious,Virtual Economy 不同于 Fictitious Economy。互联网经济和电子商务不属于 Fictitious Economy,因为它们有产生真实的交易产品和服务。虚拟经济(Fictitious Economy)是相对实体经济而言的,是经济虚拟化(西方称之为金融深化

(Financial Deepening))的产物,证券、期货、彩票等才属于虚拟经济。互联网经济不属于虚拟经济(Fictitious Economy),而是基于互联网的新经济。

2) 把电子商务与传统商务对立

另一个对互联网应用的误解,是把电子商务与传统商务对立起来,把零售业门店萧条归罪于网店或电子商务。在相当一部分人眼里,互联网是与实体经济"相克"的,互联网带给实体经济的只有破坏性冲击,甚至是灾难。这种观点认为,正是因为互联网快速发展,导致不少实体企业倒下。事实上,电子商务与传统商务只是商务方式的不同,零售业本来就应该思考在互联网环境下如何进行零售业务创新以及如何改进消费者的购物体验。互联网应用在不同领域改变消费者行为,这是难以改变的事实。在互联网时代,线上零售和线下零售是零售业的两种业务方式,零售商正确的选择是积极拥抱互联网,让零售业成为互联网新经济的一部分。

互联网作为 20 世纪最伟大的发明之一,把世界变成了"地球村",深刻改变着人们的生活和生产活动。中国以前所未有的热情拥抱互联网,未来"互联网+"经济的中心也将会在中国。互联网对经济的重塑价值完全可以和工业革命的非凡意义相提并论,而中国正站在这一前所未有的全世界产业竞争格局上。互联网带给实体经济的,既有冲击和挑战,也有机会与机遇,实体企业既要面对压力,也应具有动力。如果能够正确认识和对待互联网带来的冲击与挑战,顺应互联网发展的要求,及时做出改变和调整,互联网对实体经济发展就是很好的机遇,就会像前三次工业革命一样,把实体经济带到新的发展阶段。

1.1.7 互联网经济与数字经济的关系

数字经济这个概念最早出现在 1996 年唐·泰普史考特(Don Tapscott)出版的《数字经济:智力互联时代的希望与风险》一书中。随着互联网的普及和信息技术的快速发展,人们开始意识到数据和信息在经济活动中的重要作用。1998 年,美国商务部发布《新兴的数字经济》报告,至此数字经济的提法正式成型。

随后,数字经济这个概念逐渐被广泛接受,并成了一个重要的研究领域。然而,数字经济的发展并不是一蹴而就的,它是在不断的技术进步和社会变革中逐步形成和发展起来的。我国官方首次提出"数字经济"是在 2016 年(G20 杭州峰会发布《二十国集团数字经济发展与合作倡议》)。2017 年以来,我国政府连续 4 年将"数字经济"写入政府工作报告。根据中国国家统计局的《数字经济及其核心产业统计分类(2021)》文件中的定义,数字经济是指以数据资源作为关键生产要素、以现代信息网络作为重要载体、以信息通信技术的有效使用作为效率提升和经济结构优化的重要推动力的一系列经济活动。数字经济核心产业是指为产业数字化发展提供数字技术、产品、服务、基础设施和解决方案,以及完全依赖于数字技术、数据要素的各类经济活动。

随着新一轮科技革命和产业革命浪潮的到来,特别是大数据、人工智能、移动互联网、云计算、5G 等新一代信息技术的应用,人类即将进入数字经济时代。

互联网经济和数字经济是两个相关但不同的概念。互联网经济是指通过互联网进行的各种经济活动,包括电子商务、在线广告、云计算、大数据应用等,是以互联网技术为平台,以网络为媒介,以应用技术创新为核心的经济活动的总称,是基于互联网所产生的经济活动的总和。数字经济是通过发明和开发数字技术、生产数字产品、提供数字服务形成的新型经济,是数字机器和数字空间驱动的经济新形态。数字经济,作为一个内涵比较宽泛的概念,只要借助于数字化技术推动生产力发展的经济形态都可以纳入其范畴。从概念上,数字经济可以涵盖互联网经济,很多数字经济活动也是互联网经济活动。

因此,互联网经济是数字经济的一个重要组成部分,但数字经济也包括了其他互联网相关的领域,如物联网、大数据、人工智能等。大多数数字化技术,如大数据、移动互联网、云计算、区块链等,都是基于互联网的。所以,很多数字技术的运用,既可视为属于数字经济,也可认为是属于互联网经济。

国内对数字经济的认知有个误区,一般强调数字经济是对数据资源的利用。其实数字经济是数字机器革命形成的经济新形态。本书作者认为,广泛意义上的数字经济或者数字化可以分成5个阶段:

(1) 数字化1.0:数字计算与自动化。
(2) 数字化2.0:信息化与管理系统。
(3) 数字化3.0:互联网与电子商务。
(4) 数字化4.0:大数据与数据智能。
(5) 数字化5.0:元宇宙与智慧社会。

当前,人类社会已经进入数字化4.0阶段,大家都非常关注大数据与数据智能在社会经济各个层面的应用。

1.2 电子商务与互联网经济现状

前面对电子商务和互联网经济做了比较深入的讨论。为了对电子商务与互联网经济发展有一个全面的了解,这一节重点介绍电子商务与互联网经济的产生、发展现状。

1.2.1 电子商务的产生与发展现状

目前人们所说的电子商务多指在网络上开展的商务方式,即通过内部网(Intranet)、外部网(Extranet)和Internet进行的电子商务。其实,并非计算机技术及网络技术产生之后才有电子商务。从技术的角度来看,人类利用电子通信的方式进行贸易活动已有很久的历史了。1837年美国人塞缪尔·莫尔斯发明了电报;1843年英国人亚历山大·贝恩发明了传真;1875年苏格兰人(后移居加拿大)亚历山大·贝尔(又一说是1863年意大利人(后移居美国)安东尼奥·梅乌奇)发明了电话。实际上,当电报刚出现的时候,人们就开始运用电子手段进行商务活动,当买卖双方将贸易过程中的意见交换、贸易文件等以莫尔斯码形式在电波中传输的时候,就有了电子商务的萌芽。

1) 电子商务产生和发展的四个阶段

一般认为,电子商务的产生和发展经历了如下四个阶段:

(1) 早期阶段(20世纪70—80年代) 电子商务的雏形可以追溯到计算机技术和电子数据交换的应用。在这一时期,公司开始使用电子数据交换(EDI)来实现电子化的业务交流和数据传输。然而,受限于高昂的成本和复杂的基础设施,这种技术的应用主要局限在大型企业之间。

(2) 互联网雏形阶段(20世纪90年代) 互联网的普及和商业化催生了电子商务的进一步发展。20世纪90年代,出现了一些早期的在线商城和电子支付系统。亚马逊、eBay等电子商务巨头应运而生,开始在互联网上销售商品和拍卖物品。在线支付和电子银行系统也开始发展,为电子商务提供了支付解决方案。

(3) 成熟发展阶段(21世纪初) 在这一阶段,电子商务迅速成熟并广泛渗透到各个领域。电子商务平台越来越多,涵盖了各种商品和服务,包括零售、旅游、金融、教育等。移动互联网的崛起使得人们可以随时随地进行在线购物和交易。同时,安全技术的进步促进了在线支付和个人信息保护。

(4) 移动和社交时代(2010年以后至今) 2009年是中国的3G元年;2013年是中国的4G元年;2019年是中国的5G元年。随着移动互联网的普及和成熟以及智能手机的普及应用,移动电子商务蓬勃发展。移动应用和移动优化的网站使消费者可以在移动设备上轻松浏览商品、下单购买。此外,社交媒体平台也成为电子商务的一部分,商家可通过社交媒体与消费者互动、推广产品,并进行直接销售。

2) 电子商务产生和发展的条件

一般认为,电子商务产生和发展的重要条件主要体现在如下五个方面:

(1) 计算机的广泛应用 近30年来,计算机的处理速度越来越快,处理能力越来越强,价格越来越低,应用越来越广泛,这为电子商务的应用提供了基础。

(2) 网络的普及和成熟 由于Internet逐渐成为全球通信与交易的媒体,全球上网用户呈指数增长趋势,快捷、安全、低成本的特点为电子商务的发展提供了应用条件。

(3) 信用卡的普及应用 信用卡以其方便、快捷、安全等优点成为人们消费支付的重要手段,并由此形成了完善的全球性信用卡计算机网络支付与结算系统,使"一卡在手、走遍全球"成为可能,同时也为电子商务中的网上支付提供了重要的手段。

(4) 安全交易协议制定 1997年5月31日,由美国VISA和Mastercard国际组织等联合制定的SET(Secure Electronic Transfer protocol)即电子安全交易协议的出台,以及该协议得到大多数厂商认可和支持,为在网络上开发的电子商务提供了关键的安全环境。

(5) 政府的支持与推动 自1997年欧盟发布了欧洲电子商务协议,美国随后发布《全球电子商务纲要》,电子商务受到世界各国政府的重视,许多国家的政府开始尝试"网上采购",这为电子商务的发展提供了有力的支持。

3) 国外电子商务的产生与发展

美国是电子商务的发源地。随着计算机和互联网的产生和发展,电子商务应用不断得到普及和发展。在20世纪60年代,电子数据交换和电子资金转账(Electronic Funds Transfer,EFT)作为企业间电子商务应用的系统雏形,已经出现。多年来,大量的银行、航空公司、连锁店及制造业单位已建立了供方和客户间的电子通信和处理关系。这种方式加快了供方处理速度,有助于实现最优化管理,使得操作更有效率,提高了对客户服务的质量。1979年,英国发明家迈克尔·奥尔德里奇(Michael Aldrich)发明了在线购物系统,为电子商务的发展奠定了基础。

1993年,美国白宫和联合国总部接入Internet;1994年,美国网景公司推出了第一个支持安全电子交易的网络浏览器(Netscape Navigator);1994年,第一家网上银行First Virtual开始营业;1994年,美国硅谷的20家大IT公司开始共同建立Commerce Net公司;1995年,Yahoo!公司创立;1995年,Amazon.com公司开张;1995年,eBay.com公司创立;1995年,美国安全第一网络银行(SFNB)是正式营业;1996年,联合国国际贸易法委员会通过《电子商务示范法》(*Model Law on Electronic Commerce*)。

1997年7月,美国政府发布《全球电子商务框架》,明确美国将主导全球电子商务,并制定了九项行动原则。《全球电子商务框架》确立了五大原则:私人部门应作为主导;政府应该避免对电子商务不恰当的限制;当政府需要介入时,它的目标应该是为商务提供并实施一个可预见的、简洁的、前后一贯的法治环境;政府应当认清因特网的独特性质;应当立足于全球发展因特网上的电子商务。

在1999年初,美国政府又提出发展"数字地球"的战略构想。这是当时国际信息领域发展的最新课题,是以信息基础设施和空间数据基础为依托的信息化发展的第三步战略。1999年11月29日,克林顿政府成立电子商务工作组,由商务部领导,主要负责以下两项事务:①识别出可能阻碍电子商务发展的联邦、州或政府法律与管制;②建议如何改进这些法律以利于电子商务的发展。美国政府的这一系列政策极大地促进了网络经济的发展。

2007年,苹果公司推出iPhone,智能手机开始普及,为移动电子商务的发展创造了条件。

随着互联网的不断发展,网络化与数字化浪潮冲击着社会的方方面面。商业领域中的电子商务变革将不断对产业、企业和市场产生巨大影响。不可否认,我们已进入电子商务时代。对如今的企业来说,不是要不要电子商务,也不是如何看待电子商务,而是如何应用电子商务。当前,电子商务已成为各个国家和各大公司关注的焦点。现在各国都在积极发展电子商务。所以,把电子商务作为迎接经济全球化的关键手段并不为过。在今天,电子商务应用的发展前景已是毋庸置疑的。正如目前的任何企业不可以离开电话开展商务活动一样,所有的企业的商务活动将会越来越离不开互联网和电子商务应用。在不久的将来,任何企业都会拥有自己的门户网站,并且绝大多数业务在电子商务平台上进行。

电子商务已经不仅仅是经济问题,而是关系到社会转型时期国家生存与发展的关键问题,电子商务的发展将决定在新经济中一个国家或一个地区的地位和今后发展的命运。电子商务不但会带动信息产业和信息服务业的发展,而且会从根本上实现对传统产业的结构性改造升级,促进国民经济结构的调整,扩大内需,从而对经济发展起到巨大的推动作用。全球电子商务呈现出竞相发展的态势。

电子商务是网络化的新型经济活动,正以前所未有的速度迅猛发展,已经成为主要发达国家增强经济竞争实力,赢得全球资源配置优势的有效手段。电子商务能为企业有效地节省成本,令企业更具竞争力,特别是目前全球经济衰退的环境下,电子商务更能体现其无与伦比的优势。随着互联网的不断发展,网络化与数字化浪潮冲击着社会的方方面面,商业领域中的电子商务变革将不断对产业、企业和市场产生巨大影响。不可否认,人类已经进入了电子商务应用和发展的新时代。

4)我国电子商务的发展现状

应该说,中国互联网和电子商务应用与美国等发达国家差不多是同时起步的。1994年,中国国家计算机与网络设施正式接入Internet;1996年,中国国际电子商务中心正式成立;1997年,创建中国国际电子商务网;1998年,全球最大的华人门户网站新浪网站开通;1998年2月28日,南京焦点科技开发有限公司注册域名Made-in-china.com,推出中国制造网;1999年,8848购物网站成立,马云与另外17人在中国杭州创办了阿里巴巴网站为中小型制造商提供了一个销售产品的贸易平台,全球最大的中文网上书店当当网开通;2003年,阿里巴巴集团投资成立淘宝网;2004年,京东商城成立,开始为消费者提供B2C电商服务;2015年,拼多多创立纯移动电商平台;2020年,抖音推出抖音电商平台。

2009年是中国3G元年。3G牌照颁布以后,移动运营商的竞争形势发生改变,运营商纷纷投入巨资,拓展 3G 产业。3G 的用户规模得到了一定发展,产业积极性空前高涨。2013 年是中国 4G 元年。4G 的出现给移动电子商务注入了新的动力。它解决了农村网络连接速度过慢的问题,提高了人们消费的便利性、空间选择和随时购物的可能性。移动电子商务是移动信息服务和电子商务融合的产物。随着 3G 的普及和 4G 网络的引入,人们的消费理念和商家的传统理念都在不断地转变。手机上网成为现代人们生活中一种重要的上网方法,人们正逐渐利用手机等移动智能终端设备进行网上支付、个人信息服务、网上银行业务、网络购物、手机订票、娱乐服务等。2019 年是中国 5G 元年。随着 5G 的广泛应用,将在更大范围内、更深层次上促进电子商务应用的快速发展。

我国电子商务领域首部法律《中华人民共和国电子商务法》于 2019 年 1 月 1 日起正式实施;国家市场监督管理总局发布的《网络交易监督管理办法》于 2021 年 5 月 1 日起施行;国家互联网信息办公室等七部门联合发布的《网络直播营销管理办法(试行)》于 2021 年 5 月 25 日起施行,这对促进我国电子商务应用持续健康发展具有重大意义。

截止 2024 年 1 月,全球排名前 10 的电商 App 中有 7 个——Shopen(中企出资),Temu,SHEIN,Lazada(中企出资),淘宝网,全球速卖通,小红书——属于中国企业或由中国企业参与投资。

通过对美、韩两国电子商务发展趋势的研究,电子商务增长高峰期都是互联网网民普及率从 30% 增至 60% 的快速增长期间。据中国互联网络信息中心(CNNIC)发布的第 53 次《中国互联网络发展状况统计报告》,截至 2023 年 12 月,我国网民规模达 10.91 亿人,互联网普及率达 77.5%。很显然,中国电子商务发展已步入快速发展的黄金时期。2015 年,"互联网+"已被写入政府工作报告,从而上升为国家战略。在"互联网+"战略驱动下,中国电子商务和互联网经济发展,已经成为社会各界关注的热点。

阿里巴巴淘宝天猫每年的"双 11"交易额不断攀升,是中国电子商务不断迅速发展的最好见证。双 11 是指各网络购物平台在每年 11 月 11 日的大型促销活动,最早起源于中国阿里巴巴旗下购物网站在 2009 年 11 月 11 日举办的"淘宝商城促销日",现已演变成全行业一年一度的购物活动及影响全球零售业的消费现象。

天猫双 11 历年成交额:
- 2009 年双 11 交易额达 5200 万元;
- 2010 年双 11 当天销售额达到 9.36 亿元;
- 2011 年双 11 销售额达 52 亿元;
- 2012 年双 11 总销售额达到 191 亿元;
- 2013 年双 11 销售额达到 350 亿元;
- 2014 年双 11 销售额为 571 亿元;
- 2015 年双 11 销售额为 912.17 亿元;
- 2016 年双 11 销售额达到 1 207 亿元;
- 2017 年双 11 销售额为 1 682 亿元;
- 2018 年双 11 销售额高达 2 135 亿元;
- 2019 年双 11 全天成交额 2 684 亿元;
- 2020 年双 11 成交额达 4 982 亿元;
- 2021 年双 11 成交额达 5 403 亿元。

(2022 年后由于一些原因,没有公布双 11 数据)

总体来说,我国的电子商务应用已经进入一个快速发展时期。但是,不同地区的电子商务发展情况并不完全一样,有以下几个特点:

(1) 东部沿海地区的电子商务发展比较成熟,具有较强的竞争力和影响力。例如,浙江省是中国电子商务应用的领头羊,拥有阿里巴巴等知名电商企业,电子商务交易额占全国的近1/3。广东省也是电子商务的重要基地,拥有腾讯等知名电商企业,电子商务交易额占全国的20%。

(2) 西部地区的电子商务发展相对较为落后,具有较大的潜力和发展空间。例如,四川省是西部地区的电子商务中心,电子商务交易额占全国的近10%。中南财经政法大学数字经济研究院联合阿里巴巴发布的《西部电商发展报告2021》显示,西部地区在淘宝开店的新创业者人数增幅领先全国,这表明西部地区的电子商务发展正呈现出新的活动和机遇。

(3) 东北地区的电子商务发展相对较为缓慢,具有较强的能力和资源优势。例如,辽宁省是东北地区的电子商务领导者,拥有大连万达等知名电商企业,电子商务交易额占全国的近3%。吉林省也是东北地区的电子商务重要省份,拥有延边朝鲜族自治州、长春市等特色电商产业园区,电子商务交易额占全国的近2%。

我国各地区电子商务应用的发展潜力主要取决于以下几个因素:

(1) **经济发展水平**　一般来说,经济发展水平越高,电子商务发展潜力越大,因为经济发展水平决定了消费能力、消费需求、消费习惯等。例如,东部沿海地区的经济发展水平较高,电子商务发展潜力也较大。

(2) **互联网普及程度**　互联网普及程度越高,电子商务发展潜力越大,因为互联网普及程度决定了电子商务的基础设施、用户规模、用户活跃度等方面的条件。例如,北京市的互联网普及程度较高,电子商务发展潜力也较大。

(3) **产业结构和特色**　产业结构和特色优势越大,电子商务发展潜力越大,因为产业结构和特色决定了电子商务在市场空间、竞争优势、创新动力等方面的机会。例如,四川省的产业结构和特色较有优势,电子商务发展潜力也较大。

(4) **政策支持和环境**　政策支持和环境越有利,电子商务发展潜力越大,因为政策支持和环境决定了电子商务的法律法规、税收优惠、扶持措施等方面的保障。例如,广东省的政策支持和环境较有利,电子商务发展潜力也较大。

5) 我国电子商务发展中的热点

在我国电子商务发展中,出现了如下几个方面的热点:

(1) 2010年出现众多团购网站　中国团购网站的发展历史可以追溯到2008年左右。当时,随着互联网的普及和电子商务的快速发展,团购这种新型的购物方式开始在中国兴起。最初,团购网站主要提供餐饮、娱乐等生活服务类团购,吸引了大量的消费者。

2010年,拉手网成为中国第一个成功的团购网站。拉手网的成功为团购模式在中国市场的普及铺平了道路,吸引了大量用户和投资。

随着团购模式的不断完善和政府政策的支持,团购网站开始逐渐成熟,并在2010年左右迎来了快速发展期。一批团购网站如美团、糯米网、窝窝团等相继涌现。它们通过在线平台提供各种各样的优惠商品和服务,吸引了大量消费者;通过不断创新和优化服务,为消费者提供了更加便捷、实惠、高效的团购体验。

目前,中国已经成为全球最大的团购市场。政府也在不断推出政策支持团购行业的发展,并鼓励企业利用团购模式提升竞争力。未来,随着移动互联网、大数据、人工智能等技术的发展,中国团购行业仍将保持增长态势,并为经济社会发展做出更大贡献。

(2) 2012年微信推出公众平台　微信公众平台是腾讯公司推出的一个面向企业和组织的服务平台,它允许用户通过微信公众号与粉丝进行互动。微信公众平台于2012年08月23日正式上线,曾命名为"官号平台"和"媒体平台",创造出更好的用户体验,形成了不一样的生态循环。

- 2012年8月,微信公众平台正式上线,最先推出的是订阅号和服务号,允许用户订阅消息、获取新闻、接收品牌更新等,为企业和组织提供服务。
- 2013年,随着用户数量的增加,微信公众平台开始受到更多关注。在这一年,微信公众平台推出了图文消息、语音消息、视频消息等多种消息类型,丰富了用户与粉丝的互动方式,让公众号可以为用户提供更多互动和服务。
- 2014年,微信公众平台推出了微信支付功能,支持用户在公众号内进行支付;引入了企业号,使企业可以更好地与员工、合作伙伴互动,同时增加了更多管理和认证功能。
- 2016年,微信公众平台推出了多客服功能,支持用户与粉丝进行实时沟通。
- 2017年,微信公众平台推出了群发助手功能,支持用户批量发送消息给粉丝。
- 2018年,微信公众平台继续拓展小程序的生态系统,引入小程序云开发等功能,为开发者提供更多的工具和支持。
- 2019年,微信公众平台继续优化功能和用户体验,推出更多的互动、营销和商业工具,如直播、会员卡、广告等。
- 2021年,微信公众平台进一步加强了对内容创作者的支持,推出了文章引流、图文分析等功能,帮助用户更好地理解受众和内容效果。

微信公众平台一直致力于为企业和组织提供更加便捷、高效、安全的服务,它从最初的消息订阅工具逐渐发展成为一个综合性的社交媒体平台和营销工具,不断增加功能和服务,满足了用户和企业在互动、传播、销售等方面的多样需求。

(3) 2012年微商市场活跃　微商是指借助微信这一社交平台进行电子商务活动。微商的发展可以追溯到2012年左右,当时微信刚刚推出不久,许多人开始在微信上进行商品交易。随着微信用户数量的不断增长,微商也迎来了快速发展期。许多人开始利用微信朋友圈、群聊等功能进行商品推广和销售,取得了巨大的成功。之后第三方微商平台如雨后春笋般涌现,为微商发展提供了更多机会。不同微商对于活跃平台有所侧重,个人微商多活跃于微信;品牌型微商则依托第三方平台或者微信公众号端微店运营。微商参与者众多,市场竞争激烈,活跃渠道分布多样化。

- 微商具有以下优势:
- 微信用户基数庞大。微信是目前全球最大的社交平台之一,拥有数以亿计的用户。这为微商提供了巨大的潜在市场。
- 微信社交属性强。微信不仅仅是一个通信工具,更是一个社交平台。用户可以通过朋友圈、群聊等功能与好友保持联系。这为微商提供了良好的社交推广渠道。
- 微信支付便捷。微信内置了微信支付功能,支持用户在微信内进行支付。这为微商提供了便捷、安全的支付方式。
- 微信公众平台功能强大。微信公众平台为企业和组织提供了丰富的功能,包括消息推送、客服沟通、小程序开发等。这为微商提供了强大的技术支持。

微商的发展与社会、技术、市场环境的变化紧密相连,它不断寻求适应和创新,形成了一个充满活力的商业模式。微商从最初的个人销售到如今的多元化、专业化发展,经历了起步、蓬勃发展、整顿和转型等多个阶段。

① 起步阶段(21世纪10年代早期):微商最早起源于个人通过微信、微博等社交平台,将商品推广给亲友和粉丝,以此开展销售活动。这一阶段微商以个体经营为主,销售范围有限。

② 快速发展(21世纪10年代中期至后期):随着社交媒体的普及,微商迅速扩大规模,成为一种广泛存在的商业模式。越来越多的个人和小团队加入微商行列,销售各类产品,从服装、化妆品到家居用品等。微商通过建立社交圈子、培养粉丝、引入线上支付等方式,实现了更大范围的销售。

③ 监管和整顿(21世纪10年代末至20年代初):随着微商的迅猛发展,一些问题逐渐浮现,如虚假宣传、假冒伪劣产品等。政府部门开始加强对微商行业的监管,以保护消费者权益。此时,微商领域也开始走向规范化,一些专业的微商团队或平台涌现,提供培训、指导和品牌支持。

④ 多元化发展(21世纪20年代):随着互联网技术的进步,微商逐渐从传统的社交媒体模式拓展到更多领域。一些微商开始借助直播、短视频等新媒体形式,进行产品展示和销售。同时,一些电商平台也逐渐涌现,提供更多便捷的销售渠道和支付方式,使微商更加多元化。

⑤ 社会认知和转型(21世纪20年代):随着市场的竞争和监管的加强,一些微商开始思考如何在竞争中脱颖而出。一些成功的微商开始注重品牌建设、用户体验和服务质量,通过提供有价值的内容和服务,赢得更多客户的信任和忠诚度。

(4) 2014年O2O概念兴起　O2O(Online to Offline)是指将线上的消费者吸引到线下的商家进行消费。随着互联网的普及和电子商务的快速发展,许多企业开始尝试将线上和线下相结合,为消费者提供更加便捷、高效的购物体验。随着移动互联网、智能手机、移动支付等技术的发展,O2O模式迎来了快速发展期。许多企业开始利用移动应用、社交媒体、位置服务等技术,为消费者提供更加精准、个性化的服务。例如,美团、大众点评等团购网站就是典型的O2O模式的代表。它们通过提供优惠的团购商品和服务,吸引了大量的消费者,并在短时间内就取得了巨大的成功。电商巨头如阿里巴巴和京东也开始布局O2O领域,通过线上线下融合的方式提供更多服务,如阿里的盒马鲜生和京东的京东到家等。

许多传统行业也开始尝试利用O2O模式进行转型升级。例如,餐饮、零售、旅游等行业都在积极推进线上线下融合发展,为消费者提供更加便捷、个性化的服务。政府也在不断推出政策支持O2O模式的发展,并鼓励企业利用互联网技术提升竞争力。

O2O模式具有以下优势:

① 提高消费者体验:O2O模式将线上和线下相结合,为消费者提供了更加便捷、高效的购物体验。消费者可以在网上浏览商品信息、比较价格、下单购买,然后再到线下商家进行消费。这种方式不仅节省了消费者的时间,也提高了消费者的满意度。

② 增加商家曝光度:O2O模式通过吸引线上的消费者到线下进行消费,为商家提供了更多的曝光度。商家可以利用互联网技术,通过社交媒体、移动应用等渠道进行推广,吸引更多的消费者。

③ 提升经营效率:O2O模式通过整合线上和线下资源,为商家提供了更加高效的经营方式。商家可以利用互联网技术,实现库存管理、订单处理、客户服务等环节的自动化,提高经营效率。

④ 创造新的商机：O2O模式通过创新商业模式，为企业创造了新的商机。企业可以利用互联网技术，开发新的产品和服务，满足消费者的需求。

(5) 2015年网红时代到来　网红一词最早源自英文单词"Internet Celebrity"，指的是在互联网上拥有大量粉丝和影响力的人，是在互联网和社交媒体的背景下逐渐兴起的现象，随着互联网的普及和社交媒体的兴起，许多人开始在网络上分享自己的生活、才艺和见解，吸引了大量的粉丝。随着移动互联网、智能手机、短视频等技术的发展，网红现象迎来快速发展期。越来越多的人开始通过社交媒体、短视频平台等渠道进行自我展示，吸引粉丝，成为网红。随着短视频平台的兴起，如抖音、快手等，视频成为网红创作的主要形式。许多人通过短视频展示才艺、分享生活，逐渐积累了大量粉丝。短视频的快速传播性使得一些普通人迅速成为网红。

网红的发展不断商业化和专业化，随着社交媒体平台的不断发展和融合，网红开始跨平台发展，如在微博、抖音、快手、B站等多个平台拥有粉丝。随着粉丝数量的增加，许多网红开始进行商业合作，代言产品，推广品牌。同时，一些网红也投入更多时间和资源提升自己的创作水平，展现更为专业的内容。

(6) 2017年微信推出小程序　为了跟上互联网时代的步伐，微信推出微信小程序商城。随着微信小程序商城不断完善，微信公众号与微信商城结合在一起，现在微信小程序商城已经成为电商的重要平台之一。微信小程序商城拥有微信平台上庞大的用户群体，很多企业都开发了微信小程序商城。尽管张小龙表示小程序不是专门为电商准备的，但谁也无法否认，随着不同赛道上京东、拼多多、微盟等一众品牌的靠拢，小程序电商的时代已经来临。

- 微信小程序商城具有以下优势：
- 便捷性：微信小程序商城无需下载安装，用户只需在微信中搜索即可快速打开，为消费者提供了更加便捷的购物体验。
- 流量优势：微信拥有庞大的用户基数，这为微信小程序商城提供了巨大的流量优势。商家可以利用微信的社交属性，通过朋友圈、群聊等功能进行推广，吸引更多的消费者。
- 支付便捷：微信内置了微信支付功能，支持用户在微信内进行支付。这为微信小程序商城提供了便捷、安全的支付方式。
- 丰富的营销手段：微信小程序商城可以利用微信公众平台提供的丰富的营销手段，包括优惠券、红包、积分等，为消费者提供更多优惠。
- 线上线下融合：微信小程序可以用于线下实体店的推广，增强用户体验。例如，商家可以通过小程序提供优惠券、积分兑换、预约服务等，将线上线下业务更紧密地结合起来。
- 数据分析和优化：小程序提供了丰富的数据分析功能，商家可以监控用户行为、购买习惯等数据，从而优化产品、服务和营销策略。
- 品牌建设：借助微信的庞大用户基础，小程序可以帮助品牌更快速地传播。通过优质的用户体验和口碑传播，品牌知名度可以迅速提升。

(7) 2017年阿里巴巴推出小程序繁星计划　2017年8月17日，支付宝小程序进入公测阶段。支付宝小程序自上线以来，便以商业服务能力在小程序战局中形成差异化优势。支付宝小程序的开发者算得上是阿里系融合的最大获益者。阿里云正式发布小程序云，同时联合支付宝、淘宝、钉钉、高德共同发布"小程序繁星计划"，出资20亿元补贴开发者和商家。繁星计划的目标是通过支持优秀的小程序开发者，促进支付宝平台上小程序的快速增长和繁荣。

阿里巴巴希望通过这一计划,为消费者提供更加丰富、便捷、高效的服务,同时也为开发者提供更多的机会和支持,支持和鼓励开发者在阿里巴巴旗下的支付宝平台上开发小程序。

1.2.2 互联网经济的产生和发展现状

20世纪40年代,人类开始了信息技术革命的新时代,与工业革命相比,发展速度更快,对社会生产力和人类工作、生活方式的影响也都更为深入和广泛。1946年美国宾夕法尼亚大学研制成功世界上第一台可运行程序的电子计算机。电子计算机诞生至今70多年来,构成其基本部件的电子器件发生了重大的技术革命,使它得到了突飞猛进的发展,突出表现为计算机的体积越来越小,而速度越来越快、成本越来越低。1981年,美国IBM公司研制成功了IBM-PC机,并迅速发展成为一个系列。微型计算机采用微处理器和半导体存储器,具有体积小、价格低、通用性和适应性强、可靠性高等特点。随着微型计算机的出现,计算机开始走向千家万户。

1)互联网经济产生和发展的三个阶段

互联网经济的产生与发展过程大致可以分为以下三个阶段:

第一阶段:互联网的诞生和普及。这一阶段从20世纪60年代开始,到20世纪90年代中期结束。互联网最早的雏形是美国国防部高级研究计划局(ARPA)在1969年建立的ARPANET,它是世界上第一个分组交换网络,为后来的互联网奠定了基础。在这一阶段,互联网主要是作为一种信息传输和通信的工具,为科研、教育、军事等领域提供服务。随后,互联网技术不断发展,如TCP/IP协议、域名系统、万维网、电子邮件等,使得其逐渐成为全球范围内的信息传输和通信的工具。网络覆盖范围不断扩大,用户数量不断增加,但是还没有形成真正意义上的互联网经济。

第二阶段:电子商务的兴起和发展。这一阶段从20世纪90年代中后期开始,到21世纪初期结束。在这一阶段,互联网开始作为一种商业活动的平台,出现了各种电子商务模式和应用,如在线购物、在线支付、在线广告、在线拍卖等。电子商务促进了商品和服务的流通,创造了巨大的经济价值和社会效益。

第三阶段:互联网经济的多元化和创新化。这一阶段从21世纪初期开始,到现在仍在进行中。在这一阶段,互联网经济呈现出多元化和创新化的特征,涵盖了各个行业和领域,如社交网络、搜索引擎、在线教育、在线娱乐、在线旅游、在线金融等。互联网经济不仅改变了传统的商业模式和消费方式,也催生了新的商业模式和消费方式,如共享经济、平台经济、内容经济等。

2)美国互联网的产生与发展

20世纪60年代,美国军方最早开发了作为保障战时通信的因特网技术,把单个计算机连接起来应用,计算机开始了网络化的进程。当时的美国政府和军方出于冷战的需要,设想将分布在美国本土东海岸的4个城市的计算机联系起来,使它成为一个打不烂、拖不垮的网络系统。美国国防部构想的这个系统叫ARPANET。但当时的计算机厂商们生产的计算机,无论是硬件还是软件都是不一样的,要组成这样的网络,就必须把很多不同的计算机硬件和软件通过某种方式连接起来。于是在20世纪70年代初出现了一个关于计算机网络互联的共同协议——TCP/IP协议,这个协议达成之后,ARPANET实现比较大的扩展:从美国本土联到了其在欧洲的军事基地。20世纪80年代初,美国科学基金会发现这种方式非常实用,于是把这几个地区的计算机联结起来,并接进了大学校园,参加因特网技术开发的科研和教育机构开始利用因特网,这便是今天Internet的雏形。

20世纪90年代,当因特网技术被发现有极其广泛的市场利用价值,而政府无法靠财政提供因特网服务时,美国政府的政策开始转向开放市场,由私人部门主导。1991年,美国政府解除了禁止私人企业为了商业目的进入因特网的禁令,并确定了收费标准和体制。从此商业网成为美国发展最快的因特网络,个人、私人企业和创业投资基金成为美国因特网技术产业化、商业化和市场化的主导力量。

1991年9月,美国田纳西州的民主党参议员戈尔在为参议院起草的一项法案中,首次把作为信息基础设施(National Information Infrastructure,NII)的全国性光导纤维网络称为"信息高速公路"。美国国家信息基础设施的建成,为人类打开了信息世界之门。美国国家信息基础设施主要由高速电信网络、数据库和先进计算机组成,包括 Internet、有线和无线通信网、卫星通信网以及各种公共与私营网络,构成了完整的网络通信系统。随着NII对公众的开放以及各类网络的联网,个人、组织机构和政府系统都可以利用NII进行多媒体通信,各种形式的信息服务也得到了极大的发展。

克林顿1992年入住白宫后,为占领世界信息竞争制高点,重振美国经济,提高美国竞争力,维持美国在世界经济、政治、军事等领域中的霸主地位,适时发布了一系列框架性文件,成为美国占领全球因特网经济制高点的行动纲领。1993年9月,其制定并发布了《国家信息基础设施:行动纲领》的重大战略决策。"国家信息基础设施"是"信息高速公路"的正式名称,它的实质是以现代通信和计算机为基础,建设一个以光缆为主干线的覆盖全美国的宽带、高速、智能数据通信网,以此带动美国经济与社会的信息化进程,促进经济的发展。美国的目标是确保其在全球信息基础设施建设的领先地位。1994年9月,美国在建设本国信息高速公路的基础上,又提出了建立全球信息基础设施(Globe Information Infrastructure,GII)计划的倡议,呼吁各国把光纤通信网络和卫星通信网络连接起来,从而建立下一代通信网络。

3) 互联网经济

随着互联网技术的不断发展,互联网经济正在全球范围内快速崛起。互联网经济是以互联网为基础,通过信息技术、数据资源、网络平台等手段,实现商品和服务的交易、流通和消费的一种新型经济形态。其带来了电子商务的兴起、搜索引擎的崛起、社交媒体的发展、在线教育的普及、互联网医疗的进步、互联网金融的创新、共享经济的繁荣、人工智能与大数据的应用。

互联网经济的发展可以带来如下几个方面的优势:

(1) 降低交易成本 互联网经济可以实现信息的快速传播和共享,减少中间环节,提高交易效率,降低交易成本。

(2) 扩大市场规模 互联网经济可以突破地域和时间的限制,实现全球化和24小时交易,扩大市场规模和消费需求。

(3) 增加创新动力 互联网经济可以促进知识的积累和流动,激发创新思维和创业精神,增加创新动力和竞争优势。

(4) 提升社会福利 互联网经济可以提供更多的商品和服务选择,满足消费者的个性化需求,提升消费者的满意度和幸福感。

互联网经济的发展给人们生活带来如下几个方面的重大变化:

(1) 便捷化 互联网经济使得人们可以通过手机、电脑等设备,随时随地进行各种交易和消费,如在线购物、在线支付、在线教育、在线娱乐等,节省了时间和成本,提高了效率和便利。

(2) 多样化　互联网经济使得人们可以接触到更多的商品和服务,满足不同的需求和喜好,如定制化、个性化、体验化等,丰富了消费者的选择和体验。

(3) 智能化　互联网经济使得人们可以利用大数据、人工智能、物联网等技术,实现对信息的分析和处理,提供更优质和高效的服务,如智能推荐、智能匹配、智能管理等,提升了消费者的满意度和幸福感。

(4) 创新化　互联网经济使得人们可以通过网络平台分享自己的创意和想法,参与各种创业和创新活动,如众筹、众包、众创等,激发了创新思维和创业精神。

互联网经济的产生与发展是当今世界经济发展的重要趋势之一。在未来,互联网经济将会呈现出多元化、智能化和全球化的发展态势,为推动全球经济的繁荣和发展做出更大的贡献。

4) 我国互联网经济的发展现状

中国的互联网经济可以追溯到 1994 年,当时中国才刚刚正式接入互联网。在过去的 30 年里,中国的网民规模已经达到了 10.79 亿人,这是中国互联网产业发展壮大的基础。在过去的几年里,中国的互联网经济经历了快速的发展和变革。随着移动互联网的普及,人们的生活方式、社交模式、消费习惯等方面都发生了巨大的变化。互联网经济也不断涌现出新的模式和业态,如移动支付、共享经济、在线教育等。同时,中国的互联网经济在全球化的进程中不断受益。中国的互联网企业不断拓展海外市场,通过投资、合作等方式与国际巨头展开竞争和合作。在技术、人才、市场等方面,中国的互联网经济也在不断向全球领先水平迈进。然而,随着互联网产业的快速发展,也出现了一些问题和挑战。例如,网络安全问题、个人信息保护问题、网络欺诈问题等。这些问题需要政府、企业和个人共同努力来解决。总的来说,中国互联网经济的发展是一个漫长而复杂的过程,既有机遇也有挑战。未来,随着技术的进步和市场的变化,中国互联网经济将继续发展和变革,为人们的生活带来更多的便利和价值。

2008 年和 2009 年在中国互联网和电子商务发展史上是具有里程碑意义的两个年份。据 2008 年 7 月公布的中国互联网络发展状况统计报告,截至 2008 年 6 月底,我国网民数量达到了 2.53 亿,首次大幅度超过美国,跃居世界第一位,如图 1-4 所示。

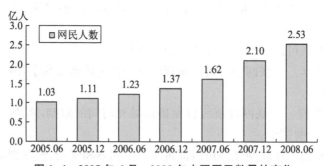

图 1-4　2005 年 6 月—2008 年中国网民数量的变化

2009 年,我国开始由互联网大国向互联网强国冲刺。这意味着在量与质两个方面的提高。在量上,互联网营收规模、网民数量、域名数量均在进一步增长;在质上,互联网诞生了以腾讯为代表的互联网优秀公司,电子商务的快速发展强化了互联网的多元化,网民通过互联网广泛参与到社会生活当中。中国的互联网向着愈发完善和健康的方向发展,它在中国的大国崛起的道路上,发挥越来越重要的作用。

据中国互联网络信息中心(CNNIC)发布的第52次《中国互联网络发展状况统计报告》,截至2023年6月,我国网民规模达10.79亿人,互联网普及率达76.4%,其中,手机网民规模达10.76亿人,网民通过手机上网的比例高达99.8%;我国网络购物用户规模达8.84亿,占网民整体的82.0%。

互联网经济的发展带来了巨大的社会效益和经济价值。根据《中国支付产业年报2022》可知,截至2021年,我国网络支付用户规模达9.04亿,较2020年增加4929万人,占网民整体规模的87.6%。网络支付服务已经广泛覆盖公共交通、便民缴费、餐饮商户等消费者日常生产生活的场景,极大地满足了人民群众的支付服务需求,提高了百姓生活的便利程度。

我国互联网经济的发展,已经深入影响了人们的社会生活,其中一些主要方面包括:

(1) 购物 改变了购物方式和习惯。互联网经济使得人们可以通过电子商务平台,随时随地地进行在线购物,享受方便快捷的服务,如商品搜索、比价、下单、支付、物流等。人们也可以通过社交媒体平台,获取更多的商品信息和评价,参与更多的商品互动和分享,如点赞、评论、转发等。

丰富了商品种类和选择。互联网经济使得人们可以接触到更多的商品种类和品牌,满足了不同的需求和喜好。使得人们可以享受更多的商品定制和优惠,如个性化定制、团购、秒杀、优惠券等。

促进了零售业务创新和发展。互联网经济使得零售业可以利用大数据、人工智能、物联网等技术,实现对商品和消费者的分析和管理,提供更有效和高效的服务,如智能推荐、智能匹配、智能管理等。使得零售业可以探索新的商业模式和渠道,如无人零售、跨境电商、社交电商等。

(2) 金融 提高了金融服务的普惠性和便利性。互联网经济使得金融服务可以通过网络平台,实现线上线下的无缝对接,覆盖更多的用户和场景,如个人消费、小微企业、农村地区等。使得金融服务可以提供更多的产品和功能,满足不同的需求和偏好,如存款、贷款、支付、理财、保险等。

促进了金融服务的创新和发展。互联网经济使得金融服务可以利用大数据、人工智能、区块链等技术,实现对金融数据和风险的分析和管理,提供更优质和安全的服务,如智能风控、智能投顾、智能合约等。使得金融服务可以探索新的商业模式和渠道,如互联网银行、网络借贷、第三方支付等。

增加了金融服务的竞争和监管。互联网经济使得金融服务面临更多的竞争者和挑战者,如互联网企业、科技企业、非银行机构等。使得金融服务需要适应更多的监管要求和规范,如网络安全、数据保护、反洗钱等。

(3) 社交 促进了社交媒体的商业化和盈利化。互联网经济为社交媒体提供了更多的商业机会和收入来源,如在线广告、电子商务、网络游戏、付费内容等。社交媒体可以利用自身的用户规模、用户数据、用户影响力等优势,实现商业价值的最大化。

促进了社交媒体的内容创新和多样化。互联网经济为社交媒体提供了更多的内容形式和内容渠道,如短视频、直播、音频、短文等。社交媒体可以利用自身的平台功能、平台资源、平台生态等优势,实现内容创新和多样化。

(4) 娱乐 丰富了娱乐内容和形式。通过网络平台,可以提供更多的娱乐种类和娱乐渠道,如电影、电视、音乐、游戏、直播等,产生更多的娱乐创新和娱乐多样化,如短视频、UGC、PGC、IP等。

提高了娱乐的互动性和参与性。通过网络平台,可以实现与用户的实时沟通和反馈,提高用户的满意度和忠诚度,如评论、点赞、弹幕、礼物等,也可以通过网络平台,实现用户的自我表达和自我实现,提高用户的创造力和社会性,如分享、转发、创作、社区等。

(5) 教育　丰富了教育资源和渠道。互联网经济使得教育可以通过网络平台,提供更多的教育内容和教育形式,如在线课程、在线考试、在线证书、在线学习社区等。使得教育可提供更多的教育创新和教育多样化,如 MOOC、SPOC、微课、翻转课堂等。

提高了教育效率和质量。互联网经济使得教育可以利用大数据、人工智能、云计算等技术,实现对教育数据和教育过程的分析和管理,提供更优质和高效的服务,如智能推荐、智能辅导、智能评估等。使得教育可以实现个性化和精准化的教学和学习,满足不同的需求和水平,如自适应学习、混合学习、精品课程等。

(6) 工作　改变了工作方式和习惯。互联网经济使得工作可以通过网络平台实现远程办公、协同工作、在线沟通等,节省了时间和成本,提高了效率和便利。使得工作可以通过网络平台,获取更多的信息和资源,提高了知识和技能。

丰富了工作机会和选择。互联网经济使得工作可以涉及更多的行业和领域,满足不同的需求和喜好,如互联网、电子商务、网络媒体、网络教育等。使得工作可以提供更多的创业和创新机会,如网络创业、网络创新、网络服务等。

(7) 医疗　提高了医疗服务的普惠性和便利性。互联网经济使得医疗服务可以通过网络平台,实现远程诊疗、在线挂号、在线咨询、在线支付等,节省了时间和成本,提高了效率和便利。使得医疗服务可以提供更多的产品和功能,满足不同的需求和偏好,如健康管理、健康教育、健康保险等。

促进了医疗服务的创新和发展。互联网经济使得医疗服务可以利用大数据、人工智能、物联网等技术,实现对医疗数据和医疗过程的分析和管理,提供更有效和可靠的服务,如智能诊断、智能治疗、智能监护等。使得医疗服务可以探索新的商业模式和渠道,如互联网医院、网络药店、网络平台等。

(8) 家居　丰富了家居产品和设计。互联网经济使得家居产品可以涉及更多的品类和品牌,满足不同的需求和喜好,如国内外产品、新旧产品、大众化、个性化等。使得家居产品可以提供更多的产品创新和产品多样化,如智能家居、环保家居、定制家居等。

促进了家居行业的创新和发展。互联网经济使得家居行业可以利用大数据、人工智能、物联网等技术,实现对家居数据和家居市场的分析和管理,提供更优质和满意的服务,如智能推荐、智能匹配、智能管理等。使得家居行业可以探索新的商业模式和渠道,如平台化、社区化、定制化等。

提高了智能家居的普及率和便利性。互联网经济使得智能家居可以通过网络平台,实现更多的产品推广和销售,降低了产品推广成本和门槛,提高了用户认知和接受度。使得智能家居可以通过网络平台,实现更多的功能和服务,如语音控制、场景模式、远程监控等,提高了用户体验和满意度。

(9) 出行　提高了交通出行的便利性。互联网经济使得交通出行可以通过网络平台实现在线查询、在线预订、在线支付、在线导航等,节省了时间和成本,提高了效率和便利。使得交通出行可以提供更多的产品和功能,满足不同的需求和偏好,如共享单车、共享汽车、拼车、顺风车等。

促进了交通出行的创新和发展。互联网经济使得交通出行可以利用大数据、人工智能、物联网等技术,实现对交通数据和交通状况的分析和管理,提供更优质和高效的服务,如智能调度、智能优化、智能安全等。使得交通出行可以探索新的商业模式和渠道,如无人驾驶等。

(10) 经济　促进了社会经济的增长和发展。互联网经济可以提高社会生产力和效率,降低社会成本和资源消耗,创造更多的就业和收入,增加社会财富和福利。根据《中国互联网发展报告2022》,2021年,我国数字经济规模达到39.2万亿元,占GDP的38.6%,对GDP增长的贡献率达到67.7%。

促进了社会信息的传播和共享。互联网经济可以实现信息的快速传播和共享,增强社会沟通和协作,提高社会知识和智慧,促进社会创新和进步。根据《中国互联网发展报告2022》,2021年,我国网民规模达到10.4亿,互联网普及率达到73.6%,网络信息服务用户规模达到9.9亿。

促进了社会文化的多元化和融合化。互联网经济可以实现文化的多样化和融合化,丰富社会文化内涵和外延,提高社会文化认同和包容,促进社会文化繁荣和发展。根据《中国互联网发展报告2022》,2021年,我国网络文化产品用户规模达到8.8亿,网络文化产业收入达到1.3万亿元。

总的来说,互联网经济已经深刻改变了人们的生活方式、消费习惯和社会互动方式,提供了更多的选择和便利性,但同时也带来了新的挑战和问题,如隐私保护、网络安全和数字鸿沟等。互联网经济已在深刻影响社会生活的方方面面。在中国,不知从何时开始,人们已经离不开互联网了,同时在社交、财务这两个社会生存的两个重要领域已经离不开智能手机了。现在,每个人的事业、家庭、好友的圈子都可形成各种不同的"朋友圈",工作与生活中的很多事情都可以在"线上"解决,比如购物、打车、炒股、理财,甚至水、电、燃气、电话、手机缴费都可以在手机上完成,不能上互联网或丢了手机将变得非常麻烦。互联网已经实实在在地将社会与人连接在一起。现在人们到一个地方,不管是咖啡店还是小餐馆,首先问能否上网或者有没有Wi-Fi。移动互联网的发展从根本上促进了互联网应用的普及和互联网经济的发展。

互联网经济已经渗入了很多传统行业。传统行业的互联网化首先是从零售、文化娱乐、打车出行、餐饮、金融等服务业开始的。这些以往都属于"线下"业务,而现在"线上"模式已经可以与"线下"模式抗衡,甚至超越"线下"模式了。像零售领域,最早只是卖一些出版物(书刊、音像光盘),没人认为买服装可以在"线上"交易。因为鞋服是要看实物,而且要试穿的。可是很多人某一天会突然发现,购买鞋服的主要途径变成"网购"了。对服饰最挑剔的女生,也会在实体店试好样品,然后在网上采购同样品牌型号的东西。这种趋势已经使零售实体店发生了重大变化:一是大批实体店因业务受到冲击开始萎缩;二是商家开始拥抱互联网,明确"线上"和"线下"的分工,"O2O(Online to Offline)"模式正式登场。

5) 国内典型的互联网企业

互联网经济催生了许多互联网企业,这些企业利用互联网技术和模式,提供各种各样的产品和服务,创造了巨大的社会价值和经济价值。以下是一些互联网企业的例子:

(1) 阿里巴巴　阿里巴巴是中国最大的电子商务平台,也是全球最大的零售商之一。阿里巴巴集团旗下拥有淘宝网、天猫、支付宝、菜鸟网络等多个知名品牌,覆盖了电子商务、在线支付、物流配送、云计算等多个领域。

(2) 腾讯　腾讯公司是中国最大的社交网络平台,也是全球最大的游戏公司之一。腾讯公司旗下拥有微信、QQ、王者荣耀、英雄联盟等多个知名品牌,覆盖了社交网络、在线游戏、在线娱乐、在线教育等多个领域。

（3）百度　百度公司是中国最大的搜索引擎平台,也是全球最大的人工智能公司之一。百度公司旗下拥有百度搜索、百度地图、百度智能云、百度自动驾驶等多个知名品牌,覆盖了搜索引擎、地图导航、人工智能、无人驾驶等多个领域。

（4）小米　小米公司是中国最大的智能手机制造商,也是全球最大的物联网平台之一。小米公司旗下拥有小米、红米、黑鲨、POCO等多个知名品牌,覆盖了智能手机、智能硬件、智能家居等多个领域。

（5）字节跳动　字节跳动公司是中国最大的内容平台,也是全球最大的短视频平台之一。字节跳动公司旗下拥有今日头条、抖音、西瓜视频、TikTok等多个知名品牌,覆盖了新闻资讯、短视频、直播、问答等多个领域。

（6）美团点评　美团点评公司是中国最大的生活服务平台,也是全球最大的共享单车平台之一。美团点评公司旗下拥有美团、大众点评、摩拜单车、美团外卖等多个知名品牌,覆盖了餐饮外卖、酒店旅游、休闲娱乐、出行交通等多个领域。

（7）新浪微博　新浪微博公司是中国最大的社交媒体平台,也是全球最大的微博平台之一。新浪微博公司旗下拥有新浪微博、微博客户端、微博国际版等多个知名品牌,覆盖了社交网络、在线娱乐、在线教育等多个领域。

（8）京东　京东集团是中国自营式电商企业,旗下设有京东商城、京东金融、拍拍网、京东智能、O2O及海外事业部等。京东集团定位于"以供应链为基础的技术与服务企业",目前业务已涉及零售、科技、物流、健康、工业、自有品牌、保险和国际贸易等领域。

（9）拼多多　拼多多以农产品零售平台起家,深耕农业,开创了以"拼"为特色的农产品零售的新模式,逐步发展成为以农副产品为鲜明特色的全品类综合性电商平台,是全球具备规模的纯移动电商平台。

6）中国的"互联网＋"战略

"互联网＋"是中国发展互联网经济的国家战略。2015年3月5日,国务院总理李克强在政府工作报告中首次提出要制定"互联网＋"行动计划;2015年7月1日,国务院发布《积极推进"互联网＋"行动的指导意见》。从此,"互联网＋"的概念如日中天,广为人知。"互联网＋"是创新2.0下的互联网发展的新业态,是知识社会创新2.0推动下的互联网形态演进及其催生的经济社会发展新形态。

"互联网＋"是指以互联网为基础,以信息通信技术为支撑,将互联网和各个行业、各个领域、社会各个方面深度融合,形成新的发展模式和生活方式。"互联网＋"是互联网经济的最新发展阶段,简单理解就是"互联网＋各个传统行业",但这并不是简单的两者叠加,而是利用信息通信技术以及互联网平台,让互联网与传统行业进行深度融合,创造新的发展生态。从这个意义上讲,互联网经济发展确实为企业提供了巨大的变革空间,并且这种变革是革命性的。如果说蒸汽机、电动机、计算机代表三次工业革命的话,互联网为我们带来的就是第四次工业革命。

互联网的广泛应用对人类社会进步起到了巨大的推动作用。比如互联网零售业,"按一个键就能把你要的商品送上门",这种场景在互联网出现前是科学幻想,现在已经成为平常事。这个变化引发零售业的剧烈变革:实体店出现萎缩(至少要进行重新定位),电子商务服务与快递物流迅速崛起。与此相关的互联网金融以及互联网营销模式也发生巨大变化。

"互联网＋"作为国家战略,得到了中国政府的高度重视和大力支持。自2015年以来,中国政府出台了一系列的政策措施,如《国务院关于积极推进"互联网＋"行动的指导意见》《国务院关于促进大数据发展的行动纲要》《国务院关于促进"互联网＋"深入发展的若干意见》等,旨在为"互联网＋"提供良好的法治环境、基础设施、人才培养、金融支持等。

"互联网＋"已经成为中国经济社会发展的重要引擎和动力,它涵盖了各个行业和领域,如"互联网＋制造业""互联网＋农业""互联网＋教育""互联网＋医疗"等。这些领域通过互联网技术和模式,实现了自身的转型升级和创新发展,为社会提供了更多的价值和福利。"互联网＋"对社会经济的增长和发展有着巨大的贡献和影响。

"互联网＋"的未来发展趋势主要包括如下几个方面:

(1)"互联网＋"将更加深入和广泛地渗透到各个行业和领域,形成更多的"互联网＋X"模式,实现各个行业和领域的数字化、智能化、网络化、服务化。

(2)"互联网＋"将更加注重用户体验和需求,形成更多的"X＋互联网"模式,如"教育＋互联网""医疗＋互联网""娱乐＋互联网""出行＋互联网"等,实现用户的个性化、多样化、便捷化、参与化。

(3)"互联网＋"将更加强调创新驱动和协同发展,形成更多的"创新＋互联网"模式,如"科技＋互联网""文化＋互联网""公益＋互联网""政务＋互联网"等,实现创新的开放共享、跨界融合、平台化生态。

1.3 电子商务与互联网经济趋势

前文对电子商务和互联网经济的产生与发展进行了详细介绍,这一节重点介绍电子商务与互联网经济的未来发展趋势。

1.3.1 电子商务应用的发展趋势

人类已经进入电子商务应用的新时代,电子商务的广泛应用是大势所趋。对于电子商务应用,有如下九个方面的发展趋势。

1) 电子商务应用规模化

电子商务应用呈现出规模化趋势,这一趋势主要体现在越来越多的实体企业积极参与电子商务领域,同时电子商务应用的规模也不断扩大。在这一趋势中,B2C(商家对消费者)应用呈现出大而全的特征,如超级卖场模式,这种模式旨在为消费者提供广泛且多元化的商品和服务选择,从而实现更大范围的市场渗透和竞争力。

C2C(消费者对消费者)应用的发展趋势则侧重于构建基于买卖的超级社区。这种模式不仅仅有在线市场,还包括社交互动和用户参与。这种趋势注重社区合作和分享经济的理念,通过促进用户之间的互动和信任来实现更多的买卖机会和共享资源。

总之,电子商务应用的规模化趋势正在塑造着不同类型的商业模式,将继续推动电子商务领域的创新和发展。

2) 电子商务应用专业化

电子商务应用的专业化趋势日益显著,这一趋势反映在多个方面。首先,由于个性化程度极高的专一化网站在特定领域的不可替代性以及其稳定的网民基础,数量将迅速增加。这些网站通过为用户提供深度专业化的内容和服务,满足了不同需求的细分市场,从而加强其市场地位。其次,面向电子商务应用领域的专业化服务平台正受到越来越多个人和企业的广泛关注。这些平台通过提供精细化的电子商务解决方案,为企业提供更多选择和支持,以满足其独特的需求。这种趋势反映了市场对于高度专业化、定制化服务的迫切需求。此外,电子商务服务行业的迅速发展,也将促使许多新兴领域的形成,其中之一即为电子商务应用服务提供商。第三方电子商务应用服务提供商的出现为中小企业提供了更多的便利,因为它们能够承担电子商务应用的多个方面,从技术支持到市场推广,从而使中小企业能够将精力集中在产品和服务的提供上,而无需过多涉足复杂的电子商务技术和运营层面。

总结而言,电子商务应用的专业化趋势体现在专一化网站增加、专业化服务平台兴起以及电子商务应用服务商崛起等方面,这些趋势将推动电子商务的发展和不断演进。

3)电子商务应用智能化

电子商务应用智能化趋势已经成为业界瞩目的发展方向。智能化技术的广泛应用将在电子商务领域引领未来的发展趋势。特别值得注意的是,智能型电子商务应用平台的崭露头角,其采用的创新性产品孵化模式,即"交易门户网站+智能导购机器人",已经在中国电子商务领域掀起了一股新的浪潮,极大地颠覆了传统电子商务应用的理念和运营模式。

未来,随着网络云计算技术的不断演进和大数据资源的积累,智能导购机器人将在电子商务中扮演更为重要的角色。这些机器人以主动的运作模式,逐渐替代人工从事繁琐且不可或缺的任务,从而提高效率和质量,同时也为消费者提供更个性化的购物体验。

总的来说,电子商务应用智能化趋势将为电子商务领域带来全新的发展机遇,使其更加智能、高效和用户友好,为未来的电子商务生态系统带来积极而深远的变革。

4)电子商务应用客户化

电子商务应用客户化趋势的崛起标志着电子商务领域向更加个性化和以客户为中心的方向迈进。这一趋势旨在提供针对个体客户需求的产品和服务,将客户体验置于核心位置,已然成为电子商务领域的一项重要发展动力。在这个新兴的电子商务生态中,提供个性化产品和服务被视为电子商务应用的巅峰追求。

马云认为,客户化C2B(消费者对商家)模式将成为电子商务应用的未来升级方向。客户化C2B模式以消费者为导向,积极将消费者融入产品研发和创新的过程,以定制化的方式生产个性化产品,以满足不同消费者的多样需求。此举同时也有助于提高生产厂家的利润,减少价格竞争,以及简化中间渠道。此外,这一模式还增强了卖家的信用透明度,从而赢得了更多消费者的尊重和信任。

综上所述,电子商务应用客户化趋势不仅提升了客户体验,也促进了生产和销售模式的演进,为电子商务领域带来了更加个性化、高效和可持续的发展路径。这一趋势的崛起在电子商务领域带来了深刻的变革,使其更加适应不断演变的市场需求。

5)电子商务应用生态化

电子商务应用生态化趋势代表着电子商务产业向更加成熟和复杂的发展阶段迈进,这一发展进程已经在电子商务应用中初步显现。经过超过20年的演进,目前中国电子商务应用的外部环境和内部格局已经呈现出一种几近全面和多层次的商业生态环境。这一电子商务生态环境不仅体现在电子商务平台内部的多元合作关系上,还表现在平台与用户之间以及用户群体内部的协同互动现象上。同时,用户的自我服务体系也在逐渐演化为一个成熟的产业生态系统。

电子商务平台内部的生态化体现在多个层面,包括不同业务部门之间的协作、资源共享以及数据整合等方面。这种内部协同有助于提高平台的整体效率和服务水平,同时也为不同用户提供更加丰富和综合的体验。

在平台与用户之间,协作和互动也逐渐成为电子商务应用生态的重要特征。平台积极与用户合作,共同推动产品创新、服务升级以及市场拓展,这种合作不仅有助于提高用户满意度,还促进了平台的可持续发展。

最后,用户群体内部的生态化体现在用户之间的互动和共享上。用户在电子商务生态系统中不仅是消费者,还可以成为内容创作者、社区建设者或推广者,他们的参与进一步丰富了整个生态系统。

综合而言,电子商务应用生态化趋势反映了电子商务产业正在向一个更加成熟和复杂的阶段发展,这一趋势将继续塑造电子商务产业的未来,为其提供更多的机会和挑战。

6)电子商务应用社会化

电子商务应用社会化趋势标志着电子商务领域正在积极借助社交媒体、社区平台以及网络名人直播等多种渠道,构建以用户互动和信任为基础的社会化购物场景。这一趋势旨在提升用户的参与感和社群归属感,进而鼓励用户之间的口碑传播和共享消费行为。

在电子商务应用的社会化发展中,社交媒体平台扮演着重要的角色,它们提供了用户交流、分享购物经验和产品评论的平台,从而加强了用户之间的互动与信任。此外,社区平台也为用户创造了一个共同兴趣和价值观的空间,使他们能够更紧密地互动并建立深厚的社交关系。

网络名人的直播活动进一步推动了电子商务应用的社会化趋势。这些网络名人在直播中分享产品使用体验,提供专业建议,吸引了大量关注者,同时也赋予产品更高的可信度和吸引力。这种社交媒体和网络名人的互动,有助于构建更具社会性的购物环境,激发了用户的购买兴趣。

总结而言,电子商务应用社会化趋势是电子商务领域在社交媒体、社区平台和网络名人的影响下,积极倡导用户互动和信任构建,以提升用户参与感和社会群体感,促进用户之间的口碑传播和共享消费行为。这一趋势在电子商务领域的演进中起到了至关重要的作用,塑造了更加社会化和互动性的电子商务生态系统。

7)电子商务应用本地化

电子商务应用本地化趋势代表着电子商务领域对地方性市场的特别关注和利用。本地化电子商务,按字面解释,指的是以地方性为特色的电子商务模式,其中最为看好的包括地方论坛和地方门户网站转型为电子商务平台的发展趋势。这种电子商务形式通常采用O2O(线上到线下)模式,具备巨大的潜在发展空间,被认为是未来电子商务领域的一种重要发展模式。

本地电子商务的独特之处在于其能够实现商家与消费者之间的亲近接触,将商家与具备消费能力和消费意愿的潜在客户拉近至更为亲近的距离。这种近距离的互动有助于实现线上与线下业务的有效融合,为电子商务带来了巨大的市场机遇。这一市场领域无疑拥有广泛的潜力和广阔的发展空间。因此,本地电子商务被视为未来电子商务领域的新兴趋势和重要发展方向。

综上所述,电子商务应用本地化趋势反映了电子商务领域对地方市场的强烈兴趣,以及对线上与线下业务整合的追求。本地电子商务具备广泛的前景,被认为是未来电子商务领域的一个重要新兴趋势,将进一步塑造电子商务生态系统的未来发展格局。

8)电子商务应用移动化

移动电子商务(Mobile Commerce,M-Commerce),指的是通过手机、PDA(个人数字助理)等便携终端设备,在任何时间和地点进行电子商务交易的能力。近年来,移动设备和移动互联网的快速发展与广泛普及引发了人们的惊叹,同时也催生了崭新的用户行为和消费模式。

这一趋势的崛起与移动通信技术、无线互联网技术、移动应用程序的迅速发展密切相关。移动设备的性能和功能不断提升,使得用户能够随时随地访问互联网、搜索商品信息、进行在线购物以及完成支付交易等电子商务活动。这一趋势的显著特征之一是用户的日常生活已经与移动设备紧密相连,从而改变了他们的购物行为和消费偏好。

移动电子商务的兴起不仅促进了在线零售业的增长,还催生了一系列创新,如移动支付、位置定位服务、社交媒体整合等。这些创新进一步推动了移动电子商务领域的发展,使其成为当今电子商务领域的一个关键驱动因素。

综上所述,电子商务应用移动化趋势所带来的移动电子商务是一个充满活力和潜力的领域,已经改变了用户的消费习惯和商业模式。移动电子商务将继续在未来塑造电子商务领域,为企业和消费者提供更多的便利和机会。

9) 电子商务应用普及化

电子商务应用普及化趋势反映了电子商务已经全面渗透到经济各个领域,它正逐渐成为一种广泛应用且常态化的商业模式。这种普及化趋势类似于当今计算机技术的广泛应用和常见性。电子商务正逐渐演变成为中国经济增长的重要动力之一。

随着电子商务的不断发展,不仅电子商务服务业本身作为一个独立产业在不断壮大,同时几乎所有产业都在积极开展电子商务化的发展,以适应不断变化的市场需求。这种电子商务普及化发展趋势使得企业更具竞争力,加强了市场的效率和互联互通性。此外,通过政策支持、技术赋能、服务支持等多种措施,促进了中小企业、农村地区和贫困人口等弱势群体参与电子商务活动。这种措施的实施不仅扩大了电子商务的普及范围和受益面,还促进了共同富裕的实现,有助于减少社会和地区发展的不平衡性。

综上所述,电子商务应用的普及化趋势体现了电子商务已经深刻融入经济体系的各个层面,成了中国经济发展中的关键因素之一。这一趋势将继续推动电子商务领域的创新和发展,为更广泛的社会群体带来机会,促进经济增长和社会繁荣。电子商务应用是我国数字经济重要组成部分,线上线下协同发展是电子商务应用发展的必然趋势。

近年来,大数据、云计算、区块链等数字信息技术快速发展,产业数字化加速推进,推动电子商务服务业效率不断提升,为电子商务创造了丰富的应用场景,正在驱动新一轮电子商务应用创新。在经历多年高速发展后,网络消费市场逐步进入提质升级的发展阶段,供需两端"双升级"正成为行业增长新一轮驱动力。在供给侧,线上线下资源加速整合,社交电商、品质电商等新模式不断丰富消费场景,带动零售业转型升级;大数据、区块链等技术深入应用,有效提升了运营效率。在需求侧,消费升级趋势保持不变,消费分层特征日渐凸显,进一步推动市场多元化。

1.3.2 互联网经济的发展趋势

互联网经济发展给当今社会带来的变革和影响还远不止对商业模式的影响,在其他方面还有更深远的影响作用。比如,互联网经济颠覆了很多传统行业原来的产业价值链。每个行业都有一个产业价值链,且该产业价值链顺序与价值大小基本上是比较固定的。在互联网环境下,传统产业价值链就可能发生比较大的变化。如制造业的产业价值链为:技术研发、产品开发、生产制造、市场营销、售后客服,每个环节按照先后顺序依次传递,相隔的环节一般没有什么直接关系;产品研发和市场营销一般是相对价值大的环节。随着社会的不断发展,人们的消费需求不断发生变化,客户逐渐对同质化的产品失去兴趣,个性化的消费需求越来越强烈,这就对制造业提出了"小批量、多品种""柔性生产"的服务需求。互联网应用可以为个性化和定制化服务需求提供很好的解决方案:一是为相隔的环节(甚至一个环节对多个环节)建立关系;二是每个环节价值发生变化。由于"柔性生产"的要求,客户对技术研发、产品开发、市场营销和售后客服等环节都可能有影响。比如客户的各种需求直接反馈到技术研发与产品开发,客户需求的变化影响到营销模式,甚至影响到售后服务的模式。另外,在互联网经济环境下,不同传统产业之间也容易实现协同发展和融合发展,如旅游、购物、餐饮和休闲服务等。赋能传统产业是基于互联网的电子商务应用的重要使命之一。

20年前,以计算机、互联网为标志的数字革命给人类社会经济带来巨大繁荣;20年后,以云计算、物联网、大数据等为代表的互联网数据革命初露端倪,互联网创新从"波浪式"转向常态化,成为经济发展强大而稳定的引擎。新型的互联网信息技术,将进一步引领社会发生新的变革,世界经济加速向以互联网信息技术产业为重要内容的经济活动转变。目前,互联网商务、云计算经济、物联网经济和大数据经济等互联网新经济已经成为世界经济发展速度最快、潜力最大、合作最活跃的领域之一。

1) 互联网新技术和新经济的发展将会更加迅速

在中国经济转型升级以及新旧经济动能转换的背景下,出现了一个令人欣喜的发展现象,即以互联网,尤其是移动互联网为核心的新经济和新金融正在成为经济发展的新兴动力源。这一趋势在中国的互联网商业领域创造了显著的成就,堪称是一个经济现象。这一现象的背后可以追溯到创新精神和企业家精神的充分发挥。一批杰出的创新者,以其锐意创新的精神和卓越的企业家精神,使中国在互联网商业应用领域取得了令人瞩目的领先地位。

尤其值得一提的是,在互联网进入移动互联网时代后,中国的BAT(百度、阿里巴巴、腾讯)紧紧抓住了这一历史性机遇,创造了难以置信的商业机会和互联网投资财富。这一时期,中国迅速崛起为互联网创新和发展的领军国家,为全球互联网行业的发展注入了强大动力。随着全球经济逐渐迈入工业4.0时代,中国也已开始积极探索和深入研究大数据、人工智能以及区块链等前沿技术。百度公司在这一背景下经历了彻底的战略转型,将其业务焦点从传统搜索引擎转向人工智能领域。这一战略调整反映出中国在适应未来科技浪潮方面的坚定决心,同时也代表着互联网新经济在中国经济发展中的不断演变和创新。

总之,中国新经济和新金融领域的蓬勃发展是中国经济结构升级的一部分,也为全球科技和商业领域的演进提供了重要的动力。中国在互联网领域的成功经验以及对新兴技术的积极探索将在未来继续塑造全球经济格局。

2) 互联网新经济成为推动中国经济发展的新动力

以互联网为平台的新经济已经成为中国经济中最具活力的新动力。这一新经济势力多年来持续为中国经济增速的稳健增长提供了坚实的支持。此外,互联网平台所孕育的多种新经济业态不仅丰富了经济生态,还创造了大量的就业机会,为适龄劳动力提供了广泛的就业选择,进一步加强了中国经济的可持续增长。其中,网络红人(网红)领域作为一种新兴业态,吸纳了许多年轻人参与就业。

未来,中国在信息和通信技术(ICT)领域将继续迈向新的高度。这一领域将包括但不限于人工智能、5G通信技术、开源芯片研发、金融科技、工业互联网、5G与8K高清直播技术、无人投递车辆、5G远程驾驶、增强现实(AR)、虚拟现实(VR)、混合现实(MR)、加密货币以及区块链技术等。这些领域代表了全球新一轮新经济创新的方向和热点，它们将在未来的发展中继续推动中国在全球新经济领域的领先地位。这不仅将为中国经济注入新的增长动力，还将在国际舞台上发挥重要作用，为全球经济创新和可持续发展做出贡献。

3) 人工智能的应用成为互联网经济发展新趋势

人工智能目前是全球互联网行业和市场最为突出的研究和应用焦点。主要的全球互联网企业正积极转型以适应这一新技术和应用。未来几年，人工智能有望在互联网领域引发两个重要趋势：首先，人机交互界面将朝着语音化方向转变。在键盘、鼠标和触摸屏等传统交互方式之后，语音交互正逐渐成为一种新的人机交互方式。对于互联网企业而言，掌握这种新的用户界面将更容易把握新的流量入口，进而更便捷地向用户推广其服务。这一趋势反映了技术进步对用户体验和界面设计的深刻影响；其次，人工智能将拓展互联网服务的应用场景。各种互联网应用场景正在受益于人工智能技术的广泛应用。未来几年，人工智能将更多地用于传统互联网应用场景，如搜索引擎、新闻发布和电子商务等服务领域，以提高服务效率和产品质量。此外，在一些新兴领域，人工智能技术还将拓展互联网服务的应用场景，为新的商业模式提供支持。这种变革将深刻地影响互联网业务的发展方向和商业机会的探索。

总之，人工智能的快速发展正引领着互联网行业的变革，为用户提供更便捷、更智能的互动方式，同时也在各种互联网应用中发挥着积极的作用，促进了服务效率的提升和商业模式的创新。未来，人工智能技术将继续引领互联网行业的发展，为数字化时代的智能化进程注入新的活力。

4) 数字化新阶段互联网经济发展新趋势

目前数字经济发展已经进入数字化4.0阶段，即大数据与数据智能阶段。中国互联网经济的发展将继续深入贯彻数字中国建设部署要求，加强数字基础设施建设，推动数据要素价值释放，促进数字经济和实体经济深度融合，加快核心技术突破，实现平台企业在引领发展、创造就业、国际竞争中大显身手。

互联网经济将利用大数据、云计算、人工智能等数字技术，提升电子商务的效率和质量，实现个性化推荐、智能客服、精准营销等功能，增强用户黏性和满意度。互联网经济将借助社交媒体、社区平台、网红直播等渠道，打造基于用户互动和信任的社会化购物场景，增强用户的参与感和归属感，促进用户间的口碑传播和共享消费。

互联网经济将响应国家的低碳发展战略，推动电子商务行业实现节能减排、循环利用、绿色包装等目标，提高环境友好性和社会责任感。互联网经济将积极参与数字经济国际合作和规则制定，推动跨境电子商务的发展和便利化，加强数字产业链的全球布局和优化，提升中国品牌的国际影响力和竞争力。

企业和组织在数字化转型方面将继续加速，追求更高水平的数字化整合。这将涵盖从业务流程再造到数据驱动决策等多个层面，以实现效率提升、降低成本，并更好地适应数字化时代的客户需求。数字化转型的成功将取决于组织的战略规划和技术创新。

人工智能技术和大数据分析将继续在互联网经济中扮演关键角色。这包括更广泛的数据采集和分析，机器学习和自动化的应用，以改善产品和服务的质量，优化运营流程，并实现个性化用户体验。人工智能和大数据的应用也将促进更深入的智能化决策制定和预测分析。

区块链技术将继续在金融、供应链管理、智能合同等领域发挥重要作用。其特点包括提高交易的透明度、安全性和信任度，减少中间环节的需求，以及保护数据的完整性。区块链的广泛应用有望改革多个领域的商业模式和操作方式。

5G技术的普及将为互联网经济注入新的活力。5G的高速连接和低延迟特性将支持更多的互联设备和应用，包括增强现实和虚拟现实等沉浸式体验。这将推动各个领域的创新，如智能城市、医疗保健和自动驾驶等。

互联网将继续与物联网更紧密地融合，各种设备和传感器将连接到互联网，实现智能城市、智能家居和工业应用等领域的更智能化管理和优化。

可持续性和环保将成为互联网经济发展的重要方向。绿色技术、智能城市和清洁能源等领域的创新将推动环境友好型发展，并满足社会对可持续性的需求。

互联网将继续改变教育和工作方式，在线教育平台将更广泛地普及，远程工作将成为一种更为常见的工作模式。这将推动全球教育和劳动市场的变革。

电子商务应用将继续增长，数字支付和虚拟货币的采用将迅速扩展。电子商务平台将不断改进用户体验和安全性，以满足不断增长的在线购物需求。

随着互联网的扩展，网络安全和隐私保护将成为关键问题。政府、企业和个人将需要共同努力，以确保数据的安全性和隐私的保护。

互联网经济将继续推动全球化，国际合作将在数据流动、跨境电子商务和数字标准等领域变得更为重要。这将有助于应对全球性挑战，如网络犯罪和数据安全。

另外，中国"互联网＋"战略发展会呈现如下主要趋势：各级政府成为中国"互联网＋"战略的引领者与推动者；"互联网＋"专业服务促进传统企业互联网化转型升级；"互联网＋"专门技术和运营服务将成为热门职业岗位；"互联网＋"专门人才职业教育和服务技能培训会兴起；"互联网＋"使平台型或生态型电子商务再度受到热捧；"互联网＋"使O2O电子商务应用再度受到广泛的关注；"互联网＋"加速传统企业及行业供应链服务互联网化；"互联网＋"政策驱动下的创业项目和孵化器越来越多。

思考与练习

1. 电子商业（E-Business）和电子商务（E-Commerce）有何区别？
2. 如何理解电子商务本质内涵？电子商务应用的根与本分别指什么？
3. 互联网新经济与传统经济有所不同，应该如何理解互联网经济？
4. Virtual Economy 和 Fictitious Economy 两者在概念上有何不同？
5. 电子商务应用的趋势有哪些？如何理解互联网经济应用的新趋势？
6. 相较于传统商务，电子商务的主要优势体现在哪些方面？
7. 如何理解数字经济？数字经济与互联网经济两者之间有何联系？

2 电子商务的应用模式与商业模式

【内容概要】

本章首先介绍电子商务应用模式的概念,并分析电子商务中的典型应用模式,然后介绍互联网对商业模式的影响,最后讨论电子商务中的主要商业模式。

【学习目标】

(1) 掌握电子商务应用的概念及其基本内涵。
(2) 掌握电子商务典型应用模式的基本内容。
(3) 掌握电子商务商业模式的概念及其内涵。
(4) 了解互联网对商业模式创新的促进作用。
(5) 了解电子商务主要商业模式的基本内容。

【基本概念】

电子商务,应用模式,商业模式。

2.1 电子商务中的典型应用模式

如今,人类已经步入了电子商务时代。作为一种全新的模式,电子商务的出现深刻改变了人类的生产和生活方式,对电子商务的应用也在全球范围内不断地受到重视。电子商务应用为消费者带来了更加便捷、个性化和快速的购物体验,为人们的生活提供了更多的便利和可能性;同时降低了交易成本,提升了效率,不断拓宽着市场和销售渠道,推动着市场创新和竞争。这一节重点讨论电子商务应用相关概念以及对电子商务典型应用模式,目的在于理解电子商务应用的本质内涵和现实意义。

2.1.1 电子商务应用概述

所谓电子商务应用,从概念上说,就是采用电子商务方式开展商务活动。其核心是通过互联网和电子技术连接买家和卖家,并在网络环境中进行商品的展示、购买和交付。从不同商务活动主体角度看,电子商务应用,可以有企业的电子商务应用、消费者的电子商务应用、政府的电子商务应用等。

1) 从企业的角度来看

通过采用电子商务方式,企业可以实现协同商务、移动商务;借助数字交互式媒体,企业能进行网络直销、数字营销、提供客户服务;能够实现电子采购,通过网上招标、网上竞标、网上谈判等提高采购效率、降低采购成本。电子商务应用还涵盖拍卖交易、在线出版、再生资源回收、边境贸易等领域。

2) 从消费者的角度来看

消费者可以凭借电子商务方式进行电子购物、在线支付、获得在线售后服务；消费者能够进行网上理财，包括在线证券交易和电子存取款等；其他电子商务应用还涉及旧货流通、在线求职等方面。

3) 从政府的角度来看

国家机关能够运用信息与通信技术(ICT)等来实现电子政务，并对政府的业务进行处理和交流，对公共资源进行管理，为市民提供服务。电子政务通过数字化、在线化和自动化等方式，减少了政府处理业务的时间和成本，并提高了公众参与的便利性。实践中，电子政务涉及电子医疗服务、电子税务、社会保险网络服务、在线申请行政许可、在线支付政府服务费用等。

如图2-1所示是本书作者提出的电子商务应用的概念框架。电子商务应用都离不开一定基础设施，并且要利用离线服务以及依托电子商务平台的在线服务进行商务活动。这一过程需要被管理——规划、组织、协调和控制，也要受到一系列政策和法律的监管。

2.1.2 长尾理论与电子商务应用

1) 长尾理论

长尾理论是网络时代兴起的一种新理论。所谓长尾理论是指，只要产品的存储和流通的渠道足够大，需求不旺或销量不佳的产品所共同占据的市场份额可以和那些少数热销产品所占据的市场份额相匹敌甚至更大，即众多小市场汇聚成可产生与主流相匹敌的市场能量。也就是说，企业的销售量不在于传统需求曲线上那个代表"畅销商品"的头部，而是那条代表"冷门商品"的经常为人遗忘的长尾。

根据维基百科可知，长尾(The Long Tail)这一概念是由《连线》杂志主编Chris Anderson在2004年10月的《长尾》一文中最早提出，用来描述诸如亚马逊和Netflix之类网站的商业和经济模式。安德森认为，网络时代是关注"长尾"、发挥"长尾"效益的时代。"长尾"实际上是统计学中幂律(Power Laws)和帕累托分布(Pareto)特征的一个口语化表达。

如图2-2所示，是著名的长尾理论示意图：曲线的横坐标表示产品的畅销程度，越接近原点的产品越畅销；纵坐标为产品的销量。流行商品会集中在头部，数量不多，但是销售量很大；而差异化的、少量的需求会在需求曲线右侧形成一条长长的"尾巴"，每一个单个产品需求和销量都很小。

由于成本和效率因素，过去人们往往只能关注曲线的"头部"，而忽略那些处于曲线"尾部"、需要更多的

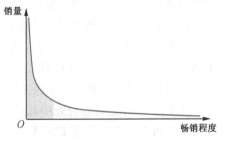

图2-2 长尾理论示意图

精力和成本才能关注到的大多数人或事。例如，在销售产品时，厂商关注的是少数几个所谓"VIP"客户，"无暇"顾及在人数上居于大多数的普通消费者。

而在网络时代，由于关注的成本大大降低，人们有可能以很低的成本关注正态分布曲线的"尾部"，关注"尾部"产生的总体效益甚至会超过"头部"。例如，谷歌是世界上最大的网络广告

商,它没有一个大客户,收入完全来自被其他广告商忽略的中小企业。一家大型书店通常可摆放10万本书,但亚马逊网络书店的图书销售额中,有1/4来自排名前10万以后的书籍。这些"冷门"书籍的销售比例正以高速成长,预估未来可占整个书市的一半。这意味着消费者在面对无限的选择时,真正想要的东西和想要取得的渠道都出现了重大的变化,一套崭新的商业模式也跟着崛起。简而言之,长尾所涉及的冷门产品几乎涵盖了更多人的需求,当有了需求后,会有更多的人意识到这种需求,从而使冷门不再冷门。

电子商务的出现最大限度地激活了长尾效应,并加强了卖家和买家之间的连接。传统实体商店由于受限于实际空间和资金,只能销售那些热门和畅销的商品,而忽略了长尾商品的销售潜力。然而,相比传统的实体商店,电子商务通过利用互联网的全球覆盖,克服了地理和物理的限制,为长尾商品提供了更多的曝光和销售机会。

从消费者的角度来看,电子商务平台通过低成本运营和广泛的产品搜索功能,使得消费者更容易找到他们所需的商品。消费者可以通过电子商务平台轻松浏览和比较各种产品,从而满足个性化的需求。从卖家的角度来看,电子商务应用为卖家提供了更多的销售渠道和选择。卖家可以通过电子商务平台将产品推向全球市场,满足不同买家的需求。这为卖家提供了更大的销售机会和增加收入的可能性。

可以说,随着网络技术在全球范围内发展,电子商务通过激活长尾效应,改变了只有少数商品能赚钱的规律,并为商业未来带来了更多的盈利机会。这使得市场更加多样化,买家可以获得更广泛和特殊的产品选择,而卖家也能从销售长尾商品中获得更多的商机。电子商务的发展有助于实现更加包容和丰富的商业生态。

2.1.3 电子商务的主要应用模式

根据交易对象和运作方式的不同,电子商务的应用模式多种多样,此处介绍电子商务的7种主要应用模式,即B2B电子商务、B2C电子商务、C2C电子商务、C2B电子商务、B2G电子商务、B2T电子商务以及O2O电子商务。

1) B2B电子商务

B2B电子商务是商家对商家(Business to Business)的电子商务应用,涉及商家之间的交易、合作和交流。在B2B电子商务中,商家或经营者可以通过在线平台、电子市场或专门的B2B网站与其他商家进行交易。

B2B电子商务具体又可分为垂直型B2B电子商务和水平型B2B电子商务。

垂直型B2B可分为两个方向:上游和下游。生产商或者零售商可以与供应商之间形成供货关系。从覆盖范围来看,垂直型B2B专注于特定行业的需求,提供定制化的解决方案。例如,某个垂直型B2B平台可能专注于医疗设备行业,为医疗机构提供医疗设备的采购和销售服务。

水平型B2B是将各行业中相近交易过程集中到一个场所,为企业的采购和供应方提供一个交易的机会。与垂直型B2B相比,水平型B2B平台覆盖广泛的行业,提供通用的产品和服务。例如,某个水平型B2B平台可能提供供应链管理工具,适用于各种行业的企业。

根据控制形态的不同,B2B平台又可以分为卖方控制型、买方控制型和第三方中介控制型。选择适合的平台类型取决于企业的需求和战略目标。

卖方控制型平台由卖方企业掌控和管理,卖方在平台上提供产品或服务,并控制交易过程。买方企业在平台上浏览和选择产品,但交易的主导权在卖方手中。这种平台通常由供应商或制造商创建,旨在给买方企业提供一个集中采购的渠道。卖方控制型平台的优势在于卖方可以更好地掌握市场和交易流程,但买方的选择权和议价能力相对较低。

买方控制型平台由买方企业主导和管理,买方在平台上发布采购需求,并控制交易过程。卖方企业在平台上竞标或报价,买方根据自身需求选择供应商。这种平台通常由大型采购企业或集团创建,旨在给供应商提供一个集中销售渠道。买方控制型平台的优势在于买方可以更好地掌握市场和交易流程,有更大的议价能力和选择权,但卖方的市场竞争压力相对较大。

第三方中介控制型平台则是由独立的第三方机构或公司管理,它们在平台上提供交易撮合和管理服务。卖方和买方企业在平台上注册并发布产品或需求,第三方中介负责匹配双方,并提供交易的安全和可靠性保障。这种平台通常是公共或私人的电子市场,旨在促进供需双方的交易。第三方中介控制型平台的优势在于提供中立的交易环境,增加了交易的透明度和可信度,但双方企业在交易过程中可能需要支付一定的手续费。

2) B2C 电子商务

B2C 电子商务是商家对消费者(Business to Consumer)的电子商务应用,这种模式是我国最早出现的电子商务应用模式,以 8848 网上商城正式运营为标志。

B2C 电子商务一般以网络零售业为主,借助于互联网和独立网店系统软件开展在线销售活动,同时也是企业或品牌推广的一种新形式。消费者可以通过网络进行在线购物,购买实物、获取信息以及享受各种售前和售后服务。其优势在于节省了消费者和企业的时间和空间,极大地提高了交易效率。

B2C 电子商务具体又可以分为垂直型 B2C 电子商务与综合型 B2C 电子商务。

垂直型 B2C 是指企业专注于特定的商品或服务领域,以满足消费者的特定需求,例如只销售电子产品或只提供旅游服务。这种模式下,企业通常在特定的垂直市场中建立了专业化的供应链和销售渠道,因此往往能够提供更专业化和个性化的商品或服务。

综合型 B2C 则是指企业提供多种不同类型的商品或服务,涵盖广泛的领域,以满足消费者的多样化需求。这种模式通常通过一个综合的电子商务平台来实现,消费者可以在同一个网站上购买各种不同的产品或服务。例如,一家提供电子产品、家居用品、服装和食品等多种商品的在线商城就是一个综合型 B2C 企业。

B2C 还可分为第三方交易平台型 B2C、传统生产企业网络直销型 B2C、传统零售商网络销售型 B2C、纯网商。

其中,第三方交易平台型 B2C 是由第三方平台提供一个中立的交易环境,连接消费者和卖家,并促成交易的进行。这种模式下,卖家在平台上销售产品,消费者通过平台进行购买。典型的例子是淘宝、京东等电商平台。

传统生产企业网络直销型 B2C 是由传统生产企业直接通过网络进行销售。生产企业在自己的网站或电商平台上销售自己生产的产品,直接面向消费者。生产企业掌握了销售渠道的控制权,能够更好地与消费者进行互动和服务。

传统零售商网络销售型 B2C 是由传统零售商通过网络进行销售。传统零售商在自己的网站或电商平台上销售产品,通过网络扩展销售渠道,吸引更多的消费者。这种模式下,传统零售商利用自身的品牌和渠道优势,将线下业务与线上销售相结合。

纯网商则是指那些没有实体店面,完全依靠网络销售的企业。这种类型的 B2C 电子商务企业在网上建立自己的销售平台,通过网络进行产品销售和服务提供。纯网商通常具有较低的运营成本和更大的灵活性,能够迅速适应市场变化。

3) C2C 电子商务

C2C 电子商务是消费者对消费者(Consumer to Consumer)的电子商务应用。如图 2-3 所示,在 C2C 电子商务中,消费者可以通过在线平台(如电子商务网站或应用程序)将自己的货品或服务直接销售给其他消费者。例如:一个消费者有一台不用的电脑,通过网络进行交易,把它出售给另外一个消费者。C2C 电子商务平台上销售的有消费者用过的旧品,还有别人送的礼品、自行购买的全新商品、非实名制的门票和车票等。

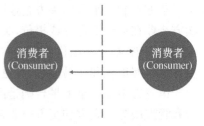

图 2-3 C2C 电子商务

C2C 具体可分为综合性 C2C 电子商务与垂直或行业性 C2C 电子商务。

综合性 C2C 平台是指提供各种类型商品和服务的综合性电子商务平台。这些平台通常具有广泛的货品类别,涵盖了各种不同的行业和领域。综合性 C2C 平台允许卖家在同一个平台上销售各种不同类型的商品,例如二手商品、手工艺品、服装、家居用品等。买家可以在平台上搜索并购买他们感兴趣的商品。

相比之下,垂直或行业性 C2C 平台更专注于特定的行业或领域。这些平台通常针对特定的产品类别或特定的消费者需求进行定位。例如,有些垂直 C2C 平台专注于二手车交易,而另一些可能专注于二手书籍或艺术品交易。这些平台提供了更专业化的服务和更深入的行业专业知识,以满足特定领域的买家和卖家的需求。

C2C 平台又可分为消费者二手交易平台和消费者社交网络平台。

消费者二手交易平台是指提供给消费者进行二手商品买卖的平台。在这种平台上,消费者可以发布自己要出售的二手商品信息,其他消费者可以浏览并购买这些商品。这种平台通常提供搜索、分类、评价等功能,方便消费者找到合适的二手商品,并进行交易。但是,经营二手商品的网站不一定就是 C2C 电子商务。比如:有些平台先从消费者处收购二手货品,维修处理后,再向消费者销售,这种情况并不属于 C2C 电子商务;在线进行二手设备拍卖、废旧物资拍卖等也不是 C2C 电子商务。

消费者社交网络平台是指将社交网络和交易平台结合在一起的平台。除了提供买卖功能外,这种平台还注重用户之间的社交互动。用户可以在平台上建立个人资料、添加好友、发布动态等,与其他用户进行交流和互动。这种平台通常会根据用户的兴趣、地理位置等信息,推荐相关的商品和用户,增加用户之间的交流和交易机会。

需要明确的是,C2C 电子商务是发生在两个消费者之间的行为。因此,个人与个人之间的电子商务不一定就是 C2C 电子商务,要看两个"个人"是否都是消费者。按照《中华人民共和国电子商务法》第九条的规定,电子商务经营者可以是自然人、法人和非法人组织。淘宝网的个人用户,如果不是消费者,就是经营者。事实上,淘宝网的一部分个人网店是一些小企业主以个人身份注册的,网店的行为是经营行为,卖家是经营者,买家是消费者。而另一部分人可能是消费者,在淘宝开个网店,主要是处理一些旧品,而不是正常的经营活动。所以,淘宝网大多数属于 B2C,少数属于 C2C。

4) C2B 电子商务

C2B 电子商务是消费者对商家(Consumer to Business)的电子商务应用。如图 2-4 所示,C2B 电子商务是消费者驱动的电子商务,是互联网经济时代的新模式。

在传统的 B2C 电子商务中,商家首先提供商品,然后消费者根据市场上已有的商品进行

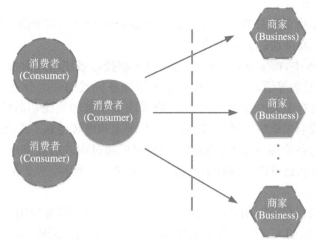

图 2-4　C2B 电子商务模式

购买。而在 C2B 模式中,消费者驱动成为主导因素,商家根据消费者的需求进行备货或生产。如消费者首先提出自己的个性化需求,可以是定制产品和价格,或者参与产品的设计、生产和定价过程,生产企业据此进行定制化生产。这种情况下,企业能够更准确地了解消费者的需求,提供更有针对性的产品和服务。

按定制主体和定制内容两个维度将 C2B 分为五类,分别是群体定制价格、个体定制价格、群体定制商品、个体定制商品和混合型定制。

① 群体定制价格 C2B 中,消费者可以通过在线平台或应用程序与商家进行互动,提供他们的需求信息,并根据自己的预算设定价格。商家收集到一定数量的需求后进行价格协商,并根据群体需求量和特性来确定最终的定价策略。群体定制价格通过集合消费者的需求来达到一定的规模,从而获得更好的价格优势。

② 个体定制价格 C2B 则是指消费者通过个人需求与商家协商定价的过程。在这种情况下,消费者通常会个别与企业进行协商,根据自身的需求、要求和经济情况来商讨最终的价格。个体定制价格常见于一些高端定制产品或定制服务,如高级服装、豪华汽车和奢侈品等。消费者通过与企业进行一对一的协商,可以获得更贴合个人需求的产品或服务,但价格可能会相对较高。其适用于消费者对商品或服务有高度个性化需求的情况,强调消费者对商品定价的个体决策。

③ 群体定制商品 C2B 是指商家在大规模生产的基础上,根据消费者群体的需求和要求,生产定制化的商品。这种模式生产的产品可以满足大量消费者的共同需求,适用于消费者需求相对统一的情况。

④ 个体定制商品 C2B 是指企业根据消费者的个性化需求,为每个消费者提供独特的商品或服务,消费者可以参与产品设计、定制和生产的过程。这种模式适用于消费者对产品或服务有高度个性化需求,并希望参与到产品定制的过程中的情况。

⑤ 混合型 C2B 则是结合了群体定制和个体定制的特点,商家可以根据消费者群体的共同需求,生产一批定制商品,同时也可以根据个体消费者的个性化需求,提供个体定制的服务。

最后,需要说明的是,C2B 也可能是消费者向商家销售,比如回收废品;也可能是消费者发起逆向采购的行为。总之,C2B 是消费者驱动的电子商务应用。

5）B2G 电子商务

B2G 电子商务是指商家对政府(Business to Government)的电子商务应用,即商家与政府通过网络所进行的交易活动的运作模式。

在 B2G 电子商务中,商家利用在线平台或电子招投标系统与政府机构进行交互,提供产品和服务,参与政府采购等活动。B2G 模式是电子商务领域的一个分支,对于企业和政府机构之间的商业合作具有很大的意义,能够为政府采购提供更加便捷和高效的解决方案。目前 B2G 模式逐渐成为政府采购的主要方式,并在某些国家和地区得到了广泛应用。

B2G 模式对各行各业都有很大的影响。商家可以通过向政府提供产品和服务,获得更好的商业机会。政府机构也可以获得更多的选择,获得更好的服务,并使自己的业务更高效。

6）B2T 电子商务

B2T 电子商务是指商家对团队(Business to Team)的电子商务应用。如图 2-5 所示,B2T 是继 B2B、B2C、C2C 后的又一电子商务模式,即一个团队向商家采购,又称为网络团购模式。

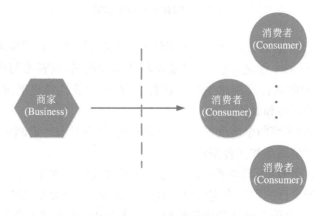

图 2-5　B2T 电子商务模式

所谓团购,就是互不认识的消费者,借助互联网的"网聚人的力量"来聚集资金,加大与商家谈判能力,以求得最优的价格。它是网络中庞大和迅速的、购买力量集中的一种买卖方式,将使消费者从以往被动的弱势地位向主动的强势地位转化。但是,在 B2T 电子商务中,交易条件,包括价格,是由商家控制的。所以,B2T 本质上还是 B2C。

B2T 模式主要包括自发团购模式、商业团购模式和网络营销团购模式这三类。

① 自发团购模式是指由消费者自发组织的团购活动。在这种模式下,消费者通过社交媒体、论坛等渠道组织团购,以获取更低的价格或更好的优惠条件。消费者可以通过集中采购的方式获得更大的折扣,并且可以共享团购的好处。自发团购模式通常适用于小规模的消费者团体,如朋友、家人或同事之间的团购活动。

② 商业团购模式是指由企业或商家组织的团购活动。在这种模式下,企业或商家与供应商协商,以获得更低的采购价格,并将这些优惠条件传递给消费者。商业团购模式通常适用于大规模的消费者团体,如员工、会员或社区居民。商业团购可以帮助企业或商家增加销量,提高品牌知名度,并与消费者建立更紧密的关系。

③ 网络营销团购模式是指通过互联网平台进行的团购活动。在这种模式下,企业或商家利用互联网平台,如电子商务网站、团购网站或社交媒体,向消费者提供团购产品或服务。网络营销团购模式具有便捷性和广泛性的特点,消费者可以通过在线购买获得团购优惠,并且可

以随时随地参与团购活动。

7) O2O 电子商务

O2O 电子商务,即线上对线下(Online to Offline)的电子商务应用。如图 2-6 所示,商家通过在线方式将商家信息、商品信息等展现给消费者,消费者在线上进行筛选服务并支付,然后到线下进行消费验证和消费体验。O2O 电子商务的典型例子包括在线订购食物后到实体店自取、在线购买电影票后到影院观影、在线预订酒店后到酒店入住等。

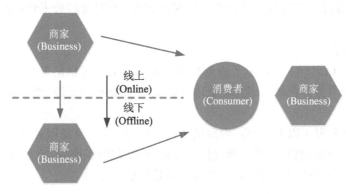

图 2-6 O2O 电子商务模式

O2O 概念由 Alex Rampell 于 2010 年提出,其核心思想是将线上和线下商业活动相结合,通过在线平台连接消费者和实体店铺、服务场所。这个概念起源于沃尔玛的 Site to Store 策略。按照这个策略,客户可以在沃尔玛的网站上购买商品,并选择将商品送至最近的实体店铺自取。

在中国,O2O 电子商务最早的实践者之一是大众点评网,它最初是一个用户点评餐厅的网站,随后逐渐扩展到其他领域,如酒店、旅游、美容、健身等。用户可以在网站上浏览其他用户对商家的评价和点评,从而决定是否选择该商家。同时,大众点评网还提供在线预订和优惠券等服务,使用户可以在线上完成预订和支付,然后到实体店铺享受服务。通过大众点评网,消费者可以方便地找到符合自己需求的商家,并了解其他用户的评价和体验。对于商家来说,大众点评网为他们提供了一个展示和推广的平台,吸引更多的潜在客户。大众点评网的成功实践证明了将线上用户点评和线下实体商家相结合的商业模式的可行性,并推动了 O2O 电子商务在中国的快速发展。

团购网站的出现标志着 O2O 模式进入了一个崭新的发展阶段。消费者可以通过团购网站找到各种各样的优惠商品或服务,如餐厅优惠套餐、美容护理优惠券、旅游度假优惠券等,然后到实体店铺或服务场所进行线下消费,实现线上线下的无缝连接。

受益于智能手机和移动互联网的普及,O2O 电子商务正在蓬勃发展。它为商家提供了更多的销售渠道和机会,同时也为消费者提供了更多的选择和便利。

2.1.4 电子商务的其他应用模式

除前文讨论的电子商务的主要应用模式外,还有许多不同电子商务应用模式。根据不同交易主体、交易方式、交易平台和交易内容的创新和变化,电子商务应用模式呈现出多样性。这种多样性为企业和消费者提供了更多选择和灵活性,推动了电子商务的发展和进步。

1) G2B 电子商务

G2B(Government to Business)即政府向企业提供产品和服务的商业模式。在 G2B 电子商务中,政府机构利用电子平台向企业提供各种服务,例如许可证申请、税务申报等。企业可以通过在线平台与政府机构进行交互,提交申请、查询信息、支付费用等。G2B 电子商务的目的是提供便利的政府服务,促进企业的发展和经济活动。

B2G 电子商务侧重于企业向政府提供产品和服务。而 G2B 电子商务则侧重于政府向企业提供服务,而两者都旨在通过电子化的流程提高效率、透明度和公平性,促进政府和企业之间的合作和交流。

2) B2E 电子商务

B2E(Business to Employee)电子商务是指企业向其员工提供的电子商务活动,也被称为企业对员工的电子商务。它侧重于为企业内部员工提供服务和资源,而不是面向外部客户或合作伙伴。

其服务包括但不限于以下方面:内部员工门户网站、员工自助服务、内部员工购物平台、企业培训和教育、内部沟通和协作。通过提供方便、快捷的电子服务,企业可以提升员工体验,同时减少与人力资源管理相关的纸质文件和手动处理的工作量。

3) Intra-Business 电子商务

Intra-Business 电子商务是指企业内部的电子商务活动,涉及同一企业内部不同部门或分支机构之间的交易和信息交换。与之相对的是 Inter-Business EC(企业间电子商务),也就是我们常说的 B2B 电子商务,它指的是不同企业之间进行的电子商务活动。

Intra-Business EC 的定义可扩展为在企业内部使用互联网和电子技术进行商品或服务的购买、销售、供应链管理和商业交易等活动。它旨在提升企业内部业务流程的效率、透明度和协作性。

4) P2P 电子商务

P2P(Peer to Peer)电子商务是指在电子商务领域中,直接在对等主体之间进行交易和交流,而无需通过传统中介平台或第三方机构的过程。在 P2P 电子商务中,交易主体可以是个人、企业或组织。

P2P 电子商务的核心理念是对等主体之间的直接交互和交易,以便实现资源共享、商品交换或服务提供。这种模式允许交易主体自主决定定价、交易条件和交易方式,从而提供更多的自由度和更灵活的交易模式。

5) A2A 电子商务

A2A(Agent to Agent)电子商务是指在电子商务领域中,两个或者多个代理商之间进行交互和交易的过程。这种交互可以包括代理商之间的询价、订单处理、库存管理、支付等各种商务活动。

A2A 电子商务通常发生在不同的供应链环节中的代理商之间。这些代理商可以是产品制造商、供应商、批发商、零售商等。通过使用电子商务平台,这些代理商可以更加高效地进行业务活动,减少纸质文件处理,并提供更快速、准确的响应。

6) D2D 电子商务

D2D(Device to Device)电子商务是指通过设备间的直接交互进行电子商务活动的过程。在这种模式下,不需要通过传统的互联网连接或中介平台,而是直接使用设备之间的无线通信或蓝牙技术进行交流和交易。

D2D 电子商务可以应用于各种领域,例如移动支付、共享经济、智能家居等。设备可以是智能手机、平板电脑、传感器、智能家居设备等。通过设备之间的直接连接,用户可以进行各种交易和交流,如传输数据、共享资源、进行支付等。

7) G2C 电子商务

G2C(Government to Citizen)电子商务是指政府机构对公众的电子商务。通过各级政府网站和移动在线平台,政府可以 G2C 电子商务的形式向公众提供服务。

具体服务内容包括市民办事、政策答疑、便民公告、福利费发放、民意调查、个人缴税等。这样一来,公民可以方便快捷地获取政务、办事、生活等方面的信息咨询和服务。

8) B2M 电子商务

B2M(Business to Manager)指的是企业对经理人的电子商务模式。在这种模式下,商家通过网络销售产品和服务,而职业经理人会为企业提供产品和服务的销售渠道。商家通过这种方式将产品和服务推广到更广泛的市场,而职业经理人从中获取佣金。

需要注意的是,B2M 电子商务与 B2B、B2C、C2C 等电子商务有所不同。后三种模式中,交易双方都是在线上进行交易,买方即为产品和服务的最终消费者。然而,在 B2M 模式中,职业经理人并不是最终消费者,他们可以在线下寻找最终的买家。

2.1.5 不同理念的电子商务应用

在电子商务应用中,商业理念是最为核心的。自电子商务应用出现以来,其应用理念也在发生变化。根据商业理念的不同,本书作者把电子商务应用分成如下三个类型或三个阶段:商品销售、服务体验(创新)和价值创造,如图 2-7 所示。

图 2-7 电子商务应用的三个阶段

1) 电子商务 1.0——商品销售

在这个阶段,电子商务应用聚焦销售功能,也叫卖货电商阶段。电子商务应用主要关注的是实现产品的在线销售,即通过建立电子商务平台,提供商品展示、购买和支付等基本功能。此时,传统的实体店通过互联网建立在线商店,提供商品和服务的在线购买渠道,为消费者提供更加便捷的购物方式。这个阶段的电子商务主要关注在线交易的便利性和效率,以及消费者对商品和服务的选择。

2) 电子商务 2.0——服务体验

在这个阶段,实现了从物到人的回归,聚焦于品质和服务。电子商务开始注重实现对消费者高服务需求的满足。除了商品销售,电子商务平台开始关注用户体验,提供更多的增值服务,如售后服务、物流配送、客户支持等。这个阶段的目标是提高用户满意度,增强用户忠诚度。

3) 电子商务 3.0——价值创造

在这个阶段,技术的进步和创新推动了更多的变革。电子商务不仅仅是销售商品和提供服务,而是更加注重创造价值。电子商务平台开始与供应商、合作伙伴和用户进行更深入的合作,共同创造更多的价值。这可能包括定制化产品、个性化推荐、社交化购物等创新方式。此外,这个阶段的电子商务还开始注重跨平台整合和全渠道营销。企业通过整合线上线下渠道,提供无缝的购物体验,使消费者可以在不同的平台上进行购物,并享受一致的服务。

电子商务应用的不同阶段反映了技术和市场的发展,以及电子商务商业理念的不断更新。

随着时间的推移,电子商务应用将继续演变和发展。

2.2 互联网驱动的商业模式创新

前面对电子商务应用的概念及其主要应用模式做了比较深入的讨论。为了对电子商务商业模式有一个全面的了解,这一节重点介绍商业模式的概念和内涵以及互联网给商业模式带来的影响。

2.2.1 商业模式的概念与内涵

1) 商业模式的概念

一个完整的商业模式至少要满足两个必要条件:商业模式必须是一个整体,有一定结构,而不仅仅是一个单一的组成要素;商业模式的组成部分之间必须有内在的联系,这个内在的联系把各组成部分有机地联系起来,使它们互相支持,共同作用,形成一良好的循环。

因此,我们从概念上可以这么来定义商业模式:商业模式是一个系统,由不同部分、各部分之间的联系及其动力机制组成;是企业能为客户提供价值,同时企业和其他参与者又能分享利益的有机体系。这个系统运行的好坏不只取决于组成系统的各个部分,还受到各个组成部分之间关系的影响。

2) 商业模式的组成

商业模式的组成部分包括价值主张、客户细分、渠道、客户关系、收入来源、关键资源、关键活动、合作伙伴和成本结构等,如图 2-8 所示。

首先,商业模式的核心是价值主张,即企业向客户提供的产品或服务的独特价值。价值主张描述了企业如何满足客户的需求、解决客户的问题或提供特定的好处。它是企业与竞争对手区分开来的关键因素。

其次,商业模式需要明确定义目标客户细分,即将市场细分为不同的客户群体,并为每个群体提供特定的价值主张。通过了解不同客户群体的需求、偏好和行为,企业可以更好地定位自己的产品或服务,并满足客户的需求。

图 2-8 商业模式架构图

渠道是商业模式中的另一个重要组成部分,它涉及企业如何将产品或服务传递给客户。渠道可以包括实体店铺、在线平台、分销网络等多种形式。选择适当的渠道可以帮助企业有效地触达目标客户,并提供便捷的购买体验。

客户关系是指企业与客户之间建立和维护的关系。这包括与客户的互动、沟通和支持,以满足客户的需求并建立忠诚度。良好的客户关系可以帮助企业保持客户满意度、提高客户忠诚度,并获得重复购买和口碑传播。

收入来源是商业模式中的关键部分,它描述了企业如何从提供的产品或服务中获得收入。收入来源可以包括产品销售、订阅费、广告收入等多种形式。选择适当的收入来源可以帮助企业实现盈利,并支持业务的可持续发展。

除了上述部分,商业模式还涉及关键资源、关键活动、合作伙伴和成本结构等方面。关键资源是企业为实现商业目标所需的重要资产,如技术、品牌、人力资源等。关键活动是企业为提供产品或服务而必须进行的关键操作或过程。合作伙伴是与企业合作的其他组织或个人,可以提供资源、技术或市场渠道等支持。成本结构描述了企业为实现商业模式所需的成本和费用。

商业模式的成功与否不仅取决于各个部分的设计和执行,还受到各个部分之间关系的影响。这些部分之间的协调和互动可以决定商业模式的有效性和可持续性。

3) 商业模式举例

下面两个商业模式,无论电子商务,还是传统商务,都会经常使用。

(1) 店铺模式 店铺模式的发展可以追溯到人类社会出现集市的时代。在集市上,商贩们会聚集在一起,将商品陈列在摊位上,吸引顾客前来购买。随着时间的推移,这种模式逐渐演变成了在固定地点开设店铺的形式。这种模式的核心思想是将商品或服务直接提供给潜在的消费者,通过店铺的物理存在来吸引顾客并促成交易。

店铺模式的优势之一是能够提供实物展示和试用的机会。顾客可以亲自接触和感受商品,观察其质量、外观和功能,从而更好地做出购买决策。此外,店铺模式还提供了面对面的销售和客户服务体验,顾客可以与销售人员进行互动,获得专业建议和解答疑问。目前,尽管面临着电子商务的挑战,但店铺模式仍然在许多行业中发挥着重要的作用,并且随着技术的进步和消费者需求的变化,它也在不断演变和适应新的商业环境。

(2) 搭售模式 搭售模式又被称为"饵与钩"模式、"剃刀与刀片"模式,如图2-9所示。这种模式出现在20世纪早期,其定价策略是基本产品往往定价很低,甚至亏损,但是与之相关联的消耗品或者服务的价格十分昂贵。例如,"剃刀与刀片"中,剃须刀通常以相对较低的价格销售,甚至可能以亏损的价格销售,以吸引顾客购买。然而,剃须刀的刀片却以较高的价格销售,因为顾客需要定期购买刀片来替换使用。这样一来,企业可以通过刀片的销售来获得利润,弥补剃须刀的低价销售所带来的亏损。搭售模式中,企业需要在定价和产品质量上进行精确的平衡。

图2-9 搭售模式

2.2.2 电子商务应用与商业模式

一个商业模式,是对一个组织如何行使其功能的描述,是对其主要活动的提纲挈领的概括。商业模式与(公司)战略一起,主导了公司的主要决策。在电子商务应用中,选择合理的商业模式至关重要。只有采用有效率和有效果的商业模式,才能确保企业在电子商务应用中取得成功。

从概念上说,电子商务商业模式是通过基于网络信息技术的商业关系创新实现客户价值创造和参与主体利益分享的系统化模式。电子商务商业模式是一个系统,在其各个部分、连接环节和动力机制方面充分运用网络技术的特点来创新商业关系和提供新的价值创造和利益分享模式。

具体来说,电子商务商业模式是在互联网环境下,企业商业模式的各业务组成单元充分利用互联网的特性(包括媒体特性、全球性、网络外部性、消除时间局限、减少信息不对称性、低成本性等),重组企业内部业务流程,重构企业价值链,参与整个产业价值链的变革,从而更好地满足客户的需求,并为客户提供更多的价值,通过降低成本、增加利润来源等途径获取长期盈利的一个商业系统。

电子商务应用模式和电子商务商业模式是两个相关但不同的概念。电子商务应用模式是指在电子商务领域中使用的具体方法或策略,用于实现商业目标和满足消费者需求。它关注的是如何利用电子商务技术和平台来进行销售、营销、交付和客户服务等方面的操作。相较而言,电子商务商业模式则更加宏观和综合,它描述了一个企业或组织在电子商务领域中的商业运作方式和盈利模式。电子商务商业模式关注的是整个商业过程,包括价值创造、市场定位、收入来源、成本结构、合作伙伴关系等方面。它描述了企业如何通过电子商务来获取利润和实现商业目标。

2.2.3 电子商务的商业模式创新

商业模式创新是一个永恒的主题。在"重新思考和再造一切"的网络时代中,企业需要通过重新设计、改进或创造全新的商业模式来获得竞争优势和创造价值。理解并实践商业模式创新可以帮助企业提高效率、降低成本、满足客户需求,并在市场中取得成功。

目前出现的企业电子商务模式的创新度是不同的,大致有三种类型:第一种是传统商务活动的自动化或在线实现;第二种是在原有商务活动的基础上增加新的功能或网络化商务改进;第三种是 Internet 环境下特有的,是传统商务不可能出现的电子商务形式。即使是同一种类型,不同的企业在具体实施时也会有差别。

1) 传统商务活动的自动化或在线实现

这种类型的创新主要是通过利用电子商务技术和平台,将传统的商务活动转移到在线环境中,从而提高效率、降低成本,并为企业带来更多的商机。例如,传统的零售业务可以通过建立电子商务网站或在线市场来实现在线销售。这种创新可以帮助企业降低成本、扩大市场覆盖范围,并提供更好的客户体验。具体来说,传统商务活动的自动化或在线实现可以包括以下几个方面:

(1) 订单处理和支付 传统商务中,订单处理和支付通常需要人工操作,包括填写订单、处理付款等。而通过电子商务平台,企业可以实现订单的自动处理和在线支付,从而提高订单处理的速度和准确性,减少人力成本。

(2) 客户服务 传统商务中,客户服务通常需要通过电话、邮件等方式进行沟通。而通过电子商务平台,企业可以提供在线客户服务,包括在线咨询、售后服务等,方便客户随时随地获取支持,提高客户满意度。

(3) 供应链管理 传统商务中,供应链管理通常需要大量的人工协调和沟通。而在信息技术的支持下,企业可以实现供应链的在线管理,包括订单跟踪、库存管理等,提高供应链的效率和可视性。

(4) 营销和推广 传统商务中,营销和推广通常需要通过传统媒体、展会等方式进行。而通过电子商务平台,企业可以利用互联网和社交媒体等渠道进行在线营销和推广,提高品牌知名度和销售额。

2) 增加新的功能或网络化商务改进

在这种类型的创新中,企业可以通过引入新的功能或改进现有的商务流程来提高其电子商务应用的效能。例如,企业可以通过增加在线支付功能,使顾客能够更方便地完成购买过程,从而提高购物体验和销售额。另外,企业还可以通过引入智能推荐系统,根据顾客的购买历史和偏好,向其推荐相关产品,从而提高交叉销售和客户满意度。

此外，网络化商务改进也是这种创新类型的一部分。企业可以通过与供应商、分销商和合作伙伴建立在线平台的信息互联，实现供应链的网络化管理。这样一来，企业可以更好地控制库存、降低成本，并提供更快速、可靠的交付服务。此外，通过与合作伙伴共享信息和资源，企业还可以实现更高效的合作和协同工作。

3）互联网环境下独特的电子商务形式

这种类型是指在互联网环境下出现的独特的电子商务形式，这些形式在传统商务中是不可能出现的。这种创新主要是利用互联网和新技术创造全新的商业模式和机会。

例如，一种常见的互联网环境下的创新电子商务形式是在线市场平台。这些平台允许卖家和买家在一个统一的在线市场上进行交易。通过这种方式，卖家可以将产品或服务直接展示给潜在买家，而买家则可以在一个地方浏览和比较不同卖家的产品。这种模式的典型例子是亚马逊和 eBay 等在线市场平台。

另一种创新的电子商务形式是社交电子商务。社交媒体的普及为企业提供了与消费者直接互动的机会。通过社交媒体平台，企业可以与消费者建立更紧密的联系，了解他们的需求和偏好，并通过社交媒体广告和直接销售来推广和销售产品。社交电子商务的一个例子是 Instagram 上的购物功能，允许用户直接在应用内购买他们喜欢的产品，如图 2-10 所示。

还有一种互联网环境下的创新电子商务形式是共享经济。共享经济通过在线平台连接供应商和需求方，使他们可以共享资源和服务。这种模式的典型例子是共享出行平台，如 Uber 和 Airbnb。这些平台允许个人将自己的车辆或住房出租给其他人，从而实现资源的共享和利用。另外，区块链技术也为企业提供了去中心化的交易和合约机制，改变了传统商务中的信任和安全问题。

创新改变世界。创新的电子商务商业模式，能够建立比较长期的竞争优势。因此，对电子商务商业模式的保护，尤其是利用专利保护也是势在必行。电子商务模式在美国、欧洲和日本都可以申请专利。没有专利保护，电子商务商业模式创新很快会被模仿。

然而，需要注意的是，专利保护并非万能之策。在某些情况下，商业模式可能无法满足

图 2-10　社交电子商务：Instagram shopping

专利法的要求，或者专利保护的成本和时间支出可能过高。此外，专利保护只能保护商业模式的技术方面，而无法保护商业模式中的商业方法或概念。因此，创新者在保护电子商务商业模式时，还应考虑其他策略，如保密措施、商业秘密保护、品牌建设等。综合运用各种保护手段，可以更好地保护电子商务商业模式的创新，并确保其长期竞争优势。

2.2.4 互联网驱动新型商业模式

互联网的出现和普及改变了商业模式的运作方式。它提供了更多的机会和渠道,使企业能够更广泛地接触到潜在客户,并实现更高效的交流和销售。互联网还促进了创新和创业精神的发展,使得新兴行业和商业模式得以迅速崛起。

具体来说,传统行业加互联网,可以对商业模式进行系统性的流程再造。

传统行业指的是那些在互联网出现之前已经存在的行业,如制造业、零售业等。这些行业通过整合互联网技术和应用,将传统的商业模式与互联网相结合,以提高效率、降低成本、拓展市场等。例如,传统零售商可以通过建立在线商店来扩大销售渠道,同时利用互联网技术进行库存管理和物流优化。

通过利用互联网技术和平台,企业可以对整个商业流程进行重新设计和优化,以提高效率和降低成本。例如,企业可以利用互联网实现供应链的数字化管理,从采购到生产再到销售的整个流程都可以通过互联网进行实时监控和协调。

最容易入手的电子商务应用,就是在亚马逊上把中国的产品卖到全世界,未来再把全球产品卖到中国。亚马逊作为全球最大的电子商务平台之一,提供了一个广阔的市场和强大的物流基础设施,使得卖家能够将产品迅速送达全球各地的消费者手中。

互联网驱动下的新商业模式不胜枚举。例如,免费模式、硬件＋软件＋大数据模式和网络零售的限时达模式都是互联网带来的创新商业模式,它们各自具有优势和挑战。企业在选择和应用这些模式时,需要考虑自身的资源、市场需求和竞争环境,并制定相应的策略和措施来实现商业成功。

(1) 免费模式　免费模式采用二段收费,其产品或服务在使用过程中不收取费用,而是通过其他方式获取收入。这种模式的目标是通过吸引大量黏性用户来建立用户基础,并通过其他方式(如广告、增值服务、数据销售等)实现盈利。免费模式的优势在于能够迅速吸引用户,扩大市场份额,并建立品牌认知度。它还可以通过用户数据收集和分析来提供个性化的广告和增值服务,从而实现更精准的营销和盈利。

(2) 硬件＋软件＋大数据模式　这是一种将硬件产品、软件应用和大数据分析相结合的商业模式,其通过软件的使用增加用户对硬件的黏性。苹果公司是一个典型的例子,他们通过将硬件(如 iPhone、iPad)与自家开发的操作系统(iOS、macOS)和应用程序(如 iTunes、App Store)相结合,形成了一个完整的生态系统。这种整合使得用户在使用苹果产品时能够享受到无缝的体验,并且很难轻易切换到其他品牌。通过软件的使用,苹果公司能够提供独特的功能和服务,例如 iCloud 云存储、FaceTime 视频通话等,这些功能与硬件紧密结合,增加了用户对苹果产品的依赖和黏性,如图 2-11 所示。这种模式的优势还在于能够通过数据分析和个性化定制来满足用户需求,提供更好的用户体验。它还可以通过数据的收集和分析来改进产品设计、市场营销和运营策略,提高企业的竞争力。例如,苹果可通过大数据分析用户行为和偏好,为用户提供个性化的推荐和服务。

图 2-11　苹果"生态"

(3) 网络零售的限时达模式　这种模式通过快速配送服务来满足消费者对即时商品交付的需求,其核心资源在于完善的技术支持、物美价廉的产品、快捷的物流仓储、周到的在线服务。在这种模式下,网络零售商通过建立自己的物流网络或与第三方物流合作,提供快速、准时的商品配送服务,例如京东商城自建仓储和物流系统。首先,京东商城通过在全国范围内建立大量的仓库,将商品储存到离消费者较近的地方。这样一来,当消费者下单购买商品时,京东可以从最近的仓库中选择商品,减少了商品运输的时间和成本。其次,京东商城还通过建立自己的物流系统,实现了高效的配送服务。他们拥有自己的配送车队和配送员,可以根据订单的紧急程度和地理位置,快速将商品送达消费者手中。此外,京东还利用了智能化技术,如路线规划和配送优化算法,提高了配送效率。

2.3　电子商务中的主要商业模式

前面对电子商务的商业模式及互联网对其影响进行了比较深入的介绍。这一节主要从收入模式或盈利模式角度,讨论电子商务中的主要商业模式。

2.3.1　B2B 电子商务平台的商业模式

B2B 电子商务平台的盈利模式主要有以下几种。

1) 会员费

企业通过第三方电子商务平台参加电子商务交易,必须注册为 B2B 网站的会员,每年交纳一定的会员费,才能享受网站提供的各种服务。目前会员费已成为我国 B2B 网站最主要的收入来源。

目前,随着电子商务的迅速发展,越来越多的企业选择通过第三方 B2B 电子商务平台参与在线交易。例如,阿里巴巴网站收取中国供应商、诚信通两种会员费,中国供应商会员费分为每年 4 万元和 6 万元两种,诚信通的会员费每年 2 300 元;中国化工网每个会员第一年的费用为 12 000 元,以后每年综合服务费用为 6 000 元;五金商·中国的金视通会员费 1 580 元/年;百万网的百万通会员费 600 元/年。

通过注册成为 B2B 网站的会员,可以享受网站提供的各种服务,获得更多的推广资源和市场推广支持,扩大企业业务范围和提高知名度。企业选择不同的会员服务套餐,主要是根据其需求和预算来决定。假设某 B2B 网站提供了三种会员服务套餐:基础会员、高级会员和 VIP 会员。会员费基础会员每年 1 000 元,高级会员每年 3 000 元,VIP 会员每年 8 000 元。这些不同的会员服务套餐可能包括不同的功能和特权,比如更多的产品展示空间、更高的搜索排名、定制化的推广服务等。

会员费用的收入对于 B2B 网站来说至关重要,它们用于维护和改进平台的技术设施,提供更好的用户体验,以及开展市场推广活动,吸引更多的买家和卖家加入平台。

2) 广告费

网络广告是门户网站的主要盈利来源,同时也是 B2B 电子商务网站的主要收入来源之一。随着互联网的普及和用户数量的增加,广告商越来越倾向于在网络上投放广告,以吸引更多的目标受众。

对于门户网站来说,网络广告是一种重要的商业模式。这些网站通过提供各种内容和服务来吸引用户,然后通过在网站上展示广告来获得收入。门户网站通常拥有大量的用户流量和用户数据,这使得它们成为广告商的理想选择。广告商可以根据用户的兴趣和行为定向投放广告,提高广告的精准度和效果,从而获得更高的回报。

对于 B2B 电子商务网站来说,网络广告也扮演着重要的角色。这些网站通过提供供应链、采购、销售等服务,连接买家和卖家,促进商业交易。然而,仅仅依靠交易佣金和会员费收入可能无法满足网站的运营和发展需求。因此,B2B 电子商务网站通常会在网站上提供广告位,吸引广告商投放相关的商业广告。这些广告可以是与行业相关的产品和服务,也可以是与买家和卖家需求相关的市场推广活动。通过这种方式,B2B 电子商务网站可以获得额外的收入,支持网站的运营和发展。

例如阿里巴巴网站广告根据其在首页的位置及广告类型来收费。中国化工网有弹出广告、漂浮广告、Banner 广告、文字广告等多种表现形式可供用户选择。ECVV 网站提供固定排名、首页广告和关键字广告等多种广告形式。

B2B 电子商务网站通过吸引广告商投放广告,利用网站的用户流量和用户数据,可以为网站提供稳定的收入,为自身的发展提供支持。同时,广告也为用户提供了更多的商业信息和机会,促进了商业交易的发展。

3) 竞价排名

企业为了促进产品销售,通常希望在 B2B 网站的信息搜索中能够获得更靠前的排名。为了满足这一需求,B2B 网站在确保信息准确性的基础上,根据会员交费的不同对排名进行相应的调整。

这种付费的搜索排名服务就是竞价排名,允许企业通过出价来争夺更高的搜索排名位置。企业可以根据自身的需求和预算,设定一个竞价金额,高出其他竞争对手的出价,从而获得更靠前的搜索排名。

例如,阿里巴巴网站一项提供了专为诚信通会员而设的搜索排名服务。当买家在阿里巴巴网站上搜索供应信息时,竞价企业的信息将被优先排在搜索结果的前三位。这样,竞价企业的信息将更容易被买家注意到,提高了企业的曝光度和潜在的销售机会。

然而,需要注意的是,竞价排名并不是影响搜索排名的唯一因素。阿里巴巴网站仍然会根据其他因素,如产品质量、信用评级、交易记录等,对搜索结果进行综合排序。竞价排名只是其中的一种影响因素,它提供了一种额外的机会,让企业通过付费来提升在搜索结果中的展示位置。

4) 增值服务

B2B 网站通常除了为企业提供贸易供求信息外,还提供一系列独特的增值服务,以满足企业的不同需求和提升其在平台上的竞争力。以下是一些常见的增值服务:

(1) 企业认证 B2B 网站通常可以提供企业认证服务,帮助企业提升可信度。通过完成认证流程,企业可以展示其合法性和可靠性,吸引更多的买家信任并选择与其合作。

(2) 独立域名 一些 B2B 网站为企业提供独立域名的服务,使其能够在网站上拥有自己的专属网址。这有助于企业建立品牌形象,提升知名度。

(3) 行业数据分析报告 B2B 网站可能提供行业数据分析报告,帮助企业了解市场趋势、竞争对手情况和潜在商机。这些信息可以辅助企业的战略决策和市场营销工作。

(4) 搜索引擎优化 B2B 网站可能提供搜索引擎优化(SEO)服务,帮助企业提升其在搜索引擎结果中的排名。SEO 与竞价排名从目标效果上来看是一致的,但二者在作用机理上存在差异,如表 2-1 所示。SEO 服务通过优化企业的产品信息和关键词,使其更容易被搜索引擎索引和展示,从而增加曝光度和潜在买家的访问量。

表 2-1　竞价排名与搜索引擎优化

项目	付费竞价排名	搜索引擎优化
费用	按点击付费,费用高,不可控	按年固定收费,节约预算
点击量	每天预设限额	无限点击量
形象	搜索结果左侧或后侧被标注为"广告"	左侧自然排名
范围	单一搜索引擎	影响所有搜索引擎
词语	限定关键词	限定关键词+相关词组

这些增值服务可以帮助企业在 B2B 网站上获得更多的商机和竞争优势。企业可以根据自身需求和预算选择适合的增值服务,以提升在平台上的业务表现和市场影响力。同时,这些增值服务也为 B2B 网站提供了额外的收入来源,支持平台的运营和发展。

5)线下服务

除了在线服务,B2B 平台的收入还可以来自一些线下服务,其中包括展会、期刊和研讨会等。这些线下服务为企业提供了面对面的交流和合作机会,有助于促进商业合作和交易的发展。

(1)展会　展会是 B2B 平台重要的线下服务之一。通过组织展会,平台为供应商和采购商提供了一个面对面交流的平台。展会不仅可以展示企业的产品和服务,还可以促进商业合作和交易的达成。参展的企业可以与潜在客户建立联系,了解市场需求,并展示自身的实力和竞争优势。对于买家来说,展会提供了一个集中了大量供应商的场所,方便他们寻找合适的产品和供应商。中小企业通常比较青睐这种方式。

图 2-12　环球资源(global sources)的线下展会

(2)期刊　期刊是另一种线下服务,主要提供行业资讯和相关信息。期刊通常包含行业动态、市场趋势、技术发展等内容,对于企业了解行业动态和市场趋势非常有帮助。同时,期刊也为企业提供了广告植入的机会,可以进一步提升企业的曝光度和品牌知名度。

(3)研讨会　B2B 平台还可以组织研讨会和培训活动等线下服务。这些活动为企业提供了学习和交流的机会,帮助他们提升专业知识和技能。研讨会通常由行业专家或企业代表主持,分享最新的行业趋势、市场洞察和成功案例。通过参与这些活动,企业可以与同行业的专业人士建立联系,共同探讨解决方案和商机。

线下服务带来的盈利已成为重要的收入来源。例如,截至 2019 年,环球资源(global sources)的展会到访买家总数超过 200 万人次,现已成为重要的盈利模式,占其收入的 1/3 左右;ECVV 组织的线下展会和采购会也取得不错的成果。

6) 商务合作

除了直接从交易中获得收益外,B2B 平台可以通过与其他企业建立合作关系来进一步增加收入,其中包括广告联盟、与行业协会合作以及与传统媒体合作等方式。

(1) 广告联盟　广告联盟是一种常见的商务合作方式,通常指的是网络广告联盟,如图 2-13 所示。B2B 平台可以与广告联盟合作,将广告位出租给其他企业展示他们的产品或服务。通过这种方式,B2B 平台可以获得广告费用,并且可以根据广告的点击量或转化率等指标来确定收费标准。亚马逊就是一个成功的例子,他们通过广告联盟实现了可观的收入。国内做得比较成熟的广告联盟有百度联盟、谷歌联盟等。

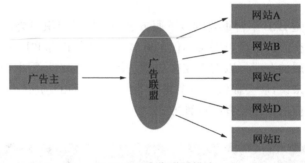

图 2-13　广告联盟模式

(2) 与行业协会合作　与行业协会合作也是一种常见的商务合作方式。B2B 平台可以与行业协会建立合作关系,共同开展推广活动、举办行业展览或研讨会等。通过与行业协会的合作,B2B 平台可以吸引更多的企业和用户参与,提高平台的知名度和影响力。同时,行业协会也可以为 B2B 平台提供资源支持和市场推广,进一步增加平台的收入。

(3) 与传统媒体合作　与传统媒体合作是一种可行的商务合作方式。B2B 平台可以与传统媒体合作,例如报纸、杂志、电视台等,共同开展广告宣传活动。通过在传统媒体上投放广告,B2B 平台可以扩大品牌曝光度,吸引更多的用户和企业关注。同时,传统媒体也可以通过与 B2B 平台合作,获得更多的商业合作机会,实现双赢的局面。

总之,B2B 平台的收入来源不仅限于交易本身,还可以通过商务合作来实现。这些商务合作不仅可以为 B2B 平台带来额外的收入,还有助于提高平台的知名度和影响力。通过多样化的商务合作方式,B2B 平台可以实现更加稳定和可持续的收入增长。

2.3.2　B2C 电子商务应用的商业模式

1) 典型 B2C 应用商业模式

典型 B2C 应用商业模式一般包括综合商城、百货商店、垂直商店、复合品牌店、轻品牌店和服务型网店等。

（1）综合商城　综合商城是一个具有庞大购物群体的在线平台，它提供稳定的网站平台、完备的支付体系以及诚信安全体系，从而促进卖家进驻并销售商品，同时吸引买家前来购物。

综合商城有以下几个重要特点和功能：

① 庞大的购物群体：综合商城吸引了大量的购物者，这意味着商城具有广泛的用户基础和潜在的消费者群体。这对于卖家来说是一个巨大的优势，因为他们可以通过商城平台接触到更多的潜在买家。

② 稳定的网站平台：稳定的网站平台对于商城的运营和用户的满意度都非常重要，这意味着用户可以在任何时间访问商城，并享受流畅的购物体验。

③ 完备的支付体系：商城提供了完备的支付体系，使买家可以选择多种支付方式来完成购物交易，提高购物的便利性和安全性。具体方式包括信用卡支付、支付宝支付、微信支付、数字人民币等。

④ 诚信安全体系：商城建立诚信安全体系，同时对卖家和买家的信誉进行评估和监管，以确保交易的诚信性和安全性。这可以增加买家的信任感，并促使更多的卖家进驻。

综合商城本身并不直接销售商品，而是提供全面的销售配套服务，其典型代表是淘宝商城。综合商城的优势在于它能够汇集各类商品和品牌，为消费者提供丰富的选择，同时为卖家提供一个广阔的销售平台。通过综合商城，卖家可以轻松建立自己的店铺，展示和销售商品，而买家则可以方便地浏览和购买各种商品，享受便捷的在线购物体验。完善的支付体系和诚信安全体系保障了交易的安全性和可靠性，也增强了买家和卖家之间的信任。总之，综合商城作为B2C电子商务的商业模式之一，通过提供全面的销售配套服务和安全可靠的交易环境，为卖家和买家创造了一个互利共赢的平台。

（2）百货商店　百货商店模式中，卖家只有一个，具有满足日常消费者需求的丰富产品线。这些商店通过在线平台（或结合实体店面）向消费者销售各种商品，包括日用品、化妆品、保健品、家居用品、服装、鞋类、电子产品，等等。百货商店通常拥有自己的仓库，以便储存大量系列产品，以实现更快的物流配送和良好的客户服务，以确保消费者的满意度。此外，百货商店还可能拥有自己的品牌，以提供独特的产品和服务。典型的百货商店包括亚马逊、京东自营、屈臣氏和百佳百货等。

以京东自营为例，京东平台既有自营模式，也有第三方商家模式，提供了多样化的购物选择。在京东自营模式下，京东作为唯一的卖家，负责商品的采购、库存管理、物流配送等环节。消费者可以在京东平台上购买来自京东自营的商品。

百货商店模式的优势在于其广泛的产品选择和便捷的购物体验，消费者可以在一个地方找到所需的各种商品，而不必浏览多个不同的网站或商店。百货商店模式在B2C电子商务中扮演着重要的角色，为消费者提供了便利、多样化和高效的购物体验。

（3）垂直商店　垂直商店是为特定的人群或特定的需求而设立的。其目标是满足消费者对特定产品或服务的需求，并提供更加个性化和专业化的购物体验。典型的B2C垂直商店包括红孩子和360商城等知名品牌。

红孩子(redbaby)是一家专注于母婴产品的B2C垂直商店，提供从孕期到婴幼儿阶段的各类产品，如孕妇装、婴儿用品、玩具等。红孩子致力于为准父母和年轻父母提供一站式购物解决方案，它的产品和服务都经过精心筛选和专业评估，以确保消费者能够获得高质量和安全的产品。

另一个典型的B2C垂直商店是360商城。作为一家综合性的电子产品商店，360商城提供各类电子产品,如手机、电脑、数码相机等。它的目标是为消费者提供最新的科技产品和更专业的服务。360商城与各大品牌合作,确保消费者能够获得正品产品,并提供售后服务和技术支持,以满足消费者对电子产品的需求。

总而言之,B2C垂直商店通过专注于特定领域或需求,为消费者提供更加个性化、专业化的产品和服务。

(4) 复合品牌店　复合品牌店模式下的店铺一般经营多个不同品牌的产品。代表性品牌是佐丹奴和百丽。

在复合品牌店中,消费者可以找到来自不同品牌的各种产品,包括鞋子、服装、配饰等。这些品牌可能来自不同的制造商或设计师,每个品牌都有自己独特的风格和定位。

复合品牌店的好处是消费者可以在一个地方找到多个品牌的产品,这样可以有更多的选择和便利。无论消费者喜欢哪个品牌的风格,他们都可以在店中找到适合自己的产品。此外,复合品牌店还可以提供更广泛的价格范围,以满足不同消费者的需求。

(5) 轻品牌店　B2C轻品牌店是指面向消费者的轻型品牌零售店。轻品牌是指相对于传统品牌而言,更注重产品本身,而非品牌的历史、声誉或者传统。这种类型的店铺通常专注于提供高质量、时尚、实用且价格相对较低的产品,典型代表如VANCL、梦芭莎、Masa-Maso。

轻品牌店通常采用直接销售模式,绕过传统的分销渠道,以降低成本并提供更具竞争力的价格。即轻品牌店直接面向消费者销售产品,而不是通过其他中间商或批发商。

这些店铺通常注重品牌形象的建立,通过精心设计的产品、独特的营销策略和积极的社交媒体宣传来吸引消费者。它们通常与年轻人、时尚潮流和个性化消费者群体相关联。

B2C轻品牌店的成功在于提供高品质的产品、良好的用户体验和与消费者的紧密互动。通过直接与消费者建立联系,这些店铺能够更好地了解消费者需求,并根据市场反馈进行产品创新和改进。

(6) 服务型网店　服务型网店是指通过互联网提供各种服务的商业模式。与传统的实体店不同,服务型网店主要通过在线平台向消费者提供各种服务,而不是实体商品。这些服务可以包括咨询、培训、设计、编程、翻译、营销等各种领域。服务型网店通常通过网站、应用程序或在线市场来展示和销售它们的服务,并通过在线支付等方式进行交易。服务型网店的优势在于可以节省租金和人力成本,并且可以通过互联网覆盖更广泛的客户群体。

亦德是一个服务型网店的典型代表。具体来说,亦德是一个以提供专业知识和技能为主的服务型网店,它为客户提供各种学习和培训服务。亦德的特点是它的服务完全在线进行,客户可以通过互联网随时随地访问和使用它的服务。亦德的服务范围广泛,包括但不限于在线课程、培训视频、学习资源等。亦德通过提供高质量的教育和培训服务,帮助客户提升技能、扩展知识,并实现个人和职业发展的目标。作为一个代表性的服务型网店,亦德的成功在于它利用互联网的便利性和灵活性,为客户提供高效、便捷的学习和培训体验。

2) B2C平台的盈利模式

B2C电子商务平台的主要盈利模式包括以下几种:

(1) 增值服务费　企业可以通过提供额外的增值服务来获取费用。这些服务可以包括快速配送、定制化产品、延长保修期、增加售后服务等。消费者愿意为这些增值服务支付额外费用,从而为企业带来额外的收入。这种盈利模式的优势在于,它可以提供差异化的服务,满足客户的个性化需要。通过提供快速配送服务,消费者可以更快地收到商品,提高购物体验;通过提供定制化产品,消费者可以根据自己的需求和喜好定制商品,增加个性化体验;通过延长保修期和增加售后服务,消费者可以获得更长时间的保障和更好的售后支持,增强购买的信心。这种盈利模式还可以帮助企业提高客户忠诚度和重复购买率,从而为企业带来持续的收入。此外,消费者对增值服务的满意度也会增加口碑和推荐。

(2) 会员费　企业可以设立会员制度,向消费者提供特定的会员权益和优惠,并收取会员费。会员费的优势在于,它可以为消费者提供更好的购物体验和特殊待遇。通过支付会员费,消费者可以享受独家折扣、免费配送、专属活动等特权。这些特权可以增加消费者的购买意愿和满意度,促使他们更频繁地购买企业的产品或服务。此外,会员制度还可以帮助企业建立稳定的客户群体,提高客户忠诚度和重复购买率。此外,会员费还可以为企业带来稳定的收入流。相比于单次交易的销售模式,会员费可以为企业提供一定的预付收入,有助于企业规划和管理财务。图 2-14 所示是亚马逊的 Prime 会员设置。

图 2-14　亚马逊的 Prime 会员设置

(3) 扩大销售　B2C 电子商务企业可以通过扩大销售来增加盈利。这可以通过增加产品种类、拓展市场、进军新的地理区域等方式实现。通过增加产品种类,企业可以满足不同消费者的需求和偏好,吸引更多的消费者购买。同时,通过拓展市场和进军新的地理区域,企业可以扩大消费者群体,进一步增加销售额。这种模式可以帮助企业实现规模经济效应,降低成本,并提高盈利能力。在这种模式下,企业需要确保扩大销售的产品和服务具有高质量和竞争力,以吸引消费者的购买。此外,扩大销售需要投入更多的资源和成本,包括物流、市场推广、人力等方面的投入。企业需要进行有效的资源规划和管理,以确保扩大销售的可持续性和盈利能力。

2.3.3　C2C 电子商务平台的商业模式

1) 会员费

会员费也就是会员制服务收费。C2C 电子商务平台通过收取会员费,为会员提供一系列多样化的服务。这些服务包括但不限于网上店铺出租、公司认证、产品信息推荐等。费用第一年交纳,第二年到期时需要客户续费,续费后再进行下一年的服务,不续费的会员将恢复为免费会员,不再享受多种服务。

通常来说,C2C 平台提供的是多种服务的有效组合,能够满足会员的多样化需求,因此这种模式的收费比较稳定。通过收取会员费,C2C 电子商务平台能够获得持续的收入,并提供更好的服务和支持给会员,从而促进平台的发展和增加用户的满意度。

2) 交易提成

交易提成不论何时都是 C2C 网站的主要利润来源。C2C 网站作为一个交易平台,为交易双方提供了交易的机会,就像现实生活中的交易所或大型商场一样。从交易中收取提成是 C2C 网站市场本质的体现。

这种提成机制使得 C2C 网站能够获得稳定的收入,并为其提供运营和维护平台所需的资源。通过提供安全可靠的交易环境和便捷的交易服务,C2C 网站能够吸引更多的用户和交易活动,进而增加其利润。

3) 广告费

C2C 电子商务平台利用网站上有价值的位置来展示各种类型的广告,根据网站的流量和用户群体的精确定位来确定广告位的价格,并通过各种形式向用户户销售广告位。

如果 C2C 网站具有充足的访问量和用户黏性,广告业务的规模将非常庞大。然而,出于对用户体验的考虑,C2C 网站并没有完全开放广告业务,而是选择有限地开放个别广告位,且不定期地进行开放。这样做的目的是确保广告的数量和位置不会对用户造成过多的干扰,同时保持网站的整体美观和易用性。同时,C2C 网站需要对广告进行严格的审核和筛选,以确保广告内容的合法性和质量,并保证广告与网站的定位和价值观相符。

4) 搜索排名竞价

C2C 电子商务的另一个盈利来源是搜索排名竞价。C2C 网站商品的丰富性决定了购买者搜索行为的频繁性。搜索的大量应用就决定了商品信息在搜索结果中排名的重要性。由此便引出了根据搜索关键字竞价的业务。用户可以为某关键字提出自己认为合适的价格,最终由出价最高者竞得,在有效时间内该用户的商品可获得竞得的排位。只有卖家认识到竞价为他们带来的潜在收益,才愿意花钱使用。

通过竞价,卖家可以提高他们商品的曝光度和销售机会,同时 C2C 网站也能够从中获得利润,实现双赢的局面。然而,C2C 网站需要确保竞价业务的公平性和透明度。它们通常会设定一些规则和限制,以防止滥用竞价系统和保护用户的利益。此外,C2C 网站还会提供相关的数据和分析工具,帮助卖家评估竞价的效果,并优化他们的竞价策略。

思考与练习

1. 电子商务应用的本质是什么?电子商务有哪些应用模式?
2. 淘宝网是属于 B2C 电子商务平台,还是属于 C2C 电子商务平台?
3. 电子商务应用模式和商业模式在概念上一样吗?二者有何区别?
4. 电子商务模式的创新包括哪几种类型?其创新机理是什么?
5. 互联网驱动的创新商业模式一般有哪些?举例说明其运作方式。
6. 很多电商平台都推出了拼购,例如拼多多,拼购与团购有何不同?

3 移动与社交时代的电子商务发展

【内容概要】

本章首先介绍移动互联网和移动电子商务的相关概念、内涵以及发展中的相关问题,然后分析智能手机如何促进电子商务发展和影响网购行为,最后讨论了社交电子商务的概念、优势、分类以及发展历史和未来趋势。

【学习目标】

(1) 掌握移动互联网的概念、内涵与发展。
(2) 掌握移动电子商务的相关概念与内涵。
(3) 了解智能手机对电子商务发展的影响。
(4) 掌握社交电子商务的概念和主要分类。
(5) 了解社交电子商务发展以及未来趋势。

【基本概念】

移动互联网,移动电商,智能终端,社交网络,社交电商。

3.1 移动互联网与移动电子商务

随着信息技术的迅猛发展,移动互联网和移动电子商务已经成为 21 世纪最重要的社会经济现象之一。移动互联网以其便捷、普及和全球化的特点,深刻地改变了人们的生活方式、工作方式和交流方式,成为人们日常生活中不可或缺的一部分。移动互联网将人们与信息连接在一起,不仅让信息传递变得实时、便捷,还推动了跨越国界的交流和合作。无论是实时通信工具还是移动应用,都已经成为人们日常生活中不可或缺的一部分。通过移动互联网,人们可以随时随地获取信息,学习知识,进行社交互动,甚至参与远程办公和远程医疗等活动,使得地理距离不再是沟通的障碍。

在移动互联网的推动下,移动电子商务蓬勃发展。电子商务在移动设备上的普及使得选购、支付、物流等环节变得更加便捷高效。无论是在线购物、移动支付还是共享经济,都在极大地拓展了商务的边界,促进了创新和竞争。同时,移动电子商务也促使企业不断探索新的商业模式和营销策略,以适应消费者日益多样化的需求。然而,随着移动互联网和移动电子商务的快速发展,也带来了诸多挑战和问题,包括个人隐私保护、网络安全、信息真实性等方面的考验。因此,深入讨论移动互联网与移动电子商务发展中的问题,对于更好地应对这些挑战具有重要意义。

3.1.1 移动互联网及其发展

1) 移动互联网的概念

移动互联网是将移动通信技术和互联网技术融合,使移动设备(如智能手机、平板电脑、可穿戴设备等)能够随时随地与全球范围内的互联网进行连接、交流和交互的现象和领域。它是互联网的一个重要应用分支,通过无线网络、移动应用程序和移动网页等方式,实现了信息、服务和内容在移动设备之间的即时传输与共享。

(1) 从技术层面定义　移动互联网是以宽带 IP 为技术核心,可以同时提供语音、数据、多媒体等业务的开放式基础电信网络。

(2) 从终端层面定义　移动互联网是用户使用手机、笔记本电脑等移动终端,通过移动网络获取移动通信网络服务和互联网服务。

2) 移动互联网应用的特点

移动互联网的出现深刻地改变了人们的生活方式、工作方式和社交方式,成为信息社会中不可或缺的重要组成部分,对经济、文化和社会都产生了深远的影响。移动互联网应用的特点多种多样,能够满足用户在移动状态下的各种需求,一般体现在如下几个方面。

(1) 连接的便捷性　移动互联网让人们不再受限于地点,可以在任何时间、任何地点通过移动设备访问互联网,使得信息和服务的传递变得即时和无缝。用户可以随时随地通过移动互联网获取信息、交流沟通、购物等。

(2) 终端的移动性　移动互联网的终端设备可以随身携带,随时随地使用,使得用户可以方便地在移动状态下接入互联网服务。移动互联网应用程序(App)成为人们满足取得信息、娱乐、社交、购物等各种需求的主要途径。这些应用提供了丰富的功能和交互体验,可以方便在移动的环境中使用。

(3) 体验的多样化　移动互联网不仅限于文字和图片的传输,还包括音频、视频、位置信息等多种形式的数据交换。移动互联网提供了海量的信息和资源,包括新闻资讯、娱乐休闲、学习教育等,满足了用户多样化的需求,这样的多样性为用户带来了更丰富的体验。

(4) 应用的社交性　通过移动互联网,用户可以方便地与他人进行交流和互动,如社交网络、即时通信等。移动互联网在社交方面发挥了巨大的作用,社交媒体平台如 Facebook、Instagram、微信、微博等成为人们分享生活、交流见解的主要平台。同时,共享经济模式也在移动互联网的推动下得到了发展,例如 Uber、Airbnb 等。

(5) 服务的个性化　移动互联网可以基于用户的兴趣、行为和地理位置提供个性化的服务和内容推荐。用户也可以根据自己的需求和喜好,定制个性化的服务和应用,如定制新闻、音乐、视频等。服务和应用的个性化,可以大大提升用户的体验。

(6) 交易的即时性　移动互联网推动了移动支付的兴起,用户可以通过移动设备进行线上支付。移动网店可以实时更新商品信息,让用户随时了解最新的商品信息和促销活动,即时下单购物,满足用户的即时交易需求。

3) 移动通信的发展

通信,指人与人或人与自然之间通过某种行为或媒介进行的信息交流与传递,从广义上指信息的双方或多方在不违背各自意愿的情况下采用任意方法、任意媒介,将信息从某一方准确安全地传送到另一方。

移动通信是通信双方有一方或两方处于移动中的通信,包括陆、海、空移动通信。采用的频段遍及低频、中频、高频、甚高频和特高频。移动通信系统由移动台、基台、移动交换局组成。移动体可以是人,也可以是汽车、火车、轮船、收音机等物体。

(1) 移动通信的发展历程　移动通信的发展历史可以追溯到 20 世纪初,经历了多个重要的阶段。

第一代(1G)：1G(First Generation)时代是移动通信的起步阶段，主要使用模拟信号进行通信，代表技术有 AMPS(Advanced Mobile Phone System)和 NMT(Nordic Mobile Telephone)等。20 世纪 70 年代末至 80 年代初，第一代移动通信技术开始出现。其中，美国的 AMPS 是第一个商用的模拟信号移动通信系统。1G 时代的移动电话体积庞大，通信质量不稳定，通话质量较差，安全性不高，但它奠定了移动通信技术的基础，如图 3-1 所示。

第二代(2G)：2G(Second Generation)时代是数字移动通信的起始阶段。20 世纪 90 年代，数字移动通信技术逐渐取代了模拟系统。2G 技术的代表是 GSM(Global System for Mobile Communications)。GSM 引入了数字化的通信信号，提高了通话质量和通信安全性。此时的手机开始变得轻便，出现了短信功能，移动通信进入数字化时代，如图 3-2 所示。

第二代扩展(2.5G 和 2.75G)：在 2G 之后，出现了一些过渡性技术，如 GPRS(General Packet Radio Service)和 EDGE(Enhanced Data rates for GSM Evolution)。它们在数据传输速度上有了一些提升，为后续的移动互联网奠定了基础。其时的移动电话如图 3-3 所示。

图 3-1　第一代移动电话

图 3-2　第二代移动电话

图 3-3　第二代扩展移动电话

第三代(3G)：3G(Third Generation)时代是高速移动通信的起始阶段。2000 年初，3G 技术开始兴起，代表技术有 CDMA2000、WCDMA 和 TD-SCDMA 等。3G 技术不仅提高了语音通话质量，还大幅提升了数据传输速度，实现了移动互联网的初步发展，用户可以使用移动设备浏览互联网、发送电子邮件等。第三代移动电话如图 3-4 所示。

第四代(4G)：4G(Fourth Generation)时代是超高速移动通信的起始阶段，采用 LTE(Long-Term Evolution)和 WiMAX(World Interoperability for Microwave Access)等更为先进的通信技术。2010 年初，4G 技术如 LTE 开始商用化。4G 技术在数据传输速度、网络容量和延迟方面都有显著提升，为高清视频、移动应用和实时互联网服务的普及创造了条件。第四代移动电话如图 3-5 所示。

图 3-4　第三代移动电话

图 3-5　第四代移动电话

第五代(5G)：5G(Fifth Generation)时代是智能移动通信的起始阶段,采用更加先进的通信技术,如 5G NR 和 5G SA 等。从 2019 年开始,5G 技术开始逐渐商用化。5G 不仅在速度、容量和延迟方面远远超越了 4G,还引入了更多的创新功能,如大规模物联网、边缘计算和网络切片等。5G 的发展将为智能城市、工业自动化和虚拟现实等领域带来革命性的变化。第五代移动电话如图 3-6 所示。

图 3-6　第五代移动电话

6G 时代(6G)：6G(Sixth Generation)时代是未来移动通信的发展阶段,目前还处于探索和研究阶段。6G 时代将采用更加先进的通信技术,如太赫兹频段通信和高轨道卫星通信等;实现超高速率和超低延迟的通信,同时还将支持更加广泛的业务和应用,如全息通信、智能交互和数字孪生等。

(2) 移动通信的发展动态　移动通信技术的不断演进推动了社会的发展和变革,从最初的简单语音通话到如今的高速数据传输和多元化应用,每一代技术都为人们的生活带来了新的变革。随着移动通信技术的进一步创新,我们可以期待更多令人兴奋的成果。

① 物联网(Internet of Things, IoT)的增长：物联网是指将各种设备、传感器和物体通过互联网连接起来,实现互相通信和数据交换。随着 5G 的推广,物联网将迎来快速增长,涵盖智能家居、智能城市、工业自动化等多个领域,如图 3-7 所示。

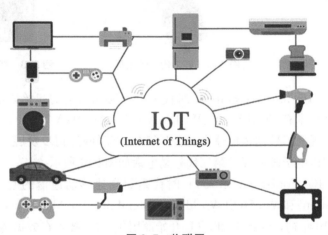

图 3-7　物联网

② 边缘计算的兴起：边缘计算是一种将数据处理和存储推向网络边缘的计算模式,它可减少数据传输延迟并提高响应速度,如图 3-8 所示。在 5G 的支持下,边缘计算将成为处理物联网设备产生的大量数据的有效方式,为实时应用提供更好的支持。

③ 网络切片技术的发展：5G 引入了网络切片技术,允许根据不同应用的需求将网络划分为不同的虚拟网络。这将使运营商能够为不同行业提供定制化的网络服务,从而满足不同的性能、带宽和安全需求。

④ 增强现实(AR)和虚拟现实(VR)的应用：5G 的高速和低延迟特性为 AR 和 VR 技术的应用提供了更好的条件。这些技术将被广泛应用于教育、培训、娱乐和工业领域,提供更沉浸式的体验。

⑤ 安全和隐私问题的关注：随着移动通信的发展,网络安全和个人隐私保护变得尤为重

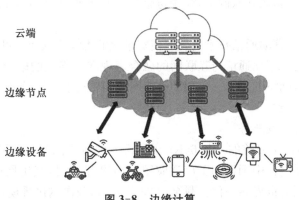

图 3-8 边缘计算

要。随着连接设备和数据的增多,防止数据泄露、网络攻击和隐私侵犯将成为持续的挑战。

⑥ 与人工智能的整合:人工智能将在移动通信领域发挥越来越大的作用,从自动化网络管理到个性化推荐,再到自然语言处理的智能助手,人工智能技术将使移动通信更智能化、高效化。

⑦ 绿色通信和可持续发展:移动通信行业也越来越关注环境的可持续。为减少碳排放和电能消耗,推动绿色通信和可再生能源应用将成为一个重要趋势。

4) 移动互联网的特征

互联网既是冷战的产物,也是全球化的产物。2019 年是互联网(更确切地说是阿帕网)诞生 50 周年。对后世影响最大的事件发生在 1969 年 10 月 29 日。其时,由伦纳德·克兰罗克教授领导的加州大学洛杉矶分校的研究生团队与斯坦福研究所的一个团队将计算机与计算机连接起来,成为阿帕网(ARPANET)的第一个主机到主机通信。阿帕网作为早期的分组交换网络,为当今的互联网奠定了基础。移动互联网是互联网发展的必然产物,是将互联网的技术、平台、商业模式、应用与移动通信技术结合并实践。但是,移动互联网≠移动+互联网,它继承的移动通信随时随地随心和互联网分享、开放、互动的优势,不是简单的加法,而是乘法,是将互联网和移动技术充分融合、合二为一。当前,随着手机和移动设备的广泛应用,在全球范围内,已经普遍进入移动互联网阶段。

与传统互联网比较,移动互联网具有如下一些新特征。

(1) 媒体化 手机成为第五大媒体,是传统媒体行业和移动通信行业的深度融合(五大媒体:报刊——平面媒体;互联网——网络媒体;电视——电视媒体;广播——广播媒体;手机——移动媒体)。

(2) 社交化 社交化成为整个互联网业的内生动力。分为餐饮社交化,如大众点评;搜索社交化,如 Facebook;电商社交化,如京东、淘宝等。

(3) 高便携性 真正实现随时、随地、随心访问网络。

(4) 碎片化 使碎片时间得到高效利用。

(5) 用户身份可识别性 移动终端的持有者具有唯一性,同时可以通过手机号码判断访问者身份。

(6) 用户操作简便化 从键盘到触摸屏,从文本输入到语音输入,操作越来越简便。

(7) 高隐私性 移动通信用户上网时不需要将自己设备上的信息让他人知道甚至被共享,保障了用户的信息安全。

(8) 业务终端化　移动互联网中,终端与业务深度捆绑,并产生了许多创新应用,如位置服务(LBS)、手机支付。

(9) 接入宽带化　移动通信技术的发展使宽带化的无线接入成为可能。

(10) 网络融合化　移动通信与互联网的融合表现在:终端的融合——具有操作系统的手机与互联网的融合,网络的融合——移动通信网向 IP 方向演进,桌面互联网与移动互联网上的内容和应用趋向一致。

5) **移动互联网的发展趋势**

1994 年 4 月 20 日,中科院的一条 64KB 的国际专线接入国际互联网,成为中国接入互联网的标志。随后,互联网在中国得到了广泛应用。2008 年 6 月,我国网民数量达 2.53 亿,首次大幅度超过美国,跃居世界第一位。截至 2023 年 6 月,我国网民规模达 10.79 亿人,互联网普及率达 76.4%,其中,手机网民规模达 10.76 亿人,比例高达 99.8%。在中国,随着 5G 技术全面投入使用,移动互联网和实体经济进一步深度融合,移动互联网应用已经进入全新的发展阶段。截至 2022 年底,5G 技术已覆盖国民经济 97 个大类中的 40 个,应用案例数超过 5 万个,并在工业、矿山、医疗、港口等先导行业实现了规模推广。5G 安防无人机、5G+AR/VR 沉浸式教学等应用场景不断涌现。

(1) 移动互联网是开放的世界

① 从技术和系统的角度来看,移动互联网采用了开放的互联网技术,这使得各种服务和应用可以在不同的设备和平台上无缝连接和交互,也使得任何人都可以在符合标准的前提下,开发和部署新的移动互联网应用和服务。

② 从商业模式和商业生态的角度来看,各种不同的商业模式,如广告模式、订阅模式、交易模式等都可在移动互联网上实现。这使得创业者有更多机会去创造和尝试新的商业模式,同时也使得消费者有更多的选择和更方便的服务。

③ 从对用户参与和用户创新的支持来看,许多移动互联网应用和服务都提供了开放的平台和接口,用户可以参与其中,贡献自己的创新和智慧。这种用户参与的创新模式,也使得移动互联网成为一个更加有活力的生态系统。

总的来说,移动互联网的开放特性,使得它成为一个多元化和创新活跃的世界,为每个人提供了更多的机会和可能性,同时也为我们的生活和工作带来了更多的便利和效益。

(2) LBS 将是未来移动互联网的发展趋势

基于位置的服务(Location Based Services,LBS)是未来移动互联网的一个重要发展趋势。LBS 利用移动设备的地理位置信息,为用户提供各种基于位置的服务,如导航、社交、广告、搜索等。随着移动互联网的快速发展和普及,LBS 的应用越来越广泛,为人们的生活和工作带来了很多便利和效益。未来,LBS 应用的发展将更加深入和广泛,以下是一些可能的趋势。

① 更多的智能化服务:LBS 将与人工智能、大数据等先进技术相结合,为用户提供更加智能化、个性化的服务。例如,通过分析用户的地理位置信息和消费习惯,企业可以为用户提供更加精准的推荐和广告服务。

② 更多的社交应用:LBS 将与社交应用更加紧密地结合,用户可以通过地理位置信息与朋友、家人进行交流和分享。这种基于地理位置的社交应用将为用户提供更加真实和有趣的社交体验。

③ 更多的出行服务:LBS 将与出行服务更加紧密地结合,用户可以通过地理位置信息获

取各种出行服务和信息,如公共交通信息、共享单车位置、酒店预订等。这将为用户提供更加方便和高效的出行体验。

④ 更多的广告机会:LBS将为广告主提供更多广告机会并精准定位用户。通过分析用户的地理位置信息和使用习惯,广告主可为用户提供更加个性化和有价值的广告服务。

⑤ 更多的城市服务:LBS将为城市管理和服务提供更多机会和便利。例如,通过分析用户的地理位置信息,城市管理者可以更好地了解城市的人口分布、交通状况等信息,从而更好地管理和规划城市的发展和服务。

总的来说,LBS的发展将为用户和企业带来更多的机会和便利,同时也将为我们的生活和工作带来更多的智能化和创新。

(3) 未来智能手持终端占比将高于70%

随着技术的不断发展和人们对于科技产品的需求不断增加,智能手持终端已经成为人们日常生活中不可或缺的一部分。

首先,从用户规模来看,智能手持终端的用户数量已经非常庞大,而且还在不断增长。随着智能手机、平板电脑等智能手持终端的普及,越来越多的人开始使用这些设备来工作、学习和娱乐。特别是在一些发展中国家和地区,智能手持终端的用户数量增长速度非常快。

其次,从技术和功能上来看,智能手持终端在不断发展和完善。随着人工智能、物联网、5G等技术的不断发展,智能手持终端的功能越来越强大,可以满足人们越来越多的需求。例如,智能手表可以监测用户的健康状况、提供运动数据等;智能音箱可以语音控制家电、播放音乐等;智能手机可以随时随地获取信息、交流沟通等。

最后,从商业模式和产业链来看,智能手持终端的市场在不断发展和完善。随着智能手持终端的普及,相关的应用开发、内容提供、服务运营等产业链也在不断发展和完善。同时,随着市场竞争的加剧,各大厂商也在不断创新和优化产品和服务,提高用户体验,增加用户黏性。

综上所述,各大厂商需要不断创新和优化产品和服务,满足用户的需求和市场的发展趋势。同时,也需要政策法规的支持和产业链的协同发展。

(4) 搜索仍将是移动互联网的主要应用

在移动互联网时代,搜索仍然是一种非常重要的应用。用户在移动设备上需要快速获取信息和服务,而搜索成了一种非常便捷的方式。在移动互联网中,搜索的重要性主要表现在以下几个方面。

首先,搜索可以帮助用户快速找到所需的信息。用户可以通过搜索关键词或短语,快速地找到相关的网页、应用程序、新闻、产品等信息。搜索结果的准确性和速度对于用户体验至关重要,因此搜索成了很多移动应用程序的核心功能。

其次,搜索可以帮助用户更好地了解自己的需求和兴趣。通过搜索相关的主题和关键词,用户可以了解到更多与自己感兴趣的话题和领域相关的信息。搜索结果中的相关推荐和分类信息可以帮助用户更好地组织和发现自己的兴趣爱好。

最后,搜索可以帮助用户更好地发现和使用各种应用程序和工具。通过搜索应用程序名称或与功能相关的关键词,用户可以快速地找到自己需要的应用程序或工具。同时,搜索结果中的评价和使用心得也可以帮助用户更好地了解应用程序或工具的功能和使用方法。

综上所述,搜索在移动互联网中仍然是一种非常重要的应用。随着移动互联网的发展和用户需求的不断增加,搜索的方式和形式也在不断发展和创新,语音搜索、图像搜索、个性化推荐等新型搜索方式的出现,使得用户可以更加方便快捷地获取所需信息。

(5) 移动与桌面互补

移动与桌面互补的趋势在未来的移动互联网中将越来越明显。移动设备具有便携性和实时性的特点,而桌面设备则具有高性能和高稳定性的优势。因此,将移动和桌面设备进行互补,可以更好地满足用户的需求,提高工作效率。

在未来的移动互联网中,移动设备将会越来越普及,但桌面设备也不会被完全取代。用户需要随时随地获取信息和服务,而移动设备可以满足他们的这一需求。同时,在一些需要高性能和稳定性的场景下,桌面设备仍然是不可或缺的。

移动与桌面的互补也将带来一些新的商业模式和服务方式。例如,通过将移动设备和桌面设备进行互联,可以实现设备的协同工作。用户可以通过移动设备来控制桌面设备,实现远程办公和会议等功能。此外,移动设备也可以与智能家居设备进行互联,实现智能家居的管理和控制。

总之,移动与桌面互补的趋势将会在未来继续发展,为用户带来更多的便利和新应用。各大厂商也可以利用这一趋势,推出更多具有创新性和实用性的产品和服务,满足用户的需求,提高市场竞争力。

(6) 云计算改变移动互联网

云计算对移动互联网产生了深远的影响,并有可能改变整个互联网价值链。以下是一些主要的影响。

① 降低研发难度:通过云计算平台,开发团队可以更容易地整合常规功能模块,避免从头开始研发一些系统级问题。这大大降低了 App 产品的研发难度,使更多的企业和个人能够参与到移动互联网应用的开发中。

② 拓展功能覆盖面:云计算平台正在全面拓展业务覆盖面,包括行业领域等各个方面。这使得移动互联网的产品能够在更广泛的范围内实现功能覆盖,满足用户多样化的需求。

③ 加快迭代速度:基于大数据分析技术,云计算平台支持下的移动互联网应用能够更快地进行迭代。这不仅有助于提升用户体验,还有利于企业更快地响应市场变化和需求。

④ 改变人们获取信息的方式:云计算使人们摆脱了被复杂设备和各种软件束缚的状态,人们无需购买、安装 IT 设备,只需从网上租用现成的设备。

⑤ 推动人工智能发展:随着 5G 的发展应用,未来更多的人工智能产品将被整合进云计算平台,包括自然语言处理、计算机视觉等领域的应用,这将极大地推动人工智能技术在移动互联网领域的应用和发展。

总体来说,云计算的出现使得移动互联网的研发门槛降低、功能更加丰富多元、迭代速度更快,同时它也拓展了人们的信息获取方式,推动了人工智能技术的发展。

3.1.2 移动电子商务及其活动

1) 移动电子商务的概念

移动电子商务(Mobile Electronic Commerce,M-Commerce)是指在移动互联网环境下,通过移动设备(如智能手机、平板电脑、可穿戴设备等)进行交易和商务活动。它是电子商务的一个重要分支。移动通信技术和移动应用程序为消费者和商家提供了更便捷、灵活的购物和交易方式。

2) 移动电子商务的技术基础

移动电子商务的技术基础包括如下三个方面:

(1) 无线网络　有两种通用的类型的无线接入技术,一种是蜂窝网络技术,按连接时间收费,能覆盖较大的范围;另一种是无线局域网络接入技术,如 Wi-Fi、蓝牙等,往往能提供更高的数据传输率,但覆盖范围较小。短程无线接入技术按传输的数据量收费。

(2) 移动互联网　就是将移动通信和互联网二者结合起来成为一体。把移动设备接入互联网的中间件和应用有很多,常见的有两种:一种是使用 WAP(无线应用协议);另一种是使用 J2ME 或者 BREW(无线二进制运行环境)。

(3) 移动智能终端　移动智能终端拥有接入互联网的能力,通常搭载各种操作系统,可根据用户需求定制各种功能。生活中常见的智能终端包括移动电话智能终端、车载智能终端、智能电视、可穿戴设备等。

3) 移动电子商务的主要活动

移动电子商务涵盖了多种商务活动,以下是常见的移动电子商务活动。

(1) 移动购物　移动电子商务的核心之一是移动购物,即通过移动设备浏览商品、比较价格、选择商品,并进行下单购买。移动应用和移动网页让用户能够随时随地浏览和购买商品,消除了时间和空间的限制。

(2) 移动支付　移动电子商务推动移动支付的兴起。用户可以使用移动设备进行线上和线下的支付,通过移动应用、移动钱包、移动 POS 等方式,实现安全、方便的支付。

(3) 金融服务　移动电子商务为金融服务带来了便捷。用户可以通过移动设备进行网上银行、投资理财、贷款申请等金融活动,无需前往实体银行分支。

(4) 大数据个性化推荐　基于移动设备的移动电子商务平台可以根据用户的浏览历史、购买行为和兴趣,为用户提供个性化的商品推荐,提升购物体验。

(5) 社交和分享　移动电子商务与社交媒体结合,允许用户在社交平台上分享购物体验、评价商品等,增加了用户之间的互动和信任。

(6) 移动营销　商家通过移动电子商务可以实施各种形式的移动营销活动,如移动广告、促销活动、优惠券等,吸引用户的关注并提高销售量。

(7) 虚拟试衣和增强现实购物　移动电子商务引入了虚拟试衣和增强现实购物等技术,让用户能够在移动设备上体验商品的效果,增强购物的沉浸感。

(8) 物流与配送优化　移动电子商务使物流和配送得到了优化,用户可以追踪订单的实时状态,选择更灵活的配送方式,提高满意度。

(9) 本地化服务　移动设备的定位功能使得移动电子商务能够为用户提供本地化的服务,如查找附近的商家、获取实时的优惠信息等。

(10) 多渠道体验　移动电子商务逐渐融合线上和线下渠道,用户可以通过移动设备在不同渠道间无缝切换,如网上购买线下取货、线下购物在线下单等。

移动电子商务的发展使得购物和商务活动变得更加便捷、个性化,并为商家提供了更多的销售渠道和营销手段。随着移动通信技术的不断进步,移动电子商务将继续为人们的生活和商业领域带来新的变革。

3.1.3　移动网络支付的发展与创新

移动网络支付是指通过移动设备(如智能手机、平板电脑、可穿戴设备等)进行在线支付和交易。随着移动互联网的发展,移动网络支付变得更加便捷、灵活和安全。

1) 移动网络支付的发展历程

（1）短信支付和 WAP 支付　移动网络支付的早期形式包括短信支付和 WAP 支付。用户可以通过发送短信或访问 WAP 页面进行支付，但这些方式受限于通信网络的速度和稳定性，用户体验较差。

（2）移动银行和移动钱包　随着移动互联网的普及，许多银行推出了移动银行应用，允许用户通过网上银行进行支付。同时，移动钱包应用也开始兴起，用户可以在应用中存储预付款、银行卡，实现在线支付。

（3）移动网络支付应用　移动网络支付应用如 Alipay、WeChat Pay 等逐渐崭露头角。这些应用通过与银行合作，将用户的银行卡绑定到应用中，用户可以通过扫描二维码或 NFC 技术进行快速支付。这一阶段是移动网络支付爆发式增长的时段，尤其在亚洲市场。

（4）移动网络支付扩展　移动网络支付不仅局限于线下零售，也涵盖线上购物、生活服务、公共交通等领域。用户可使用移动网络支付进行在线购物、点餐、预约等，甚至支付公共交通费用。

（5）移动网络支付生态系统　移动网络支付已经演变出了一个庞大的生态系统，涵盖了支付、理财、转账、充值、红包等多种功能，并应用开始提供更多的增值服务，如理财、信用评估、保险等，从而扩展了其应用范围。

（6）移动网络支付国际化　移动网络支付不仅在本国市场得到普及，还在国际市场获得了一定的发展。一些移动网络支付应用开始与国际支付网络合作，允许用户在国际范围内进行支付，如图 3-9 所示。

（7）移动网络支付与物联网结合　随着物联网的发展，移动网络支付正与物联网技术相结合，实现智能设备之间的互相支付。

总的来说，移动网络支付已从简单的支付工具发展到一个庞大的支付生态系统，不断满足着用户的支付需求，为购物和交易带来了更大的便利和灵活性。随着技术的不断进步，移动网络支付将继续演化，引领支付行业的未来发展。

图 3-9　国际支付网络品牌

2) 移动网络支付的创新

（1）生物识别技术　移动网络支付引入了生物识别技术，如指纹识别、人脸识别、声纹识别、虹膜扫描等，用于用户身份验证和支付授权，提高了支付的安全性。

（2）虚拟卡片和数字钱包　移动网络支付应用内提供虚拟信用卡、虚拟借记卡等数字化支付方式，用户可以在应用内直接完成支付，无需有实体卡片，如图 3-10、图 3-11 所示。

（3）移动 POS 和 QR 码支付　商家可以通过移动 POS 设备接受移动网络支付，也可以通过生成 QR 码来让用户扫码完成支付，降低了支付成本。

（4）无感支付　无感支付是指用户在支付过程中不需要进行任何操作，通过近场通信（NFC）技术自动感应即可完成支付，如图 3-12 所示。

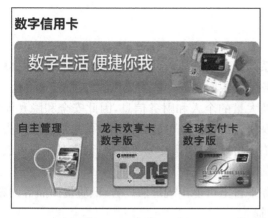

图 3-10 虚拟信用卡

图 3-11 数字钱包

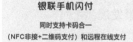

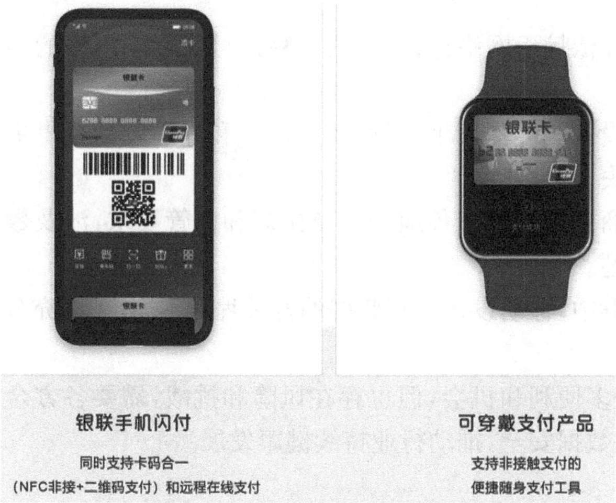

图 3-12 中国银联闪付

图 3-13 数字人民币标识

（5）跨境支付和外汇兑换　移动网络支付在跨境支付方面也有创新，提供了更便捷的跨境汇款和外汇兑换服务，减化了传统跨境支付的烦琐流程。

（6）支付分期和分期付款　移动网络支付应用提供了支付分期和分期付款的选项，用户可以灵活选择分期还款方式，从而更好地管理自己的财务。

（7）智能化和个性化支付服务　未来移动网络支付应用将通过人工智能技术分析用户的消费习惯，为用户提供更加个性化的支付推荐、优惠活动和理财建议。

（8）数字货币　数字货币和中央银行数字货币（CBDC）的发展可能改变移动网络支付的格局，如图 3-13、图 3-14。

图 3-14 数字人民币 App 界面

3.1.4 移动电子商务面临的风险与挑战

移动电子商务在发展过程中也面临着一系列风险和挑战,这些因素可能影响到用户体验、商业运营以及行业发展。以下是移动电子商务发展中面临的一些主要风险与挑战。

(1) 安全和隐私泄露 移动电子商务涉及大量的个人和财务信息,因此安全和隐私泄露风险一直是主要挑战。数据泄露、黑客攻击、身份盗窃等问题可能导致用户信息泄露和损失。

(2) 支付欺诈和虚假交易 移动支付面临支付欺诈、虚假交易等风险,商家和用户可能受到金融损失。因此支付平台需要采取措施来预防和应对支付风险。

(3) 虚假广告和不良商品 移动电子商务平台上可能出现虚假广告、低质量商品等问题,影响用户的购物体验,也可能导致商家声誉受损。

(4) 技术问题和系统崩溃 移动应用和平台可能面临技术故障、系统崩溃等问题,影响用户的购物和支付体验。

(5) 网络不稳定性 移动电子商务依赖于网络连接,网络不稳定可能影响用户的购物流程和支付过程。

(6) 用户体验和界面设计 移动设备的屏幕较小,因此用户体验和界面设计变得更加重要。不良的用户体验可能导致用户流失。

(7) 法律法规和监管 移动电子商务需要遵守各地的法律法规和监管要求,涉及数据隐私、电子合同、消费者权益等方面的问题。

(8) 数字鸿沟 在一些地区或人群中,移动设备和互联网的普及程度不高,无法充分体验移动电子商务的便利,造成数字鸿沟。

总的来说,移动电子商务带来了许多便利和机会,但也存在风险和挑战,需要各方合作制定策略和采取措施,以保障用户权益和数据安全,推动行业持续健康发展。

3.2 智能手机对电子商务的影响

随着科技的不断进步,智能手机作为现代社会生活中不可或缺的一部分,已经深刻地改变了我们的生活方式和商业模式。在过去的几十年里,电子商务一直在迅速发展,而智能手机的普及和智能化技术的飞速进步,为电子商务注入了新的活力和可能性。智能手机不仅仅是通信工具,更是一个融合了互联网、社交媒体、移动支付等多种功能的便携式终端。这种多功能性使得人们能够随时随地浏览商品、比较价格、下订单并完成交易,从而深刻地改变了传统的购物方式和商业格局。

在智能手机普及的时代,电子商务不再局限于传统的网站购物,而是有了更加丰富多彩的体验,涵盖了移动应用、社交媒体购物、虚拟现实购物等多种形式。智能手机的出现使得消费者能够根据个人需求和兴趣进行个性化的购物体验,而商家则可以通过移动应用和社交媒体与消费者更加紧密地互动,了解他们的需求并提供更精准的产品推荐。同时,移动支付和数字钱包的普及加速了交易的便捷化,使得消费者能够在几秒钟内完成支付,促进了电子商务的高效发展。

然而,智能手机也给电子商务带来了一些挑战。随着消费者越来越多地依赖智能手机进行购物,个人隐私和数据安全问题也变得愈发重要。此外,移动应用的过多和信息过载也可能使消费者感到困扰,商家需要寻找创新和差异化的方式来吸引消费者的注意力。综合而言,智能手机对电子商务的影响是深远而多维的。它不仅改变了购物的方式,也重塑了商业模式和消费者与商家之间的互动方式。随着技术的不断发展,智能手机与电子商务的关系还将继续演变,创造出更多的机会和挑战。

3.2.1 智能手机促进电子商务发展

智能手机的出现为移动电子商务的发展提供了契机,将成为电子商务发展的主要平台。智能手机的普及降低了人们网络购物消费的技术瓶颈,从而进一步促进电子商务应用的普及和迅速发展。随着微博、微信、公众号、小程序等在线社交工具的广泛运用,智能手机为电子商务社交化创新发展创造了条件。

1) 智能手机催生移动电子商务平台

随着智能手机的普及和移动互联网的发展,开始出现移动电子商务购物平台。随着消费者购物方式的改变,传统的线下购物方式逐渐被取代,消费者更加倾向于线上购物。移动电子商务在方便、快捷、实惠等方面都比传统购物方式更具优势。用户不再需要前往实体店铺,只需通过手机应用即可浏览商品、比较价格、下单购买。移动购物不仅节省时间,还为消费者提供更多的选择和便利。

2) 智能手机降低网络购物技术瓶颈

智能手机的普及降低了使用网络购物消费的技术瓶颈。在农村地区或欠发达地区,购买电脑或会操作电脑的人并不多。智能手机直接上网比电脑上网更容易、更简单,并且普通智能手机一般也比电脑便宜。很显然,智能手机的普及和移动互联网的发展,可以进一步促进农村地区或欠发达地区电子商务应用的普及和迅速发展。

3) 智能手机促进电子商务应用创新

移动电子商务不仅给消费者带来了便捷,也给商家带来更多的商机。商家可通过移动电子商务平台搭建自己的店铺,利用社交媒体、微信公众号等多种形式来宣传自己的产品和服务,实现营销的转型和升级。随着微博、微信、公众号、小程序等在线社交工具的广泛运用,智能手机为电子商务社交化、可视化和游戏化创新发展创造了条件。移动电子商务不断采用新技术,例如人工智能、大数据、区块链等,来提高用户体验、加强安全防范,实现更高效的供应链管理等。这些技术的应用,使得移动电子商务更具活力和创新性,更能满足消费者不断变化的需求。

3.2.2 智能手机影响网络购买行为

智能手机已经从简单的通信工具演变成了人们生活中不可或缺的一部分。智能手机的发展对用户的购买行为产生了深远的影响,从购物体验的改变到市场营销策略的调整,都在不断地塑造着消费者的消费习惯和态度。

随着智能手机的普及,人们逐渐形成手机购买或下单的习惯,手机下单越来越普遍,购买行为越来越个性化。智能手机的出现,意味着消费者可以随时随地、随心所欲、更加便捷地完成交易,购买时间越来越碎片化。消费者的权益保护意识和网络信息传播能力增强,迫使企业增强网络公关意识和危机公关管理能力。

1) 移动购物影响线下门店购物

智能手机的普及促使了移动购物的繁荣。用户不再需要前往实体店铺,只需通过手机应用即可浏览商品、比较价格、下单购买。移动购物不仅节省了时间,还为消费者提供了更多的选择和便利。

2) 社交媒体对购买决策的影响

社交媒体在智能手机时代扮演着重要的角色,它不仅连接了人们,还成为产品信息传播的重要渠道。用户可以通过社交媒体平台获取他人的购物体验、产品评价和推荐,从而影响自己的购买决策。品牌和商家也利用社交媒体来建立品牌形象、推广产品,并与消费者建立更紧密的联系。

3) 购买行为变得越来越个性化

随着智能手机的普及,人们逐渐形成手机购买或下单的习惯,手机下单越来越普遍,购买行为越来越个性化。智能手机使企业能够更准确地了解消费者的兴趣、偏好和行为。通过分析用户的搜索记录、浏览历史和社交媒体互动,企业可以实施个性化的营销策略,向用户展示与其兴趣相关的广告和推荐。

4) 购买时间变得越来越碎片化

智能手机的出现,意味着用户可以随时随地、随心所欲、更加便捷地完成交易,购买时间越来越碎片化。用户通过手机随时随地都可以浏览商品、下单购买,容易因此陷入过度消费的陷阱。

5) 实时比价和评论越来越普遍

智能手机使消费者能够在购物过程中实时比较价格和产品信息。通过扫描条码、搜索产品名称或使用购物应用,用户可以轻松获得各种商家的价格和评论,从而更好地做出购买决策。这迫使商家提供更具吸引力的价格和服务。

6) 用户网络信息传播能力增强

在移动网络环境下,消费者的权益保护意识和网络信息传播能力增强,体验不佳的网购或商品的负面信息很容易传播,这迫使企业增强网络公关意识和危机公关管理能力。

智能手机的发展已经深刻地改变了用户的购买行为。从购物方式、购物环境到购物习惯,智能手机正在不断塑造和重塑着消费者的购买体验和态度。然而,用户也应保持理性消费,充分意识到技术带来的便利同时也需要避免不良的购物习惯。在智能手机时代,明智的购买决策和良好的消费观念尤为重要。

3.3 社交电子商务及其发展趋势

在当今数字化飞速发展的时代,社交电子商务正成为商业世界中的一股不可忽视的强大力量。随着互联网技术的不断革新和社交媒体的普及,人们的购物行为和消费习惯也在发生着翻天覆地的变化。社交电子商务,作为电子商务领域的一种重要形态,融合了社交网络和电子商务的特点,为商家和消费者提供了全新的交流、互动与购物体验,如图 3-15 所示。

在过去,电子商务主要是通过网站和应用平台来进行交易,但随着社交媒体的兴起,人们开始在社交平台上分享自己的生活点滴,与朋友们交流互动。这为商家呈现了一个巨大的商机,他们开始将目光投向社交媒体,借助社交关系来推动销售。从而,社交电子商务逐渐崭露头角。通过在社交媒体平台上建立品牌形象、与消费者直接互动,商家能够更加精准地了解消

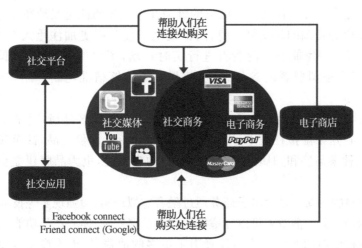

图 3-15 社交电子商务

费者的需求,从而推出更符合市场需求的产品和服务。

随着移动设备的普及,社交电子商务进一步融合了线上线下的消费体验。消费者不再受限于时间和地点,他们可以随时随地通过社交媒体浏览商品、获取信息,并且可以通过即时通信工具与商家直接沟通。同时,社交电子商务也借助虚拟现实(VR)和增强现实(AR)等技术,为消费者带来更加身临其境的购物感受,进一步提升了购物的乐趣和满足感。

然而,随着社交电子商务的迅速发展,也带来了一系列的挑战和变革。隐私和数据安全成了一个亟待解决的问题,商家需要在利用消费者数据提升服务体验的同时,更加重视个人隐私的保护。此外,市场竞争也愈发激烈,商家需要不断创新,提供独特的购物体验来吸引消费者的注意,如何平衡个人隐私和商家需求,如何在激烈的市场竞争中保持竞争优势等是商家需要面临的挑战。通过深入剖析,我们可以更好地把握社交电子商务的未来,为商家和消费者营造更加繁荣的数字商业生态。

3.3.1 社交电子商务的概念

1) 社交电子商务的定义

所谓社交电子商务,是指将关注、分享、沟通、讨论、互动等社交化的元素应用于电子商务交易过程。社交电子商务是基于人际关系网络,利用互联网社交工具,从事商品交易或服务提供的经营活动。

从消费者角度来看,社交电子商务既体现在购买前的店铺选择、商品比较等,又体现在购物过程中与电子商务企业的交流与互动,也体现在购买商品后的消费评价及购物分享等。从电子商务企业角度来看,社交电子商务是通过社交工具的应用及与社交媒体、网络的合作,完成企业营销、推广和商品的最终销售。

2) 对社交电子商务的理解

随着数字化时代的迅猛发展,社交电子商务正成为商业领域的一股崭新潮流,为传统电子商务带来了全新的内涵和维度。社交电子商务不仅融合了社交网络与电子商务的要素,还深刻改变了商业交流、消费习惯以及品牌营销的模式。在这个日益互联的世界里,社交电子商务不仅是一种商业形态,更是一种与时俱进的商业哲学,代表着连接、共享和创新的理念。

(1) 以社交化为核心　社交电子商务的魅力在于其强调社交互动在商业活动中的核心地位。传统电子商务强调的是交易本身,而社交电子商务则更加注重人与人之间的连接。通过社交媒体平台,商家能够与消费者进行实时互动,了解他们的需求、偏好和反馈。这种双向交流不仅增强消费者的参与感,也使得商家能够精准定制产品和服务,提升用户体验。

(2) 虚拟社区的构建　社交电子商务构建一个虚拟的社区环境,将消费者聚集在一个共同的平台上。在这个虚拟社区中,用户可分享购物心得、评价产品,甚至参与到产品的创意和设计中。这种参与感和归属感不仅促进用户的忠诚度,也为品牌建立更加深厚的客户关系。

(3) 购物体验的创新　社交电子商务通过融合虚拟现实、增强现实等技术,为消费者带来了前所未有的购物体验。消费者可以在虚拟环境中试穿衣物、体验产品功能,增加了购物的乐趣和实用性。这种创新的购物方式不仅吸引了更多的消费者,也为商家提供了更多的营销手段。

(4) 个性化营销策略　社交电子商务充分利用了个人信息和用户行为数据,实现了更加精准的营销策略。商家可以根据用户的兴趣、浏览历史等信息,为他们推荐个性化的产品和服务,提高购买的转化率。这种定制化的营销不仅提升了用户的购物体验,也促进了商家的销售业绩。

(5) 拓展全球化市场　社交电子商务打破了地域的限制,让商家能够更容易地拓展到全球市场。通过社交媒体平台,商家可以直接与海外消费者进行互动和交流,建立跨国的品牌形象。这为小型企业和新兴品牌提供了更多机会,也促进了全球商业的融合。

社交电子商务是数字时代商业演进的必然产物,它将传统电子商务的交易模式与社交媒体的互动特点相结合,为商家和消费者创造了全新的商业生态。在未来,随着技术的不断创新和消费者需求的不断变化,社交电子商务必将继续引领商业发展的潮流,成为创新、互动与共享的典范。

3.3.2　社交电子商务的分类

社交电子商务作为电子商务领域的一个分支,融合了社交媒体和商业交易的特点,为商家和消费者提供了全新的互动和交流方式。下面介绍两个视角的社交电子商务分类。

1) 按照功能和应用分类

根据不同的功能和应用,社交电子商务可以被分为多个不同的类型,每个类型都在不同方面体现出了其独特的特点和优势。

(1) 社交媒体购物平台　社交媒体购物平台是最为常见的社交电子商务形式之一,它将社交媒体的社交功能与在线购物相结合。在这种平台上,商家可以创建品牌页面,展示产品信息,并与消费者直接互动。消费者可以在社交媒体上浏览商品、参与讨论,甚至在不离开平台的情况下完成购买。典型的例子包括 Instagram 购物功能和 Facebook 商店。

(2) 社交推荐和分享　社交推荐和分享是通过社交网络传播产品信息和购物经验的形式。消费者可以在社交平台上分享他们的购物体验、评价和推荐,从而影响他人的购买决策。这种口碑传播可以极大地影响品牌的声誉和销售。同时,商家也可以通过奖励计划激励消费者分享和推荐产品。

(3) 社交拍卖和竞拍　社交拍卖和竞拍平台为消费者提供了参与竞拍活动的机会,并在社交环境中进行互动。在这种平台上,用户可以竞拍商品,与其他竞拍者互动,增加了购物的娱乐性和紧张感。这种模式常见于珠宝、艺术品等高价值商品的交易。

(4) 社交媒体购物直播　社交媒体购物直播是近年来兴起的一种形式,特点是商家通过实时直播的方式展示产品,与观众互动并促使他们购买。在直播过程中,观众可以通过弹幕、评论等方式提问、互动,商家可以即时回应。这种互动性强的购物体验使得购买更加有趣和真实。

(5) 社交媒体个人创业　社交媒体为个人创业者提供了一个低成本、高曝光的平台,让创业者能够通过社交网络开展商业活动。个人创业者可以通过展示自己的才华、技能或手工艺品,吸引粉丝和客户。这种模式也被称为"自媒体经济"。

(6) 社交会员制购物　在这种模式下,用户可以通过支付会员费加入某个社交平台的会员群体,从而获得独特的优惠、折扣和服务。这种会员制度可以促进用户的忠诚度,同时也为商家带来稳定的收入。

2) 按照具体的展现形式分类

按照具体的展现形式来分,社交电子商务平台还可分为如下的四种模式:

(1) 共同兴趣的社交电子商务模式　以用户的兴趣、爱好和喜好为核心,通过社交媒体平台和应用程序,将具有相似兴趣的用户聚集在一起,形成兴趣社群。在这个社群中,用户可以分享相关的产品、评价、心得和购物体验,与其他成员进行互动。同时,平台还通过智能算法分析用户的兴趣,为他们推荐符合个人喜好的商品。这种模式的特点是解决了用户买商品逛街的需求,同时盈利模式也很直接,盈利能力较强。

(2) 图片+兴趣　国外的代表为Pinterest,即Pin(图钉)+Interest(兴趣),用户可以把自己感兴趣的东西用图钉钉在钉板(PinBoard)上。这种模式的特点是简单、互动性强、视觉冲击力高,容易快速聚集起大量用户,但在盈利上需要有大量的用户规模作为支撑。

(3) 媒体导购　特点是有较强的媒体属性,像一本时尚杂志,让用户在读它的时候充分感受到商品的魅力。这种模式往往较难聚集大量的用户,互动性较差。

(4) 线下消费线上导购　该类型的特点是用户的消费目标明确,娱乐属性较弱,对商品的要求较高。

社交电子商务的分类多样且不断发展。不同的类型在满足消费者需求、促进互动和创新方面发挥着不同的作用。随着技术和市场的不断变化,这些分类也将继续演进,为商业世界带来更多可能性。

3.3.3　社交电子商务的优势

相比于传统电子商务,社交电子商务在流量、运营、渠道、用户及获客成本等多方面具有显著优势。社交电子商务具有去中心化的特点,而依托社交平台及熟人网络进行裂变式传播又使得其能有效降低获客成本。作为新模式,社交电子商务经过几年摸索,已经开始全面崛起并成为支撑电子商务行业发展的中坚力量。随着社交流量与电子商务交易融合程度不断深入,社交电子商务占网络购物市场的比例不断增加。

社交电子商务,作为电子商务的一个分支,融合了社交媒体和商业交易的特点,带来了诸

多优势,不仅为商家带来了新的营销机会,也为消费者提供了更丰富的购物体验。以下是社交电子商务的一些具体优势:

1) 支持个性化推荐和定制化服务

社交电子商务平台通过分析用户的行为和兴趣,能够提供个性化的商品推荐。这种定制化的服务能够满足用户的独特需求,提高购物的满意度和转化率。

2) 有助于建立品牌忠诚度

通过与消费者直接互动,社交电子商务平台可以建立更紧密的品牌与客户关系。品牌可以借助社交媒体平台分享品牌故事、产品信息,增强用户对品牌的认知和信任,从而培养忠诚的客户。

3) 方便用户参与和互动

社交电子商务鼓励用户在社交平台上分享购物心得、评价和推荐。这种用户参与和互动不仅丰富了购物内容,还增加了购物的乐趣,提高用户黏性。

4) 增强口碑传播和影响力

消费者在社交平台上分享购物体验和评价可以传播得更广,影响更多人的购买决策。一条好评或推荐可以引发连锁反应,为品牌带来更多潜在客户。

5) 支持购物体验创新

社交电子商务通过虚拟现实、增强现实等技术,为消费者带来前所未有的购物体验。消费者可以在虚拟环境中试穿衣物、体验产品功能,增加了购物的乐趣和实用性。

6) 支持拓展全球化市场

社交电子商务突破了地域限制,使商家能够更容易地拓展到全球市场。通过社交媒体平台,商家可以直接与海外消费者进行互动和交流,建立跨国的品牌形象。

7) 支持数据驱动的营销

社交电子商务平台收集用户的数据,可以进行深入的市场分析,了解用户行为、喜好和趋势。这些数据可以指导营销策略的制定,更加精准地满足用户需求。

8) 支持低成本宣传和推广

社交媒体平台提供了低成本的宣传和推广途径,商家可以通过创意的内容和互动吸引用户的关注,实现品牌曝光,减少传统广告宣传的成本压力。

社交电子商务的优势在于其强调用户互动、个性化推荐、品牌亲近度等特点,为商家和消费者创造了更加丰富、有趣和参与性强的购物体验。随着技术的进步和消费者需求的变化,这种模式在未来还有着更大的发展潜力。

3.3.4 社交电子商务的发展历史

社交电子商务,作为电子商务的一个重要分支,旨在将社交网络与商业交易相结合,创造更丰富、互动性更强的购物体验。其发展历程见证了技术进步、市场需求变化以及商业模式革新的演变。以下将追溯社交电子商务的发展历史,了解其从萌芽到繁荣的脉络。

1) 早期尝试(21世纪00年代)

社交电子商务的初期尝试可以追溯到2000年代初期,当时一些平台开始试图在社交网络中整合商业功能。这些尝试主要集中在虚拟商品交易、社交游戏中的虚拟物品交易等领域,为用户提供了一种在社交环境下购买虚拟商品的新体验。

2) 社交购物平台崛起(21世纪10年代)

随着社交媒体的普及,社交电子商务开始进入更加广泛的视野。21世纪10年代,一些平台开始在社交媒体上推出购物功能,使商家能够在社交平台上展示产品并直接与消费者互动。Instagram 的"购物"功能、Facebook 的"商店"等都是这一时期的典型代表。

3) 社交推荐与分享(21世纪10年代)

在这一时期,社交电子商务开始强调消费者之间的互动和共享。用户开始通过社交媒体分享购物心得、评价和推荐,这种口碑传播成了推动购物决策的重要因素。同时,一些平台也通过智能算法分析用户行为,为用户提供个性化的商品推荐。

4) 社交直播与互动购物(21世纪10年代)

社交直播成了社交电子商务的一大亮点。通过直播,商家可以展示产品、回答观众问题,观众则可以实时互动、提问、评论,即时决策购买。这种互动的购物体验为消费者带来了前所未有的参与感和乐趣。

5) 私人社交购物(21世纪20年代)

随着数据隐私问题日益凸显,一些平台开始探索私人社交购物模式。这种模式下,消费者可以在私人社交圈子中进行购物,分享购物体验,保护个人信息的同时又享受社交互动。

6) 虚拟现实和增强现实的融合(21世纪20年代)

虚拟现实和增强现实技术的发展,为社交电子商务带来了全新的维度。消费者可以在虚拟环境中体验商品,如虚拟试衣、体验产品功能,提升购物的乐趣和实用性。

社交电子商务经历了从初期尝试到蓬勃发展的历程。随着社交媒体、移动技术和虚拟现实技术的不断演进,社交电子商务不断丰富着购物体验,为商家和消费者创造了更多互动和创新的机会。

3.3.5 社交电子商务的发展现状

近年来,社交电子商务市场呈现出快速增长的趋势。根据艾瑞咨询的数据显示,2020年中国社交电子商务市场规模达到2.2万亿元,同比增长44%,预计2023年市场规模将突破10万亿元。社交电子商务的快速发展主要得益于移动互联网的普及率提升、消费者购物习惯的改变以及社交平台的不断拓展。

随着社交媒体的普及和用户使用习惯的改变,社交电商的用户规模也在不断扩大。截至2020年底,中国社交电子商务用户规模达到7.3亿人,同比增长14.7%。同时,用户在社交电子商务平台的活跃度也在提高,平均每天使用社交电子商务平台的时间超过1小时。

目前,中国社交电子商务市场的主要平台包括阿里巴巴、京东、拼多多等传统电子商务平台,以及小红书、蘑菇街等专注于社交电子商务的平台。其中,阿里巴巴和京东占据了市场份额的绝大部分,但拼多多等新兴平台也在迅速增长。

社交电子商务的商业模式主要包括 B2C、C2C 和 O2O 等。盈利模式主要包括广告收入、交易佣金、会员费等。

社交电子商务的供应链和物流管理相较于传统电子商务平台更为复杂。由于社交电子商务的商品种类繁多,且多数为小额商品,因此对于库存管理和物流配送的要求更高。为了提高用户体验,一些社交电子商务平台开始自建物流体系或者与快递公司合作,实现快速配送。

随着市场规模的扩大,社交电子商务平台之间的竞争也越来越激烈。为了获取更多的用户和市场份额,各大平台纷纷加大投入,推出各种优惠活动和营销策略。同时,一些平台也开始寻求合作,通过共享资源和技术支持来提高竞争力。

近年来,政府对于电子商务行业的监管越来越严格。在社交电子商务领域,政策法规主要涉及个人信息保护、网络安全、虚假宣传等方面。为了确保合规性,各大平台需要严格遵守相关法律法规,同时加强内部管理,确保用户信息和交易数据的安全。

随着人工智能、大数据等技术的不断发展,社交电子商务的技术进步和创新趋势也越来越明显。人工智能技术可以用于智能推荐、智能客服等领域,提高用户体验;大数据技术可以用于精准营销、库存管理等领域,提高运营效率。未来,技术创新将继续推动社交电子商务的发展。

虽然社交电子商务市场前景广阔,但也存在一些风险和挑战。首先,市场竞争激烈,各大平台需要不断提高自身的竞争力才能保持领先地位;其次,政策法规的变化可能会对行业产生影响;最后,消费者对于隐私保护和信息安全的要求也越来越高,平台需要加强数据保护和信息安全工作。

社交电子商务市场仍将继续保持快速增长的趋势。随着技术的不断进步和消费者购物习惯的改变,社交电子商务将更加注重用户体验和服务质量。同时,随着新零售的发展,社交电子商务将与线下实体店结合更加紧密。社交电子商务市场有望成为电子商务行业的重要支柱之一。

3.3.6 社交电子商务的未来趋势

社交电子商务在不断演进的过程中,将继续受到技术创新的推动,这些创新将深刻影响用户体验、商业模式和市场格局。

1) 社交电子商务未来技术趋势

(1) 虚拟现实和增强现实的融合　虚拟现实和增强现实技术将在社交电子商务中扮演更重要的角色。消费者可以使用虚拟现实设备来实时"试穿"衣物、"试用"化妆品,或者通过增强现实技术将商品融入他们的实际环境中,更直观地感受商品的特点和效果。

(2) 人工智能(AI)个性化服务的加强　随着数据积累的不断增加,AI将更精准地分析用户的兴趣和购买历史,为用户提供个性化的商品推荐和购物建议。AI还可以通过自然语言处理技术,与用户进行更自然的互动,提供更贴近用户需求的服务。

(3) 区块链技术的应用　区块链技术将进一步增强社交电子商务的安全性和透明性。它可以用于验证商品的来源,确保交易的可追溯性,防止假冒伪劣商品的出现,从而增强消费者的信任感和购买意愿。

(4) 实时数据分析和预测　社交电子商务平台将继续深化数据分析,通过实时监控用户行为和趋势,预测消费者的购买行为、兴趣演变等。这使得商家可以更准确地调整库存、定价策略,提供更符合市场需求的商品。

(5) 社交互动的增强　未来的社交电子商务平台将更注重用户间的社交互动。通过技术手段,用户可以在购物过程中与朋友、家人进行实时互动,共同选择商品、做决策,增强购物的娱乐性和参与感。

(6) 移动支付和数字货币的普及　移动支付和数字货币将在社交电子商务中得到更广泛的应用。消费者可以更便捷地完成购买,而商家可以减少支付环节带来的摩擦,实现更快捷的交易。

(7) 科技与环保的融合　未来的社交电子商务将更关注可持续发展和环保。科技将帮助商家更好地追踪产品的生命周期,减少浪费,推动绿色消费和循环经济的发展。

社交电子商务的技术趋势将聚焦于增强用户体验、提升数据分析能力、加强安全性,同时也关注环保和社会责任。随着技术的进步,社交电子商务将变得更加便捷、智能化,为用户和商家创造更多价值。

2) 社交电子商务未来流量趋势

社交电子商务作为数字化时代的创新形态,正迅速改变着商业模式和消费习惯。未来,社交电子商务的流量趋势将在多个方面得到显著的发展。

(1) 移动端继续主导　未来,移动设备将继续主导社交电子商务的流量。随着智能手机、平板电脑等移动设备的不断普及,用户可以随时随地进行社交购物。移动端的便捷性和灵活性将使其成为用户首选的购物入口。

(2) 社交媒体平台持续引流　社交媒体平台将继续是社交电子商务的重要流量来源。平台如 Instagram、Facebook、微信等拥有庞大的用户基础,商家可以通过创意的内容和社交互动,吸引用户的注意力,引导他们进入购物环节。

(3) 短视频和社交直播成为主流　短视频平台如 TikTok 和抖音已经成为年轻用户的热门应用,商家可以通过有趣、吸引人的短视频内容,快速吸引流量。同时,社交直播为商家提供了实时与用户互动的机会,引导购买决策。

(4) 垂直社交平台兴起　未来,可能会出现更多面向特定领域或兴趣群体的垂直社交平台。这些平台将会更加精准地连接用户和商家,为特定领域的社交电子商务提供更高质量的流量。

(5) 智能推荐和个性化服务的引导　未来社交电子商务平台将更加注重智能推荐和个性化服务,通过分析用户兴趣和行为,为用户提供定制化的购物推荐。这将有助于提高用户的购买转化率,增加流量的变现能力。

(6) 用户生成内容的推动　用户生成的内容将在未来继续推动流量增长。用户通过社交媒体分享购物心得、评价、使用体验等,形成口碑传播,吸引更多用户的关注和参与,从而产生更多的流量。

(7) 跨界融合拓展流量　社交电子商务将继续与其他领域融合,创造新的流量增长点。例如,与娱乐产业的合作,推出社交购物秀、购物节目等,以吸引更多用户的注意。

未来社交电子商务的流量趋势将在移动端、社交媒体、短视频、社交直播等多个领域持续发展。商家和从业者需要紧密关注这些趋势,灵活调整策略,创造吸引人的内容和购物体验,以抓住流量的机会,实现业务的增长。

3) 社交电子商务商业模式变革趋势

随着社交电子商务不断发展,未来的商业模式将会呈现一系列新的趋势,这些趋势将在整个商业生态中引领着创新和变革。

(1) 社交购物社区　未来社交电子商务可能更加注重社交互动,将商业活动融到社交购物社区中。这种社区可以是基于兴趣、爱好、品牌或领域的,用户可以在社区中分享购物心得、评价、使用技巧,从而增强用户参与感和黏性。

(2) 私人社交购物　随着用户对数据隐私的关注不断增加,未来的社交电子商务可能倾向于提供更私人化的购物体验。私人社交购物平台可以建立在小圈内,用户可以与熟人一起分享购物心得、推荐商品,保护个人信息的同时享受社交互动。

(3) 社交直播和互动式购物　社交直播将继续成为未来的重要趋势。商家可以通过直播展示产品、介绍使用方法,消费者可以实时提问、互动,甚至在直播过程中完成购买。这种实时互动式购物体验将成为一种引人入胜的购物模式。

(4) 用户生成内容的营销　未来的社交电子商务将更加注重用户生成内容。用户通过分享购物心得、评价、图片和视频,可以成为品牌的推广者。商家可以通过激励机制,鼓励用户参与内容创作,从而扩大品牌影响力。

(5) 社交推荐和个性化服务　未来社交电子商务平台将更加依赖于个性化推荐和服务。通过人工智能技术,平台可以分析用户的兴趣、购买历史等数据,为用户提供更精准的商品推荐和购物建议,提升购物体验。

(6) 跨界合作和联合营销　社交电子商务平台可能会促进商家之间的跨界合作和联合营销。通过合作,不同领域的品牌可以共同开展活动、分享资源,实现互利共赢,同时也为消费者带来更多选择和优惠。

(7) 线上线下融合的新模式　未来社交电子商务将继续推动线上线下融合。线下实体店可以通过社交电子商务平台进行线上推广和销售,而线上消费者也可以通过平台获得线下门店的体验和服务。

社交电子商务的商业模式将更加多样化和个性化,强调用户互动、个性化推荐、社交互动等特点。随着技术的不断进步和用户需求的变化,社交电子商务领域仍然充满了创新和变革的机会,商家需要不断调整策略,以适应这一不断变化的商业环境。

4) 社交电子商务未来社会组织形态演进趋势

社交电子商务正逐步重塑商业和社会的互动方式,未来社会组织形态将受到这一趋势的深刻影响。以下是未来社交电子商务社会组织形态演进的几个关键趋势:

(1) 个人创业和自媒体经济的兴起　未来社交电子商务将继续为个人创业者和自媒体人提供广阔的机会。通过社交媒体平台,个人可以建立自己的品牌,利用社交网络传播自己的产品和服务。这种个人创业和自媒体经济的模式将促使更多人从传统的朝九晚五工作模式中解放出来,有了创造个人商业的机会。

(2) 社交影响力的重要性　未来社交电子商务将更加强调社交影响力的重要性。社交媒体上的粉丝和关注者数量将成为商家选择合作伙伴的重要指标之一。因此,个体自身的社交影响力将成为一个有价值的资产,更多人可能通过积极的社交互动来提升自己的影响力。

(3) 品牌与用户的直接互动　社交电子商务将进一步加强品牌与用户之间的直接互动。品牌可以通过社交媒体平台与用户直接沟通,了解用户需求、反馈和意见。这种直接互动将带来更深入的用户参与,也会促使品牌更加关注用户的声音,以便更好地满足他们的需求。

(4) 社会责任和可持续发展　未来社交电子商务将更加关注社会责任和可持续发展。随着社会日益重视环保、公益等议题,商家将更积极地参与这些领域,通过社交电子商务平台传递正能量。消费者也会更加倾向于支持那些积极参与解决社会问题的品牌和商家。

(5) 社交合作与跨界融合　未来社交电子商务可能会促进不同行业、不同领域之间的合作和融合。社交电子商务平台可以成为品牌、个体创业者、艺术家等跨界合作的平台,通过社交互动和共同营销,实现资源共享和创新。

(6) 用户数据隐私和信任的重要性　随着社交电子商务的发展,用户数据的隐私和保护将变得更为重要。未来社会组织形态将更加注重用户数据的合规使用,建立用户信任,同时平衡商家获取数据和用户隐私的关系。

未来社交电子商务将引领社会组织形态的演进。从个体创业到社会责任,从社交影响力到用户数据隐私,社交电子商务将在商业和社会领域中带来深远的影响,为更加开放、多元、可持续的未来社会奠定基础。

3.3.7 社交电子商务的经典案例

1) 拼多多

(1) 背景　拼多多是中国一家成立于 2015 年的社交电子商务平台,致力于以团购和社交互动的方式让消费者获得更低价的商品。该平台旨在满足中低收入人群的消费需求,特别是在中国乡村地区。拼多多详细介绍参见官方网站(https://www.pinduoduo.com/),如图 3-16 所示。

图 3-16　拼多多(https://www.pinduoduo.com/)

(2) 模式　拼多多的商业模式基于团购和社交互动。用户可以邀请亲友组成团购群,以更低的价格购买商品。平台强调社交互动,鼓励用户通过分享商品链接、邀请好友等方式参与团购,从而获取更大的优惠。此外,拼多多还通过短视频和社交媒体等方式进行商品推广,提升了用户参与度。

(3) 成功原因　拼多多通过创新的商业模式,将团购和社交互动相结合,吸引了大量用户,尤其是在乡村地区。平台的用户黏性较高,用户通过社交互动获得更多优惠,同时也促使用户继续使用平台。这种社交购物的模式满足了用户的购物需求,也带来了商家的销售增长。

2) Instagram

(1) 背景　Instagram 是全球知名的社交媒体平台,于 2010 年创立,主要以图片和短视频为主要内容。2019 年,Instagram 推出了购物功能,将社交媒体与电子商务紧密结合。Instagram 详细介绍参见官方网站(https://www.instagram.com/),如图 3-17 所示。

(2) 模式　Instagram 的购物功能允许品牌在用户的 Feed 中展示商品,用户可以直接在

图 3-17 Instagram（https://www.instagram.com/）

应用内购买商品。此外，品牌还可以在自己的 Instagram 页面上设置购物标签，用户点击标签即可了解商品信息并进行购买。这种模式增强了用户在平台上的购物体验，同时也为品牌提供了新的销售渠道。

（3）成功原因　Instagram 作为一个拥有庞大用户基础的社交媒体平台，通过引入购物功能，成功地将社交互动和商业交易融合。品牌可以通过有趣的内容、精美的图片吸引用户的注意，然后直接在平台上完成购买。这种直观、无缝的购物体验吸引了用户的参与，同时也增加了品牌的曝光和销售。

3）美团

（1）背景　美团是中国一家著名的本地生活服务平台，成立于 2010 年。它最初以团购优惠券起家，逐渐扩展到外卖、酒店预订、电影票等多个领域。美团详细介绍参见官方网站（https://www.meituan.com/），如图 3-18 所示。

图 3-18　美团（https://www.meituan.com/）

（2）模式　美团将社交互动与本地生活服务相结合,用户可以通过平台搜索附近的餐厅、商店等,查看其他用户的评价和评论。用户还可以分享自己的用餐体验、评价商家,从而帮助其他用户做出决策。

（3）成功原因　美团的成功在于创造了一个社交化的本地生活服务平台。用户可以通过互动了解其他用户的真实评价,从而做出更明智的消费决策。平台的社交互动机制也增加了用户的参与度,同时为商家提供了更好的曝光和推广渠道。

这些经典的社交电子商务案例展示了如何将社交互动与商业交易相结合,创造出新的商业模式,并成功地吸引了用户的参与和消费。这些案例为其他企业提供了宝贵的启示,揭示了在社交电子商务领域取得成功的关键因素。

思考与练习

1. 与传统互联网比较,移动互联网有哪些特征?
2. 移动设备如何改变了人们购物和交易的方式?
3. 智能手机从哪些方面影响电子商务网购行为?
4. 移动电子商务可能会面临的挑战主要有哪些?
5. 社交电子商务可能会面临的挑战主要有哪些?
6. 按照展现形式,社交电子商务平台分哪几类?
7. 如何理解社交电子商务商业模式的未来趋势?

4 电子商务中的创新、创意与创业

【内容概要】
本章首先介绍电子商务创新服务的基础理论、动力机制、主要内容以及电子商务应用的创新思维;然后讨论创意设计的概念、理念及电子商务创意设计的主要类型;最后讨论电子商务创业的相关概念、主要途径、相关策略建议与政策。

【学习目标】
(1) 掌握电子商务创新服务的相关基础理论。
(2) 掌握电子商务创新动力机制和主要内容。
(3) 了解电子商务创意设计理念和主要类型。
(4) 掌握电子商务创业的概念及其主要途径。
(5) 了解电子商务创业相关策略建议和政策。

【基本概念】
电子商务,创新服务,创意设计,创业决策。

4.1 电子商务应用中的创新服务

互联网作为一种使能技术,通过实现信息的传递、资源的共享和交流,改变了人们的生活方式、商业模式和社会结构,推动了社会的发展和进步。当今世界,互联网对个人生活方式的影响不断深化,已经从基于信息获取和沟通娱乐的个性化应用,发展到与医疗、教育、交通等公共服务深度融合的民生服务。互联网的普及和发展为电子商务提供了广阔的发展空间。基于互联网信息技术,电子商务不断为各个具体业务领域创新服务:零售电子商务,为零售业务创新服务;旅游电子商务,为旅游业务创新服务;金融电子商务,为金融业务创新服务……随着技术的不断创新,如人工智能、大数据分析、区块链等,将进一步提升电子商务的效率和创新服务能力。

4.1.1 电子商务创新服务的理论基础

1) 电子商务为商业创新服务

著名管理大师彼得·德鲁克充分肯定了电子商务的现实意义。他认为,信息革命的真正革命性影响才刚刚被人们感觉到,而激起或助长这一影响的不是信息,不是人工智能,也不是计算机和数据处理对决策、政策决定或战略所发生的作用,而是电子商务。电子商务对信息革命的意义类似铁路对工业革命的意义。这种意义启发了我们对电子商务的正确认识。尽管目前人工智能技术很热,我们仍然认为,德鲁克的观点是对的。电子商务的革命性超过目前的任何一项技术。我们有了电子商务的商业创新思维，就可以把大数据、人工智能、区块链和元宇宙等新兴网络信息技术转变成商务技术，为电子商务应用中的技术创新和商业创新服务。

与传统商务不同，电子商务应用是一种创新服务。本书作者认为，在实践中，电子商务不仅是基于电子化互联网络创造和变革商业关系的活动，也是创新和发展业务能力的电子化互联网络应用过程。因此，电子商务在本质上是运用电子化互联网络创造和变革商业关系、创新和发展业务能力的过程，所建立的支持业务创新的商业关系，无论对客户还是对企业，都会创造新的商业价值。

2）电子商务是一种创新服务能力

对企业来说，电子商务通常也表现为一种商务理念、方式、模式、技术和能力。电子商务本身不是一个业态的概念，互联网零售、互联网金融等才是业态的概念。这是目前在业界对电子商务概念和本质理解的一大误区。

人们通常把电子商务简称为"电商"，并理解成不同于传统零售商的一种"商"，实际上，"电商"既不是"电"，也不是"商"。"电商"是介于"电"与"商"之间的一种服务（理念、方式、模式、技术和能力）。运用"电商"，企业可以创造和变革商业关系、创新和发展业务能力，支持企业的业务创新。电子商务应该是像管理一样，是服务于企业业务创新的一种能力。企业的电子商务管理，本质上，对电子商务应用能力的管理。

3）"互联网＋"促进传统行业升级

通俗来说，"互联网＋"就是"互联网＋各个传统行业"，但这并不是简单的两者相加。让互联网与传统行业进行深度融合，可以创造新的发展生态。在"互联网＋"理念指导下，互联网将成为一种先进的生产力，推动中国经济形态不断地发生演变。

2015年7月4日，国务院正式印发《关于积极推进"互联网＋"行动的指导意见》，这是推动互联网由消费领域向生产领域拓展，加速提升产业发展水平，增强各行业创新能力，构筑经济社会发展新优势和新动能的重要举措。"互联网＋"中重要的一点是催生新的经济形态，并为大众创业、万众创新提供环境。在全球新一轮科技革命和产业变革中，互联网与各领域的融合发展具有广阔前景和无限潜力，已成为不可阻挡的时代潮流，正对各国经济社会发展产生着战略性和全局性的影响。

4）"大电商"为"互联网＋"赋能

为适应"互联网＋"时代要求，有必要纠正业界很长时间形成的"电商是零售"的错误认知。本书作者提出"大电商"概念：电子商务是连接互联网技术与各类业务领域的新理念、新方式、新模式、新技术和新能力，是催生"互联网＋"经济新形态的根本动力。

在"大电商"的概念中，我们把电子商务理解成互联网技术与各类业务领域之间的连接。这种连接可以具象地用图4-1表示。没有电子商务的新理念、新方式、新模式、新技术和新能力，互联网很难实现与各个领域的结合，从而形成"互联网＋X"的新业态。

具体来说，在"互联网＋"时代，电子商务应用不仅在零售领域，而且会渗透到几乎所有的产业领域。电

图4-1 大电商：为"互联网＋X"服务

子商务所起的作用是把互联网技术转变为创造和变革商业关系、创新和发展业务能力的商务技术,服务于用户体验创新和业务能力创新。互联网零售、互联网贸易、互联网金融等新业态都是基于电子商务应用对原有业态的变革和创新。"互联网+"可看作是在各个领域广泛应用电子商务后形成的崭新经济形态。

结合上述讨论,对"大电商"的内涵,我们可以从如下几个方面理解:①"大电商"意味着,在"互联网+"时代,电子商务应用具有普遍性,几乎可遍及所有产业领域。②"大电商"意味着,电子商务应用几乎是所有企业必须具备的基础能力。在"互联网+"时代,互联网不仅是工具和渠道,更是业务发展的基础设施。③"大电商"意味着,电子商务应用将成为所有企业发展的重要战略选择。在"互联网+"时代,互联网应用成为常态,基于电子商务应用的业务创新战略会受到普遍重视。

5)服务创新是电子商务的灵魂

电子商务与具体业务的关系是服务。服务创新是电子商务的灵魂。按照"大电商"思维,电子商务应用与"互联网+"基本是一致的。电子商务应用就是基于互联网创新用户体验和创新业务能力,它为具体业务提供了更广阔的发展空间,并推动了商业模式的转型和升级。

(1)电子商务是对业务基础服务的创新 电子商务支持的业务活动,除交易外,还包括服务、沟通和协作等。电子商务应用可以在各行各业中发挥作用。电子商务应用的渗透可以帮助企业实现更高效的供应链管理、销售和营销等业务流程。

电子商务利用互联网相关技术,将传统商务流程数字化、电子化、网络化和自动化,从而提供了一种全新的商业模式。电子商务使得企业能够通过在线交易平台,直接向消费者销售产品或服务,同时也可以与供应商、物流公司等合作伙伴进行信息共享和协同作业,提高效率、降低成本。

电子商务的创新之处在于它利用互联网技术,打破了传统商务模式中的地域限制和时间限制,使得企业可以全天候地为客户提供服务。此外,电子商务还提供了更加丰富的产品和服务选择,以及更加便捷的支付和配送方式,从而提升了客户的购物体验和满意度。

除了在销售环节上的创新,电子商务还可以帮助企业实现供应链管理、客户关系管理等方面的优化。例如,通过电子商务平台,企业可以实现与供应商之间的信息共享、协同作业,降低库存成本和物流成本;同时也可以收集和分析客户数据,了解客户需求和行为,制定更加精准的营销策略和产品开发计划。

总之,电子商务应用是对业务基础服务的创新,利用互联网技术对传统商务模式进行了数字化、电子化、网络化和自动化的改造,从而提高了效率、降低了成本、优化了服务体验。

(2)电子商务创新应用的"根"与"本" 需要注意的是,尽管"大电商"提出了电子商务应用的普遍性,但其并不否定电子商务应用的特殊性。在面向"互联网+X"的电子商务应用中,我们强调电子商务应用的根与本。电子商务应用的根是互联网。在任何面向"互联网+X"的电子商务应用中,互联网是基础,所有电子商务应用业务都是扎根于互联网的。电子商务应用的本是商业逻辑。在任何面向"互联网+X"的电子商务应用中,不同的业务X,具体的商业逻辑不一样。零售的商业逻辑与贸易的商业逻辑不一样;即使都是零售,卖服装和卖鞋子的商业逻辑也会有差异。

尽管电子商务应用可以改变交易的方式和渠道,但它并不能改变业务的本质。例如,电子商务支付的本质仍然是支付,并不会因为引入电子支付而有所不同。在电子商务中,尽管网络支付是在线交易的买卖双方最方便的支付方式,但对客户来说可能未必是最理想的支付方式。以卓越亚马逊公司为例,其可以采用的付款方式包括银行电汇、支票付款、邮局汇款、银行卡支付、虚拟账户支付、支付宝支付、礼品卡支付、货到付款等。这些支付方式有的是在线网络支付的，有的是离线在网下支付的。电子支付的出现使得支付更加便捷和高效，但无论是传统的现金支付还是电子支付，都是为了完成交易过程中的货币转移。

相似的，电子商务营销的本质就是营销，并不会因为网络营销的引入而改变。电子商务营销是企业跟电子商务相关的营销活动，或者是企业在电子商务市场环境下的市场营销活动。但是，电子商务除了采用网络营销方式，也可能采用传统的非网络营销方式。很多的电子商务服务商，如阿里巴巴、中国制造网等，在发展会员、开拓电子商务产品市场时的营销方式并不是完全采用网络营销方式。网络营销只是利用了互联网和数字技术来实现营销活动，但基本的营销原则仍然适用，其核心目标仍然是吸引客户、促进销售和建立品牌形象。

无论是传统的实体店铺还是在线商店，企业仍然需要提供有竞争力的产品和服务，以吸引和保留客户。电子商务应用只是一种业务创新工具，它可以帮助企业扩大市场份额和提高销售额，但最终的成功仍然取决于企业的产品质量、品牌形象和客户关系管理等方面。企业在应用电子商务时需要综合考虑自身的业务模式和市场需求，合理利用电子商务应用的优势，以实现业务增长和竞争优势。

(3) 电子商务内在的创新机制　对于电子商务而言，技术和商务之间并不是简单的"先有技术后有商务"或者"先有商务后有技术"的先后关系，而是在特定商业理念下的共生关系。电子商务的应用不仅仅是对电子化信息技术的应用，更重要的是要有如何创造电子化信息技术商业价值的商业理念。

在这种背景下，电子商务中的"技术"和"商务"已经不再是原本的概念。原先的"技术"已经演变为与特定商业理念相结合的商务技术，原先的"商务"已经演变为与特定商业理念相结合的创新商务。所以，商业理念的创新是电子商务内在的技术和商务创新驱动力，如图 4-2 所示。

技术的发展为电子商务提供了强大的支持和推动力。随着信息技术的不断进步，电子商务得以实现在线交易、数字支付、供应链管理等一系列创新的业务模式。技术的

图 4-2　电子商务内在的创新机制

进步为商务提供了更高效、更便捷的平台，使得企业能够更好地满足消费者的需求，提供个性化的产品和服务。同时，电子商务理念的创新也对技术的发展起到了重要的推动作用。

电子商务理念的创新意味着对市场需求和消费者行为的深入洞察，从而引导技术的研发和应用。电子商务理念的创新可以激发技术创新的动力，推动技术不断地适应市场变化和满足消费者的新需求。商务的成功离不开技术的支持，而技术的发展也需要商务的引领和驱动。只有在特定商业理念的指导下，技术和商务才能实现良性互动，共同创造出更大的商业价值。

4.1.2　电子商务创新服务的人才需求

在电子商务时代，为了支持和服务企业的电子商务创新，不仅需要技术类专业人员和业务类专业人员，还需要电商类专业人员。这三类专业人员各自发挥着重要的作用，共同推动电子商务应用的发展。

1) 业务类专业人员

业务类专业人员具有丰富的业务知识和经验，能够理解和支持各项业务活动的顺利进行。

他们了解市场需求、消费者行为以及供应链管理等关键业务环节,能够制定合适的商业策略和运营方案。他们与客户和供应商之间的沟通和协调也是电子商务成功的关键。

2) 技术类专业人员

技术类专业人员具有网络技术知识和技术支持能力,能够提供电子商务平台的搭建、维护和安全保障。他们负责开发和维护电子商务网站、支付系统、数据分析工具等技术基础设施,确保系统的稳定性和安全性。他们还能够解决技术问题和提供技术支持,保证电子商务系统的正常运行。

3) 电子商务类专业人员

电子商务类专业人员是在电子商务领域具有商务技术的专业人员。他们掌握电子商务的商业理念、模式、方案、平台和工具,能够将技术与商务相结合,创造出具有商业价值的电子商务解决方案。他们了解电子商务的市场趋势和竞争环境,能够制定商业策略和推动创新,以实现企业的商业目标。

这三类专业人员之间的合作和协调是电子商务应用的关键,如图4-3所示。技术类专业人员为业务活动提供技术支持。业务类专业人员通过对市场和消费者的了解,为商业策略和运营活动提供业务支持。而电子商务类专业人员则在技术人员和业务人员之间起到桥梁的作用,把网络技术转化为商务技术并运用于业务活动中。

在"互联网+"时代,"互联网+X"创新需求向电子商务专业人才培养提出了挑战。过去侧重网店需求的人才培养存在很多问题。首先,侧重网店需求的人才培养充其量只能满足网店需求,不能满足"互联网+X"对电子商务专业人才的需求。其次,网店需求的人才不一定是电子商务专业人才。所以,很多学校所培养的人才可能满足不了"互联网+X"对电子商务专业人才的需求。

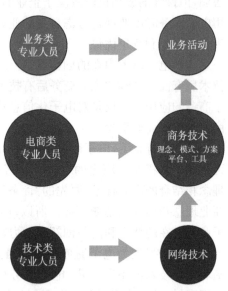

图4-3 电子商务专业人员定位

按照"大电商"思维,任何一家电子商务应用企业,实际上,也是一家"互联网+X"企业。电子商务应用企业的职业岗位一般可分为电子商务应用普通型岗位(业务类专业人员、技术类专业人员)和电子商务应用专业型岗位两类。电子商务专业岗位应该是具有电子商务专业核心能力才能胜任的岗位。这种专业核心能力主要体现为基于电子商务应用专业理念创造性解决电子商务应用问题的分析和设计能力。如前所述,一个电子商务专业人员应该有理念、精分析、善设计,从技术、商业、社会三个视角,能够为在线商务的沟通、协作、交易和服务提供创造性解决方案。

考虑到"互联网+X"的人才需求,按照"大电商"思维,在电子商务专业人才培养方案中,可以为电子商务专业设置若干"互联网+X"特色方向,如零售电子商务或互联网零售、跨境电子商务或互联网贸易、金融电子商务或互联网金融等,并设置相关专业方向课程,如"互联网+X"导论以及"X"相关课程。当然,是否设立"互联网+X"特色方向,取决于学校电子商务专业的人才培养定位。

电子商务应用普通岗位人才应由电子商务普及教育来培养。非电子商务专业岗位并不是对电子商务应用不重要的岗位,如物流对电子商务零售运营非常重要,但仓储和配送等具体物流运作显然不是典型电子商务专业岗位,而是典型物流专业岗位。对互联网金融企业来说,需要互联网技术人员,需要电子商务专业人员,肯定也需要金融专业人员。互联网技术人员和金融专业人员,一般也应该了解电子商务或者掌握电子商务基本知识。所以,与"互联网+X"相关的非电子商务专业一般都应该设置电子商务相关课程,开展"互联网+X"和电子商务普及教育。对在职人员,也可通过相关培训课程开展"互联网+X"和电子商务普及教育。另外,在"互联网+"时代,企业高层管理人员掌握"互联网+X"和电子商务应用创新理念非常重要。所以,通过培训、论坛、会议来开展"互联网+X"和电子商务的素质教育,对"互联网+X"的创新发展非常有意义。

4.1.3 电子商务创新的主要类型

在电子商务应用中,创新是一个永恒的主题。电子商务创新一般会涉及方方面面的创新,下面是通常见到的电子商务创新的主要类型。

1) 电子商务技术创新

电子商务技术的不断创新是当今商业领域的一个重要趋势。随着移动互联网的普及和科技的不断进步,电子商务技术正朝着更加便捷和灵活的方向发展。这种创新不仅改变了企业的经营方式,也给消费者带来了更多的便利和选择。

移动支付技术为电子商务带来了巨大的变革。随着智能设备的普及,人们可以通过智能手机、平板电脑等移动设备,使用移动支付应用程序方便地进行在线购物和支付。这种支付方式不仅快捷方便,还提供了更多的支付选择,如支付宝支付、微信支付等。

大数据分析也是电子商务技术创新的一个重要方向。电子商务平台收集了大量的用户数据,包括购买历史、浏览行为和偏好等。通过对这些数据进行分析,企业可以更好地了解消费者需求,提供个性化的产品和服务。例如,根据用户的购买历史和浏览行为,电商平台可以向用户推荐相关的产品,提高购物体验和销售效果。

虚拟现实和增强现实技术为电子商务带来了全新的体验。消费者可以通过虚拟现实技术在家中试穿衣服或体验产品,增强现实技术则可以将虚拟物体叠加到现实世界中,提供更直观的购物体验。这种技术不仅提高了消费者的购物体验,还可以减少退货率,提高销售效果。

人工智能和机器学习技术在电子商务中发挥着重要作用。通过使用这些技术,企业可以自动化客户服务、个性化推荐和欺诈检测等过程,提高效率和用户体验。例如,通过自然语言处理和机器学习算法,企业可以实现智能客服系统,为用户提供即时的帮助和问题解答。

区块链技术为电子商务提供了更安全和透明的交易环境。通过使用区块链,企业可以确保交易的可追溯性和安全性,减少欺诈和纠纷的发生。区块链技术还可以简化跨境交易和支付过程,降低交易成本

电子商务技术的不断创新为企业和消费者带来了机会和便利。随着电子商务技术的进一步创新,电子商务在未来将继续蓬勃发展,为商业领域带来更多的创新和变革。

2) 电子商务模式创新

电子商务的创新还体现在模式创新上。随着技术的不断进步和消费者需求的变化,电子商务领域不断涌现出新的电子商务应用模式和商业模式。

传统的电子商务应用模式主要是 B2C 和 C2C 模式,但随着市场竞争的加剧和消费者需求的多样化,企业开始探索新的应用模式。例如,一些企业采用 O2O 模式,将线上的优势与线下的实体店结合,提供更加全面的购物体验。还有一些企业采用 B2G 模式,通过电子商务平台

向政府机构提供产品或服务,提高交易效率,减少纸质文件的使用,并且为企业提供了更多的商机。此外,还有 B2E 模式和 A2A 模式等。企业可以根据自身需求和市场情况选择适合的模式,以提升竞争力和满足消费者需求。

除了以上电子商务应用模式外,企业还在电子商务领域中不断尝试新的商业模式。例如,近年来出现了社交电子商务、共享经济等新兴的电子商务模式。社交电子商务模式将社交媒体和电子商务相结合,让用户可以通过社交平台购买产品。这种模式通常通过社交分享、推荐和评论等方式来增加销售。共享经济模式通过在线平台连接供需双方,让人们共享资源和服务,例如共享单车、共享汽车和共享办公空间等。个性化定制模式允许消费者根据自己的需求和喜好定制产品,例如定制衣服、定制家具和定制鞋子等。无人零售模式利用自动化技术和人工智能,替代了传统零售店中的人员服务,提供 24 小时无人值守的购物体验,无人超市和自助结账系统等。内容付费模式通过提供高质量的内容,如新闻、音乐、电影和教育课程等,吸引用户付费订阅。这种模式可以减少广告依赖,提供更好的用户体验。这些不断创新的电子商务商业模式都是为了满足不断变化的市场需求和消费者行为。通过不断尝试新的应用模式和商业模式,企业可以获得竞争优势,并在电子商务领域取得成功。

3) 电子商务业务创新

业务创新是电子商务企业持续发展的关键。市场需求和消费者行为不断变化,只有不断创新才能跟上市场的步伐。通过业务创新,企业可以不断推出新的产品和服务,适应新的趋势和需求。本书作者提出如下三种电子商务业务创新战略:

(1) 业务新创战略　业务新创战略是指企业通过创造全新的业务或产品来满足市场上的新需求。这种战略的核心是创新,通过引入新的业务或产品,企业可以获得竞争优势并开拓新的市场。

一家电子商务公司可以采取业务新创战略,开发全新的在线平台或应用程序,以提供独特的购物体验或服务。这可能包括引入个性化推荐系统、增加社交互动功能等。

业务新创战略的关键在于洞察市场上的新需求,并通过创新的方式满足这些需求。这需要企业具备敏锐的市场洞察力和创新能力,同时也需要投入足够的资源和精力来实施这些创新举措。通过成功实施业务新创战略,可以获得持续的竞争优势,并在市场上取得成功。

(2) 业务强化战略　业务强化战略是指企业通过改进现有的业务模式或产品来提高效率、增加市场份额或提供更好的用户体验。这种战略的目标是在现有的业务基础上进行改进和优化,以适应市场的变化和客户的需求。比如,一家电子商务公司可以采取业务强化战略,通过投资于技术升级来改进物流和配送系统。这可能包括引入自动化设备、优化仓储管理系统、提高配送速度等。通过这些改进,该公司可以提高物流效率,缩短交货时间,从而提供更好的用户体验,并在市场上获得竞争优势。此外,该公司还可以通过提供更多的支付选项来升级业务。例如,引入移动支付、虚拟货币支付或分期付款等新的支付方式,以满足不同用户的需求。这样一来,该公司可以吸引更多的用户,并提高市场份额。

业务强化战略的关键在于持续改进和优化现有的业务模式或产品。这需要企业具备灵活性和创新能力,能够及时识别和应对市场的变化和客户的需求。通过成功实施业务强化或升级战略,企业可以提高竞争力,增加市场份额,并为用户提供更好的产品和服务。

(3) 业务再生战略　业务再生战略是指企业对现有业务模式或产品进行彻底改变,以适应市场的变化或满足新的需求。这种战略的核心是转型,通过重新定义企业的定位和业务模式,企业可以在竞争激烈的市场中保持竞争力。

例如,一家传统的实体零售商可以采取业务再生或转型战略,将业务模式转变为纯电子商务模式。这意味着该公司需要建立一个完整的在线平台,提供网上购物、在线支付和快速配送等服务。通过这种转型,该公司可以降低运营成本、扩大市场覆盖范围,并与传统竞争对手区分开来。另外,公司也可以通过扩大产品线或进入新的市场领域来满足新的需求,例如从电子产品扩展到家居用品或健康保健产品,以吸引更多的用户和拓展新的市场。

业务再生战略的关键在于企业的敏锐洞察力和创新能力。企业需要及时识别市场的变化和新的需求,并采取相应的行动来适应这些变化。这可能涉及组织结构的调整、技术的引入、市场营销策略的改变等。通过成功实施业务再生或转型战略,企业可以在市场中保持竞争力,并实现长期的可持续发展。

下面是一些比较典型的电子商务业务创新例子:

(1) 京东推出家庭号　基于对于老年用户痛点、代际消费之间沟通需求的精准洞察,京东上线"家庭号"功能,如图4-4所示。

用户通过邀请家人开通家庭号,即可实现共享购物清单、实时分享商品、站内沟通;开通"亲密卡"等功能,即使游子在外,也能和父母一起实时办年货,更让彼此的交流更加贴近日常,从而拉近了两代人的空间和情感距离。

(2) 铁路12306的业务不断升级　"铁路12306"是中国铁路客户服务中心推出的官方手机购票应用软件,与火车票务官方网站共享用户、订单和票额等信息,并使用统一购票业务规则。软件具有车票预订、在线支付、改签、退票、订单查询、常用联系人管理、个人资料修改、密码修改等功能,于2013年12月8日正式上线试运行,如图4-5所示。

图4-4　京东家庭号

图4-5　铁路12306界面

2020年12月24日,中国铁路12306App正式开卖"计次·定期票"。2022年1月,铁路部门不断改进服务举措,方便旅客购票和退改签。延长12306网站(含手机客户端)售票服务时间由每日5:00至23:30调整为5:00至次日凌晨1:00(每周二除外);提供24小时互联网退票服务,退票截止时间由乘车站开车前25分钟延长至开车前。2022年1月15日起,12306手机App实现电子临时乘车身份证明开具功能。

2023年6月5日起,铁路12306手机客户端提供学生优惠资质在线核验服务,在中国高等教育学生信息网按时完成每学年学籍电子注册的普通高校学生可进行在线核验。同时,铁路仍保留线下核验渠道,符合学生优惠票条件的学生可继续选择原方式核验购票。2023年7月12日起,铁路12306App可刷码乘坐北京地铁。

自2023年8月22日起,铁路部门进一步优化完善12306旅客信息服务功能,提供覆盖购票、乘车、退票、改签、停运通知、晚点提示等出行信息服务,更好地满足旅客信息服务需求,提升出行体验。优化后的信息服务功能有:在原来向旅客推送购票、退票、改签、列车停运及恢复信息的基础上,新增推送候补同方向增开临时旅客列车、晚点提示、检票地点变更等信息;在原来仅向购票人推送服务信息的基础上,增加向乘车人推送服务信息;根据旅客需求,通过微信、支付宝及12306手机App推送消息,对未开启微信及支付宝消息通知的旅客,将通过手机短信推送服务信息。

(3)淘工厂推动传统制造业向服务型制造转型 "淘工厂",即阿里巴巴旗下的淘宝卖家服务平台,通过提供一站式电子商务解决方案,帮助工厂型企业拓展线上市场,提升品牌影响力。在这个平台上,工厂可以直接面对消费者,了解市场需求,提供定制化产品,从而降低生产成本,提高产品质量,如图4-6所示。

图4-6 淘工厂一站式电子商务解决方案

淘工厂实质上是把服装工厂的生产线、产能、档期搬到互联网上,打包作为一种服务出售。在产品设计上,阿里巴巴要求工厂将产能商品化,开放最近30天空闲档期。档期表示工厂接单意愿,如果工厂没有空闲档期,则卖家搜索时会默认过滤掉。淘工厂最大的特点在于生产将更加符合淘宝卖家的需求,淘宝卖家可以尝试小批量试单,并快速翻单。阿里巴巴要求入驻的代工厂为淘宝卖家免费打样、提供报价、提供档期,并且要接受30件起订、7天内生产、信用凭证担保交易等协定。同时,阿里巴巴将通过金融授信加担保交易解决交易的资金缺乏和资金安全的问题。淘宝卖家在支付货款时可使用阿里巴巴的授信额度。工厂可凭信用证收回全款,如果买家失信,阿里巴巴将会补上这份金额给工厂。目前已经有上千家服装工厂入驻"淘工厂"平台,除了中小微的服装厂,包括浙江富春江织造、西格玛服饰等国际品牌代工厂也入驻平台,专门给淘宝商家开辟"柔性化"小型生产线。

4) 电子商务设施和技术创新

作为支撑电子商务运作的关键要素,电子商务基础设施也在不断创新。通过这些基础设施的不断创新,可以提高效率、降低成本,并提供更好的用户体验。

(1) 普通商务服务基础设施和技术　这些设施和技术包括商业信息安全传递、智能卡、电子支付工具和产品目录服务等。通过不断创新加密技术和安全协议，可以提高交易的安全性，防止信息泄露和欺诈行为，增强消费者对电子商务的信任感；不断创新智能卡技术可以提高支付的安全性和便利性，使消费者能够更方便地进行电子支付，促进电子商务的普及和发展；通过不断创新电子支付工具，如电子钱包、移动支付和虚拟信用卡等，可以提供更多元化、便捷的支付方式，满足消费者多样化的支付需求，促进电子商务交易的顺利进行；通过不断创新产品目录服务，可以提供更准确、全面的产品信息，帮助消费者快速找到所需商品，提高购物效率和满意度。

(2) 信息发布基础设施和技术　这些设施和技术包括 EDI、电子邮件、超文本传输协议和聊天室等。通过不断创新 EDI 技术，可以实现更快速、准确的数据交换，提高商务合作的效率和准确性，减少人为错误和信息传递的延迟；通过创新电子邮件技术，可以提供更稳定、安全的邮件传递服务，同时提供更多的功能和便利性，如附件传输、邮件筛选和自动回复等，促进商务交流和合作的顺利进行；通过不断创新 HTTP 技术，可以提供更快速、可靠的网页加载速度，改善用户的浏览体验，同时支持更多的互动功能，如在线购物、在线支付和在线客服等；通过创新聊天室技术，可以提供更稳定、高质量的交流环境，促进商务合作和交流的即时性和效率。

(3) 多媒体和网络出版基础设施和技术　这些设施和技术包括 HTML、Java、XML 和 VRML 等技术。这些基础设施和技术的不断创新为电子商务提供了更加丰富和多样化的内容呈现方式，同时也增强了用户的互动体验和参与度。通过 HTML 技术，可以创建具有丰富多样的网页内容，包括文字、图像、音频和视频等元素，使得信息的传递更加生动和直观；Java 技术的应用使得网页上的交互功能得以实现，用户可以通过点击、拖拽等方式与网页进行互动，提升了用户的参与度；XML 技术则提供了一种通用的数据格式，使得不同平台和应用程序之间的数据交换更加方便和高效；而 VRML 技术使得虚拟现实的应用成为可能，用户可以通过虚拟现实技术身临其境地体验各种场景和情境。

(4) 网络基础设施和技术　这些设施和技术包括电信技术、有线电视、无线设备和互联网等。通过引入新的技术和设备，如 5G 技术，电信运营商不断提升着网络的传输速度和质量，为用户提供更好的网络体验；通过数字化和高清技术的应用，有线电视网络能够提供更清晰、更丰富的视频内容，满足用户对高质量娱乐和信息的需求；随着无线移动设备的普及，人们可以随时随地通过手机、平板电脑等设备进行电子商务交易和信息查询；云计算、大数据和人工智能等新技术的应用，使得互联网能够更好地支持电子商务的各个环节，使得电子商务更加智能化、高效化和个性化，为用户和商家带来了更多的便利和机会。

(5) 接口基础设施　这些接口连接到数据库、客户和应用系统，使得不同系统之间能够进行数据共享和交流。电子商务接口基础设施的不断创新对于系统的互操作性和集成性非常重要。通过更新接口，系统可以更好地连接到不同类型的数据库，从而实现更高效的数据存储和检索，提高整体的效率和用户体验。

5）电子商务环境创新

自电子商务出现以来，电子商务环境一直在不断创新和演变。其中，政策环境和法律环境的变化对电子商务的发展起着重要的影响。

在政策环境方面，各国政府纷纷出台了一系列支持电子商务发展的政策。这些政策包括降低税收、简化行政审批程序、提供财政支持等，旨在鼓励企业和个人积极参与电子商务活动。政府的支持为电子商务提供了更好的发展环境，促进了电子商务的快速增长。

另外，法律环境的变化也对电子商务产生了深远的影响。随着电子商务的快速发展，涉电子商务的法律问题也逐渐增多。为了保护消费者权益,维护市场秩序,各国纷纷制定了相关的电子商务法律法规。这些法律法规涉及合同法、消费者权益保护法、知识产权法等,为电子商务提供了法律保障,促进了电子商务的健康发展。

随着数字时代的不断发展和人们对电子商务需求的不断演化,可以预见,政策环境和法律环境将继续适应电子商务的需求,为电子商务提供更加良好的发展环境。

6) 电子商务服务创新

为了满足消费者的多样化需求,电子商务服务在不断创新,具体体现在个性化服务、移动化服务、社交化服务、游戏化服务、全球化服务等方面。

(1) 个性化服务 随着数据分析和人工智能技术的发展,电子商务平台能够根据用户的历史购买记录、浏览行为和兴趣偏好,提供个性化的推荐和定制化的服务。通过个性化推荐,电子商务平台能够更好地满足用户的需求,提高用户体验和购买转化率。

(2) 移动化服务 随着智能手机和移动互联网的普及,电子商务服务越来越注重移动化。电子商务平台提供移动应用程序和响应式网页设计,使用户可以随时随地通过手机或平板电脑进行购物和交易。移动支付、移动客服和移动物流等服务也得到了不断的创新和提升。

(3) 社交化服务 社交媒体的兴起为电子商务服务带来了新的机遇。电子商务平台通过整合社交媒体功能,使用户能够与朋友分享购物心得、评价商品,并通过社交网络获取产品推荐和优惠信息。社交化服务增强了用户的参与感和互动性。

(4) 游戏化服务 各种各样的游戏化技术,从勋章、排行榜到用户忠诚度计划,已经不断地渗透到人们的生活及工作当中。游戏化是在非游戏应用和流程中使用游戏设计机制来吸引用户,众多案例表明,它可以增强用户体验并解决用户参与的问题。

(5) 全球化服务 随着全球化的发展,跨境电子商务成了一个重要的发展方向。电子商务平台通过提供跨境支付、国际物流和多语言客服等服务,使消费者能够方便地购买来自世界各地的商品。同时,全球化服务也为企业提供了拓展国际市场的机会,促进了全球贸易的发展。

7) 电子商务理念创新

电子商务理念也在不断创新和演进。电子商务应用中,商业理念的不同,自然会带来不同层次的电子商务应用。本书作者认为,目前电子商务应用的发展可以分为三个阶段:电子商务1.0、电子商务2.0和电子商务3.0。

(1) 电子商务1.0 商品销售型电子商务。在这个阶段,电子商务平台主要提供在线购物功能,消费者可通过电子商务平台浏览和购买商品。早期的电子商务都是这种类型。

(2) 电子商务2.0 服务体验型电子商务。在这个阶段,电子商务平台开始注重提供更好的用户体验,包括更友好的界面设计、更便捷的购物流程、更快速的物流配送等。此外,电子商务平台也开始提供更多的增值服务,如在线客服、售后服务等,以提升用户满意度。

(3) 电子商务3.0 价值创造型电子商务。在这个阶段,电子商务平台不仅仅是商品销售的平台,更加注重整合资源、创造价值。电子商务平台开始与供应商、合作伙伴进行深度合作,通过共享数据、共同创新等方式,实现更高效的供应链管理和资源整合。此外,电子商务平台也开始探索新的商业模式,如共享经济、社交电商等,以创造更多的价值。

4.1.4 电子商务创新服务的思维模式

电子商务创新服务的价值就是为业务创新服务。通常,电子商务应用对企业业务创新的支持一般会体现在以下三个方面：

（1）界面创新　客户界面可以包括感知界面、接触界面、体验界面和营销界面等，电子商务应用的创新，首先是客户界面的创新。电子商务与传统商务最大的不同，就是客户界面的不同。尤其在移动电子商务的客户界面下，与客户交流和互动更方便。

（2）能力创新　对企业来说，电子商务对能力创新的支持，就是在互联网环境下，如何让业务更有效、更高效、更可靠。网店与门店的商业模式类似，但是，网店的商品数量和客户数量可以突破空间和时间的限制。很显然，网店的售卖能力要远远大于门店。

（3）体验创新　对用户来说，电子商务对体验创新的支持，就是在互联网环境下，如何有更好的体验：操作简单、使用方便、更加信任。网店可以提供 7 天×24 小时服务，可以根据客户行为提供个性化服务，这是门店很难做到的。

在电子商务应用中，一般应当从目的、痛点、需求、体验四个角度思考，从而更好地理解用户的需求和期望，并提供有价值的解决方案，从而实现电子商务的创新和发展。

（1）目的（服务导向）　电子商务创新应该以提供优质的服务为目的。这意味着要关注用户的需求和期望，提供个性化、便捷和高效的服务。通过关注服务质量和用户满意度，可以建立良好的用户关系，提高用户忠诚度和口碑。

（2）痛点（问题驱动）　电子商务创新应该从用户的问题和痛点出发。通过深入了解用户的需求和挑战，可以找到解决方案并提供有价值的产品或服务。解决用户的问题可以带来竞争优势，并吸引更多的用户。

（3）需求（场景导向）　电子商务创新应该关注用户的场景和使用环境。了解用户在不同场景下的需求和行为，可以设计出更符合用户期望的产品和服务。

（4）体验（用户驱动）　电子商务创新应该以用户体验为核心。通过提供简单、直观和愉悦的用户界面，以及个性化和定制化的体验，可以提高用户的满意度和忠诚度。用户驱动的创新可以通过用户反馈和数据分析来不断改进和优化。

必须强调的是，过分功利驱动的电子商务创新往往会适得其反。如果只关注短期利益和销售量，而忽视了用户体验和长期发展，可能会导致用户流失和声誉受损。因此，在电子商务应用创新中，需要平衡利益和用户价值，注重长期可持续发展。企业应该注重产品和服务的质量，不断提升用户体验，以满足用户的需求和期望。同时，企业还应该关注市场变化和竞争环境，及时调整战略和创新方向。

4.2　电子商务应用中的创意设计

前面对电子商务应用中的创新服务做了比较深入的讨论。为了对电子商务应用中的创意设计有全面的了解，这一节先讨论创意设计的概念和理念，然后重点介绍典型的电子商务创意设计。

4.2.1　创意设计的概念

1）创意的概念

"创意"源于英文形容词"creative"的翻译，原意为"有创造力的、创造性的、产生的、引起的"等，其名词"creativity"可译为"创造力"，或"创意"。创意是人类的一种思维活动，是创新的意识与思想。通俗来讲，就是人们平常所说的"点子""主意""想法"等。创意可以在各个领域中发挥作用,无论是艺术、科学、技术还是商业。创意产生的过程通常涉及观察、联想、思考、实验和表达等环节。通过观察和思考,人们可以发现问题或机会,并从中获得灵感。联想和实验则可以帮助人们将不同的概念、想法或元素结合起来,创造出新的东西。

2) 对创意设计的理解

创意设计是创意的一种应用形式。它将创意应用于设计领域,通过创造性的方式来解决问题、满足需求或传达信息。它强调创新、原创性和个性化,旨在打破传统的设计规范和限制,以创造出与众不同的视觉效果和用户体验,通过创新和独特的设计来实现特定的目标,带来新的产品、服务和解决方案。

创意设计涉及工业设计、建筑设计、图形设计、产品设计、室内设计、包装设计、平面设计、个人创意特区等内容。设计除了具备"初级设计"和"次设计"的因素外,还需要融入"与众不同的设计理念——创意"。

然而,这些"创意"并非都有价值,衡量一个创意有价值与否的一个前提就是创意的结果是否得到目标受众的价值认可。一个创意只有在得到目标受众的认可和接受时才能真正发挥其价值。这意味着创意必须能够引起人们的兴趣,激发他们的情感或满足他们的需求。创意的成功与否也决于它是否能够解决问题,提供新的解决方案或带来新的体验。

4.2.2 电子商务创意设计的理念和要求

创意设计在电子商务应用中扮演着非常重要的角色。它不仅可以吸引用户的注意力,提升品牌形象,增加销售量,还可以帮助企业与竞争对手区分开来,获得竞争优势。因此,企业在电子商务应用中应重视创意设计,并将其作为提升业务成功的重要策略之一。下面,重点讨论电子商务应用中的设计理念和设计要求。

1) 设计理念

电子商务应用中的设计理念一般包括以下几个方面:

(1) 用户导向 将用户的需求和体验放在设计的核心位置。通过深入了解用户的行为、偏好和期望,设计出符合用户期望的界面和功能,提供便捷、个性化的购物体验。

(2) 业务驱动 设计应该紧密结合企业的业务目标和战略,通过合理的布局和功能设计,提高销售转化率、增加用户留存率等关键指标,实现商业价值。

(3) 服务导向 将服务质量放在设计的重要位置。通过提供全面、及时、专业的售前售后服务,增强用户对品牌的信任感,提高用户满意度,促进用户口碑传播。

(4) 体验至上 追求用户在使用电子商务应用过程中的愉悦感和流畅感。通过简洁直观的界面设计、快速响应的操作反馈、个性化推荐等手段,提升用户体验,增加用户黏性。

(5) 简单至上 追求简单、直观的设计风格,降低用户的认知负担。通过简化操作流程、减少冗余功能、提供清晰的导航和标识等方式,使用户能够快速上手并顺利完成购物流程。

2) 设计要求

如图4-7所示,基于电子商务应用专业理念创造性解决电子商务应用问题的分析和设计能力是电子商务专业的

图4-7 电子商务应用能力模型

核心能力。

在电子商务应用中进行项目创意设计时,需要综合考虑商业、技术和社会的不同视角。在商业视角下,需要考虑电子商务应用的商业模式、目标市场、竞争优势等因素。创意设计应该能够满足用户的需求,同时也要考虑商业可行性和盈利模式。在技术视角下,需要考虑电子商务应用的技术架构、安全性、性能等方面。创意设计应该能够充分利用现有的技术手段,提供稳定、高效、安全的用户体验。在社会视角下,需要考虑电子商务应用对社会的影响和责任。创意设计应该注重用户隐私保护、信息安全等方面,同时也要考虑环境保护、社会公益等因素。

总之,电子商务应用的创意设计需要围绕"用户导向、业务驱动、服务导向、体验至上、简单至上"五项基本理念,综合商业、技术和社会三个视角,对沟通、协作、交易和服务等不同业务层面的具体内容进行思考、分析和设计,从而提供更好的用户体验和价值。

4.2.3 电子商务应用中的典型创意设计

下面,我们结合电子商务应用的实践,重点讨论电子商务应用中的一些典型创意设计。

1) 电子商务应用中的图文创意设计

图文创意设计在电子商务应用中起着重要的作用,注重通过图文来传达特定的概念或情感。它能够提升用户体验,增加用户对产品或服务的信任感,从而促进销售和业务增长。

需要注意的是,图文创意设计不仅是美工设计。也就是说,图文创意设计不仅仅是为了美化界面,更重要的是通过创意和设计来塑造品牌形象,吸引用户的注意力并传达品牌的价值和理念。此外,在技术的使用上,图文创意设计可以涉及多种媒体和技术,如插画、摄影、平面设计等,以实现设计的目标。它不仅局限于传统的美工设计工具和技术,而是使用更加开放和多样化的设计方式。

在进行图文创意设计之前,设计师必须明确主题和创意所要表达的内容。这可以通过与客户或团队进行沟通来实现。明确主题和创意表达有助于确保设计与品牌形象和目标一致,并能够有效地传达所需的信息。

商标设计和 LOGO 设计是电子商务应用中图文创意设计的重要组成部分。商标和 LOGO 是企业的标识符,它们应该能够准确地代表企业的品牌形象和价值观。设计师需要考虑到商标和 LOGO 在不同平台和尺寸上的可用性,以确保其清晰可辨认并具有良好的可视效果。图 4-8 所示是亚马逊的 LOGO 设计。

图 4-8 亚马逊:从"A"到"Z"的一站式购物

在电子商务应用中,商品展示和拍摄设计也是图文创意设计的重要方面。设计师需要考虑如何以吸引人的方式展示商品,包括使用合适的背景、灯光和摄影技巧来突出商品的特点和优势。此外,设计师还可以运用图形设计和排版技巧来增强商品的吸引力和可读性。

2) 电子商务应用中的广告创意设计

电子商务离不开广告,也离不开广告创意设计。广告在电子商务应用中扮演着重要的角色,它可以通过不同的形式和渠道传达产品或服务的信息,吸引潜在客户的兴趣,提升品牌知名度,从而促进销售。广告创意设计的主要目的即是实现广告的宣传效果。广告创意设计需要通过吸引人的视觉效果、引人入胜的故事情节或独特的创意概念来吸引目标受众的注意力,并激发他们对产品或服务的兴趣和购买欲望。广告创意设计应该与品牌形象和宣传目标保持一致,以提高广告的有效性。

在实际中,电子商务应用中的广告形式多种多样,包括图文广告、语音广告和视频广告等。不同的广告形式可以根据目标受众和宣传内容的特点选择合适的方式来传达信息。设计师需要根据广告形式的特点来进行创意设计,以达到最佳的宣传效果。

广告创意设计的定制化是确保广告成功的关键。针对不同的广告受众、媒体和内容进行定制可以提高广告的吸引力和影响力,从而实现最佳的宣传效果。

首先,不同的受众群体对创意元素和表现形式有不同的偏好和反应。年轻人可能更喜欢时尚、活力四射的设计;而年长的受众则可能更偏向于传统、稳重的风格。了解目标受众的特点和喜好,可以根据其需求和心理预期来设计创意,以引起他们的兴趣和共鸣。

其次,各种广告媒体具有不同的特点和限制。社交媒体平台,如 Instagram 和 TikTok,适合短小精悍、有趣创意的展示,而网站和应用程序则可以提供更多的空间来展示详细的产品信息。设计师需要了解每个媒体平台的特点,以便在设计中充分利用其优势,并遵守其限制,以确保广告在特定媒体上的有效传达。

此外,不同的广告内容也需要有针对性的创意设计。促销活动的广告可能需要强调折扣和优惠;品牌宣传的广告则需要突出品牌的核心价值和形象;产品介绍的广告则需要清晰地展示产品的特点和优势。根据广告内容的不同,设计师可以选择合适的创意元素、色彩和排版方式,以最佳方式传达所需的信息。

3) 电子商务应用中的包装创意设计

电子商务应用离不开包装,包装不仅仅是保护商品的外壳,还是品牌形象的重要组成部分。包装可以通过设计和材料选择来传达产品的价值和品质,提升品牌形象。

具体来说,包装可以分为内包装和外包装。内包装是指直接接触商品的包装,如保护性塑料膜、泡沫垫等。外包装则是指商品的外部包装,如纸盒、塑料袋、瓶子等。内包装和外包装的设计都需要考虑商品的特点和品牌形象,以及用户的使用体验。

包装设计不仅仅是追求美观,还需要考虑内容和材料。包装设计应该与产品的特点和品牌形象相匹配,通过色彩、图案、文字等元素来传达产品的特点和价值。此外,包装的材料选择也需要考虑产品的性质、保护性能、成本和环境保护等因素。选择合适的包装材料可以降低成本,提高包装的可持续性。越来越多的消费者关注环境保护,因此使用可回收、可降解的材料或采用环保包装设计可以提升品牌形象和用户满意度。

不同的商品需要有针对性的包装创意设计。例如,食品类商品可能需要注重食品安全和保鲜性;电子产品可能需要注重保护和展示性;时尚产品可能需要注重奢华感和独特性。此外,针对不同的客户群体,包装设计也需要考虑他们的喜好、需求和购买决策因素,以实现最佳的包装效果。

4) 电子商务应用中的推广创意设计

市场推广是电子商务应用中不可或缺的一部分。通过市场推广,可以将产品或服务的信息传达给目标受众,激发他们的兴趣和购买欲望。

在市场推广中,平台推广和产品推广相辅相成。平台推广是指在电子商务平台上进行的推广活动,如在社交媒体、搜索引擎、电商平台上进行广告投放、品牌宣传等,可以提高品牌的知名度和曝光度,吸引用户的关注和访问。产品推广则是针对具体的产品或服务进行的推广活动,如促销活动、产品介绍、用户评价等,可以通过具体展示产品的特点和优势,引导用户进行购买。

需要强调的是,市场推广设计不仅仅是广告,还包括活动和工具等多个方面。广告是通过各种媒体传达产品或服务的信息;活动是通过举办促销活动、赛事、抽奖等形式吸引用户的参与;工具则是通过设计和开发各种应用程序、插件、工具等来提升用户体验和便利性。市场推广设计需要综合考虑这些要素,以实现最佳的推广效果。

不同的商品品牌需要有针对性的推广创意设计。每个品牌都有自己独特的特点、目标受众和品牌形象,因此推广创意设计应该与品牌的定位和价值观相匹配。此外,针对不同的客户群体,推广创意设计也需要考虑他们的喜好、需求和购买决策因素。

5) 电子商务应用中的流程创意设计

电子商务应用离不开具体的业务流程。电子商务应用的业务流程是指在整个购买过程中所涉及的各个环节和步骤,包括浏览商品、下订单、支付、配送等。这些流程需要被明确定义和设计,以确保顺畅的交易和良好的用户体验。合理的业务流程设计可以提高业务的效率和可靠性。通过优化流程,可以减少冗余步骤和不必要的等待时间,从而加快交易速度。同时,合理的流程设计还可以减少错误和失误的发生,提高交易的准确性和可靠性。

在具体的流程优化过程中,需要综合考虑业务能力和客户体验。在设计流程时,需要充分了解企业的业务能力和资源情况,确保流程的可行性和可操作性。同时,还需要关注客户的需求和期望,以提供良好的用户体验。例如,简化下单和支付流程、提供清晰的商品信息和评价、提供快速的配送服务等,都可以提升客户满意度。

流程创意设计应当以客户为中心。在现代商业环境中,客户体验和满意度是至关重要的。通过以客户为中心的流程设计,企业可以更好地满足客户的需求,并建立良好的客户关系。这有助于增加客户忠诚度、提高销售额和市场份额。当然,在关注客户的需求和体验的同时,也要兼顾企业的利益,确保流程的可行性和盈利能力。

6) 电子商务应用中的平台创意设计

网络平台是电子商务应用的基础,它提供了商品展示、交易处理、支付功能等。因此,平台创意设计首先必须满足这些基本的功能需求。

此外,平台设计需要综合考虑不同设备的特点和用户的需求。一方面,随着移动设备的普及,移动手机平台在电子商务应用中变得越来越重要。电子商务平台可以是 Web 电脑平台,也可以是移动手机平台。因此,平台的设计需要考虑不同设备的屏幕尺寸、操作方式和用户习惯。另一方面,平台设计要综合考虑业务能力和客户体验。平台的设计应该能够支持电子商务应用的各种业务需求,如商品管理、订单处理和客户服务。同时,用户界面的设计也应该简洁、直观,以提供良好的用户体验。

企业需要一个功能强大、易于管理的平台来支持业务运营,而客户则需要一个方便、快捷、安全的平台来进行购物和交易。因此,应该在满足企业需求的同时,以客户需求为中心进行平台设计。通过以客户为中心的设计,电子商务平台可以更好地满足客户的需求和期望,提供个性化的购物体验,并建立良好的客户关系。这包括简化购物流程、提供清晰的产品信息、方便的支付方式、快速的物流配送以及高效的售后服务等。通过关注客户需求并提供优质的用户体验,企业可以增加客户忠诚度、提高销售额,并在市场中获得竞争优势。

电子商务应用通常需要一个商务平台来支持交易和支付,但网络平台不一定就是商务平台,也可以是一个纯粹的信息平台,提供产品信息、行业资讯等内容。在设计网络平台时,需要根据具体电子商务应用的业务需求和用户需求来确定平台的功能设计需求。

7) 电子商务应用中的网店创意设计

电子商务也需要店面的装饰设计。尽管电子商务没有实体店面,但通过网店的布局、颜色搭配、图像和标志等元素的设计,可以营造出独特的品牌形象和店面氛围。这些设计要与产品或服务的定位相匹配,以吸引目标客户群体。因此,在电子商务应用中,网店创意设计也非常重要,它可以吸引潜在客户并提升用户体验。

每个网店店主都有自己独特的经营理念和创意。这些理念和创意可以通过网店的整体设计和页面布局来展现。例如,一个注重环保的网店可以使用绿色和自然元素来传达其价值观;一个手工艺品网店可以使用温暖的色调、自然的纹理和手写风格的字体来展示其对手工艺品的热爱和独特性;一个科技产品网店可以使用现代感十足的设计元素、鲜明的对比色和科技感强烈的图标来展示其对科技产品的专业性和创新性等。

电子商务网店的创意设计是一个综合考虑多个因素的过程。不同的商品类别需要不同的网店创意设计。例如,时尚服装网店可能需要时尚、精致的设计,而家居用品网店可能需要简约、实用的设计。创意设计应该与商品的特点和目标客户的喜好相匹配。同时,针对不同的客户群体,也需要有不同的网店创意设计。不同的客户群体有不同的喜好和需求,网店的创意设计应该根据目标客户群体的特点来进行调整。例如,针对年轻人的网店可以采用时尚、活力的设计风格;而针对家庭主妇的网店可以采用温馨、实用的设计风格。

欢迎标语和宣传标语在网店中扮演着重要的角色,它们能够吸引客户的注意力。为了达到最佳效果,这些标语应该简洁明了、有吸引力,并能够准确传达网店的特点和优势。此外,标语的设计也应该与网店整体风格一致,以增强品牌形象。精心设计的欢迎标语和宣传标语,可以吸引更多的潜在客户,并提高销售额。因此,在创建网店时,务必重视欢迎标语和宣传标语的设计和选择。

8) 电子商务应用中的项目创意设计

电子商务应用通常需要项目总体的设计。它涉及对整个项目的规划和组织。通过项目总体设计,可以为电子商务项目提供一个清晰的路线图和框架,以便更好地组织和管理项目。这有助于确保项目的顺利实施,并最大程度地实现项目的目标和利益。电子商务项目总体设计主要包括项目需求分析、项目方案策划、项目可行性分析、项目实施计划、项目效果评估五个具体环节。

(1) 项目需求分析 这是项目设计的第一步,也是项目设计的重要一步,旨在确定项目的目标和需求。通过在这一步中与利益相关者的良好沟通和调研,可以确保项目能够满足利益相关者的要求和期望。具体沟通和分析的内容包括项目目标、功能需求、性能要求、时间及预算限制等方面。这有助于为后续的项目设计和开发提供指导。

(2) 项目方案策划 项目方案策划是确保项目按时、按质量要求完成的关键。明确项目的目标和范围是项目方案策划的重要步骤之一。方案策划包括确定项目的具体目标,明确项目的范围和边界,以及定义项目的关键要素和可交付成果。此外,还包括制定项目的时间表和工作计划,评估项目所需的资源和风险,并制定相应的管理措施。有效的项目方案策划有助于提高项目的成功率,确保项目能够在预定的时间内交付,并实现预期的效益。

(3) 项目可行性分析 在此阶段,需要评估项目的技术可行性和经济可行性,包括对项目的技术、经济和法律等方面进行评估,以确定项目是否值得投资和实施。其中,技术可行性评估是评估项目所需技术是否可行和可实现的过程,包括评估所需技术的可用性、成熟度、可靠性和可扩展性等方面。经济可行性评估是评估项目的经济可行性和可持续性,这包括评估项目的成本、收益、投资回报率和财务可行性等方面。法律可行性评估是评估项目是否符合相关法律法规和政策的要求,包括评估项目是否符合知识产权、隐私保护、数据安全等法律和其他行政法规的要求。

(4) 项目实施计划　在项目实施计划阶段,需要详细规划项目的执行步骤和时间表。这包括确定项目的关键里程碑和阶段性工作计划,合理分配资源,制定沟通计划,以及建立监控机制来跟踪项目进展。通过详细的实施计划,项目团队能够清晰了解任务执行的步骤和时间表,合理分配资源以确保项目顺利进行。同时,制定沟通计划有助于项目团队和利益相关者之间的有效沟通和协作。监控项目进展可以及时发现和解决问题,确保项目按计划进行。有效的项目实施计划有助于项目的顺利实施和管理,并为项目的成功提供保障。如图4-9所示的甘特图是常用的项目实施计划管理工具。甘特图通过活动列表和时间刻度表示出特定项目的顺序与持续时间。图中横轴表示时间,纵轴表示项目,线条表示期间计划和实际完成情况。

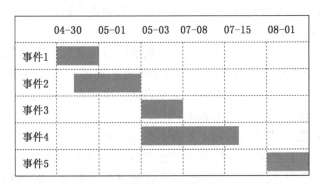

图4-9　项目甘特图

(5) 项目效果评估　项目效果评估需要考虑以下两个方面:一是要评估项目目标的实现程度。通过对项目目标的量化和定性评估,可以确定项目是否达到了预期的成果和效益,包括评估项目的成本效益、质量达成情况、客户满意度等指标。二是总结项目过程中的经验教训,包括项目管理的有效性、团队合作的情况、沟通和决策的效果等方面。总结经验教训有助于提取项目管理的最佳实践,并为未来的项目提供经验借鉴。

通过项目总体设计,可以确保项目在开始之前就有一个清晰的规划和目标,并且能够在整个项目生命周期中进行有效的管理和控制。这有助于提高项目的成功率和交付质量。

项目总体设计中,通过综合商业、技术和社会三个视角的创意思考和设计,可以更全面地考虑电子商务应用在解决传统商务痛点方面的潜力和影响。这有助于确保项目总体设计能够充分利用电子商务的优势,并为社会带来更多的价值和机会。

4.3　电子商务应用中的创业决策

前面对电子商务应用中的创新服务和创意设计做了比较深入的讨论。接下来,我们详细讨论电子商务创业的概念、主要途径以及创业策略与相关政策。

4.3.1　创业与电子商务创业

1) 对创业的理解

创业是创业者对自己拥有的资源或通过努力对能够拥有的资源进行优化整合,从而创造出更大经济或社会价值的过程。这个过程包含了一系列重要的要素和行为方式,根据杰夫里·提蒙斯(Jeffry A. Timmons)所著创业教育领域经典教科书《创业创造》(*New Venture Creation*)的定义:创业是一种思考、品行素质、杰出才干的行为方式,需要在方法上全盘考虑,并拥有和谐的领导能力。创业者需要综合考虑各种方法和策略,以确保创业过程的顺利进行,并且还需要拥有和谐的领导能力,能够有效地管理和指导团队。

从实践层面来看,创业,就是基于资源整合努力去创造专业的业务能力。这意味着创业者不仅要充分利用自身所拥有的资源,包括资金、人才、技术等,还要主动寻求获得更多的资源,如合作伙伴、市场机会等,以促进创业项目的发展。同时,创业者也需要不断学习和提升自己的专业知识与技能,以适应市场的变化和挑战。通过积极努力和持续学习,创业者可以在竞争激烈的商业环境中创造出专业的业务能力,并实现自身和企业的长期成功。

2) 对电子商务创业的理解

随着互联网的不断发展,社会各个方面都受到了网络化和数字化浪潮的影响,特别是在商业领域。现如今,电子商务已经成为商业领域中不可忽视的一部分,它改变了传统的商业模式,为企业提供了更广阔的市场和更高效的交易方式。电子商务的进一步变革将不断对产业结构、企业运营和市场竞争产生深远的影响。

对如今的企业来说,要考虑的问题不是要不要电子商务,也不是如何看待电子商务,而是如何应用电子商务。在电子商务时代,所有的创业者都不能不了解电子商务。这意味着企业需要了解电子商务的原理、模式、方法和技术,并在此基础上利用互联网和数字化技术来创造新的商业模式或市场机会,以便在电子商务时代中保持竞争力。

电子商务的出现对社会和经济环境产生了深远的影响,同时也改变了创业的环境。电子商务的理念可以为创业提供支持,但仅仅懂得电子商务并不意味着就能成功创业。

许多国家的政府积极推动电子商务的发展,制定相关政策来促进创业活动。这些政策的出台有利于创业者在电子商务领域获得更多的机会和支持。然而,仅仅有电子商务的政策支持并不能保证创业项目的成功。在电子商务创业领域,成功与否往往取决于创业者的创业素养、正确的创业思路以及投资机构对创业资本的及时有效支持。

4.3.2 电子商务创业的主要途径

电子商务创业的途径多种多样,创业者可以根据自身的兴趣、技能和资源选择适合自己的创业途径。具体来说,电子商务创业的主要途径包括公共平台经营创业、网络开店经营创业、电子商务专业服务创业、自建平台经营创业等,这些途径具有不同的特点和优势。

1) **公共电子商务平台创业**

公共电子商务平台创业是指创业者利用公共平台的用户基础和品牌影响力,在平台上开设店铺、发布产品信息、进行营销推广等方式,与平台上的用户进行交互和交易,实现产品的销售和盈利。具体来说,公共平台是指拥有大量用户和广泛市场覆盖的在线平台,如 B2B 平台、B2C 平台、C2C 平台、社交电子商务平台或其他电子商务平台,不同类型的平台适用于不同的商业模式。

(1) B2B 平台　B2B 平台提供了一个供应商和采购商之间进行交易的平台,可以帮助企业寻找合适的供应商和扩大销售渠道。

(2) B2C 平台　B2C 平台适合直接面向消费者销售。这些平台通常拥有大量的用户和广泛的市场覆盖,可以帮助企业快速推广产品并吸引消费者。

(3) C2C 平台　C2C 平台适合消费者之间的交易。消费者可以利用 C2C 平台来销售自己的物品或提供服务,与其他个人进行交易。

(4) 社交电子商务平台　社交电子商务平台通过社交互动和用户生成的内容来吸引用户。企业可以利用社交电子商务平台的用户基础和社交关系来推广商品或服务。社交电子商务平台提供了一个与消费者进行互动和建立品牌形象的渠道,可以增加品牌曝光度和用户忠诚度。

公共电子商务平台创业的优势在于可以利用平台的用户基础和品牌影响力,快速获得曝光,扩大业务规模。此外,平台提供一系列的工具和服务,如支付系统、物流配送、推广工具等,方便创业者进行业务运营。然而,公共电子商务平台创业也面临一些挑战。由于平台上的竞争激烈,创业者需要有独特的商品或服务,以吸引用户的注意力。此外,平台推广需要投入大量的资源和资金,因此通常需要寻求风险投资支持或其他形式的资金支持。

2) 网络开店经营创业

创业者通过在知名的电商平台上开设自己的店铺,如淘宝、天猫、京东、苏宁等,可以利用平台的流量和用户基础进行销售。这种方式相对简单,只需要可靠的货源和对经营业务熟悉。然而,由于竞争激烈,创业的成功需要创业者具备良好的商品选择、营销策略和客户服务能力。同时,网店也需要时刻关注市场竞争和用户需求的变化,不断优化经营策略,以保持竞争力并实现商业成功。

合适的商品选择至关重要。网店应该了解市场需求和趋势,选择具有竞争力和吸引力的商品。这可能涉及商品的采购和物流管理等方面的工作。网店需要寻找独特的商品定位和差异化的竞争优势,以吸引消费者的注意并建立品牌认知度。

此外,为制定有效的营销策略,网店应该了解目标客户群体,并通过广告、促销活动、社交媒体等渠道进行宣传和推广。网店还可以利用电商平台提供的数据分析工具,了解消费者行为和偏好,以优化营销策略并提高销售效果。

网店还应该提供良好的售前咨询和售后服务,以满足消费者的需求并建立良好的口碑。网店可以通过及时回复客户的问题、处理投诉、提供快速的物流和售后支持等方式,提升客户满意度和忠诚度。

最后,网店需要时刻关注市场竞争和用户需求的变化,即密切关注竞争对手的动态,了解市场趋势和变化,并及时调整自己的经营策略。网店可以通过市场调研、用户反馈和数据分析等方式,获取有价值的信息,并根据市场需求进行经营策略的优化。

3) 电子商务专业服务创业

为中小电子商务企业提供专业服务是一种很有前景的创业途径。随着电子商务行业的快速发展,许多中小企业面临着电子商务运营中的各种挑战和问题。创业者可以通过提供专业的服务来帮助这些企业解决问题,从而获得商机。

在网店设计方面,创业者可以提供创意设计和用户体验优化,帮助企业打造吸引力强的网店。根据企业的品牌定位和目标客户群体,创业者可以设计出独特而具有吸引力的网店界面和布局。同时,创业者还可以从技术和流程层面入手,帮助优化网店的用户体验,提高页面加载速度、简化购物流程等,以提升用户满意度和转化率。

在运营管理方面,创业者可以帮助企业建立高效的订单管理系统,确保订单的及时处理和准确配送。同时,还可以提供库存管理方案,帮助企业合理规划库存,避免库存积压或缺货的问题。此外,创业者还可以提供客户服务解决方案,帮助企业建立良好的客户关系,提供及时的售后支持和解决方案。

在物流配送方面,创业者可以提供物流合作、仓储管理等服务,确保产品能够及时送达给客户。创业者也可以为企业提供物流解决方案,包括快速配送、货物追踪等服务。此外,还可以提供仓储管理方案,帮助企业优化仓储布局和流程,提高仓储效率和货物管理的准确性。

此外,创业者还可以为传统企业提供电子商务运营服务。随着消费者购物习惯的改变,许多传统企业也希望能够通过电子商务渠道来拓展销售。创业者可以帮助这些企业建立电子商务渠道,制定推广和销售策略,提高企业的线上销售业绩。具体来说,创业者可以根据企业的产品特点和目标市场,制定适合的电子商务推广计划,包括线上广告、社交媒体推广、内容营销等。同时,创业者还可以帮助企业建立电子商务运营团队,提供培训和指导,确保企业顺利进行电子商务活动。

总而言之,这种创业方式需要具备专业的技术和业务知识,同时也需要密切关注电子商务行业的发展趋势和市场需求的变化,不断提升自身的专业能力和服务水平。

4) 专业服务平台创业

创业者还可以建立专业服务的电商平台,如 O2O 平台和 P2P 平台。专业服务平台可以更好地掌控业务流程,因为创业者可以自主决定平台的设计、功能和运营策略。然而,专业服务平台需要相关行业资源的支持。供应链、物流和支付等资源对于电商平台的正常运营至关重要。专业服务平台需要花费大量的时间和精力与供应商、物流公司和支付机构建立好合作关系,以确保平台的顺利运作。

专业服务平台还需要投入更多的资金来建设和推广平台,需要投资于技术开发、平台建设、市场推广等方面。这可能需要一定的财物和人力资源投入。同时,专业服务平台还需要制定有效的营销策略,以吸引用户和促进交易。创业者应该在决策之前充分考虑自身的资源和能力,并制定合理的发展计划。

电子商务创业的途径具有多样性。然而,创业者无论选择哪种方式,都需要深入了解市场需求、竞争情况和消费者行为,同时具备良好的营销能力和管理能力,才能在竞争激烈的电子商务行业中取得成功。

4.3.3 电子商务创业失败的常见原因

机遇往往伴随着挑战。尽管电子商务行业发展迅猛,但电子商务企业失败案例屡见不鲜。电子商务创业失败的常见原因可以归纳到市场定位不够清晰、推广烧钱太猛、运营成本过高以及监管政策环境四个方面。

1) 市场定位不够清晰

市场定位清晰意味着电子商务企业需要明确自己的目标受众,即具体的消费者群体或企业客户。企业如果没有明确的目标受众,就无法精确地了解他们的需求、偏好和购买行为,从而无法提供符合市场需求的产品或服务。

同时,在竞争激烈的电子商务市场中,企业需要有明显的差异化竞争优势,以与竞争对手区分开来。这可以是产品特性、品牌形象、服务质量、价格策略等方面的差异化。如果企业在市场定位上没有明确的特色,消费者很难找到选择该企业的理由,从而选择其他竞争对手的产品或服务。

例如,曾风靡一时的"呆萝卜"生鲜电商平台在定位上没有明确的特色,其在产品种类、服务体验以及配送方面的特点均不突出,无法与竞争对手区分开来。这种没有形成核心竞争力的模式,无法持久延续。

为了避免这种情况,电子商务创业者应该进行市场调研,深入了解目标受众的需求和偏好,找到差异化竞争优势,并将其明确地体现在市场定位中。这样可以提高企业的竞争力,满足市场需求,增加成功的机会。

2) 推广烧钱太猛

有些电子商务创业企业在推广和市场营销方面投入了大量资金,但却没有达到预期的回报。这可能是因为推广策略不够准确,没有成功吸引到目标受众,或者是由于市场竞争激烈,导致推广成本过高。

以曾经的社交电商平台"淘集集"为例,淘集集在推广过程中通过疯狂补贴和烧钱获客,迅速获得了大量注册用户。然而,由于用户转化率不高,最终导致了资金链断裂。这表明,仅仅依靠补贴和烧钱获客并不能保证长期的商业成功。企业在推广过程中应该注重用户质量和用户转化率,不能仅仅追求用户数量。

在实施推广营销前,电子商务创业企业应该进行市场调研,制定精准的推广策略,关注目标受众的需求和偏好,并选择合适的推广渠道和传播方式。同时,企业应该进行成本效益分析,控制推广成本,确保投入的资金能够获得预期的回报。

3) 运营成本过高

随着企业规模不断扩大,相关成本也会不断地增加。如果企业没有建立有效的成本控制机制,就很容易面临高昂的运营成本。这可能涉及物流费用、仓储租金、员工薪酬等方面。如果企业无法有效管理和控制这些成本,就会导致入不敷出,难以维持长期运转。

以农产品电商平台为例。由于农产品的特殊性和运营的复杂性,农产品电商平台往往面临着高昂的物流和仓储成本费用,难以实现盈利。在这种情况下,企业可以考虑与农产品生产者直接合作,减少中间环节,降低物流和仓储成本。此外,通过建立有效的营销渠道和提供差异化的服务,可以增加农产品的附加值,提高盈利能力。

总的来说,企业应该建立有效的成本控制机制,包括审慎管理物流、仓储和人力资源等方面的成本,并寻求降低成本的方法。同时,企业应该优化运营流程,提高效率,减少资源的浪费。这可以通过引入先进的技术和管理工具,改进物流和仓储管理,以及合理规划和培训人力资源来实现。

4) 监管政策环境变化

对于电子商务创业企业来说,监管政策的限制或变化可能对其经营产生重大影响。这些政策的变化可能涉及许可证要求、税收政策、数据隐私保护、消费者权益保护等方面。如果企业无法适应这些变化,可能会面临经营困难甚至倒闭的风险。

例如,在P2P行业快速发展的初期,市场缺乏有效的监管和规范,一些平台为了快速获取市场份额,采取了不规范的经营方式,导致了市场的混乱和风险的积累。随着监管政策的加强和市场的规范化发展,一些平台开始进行整改和转型,但是由于市场竞争的压力和自身的管理问题,一些平台走向了倒闭的道路。

了解和适应监管政策的变化对于电子商务创业企业来说至关重要。企业应该密切关注相关政策的变化,并采取相应的措施来确保其合规性和经营的稳定性,这可以通过与行业协会、政府部门、专业顾问等保持良好的沟通和合作来实现。这样一来,企业可以降低经营风险,并为企业的可持续发展奠定基础。

4.3.4 电子商务创业的策略建议

随着数字化转型的加速,消费者对在线购物的需求飞速增长,电子商务仍然具有巨大的潜力,这为电子商务创业者提供了无比广阔的市场。然而,要在电子商务领域取得成功并非易事,需要一些关键的策略和技巧。

1) 选择垂直领域

创业者可以选择一个具有潜力的垂直领域。在电子商务中,选择一个特定的垂直领域可以帮助创业者更好地定位目标市场。通过专注于特定领域,创业者可以更好地了解目标客户的需求,并提供专业化的产品或服务。这样做可以减少竞争压力,并提高市场份额。

2) 拥有核心技术

拥有核心技术是电子商务创业成功的关键。创业者应该努力拥有自主开发的电子商务平台、数据分析工具或其他创新技术。这些核心技术可以帮助创业者提供独特的价值主张,并在市场上脱颖而出。通过技术的应用,创业者可以提高效率、优化用户体验,并为客户提供差异化的服务。

3) 了解业务痛点

了解目标市场的业务痛点也是创业成功的关键。在创业之前,创业者需要深入了解目标市场的需求、竞争对手的优势和不足,以及市场上的机会。通过解决业务痛点,创业者可以提供有针对性的解决方案,满足客户需求,并与竞争对手区分开来。

4) 创新商业模式

商业模式也是电子商务创业成功的重要方面。创业者应该思考如何利用技术、数据或供应链优势来提供独特的价值主张,并为客户带来更好的体验。创新的商业模式可以帮助创业者打破传统的竞争格局,并创造新的市场机会。

5) 争取风险投资

电子商务创业通常需要大量的资金投入,特别是在初创阶段。创业者应该争取风险投资,以获得资金支持,并帮助扩大业务规模。在争取风险投资时,创业者需要确保有一个清晰的商业计划,并能够向投资者展示自身的市场潜力和竞争优势。此外,建立良好的关系网络和寻找合适的投资者也是非常重要的。

总之,电子商务创业是一个充满机遇和挑战的领域。创业者们可以通过选择垂直领域、拥有核心技术、了解业务痛点、创新商业模式和争取风险投资来取得成功。然而,创业者们也需要意识到创业过程中的风险和不确定性,并进行充分的市场调研和商业分析,以制定出最佳的创业策略。

4.3.5 创业计划书的撰写

创业计划书,也叫商业计划书,是在对创业项目调研、分析、搜集与整理有关资料的基础上,根据一定的格式和内容的具体要求而编辑整理的一个全面展示企业和项目状况、未来发展潜力与执行策略的书面材料。

从内容上来看,创业计划书是全方位的项目计划,它从企业的人员、制度、管理以及企业的产品、营销、市场等各个方面对即将展开的商业项目进行可行性分析。一份优秀的创业计划书应该包含投资机构最关心的十大问题：

1）创业团队

投资机构非常关注创业团队的背景、经验和能力。创业计划书应该详细介绍团队成员的专业背景、创业经历和技能，以展示团队的实力和能力。

2）项目定位

创业计划书应该清晰地描述项目的定位和目标市场。投资机构希望了解项目的核心竞争优势、目标受众和市场规模，以评估项目的潜力和可行性。

3）竞争分析

创业计划书应该对竞争对手进行全面的分析。投资机构希望了解市场上已有的竞争对手，以及项目与竞争对手的差异化和竞争优势。

4）盈利模式

创业计划书应该清楚地描述项目的盈利模式。投资机构关注项目如何创造收入和利润，以评估项目的商业可行性和可持续性。

5）解决痛点

创业计划书应该明确项目解决的痛点或问题。投资机构希望了解项目如何满足市场需求，解决消费者或企业的痛点，以评估项目的市场需求和潜在用户。

6）运营发展

创业计划书应该详细描述项目的运营和发展计划。投资机构关注项目的市场推广、销售渠道、供应链管理等方面，以评估项目的可执行性和增长潜力。

7）公司估值

创业计划书应该提供对公司估值的合理解释和依据。投资机构希望了解项目的估值水平，以评估投资回报和风险。

8）融资方案

创业计划书应该明确描述融资需求和融资方案。投资机构关注项目的融资规模、资金用途和退出机制，以评估投资的风险和回报。

9）股权结构

创业计划书应该清晰描述公司的股权结构和股东权益。投资机构关注公司的股权分配和管理，以评估投资的股权回报和治理结构。

10）发展目标

创业计划书应该明确设定公司的发展目标和里程碑。投资机构希望了解项目的发展计划和战略规划，以评估项目的成长潜力和投资回报。

创业计划书是企业融资成功的重要因素之一，通过充分回答以上这些问题，创业计划书可以提供给投资机构一个全面而有说服力的项目概述，增加项目获得投资的机会。

同时，创业计划书可以帮助创业者有计划地开展商业活动，从而增加创业成功的机会。它要求创业者进行全面的分析和规划，制定具体的目标和计划，并考虑风险和应对措施。通过编写和执行创业计划书，创业者可以更好地掌握创业机会，提高创业的效率。

4.3.6 大学生自主创业优惠政策

为鼓励高校毕业生自主创业，以创业带动就业，财政部、国家税务总局发出《关于支持和促进就业有关税收政策的通知》,明确自主创业的毕业生从毕业年度起可享受 3 年税收减免的优惠政策。高校毕业生在校期间创业的,可向所在高校申领《高校毕业生自主创业证》;离校后创业的,可凭毕业证书直接向创业地县以上人社部门申请核发《就业失业登记证》,作为享受政策的凭证,如图 4-10 所示。

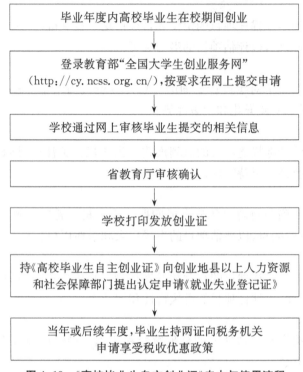

图 4-10 《高校毕业生自主创业证》申办与使用流程

大学生自主创业优惠政策为大学生自主创业提供了明确的政策支持和利好环境,不仅为大学生创业提供了方便和资助,也为他们创造了更好的创业条件和机会,促进了大学生创业活动的蓬勃发展。南京市青年大学生创业扶持政策是一个典型的例子,在优化创业环境方面做出了明确的规定。政策涵盖了多个方面,包括南京青年大学生创业证的申领与办理、优秀创业项目的遴选与评估、大学生创业载体的认定与补贴、创业场地和公租房的申请与办理,以及创业融资政策的申请与办理等。南京市政府 2012 年就推出"南京市万名青年大学生创业计划",如图 4-11 所示。以后每年举办各种大学生创业大赛,激发了大学生创业热情。

首先,南京青年大学生创业扶持政策明确了大学生创业证的申领与办理程序。这意味着有志于创业的大学生可以通过申请创业证,获得相应的身份认定与扶持政策。这项政策措施为大学生提供了便利和支持,为其创业提供了正式的身份认可。

其次,政策对优秀创业项目的遴选与评估提供了明确规定。这为创业者提供了公开、透明的竞争平台,使具备创新、创造和市场潜力的项目能得到更好的评估和机会。这有助于激发大学生的创业热情,同时也提高了创业项目的质量和可行性。

政策也对大学生创业载体的认定与补贴进行了规定。这为大学生创业提供了合适的场所和资源支持,如创业载体的认定和场地补贴等。这有助于降低创业成本、提升创业环境,为大学生创业提供更好的条件和支持。

另外,政策还规定了创业场地和公租房的申请与办理程序,为创业者在选择创业场所和申

图 4-11 南京市万名大学生创业计划实施现场推进会

请公租房提供了明确的指导和流程,让创业者能够更加方便地获取适合的场地资源。

政策中还提到创业融资政策扶持的申请与办理,为有创业需求的大学生提供了获得资金支持的机会,包括贷款、补贴和投资等方面的政策支持。这有助于解决创业初期的资金需求,促进创业项目的顺利实施。

思考与练习

1. 在电子商务应用中,哪些是可以改变的?哪些是不能改变的?
2. 何谓"互联网+"战略?"互联网+"和"+互联网"在概念上有何区别?
3. 如何理解"大电商"?为什么"大电商"能够为"互联网+"战略赋能?
4. 为什么说电子商务是服务?如何理解服务创新是电子商务的灵魂?
5. 电子商务应用普通型岗位和电子商务应用专业型岗位有什么不同?
6. 电子商务企业面向业务创新的战略主要有哪些?请举例说明。
7. 电子商务应用对企业业务创新的支持一般会体现在哪几个方面?
8. 在电子商务时代创业,创业者可能会面临的主要挑战一般有哪些?
9. 在国家鼓励创业的大背景下,你如何看待大学生毕业前参与创业?

5 电子商务变革与产业数字化转型

【内容概要】
本章首先介绍电子商务变革的概念、类型与基本内涵;然后介绍电子商务对产业外部环境和传统行业变革的影响;最后在介绍数字化、产业数字化和数字化转型等概念的基础上,分析产业数字化转型的必要性,讨论如何进行产业数字化转型。

【学习目标】
(1) 掌握电子商务变革的概念与基本内涵。
(2) 掌握电子商务企业变革的概念与内涵。
(3) 了解电子商务对产业外部环境的影响。
(4) 了解电子商务对传统行业变革的影响。
(5) 掌握数字化与传统产业的数字化转型。

【基本概念】
电子商务,电子商务变革,数字化转型。

5.1 电子商务变革的概念与内涵

21世纪以来,电子商务在全球范围内飞速发展,成为推动全球经济增长的重要引擎,同时也深刻地改变了人们的生产和消费方式。随着信息技术不断发展,电子商务应用也在不断创新和升级。电子商务变革给传统企业带来了挑战和机会,企业需要积极适应变革,与时俱进。这一节重点讨论电子商务变革的概念与内涵,以及企业所面临的内部与外部的电子商务变革。

5.1.1 对电子商务变革的理解

电子商务的崛起对传统商业模式产生了深远的影响。电子商务变革是各类企业都面临的巨大变革。从概念上说,所谓电子商务变革,就是由于电子商务的应用在商业领域所发生的根本性变化。电子商务变革既包括外在的电子商务变革,也包括内在的电子商务变革。

外在的电子商务变革,是指由于电子商务的广泛应用,企业必须面对的外部商业环境所发生的根本性变化。互联网与电子商务应用或已经改变或正在改变或将要改变企业的外部商业环境,这对任何企业都是不争的事实。一个企业,无论是否决定应用电子商务,都不应该无视外部商业环境发生的一些根本性变化。

内在的电子商务变革,是指为应用电子商务,企业在自身商业理念、商业模式、组织结构、管理方式和商业技术等方面所发生的根本性变化。内在的电子商务变革,是电子商务应用企业为适应电子商务发展而主动对企业内部各个方面进行变革。

我们可给出一个相对比较完整的电子商务变革定义：电子商务变革是在网络信息技术驱动下，商业环境、商业理念、商业模式、组织结构、管理方式和商业技术的变革。电子商务变革既体现在宏观的社会经济层面，也体现在微观的企业经营层面。

5.1.2 企业外在的电子商务变革

互联网与电子商务应用成已经改变或正在改变或将要改变企业的外部环境，对企业，可能带来机遇，可能带来威胁，也可能暂时没有太大影响。这些环境变化是不以企业意志为转移的，并且在不断进行。一个企业，无论是否决定应用电子商务，都不应该无视外部环境发生的一些根本性变化。

1) 电子商务对个人工作和生活方式的影响

在互联网和电子商务广泛应用的环境下，人们的生活、工作、学习各方面，如信息传播方式、办公方式、生活方式、教育方式等，发生了变化。

(1) 信息传播方式　互联网是一个具有交流特性的网络，它不仅可以作为个人传递信息的工具，也可以作为企业间传递信息的媒体。与传统的印刷出版物相比，网上出版有着不可比拟的优势。首先，网上出版成本低廉；其次，网上的读者面广泛；最后，网上查找信息方便。所以，无论对信息传播者还是信息受众，网上传播信息都是最佳的选择。这也是电子商务受欢迎的原因之一。

由于网络信息传播的优点，网络广告也越来越受广告主欢迎，很多公司都在网上投放大量的广告。尤其是移动互联网和社交媒体的出现，对信息传播方式产生的影响，显然是革命性。虽然，广告费用与传统广告相比，还是很少的，但其取得的效果却是传统广告不可比拟的。

(2) 办公方式　许多工作任务通过网络的传输功能，可以随时随地完成。这样，在家里或者其他地方，就可以随时办公，而不必像以前那样局限于办公室。而且，在家里办公，上下班花费在路上的时间节省了，上班时的交通堵塞不再存在，减轻了交通负担。

在21世纪，在家里办公的情况会日益流行。尤其是在云计算环境下，办公方式会更加个性化和自主化，也更加智能化。

(3) 生活方式　由于互联网的流行和电子商务的兴起，人们的生活发生了变化。以前，人们总要花费大量的时间去商场或者百货商店购物，几个商场逛下来，人都累得散了架。现在，人们待在家里，轻松地点击鼠标，就可以在互联网的虚拟商场里挑选购买物品。在网上商场里逛累了，还可以去音乐站点或者其他娱乐站点逛一逛，放松一下心情。

聚会、购物、看电影、玩游戏、看书、讨论……只要你喜欢，都可以在网络上解决。当然，互联网与电子商务给人们带来了方便，也带来了新的问题：儿童的上网问题、信息污染问题、家庭隐私问题、电子商务安全问题等都给我们带来了新的挑战。

(4) 教育方式　交互式的网络多媒体技术给教育带来了很大的方便。数字化的课堂让很多没有合适时间上课的专业学生和在职的工作人员的受教育问题得到解决。讲课、讲评……一切都可以在网络上进行。

网络大学作为远程教育的一种方式，为越来越多的人所接受。网络大学打破了时间和空间的限制，远程就能学到想要学到的知识，给纵深学习提供了机会。互联网不仅改变人们接受教育的方式，也在改变学校组织教育的方式。

MOOC 是 Massive（大规模的）、Open（开放的）、Online（在线的）、Course（课程）四个单词

的缩写,指大规模的网络开放课程。MOOC是一种在线教育形式,任何人都能免费注册使用,它有与线下课程类似的作业评估体系和考核方式。按时完成作业和考试的学习者可能收获导师签署的课程证书。

2) 电子商务对人们消费方式和消费观念的影响

电子商务的发展对消费行为产生了深刻的影响。消费者找厂家、跑商场、进银行、排队、交涉、办手续等行为,都在被电子商务改变着。累的"腰酸腿疼"的购物方式,正在被轻松的"点击鼠标"所代替。用经济学语言来说,电子商务极大地降低了购买者的交易费用。

在互联网环境下,消费者很容易获得与产品价格、性能和质量等相关的信息,网络改变了原来厂家或商场与消费者不对称的信息结构。现在消费者购买重要物品时,即使不在网上购买,通常也会在去商店购物前,先在网上搜索需购物品的相关信息。用管理学语言来说,电子商务极大地增强了购买者讨价还价的能力。

随着电子商务的快速发展,越来越多的传统企业开始进军电子商务领域。在电子商务环境下,商家经常提供一些免费或是折扣的商品和服务吸引消费者,这是网店非常重要的销售策略,也是网上购物的诱人之处。而消费者总是希望得到更多的免费或是折扣的商品和服务。

在电子商务应用环境下,让消费者购物或消费体验满意变得越来越重要。因为消费者稍不满意,鼠标就可能点到其他网站上去,甚至,以后也再不会到你的网上商店购物了。另外,消费者的不满意,极有可能通过网络渠道传给很多人,尤其在社交媒体广泛使用的今天,人们可能会通过互联网分享和传播自己的购物体验,从而影响更多的消费者的购物行为。

所以,随着互联网与电子商务的广泛应用,人们的消费方式和消费观念在不断变化,并且群体力量会变得愈来愈强大,过去的"被动消费者"正在进化为"主动消费者"或"战略性消费者"。

3) 电子商务对厂家销售与采购方式的影响

在电子商务应用环境下,厂家运用网络渠道可以把自己的产品销售给全球任何与互联网连接的客户。对于中小企业,有了电子商务交易平台,就可以做国际贸易。阿里巴巴和中国制造网使得无数中小企业能与许多大企业一样参与全球竞争。

电子商务的发展促进了供应链管理的优化。许多厂家可以绕开传统中间商,向客户直接销售产品,降低产品价格,并提供定制化的产品和服务。许多厂家采用在线采购的方式,由于更容易"货比三家",所以更有利于找到合适的原材料和零部组件,更有利于找到合适的合作伙伴,而且降低了采购的交易费用。电子商务增强了厂家作为采购方的讨价还价能力,极大地降低了厂家的采购成本。

4) 电子商务对竞争环境和竞争方式的影响

电子商务的发展加剧了市场的竞争。在电子商务环境下,企业之间的竞争,在某种意义上讲,是全国性甚至是全球性的,因为客户通过互联网电子商务平台可以购买全球的商品。

电子商务的发展改变了企业间的竞争方式。由于产品趋向同质化,企业间的竞争越来越表现为基于客户个性化需求和服务导向。电子化服务在电子商务环境下越来越重要。企业出售的不仅是产品,更多的是服务,是一套解决方案。企业间的竞争,更多的是供应链间的竞争,是生态系统间的竞争。供应链的优化和生态系统的优化越来越重要。

上述四个方面的变化,是互联网与电子商务广泛应用导致企业外部商业环境所发生的主要变革。在电子商务时代,任何企业都必须适应这种外在的电子商务变革。同时,在电子商务时代,电子商务应用企业要参与市场竞争,建立竞争优势,还应该积极地进行企业内在的电子商务变革。

5.1.3 企业内在的电子商务变革

企业内在的电子商务变革,又可以称之为企业电子商务变革,是指电子商务应用企业为了适应电子商务发展要求,主动进行的内在变革。企业电子商务变革,在内容上包括商业理念、商业模式、组织结构、企业管理与商务技术等方面所发生的根本性变化。

1) 电子商务商业理念变革

电子商务商业理念变革,是指企业为适应电子商务发展,在商业理念上的根本性变化。电子商务变革,从根本上就是商业理念变革驱动的。一般商业理念都具备以下三个商业目标中的一个:提高效率、增强效力、产品或流程的创新。在某种意义上,这三者已经把所有的可能性概括其中。电子商务能够很好地融合这三个元素,这就是电子商务理念能够长久存在的原因。电子商务强调利用数字技术和网络平台来进行交易、沟通和合作的重要性,以创造价值、提高效率和满足消费者需求。

可以这么说,有什么样的电子商务商业理念,就有什么样的电子商务应用,或者说,电子商务就应用到什么程度。一些企业电子商务应用的成熟度不高,一个很大的原因就是很多企业管理者头脑中基于电子商务的商业理念不够。所以,对电子商务专业学生来说,推动中国电子商务发展是他们的重要使命。电子商务专业的学生不应该是只懂电子商务的专才,要努力成为懂电子商务的商务与管理创新人才。

2) 电子商务商业模式变革

现代管理学之父彼得·德鲁克指出,"当今企业之间的竞争,不是产品之间的竞争,而是商业模式之间的竞争"。成功的商业模式既有共同点又相互区别。它们的共同点在于创新地实现内部资源、盈利模式、运营模式和外部环境等的有机结合,不断提升自身的盈利能力、风险控制能力、协调能力、持续发展能力、行业竞争力和价值等。它们的区别在于在一定条件和环境下取得的成功无法简单地复制,而必须不断地进行修正和调整,才能永葆企业活力和生命力。

电子商务商业模式变革,对企业电子商务的应用至关重要。电子商务商业模式变革是企业在电子商务商业理念变革驱动下对商业模式做出的根本性变化。任何企业的业务发展都有相应的商业模式。传统企业的业务本来有其适合的商业模式。电子商务的冲击使外部的商业环境发生变化,企业就可能变革原来的商业模式。

电子商务商业模式变革有两种:一种是主动的电子商务商业模式变革;另一种是被动的电子商务商业模式变革。主动的电子商务商业模式变革,是指企业主动意识到电子商务应用能提供新的有价值的服务或对客户更好的增值服务,电子商务能建立新的业务或新的竞争优势,企业主动应用电子商务开展新的业务或对原有业务创新。如亚马逊、雅虎、新浪网、中国制造网、阿里巴巴等的创立,都是创造人认识到互联网的商业价值。戴尔电脑采用在线直销模式,也是认识到互联网在降低产品销售成本、提供定制化产品和服务等方面的价值。

被动的电子商务商业模式变革,是指企业原来的商业模式不再适合业务发展,企业不得不应对电子商务冲击,如很多传统零售业开始涉足电子商务应用,很大的原因是电子零售发展迅速的影响。传统企业一旦决定利用电子商务的渠道发展业务,并不是仅仅建个网站,把商品放在网上销售,也要考虑应该采取什么样的商业模式。

电子商务发展与普及的趋势不容置疑。无论是主动地应用电子商务,还是被动地应用电子商务,面向电子商务应用的商业模式变革都是十分重要的。商业模式变革充分反映企业管理者电子商务商业理念的变革,商业模式的设计是电子商务商业理念创新的体现。

3) 电子商务组织变革

电子商务组织结构变革,是指电子商务应用带来的企业组织结构的根本性变化。这里有两个层面:一是电子商务环境下企业组织结构的柔性化、扁平化、网络化、虚拟化的变化趋势;二是电子商务企业商业模式变革的实施通常离不开相应的组织结构变革。

传统科层组织是建立在专业化分工基础上的金字塔型组织结构,在工业革命时期的专业化、标准化生产或重复性工作中发挥了巨大作用。面对电子商务环境,传统科层式组织结构不能适应急剧变化的环境,面临着巨大的挑战。信息技术促进着柔性化组织创新的进行,而组织又不断进行自身的改造与创新,去适应电子商务的商业环境,在这种良性的双向互动中企业的发展被推向新的高度。

在电子商务环境下,信息技术广泛应用,首先使内部组织的有效市场化成为可能,破除了科层组织信息沟通不畅的弊端,使结构更加精简、扁平。但这种组织结构不是一般意义上的"扁平化",而是根据企业再造的思想将企业内部业务流程和企业间业务流程的重新设计与整合。

在企业再造过程中,各个子系统,如生产、营销、研发、财务、后勤服务等业务部门的功能将重新调整,它们之间的关系也将因此而改变。在 Internet、Intranet、ERP 等基础上的企业电子商务系统能智能化地实现大部分的组织管理职能:计划、组织、指挥、协调、控制(领导、激励除外)。组织内部的分工方式将发生革命性的变化,由职能分工型的组织结构向任务分工型的组织结构转变。

同时,与扁平型组织相适应,必须赋予一线管理人员更多参与决策的权力。从而可以减少信息传递次数,打破官僚主义和等级制度,提高管理效率,增强企业的竞争力。因此决策权从工业经济集中化向网络经济的分权化转变,这样会产生众多的"授权小组",每个授权小组通过企业的授权,围绕任务和目标自行决定其工作方式,每个授权小组及其成员通过自我设计、自我优化和自我创造,使传统的依靠"上级"做出决策的方式逐渐向依靠"团队"来进行决策的方式转变。

随着经济全球化发展,企业间竞争日趋激烈,任何企业依靠自身力量都很难垄断市场,为了避免恶性竞争,保存自身实力,有效地整合企业外部资源,抓住有限的市场机会,企业新的经营方式和组织方式不断涌现,如虚拟企业、网络化组织等组织形式和概念相继出现。

另外,企业通常也离不开面向电子商务商业模式变革战略实施的组织结构变革。企业应根据所选择电子商务商业模式的具体要求,调整企业的组织结构,增减业务部门,建立新的组织结构关系。如企业有可能设立首席电子商务主管与电子商务部门,也可能另设独立的电子商务分公司来开展电子商务业务。

4) 电子商务企业管理变革

电子商务企业管理变革,是指企业为适应电子商务发展在管理理念与管理方式上所发生的根本性变化。电子商务时代企业管理正在发生的变革至少包括如下六个主要方面:

(1) 在电子商务时代,企业内外部运作电子化管理方式更有效率。由于 Internet 大大缩小时间和空间的距离,企业内部部门和员工之间沟通模式有很大变化。在内部工作和业务流程的控制方面,企业将大量采用电子商务模式进行交流。无论该项业务涉及的员工或经理是否在同一物理位置或网络上,业务的处理将会同样顺利进行。

(2) 随着 Internet 和电子商务广泛应用,企业对客户的服务与体验管理和客户关系管理越来越重要。电子商务环境下市场竞争日益激烈,产品和服务本身已很难分出绝对优劣,在线客户讨价还价能力越来越强,客户一旦不满意,就会跳到其他网站。所以,谁能把握客户的需要、加强与客户的沟通、得到正确的信息,谁就能取得竞争优势,捷足先登。电子商务企业越来越重视电子化服务和客户体验,企业建立呼叫中心能够更好地、更有效地与客户沟通,了解客户的需求和市场的变化,从而在销售和服务等方面提高企业服务水平和整体形象。电子商务网站设计中电子化服务和客户体验的考虑至关重要。

(3) 电子商务企业更加重视信息与知识管理和信息化管理工具的应用。电子商务网站交易信息平台系统与企业生产、仓储、配送、售后服务等信息化管理系统的整合越来越重要。电子商务企业广泛运用 ERP、CRM、SCM 和 BI 等信息化管理工具,越来越强调网络环境下的信息共享和知识管理问题。

(4) 企业重视核心业务能力和服务外包管理。电子商务业务相关服务很多,不可能完全由一家企业提供,通常电子商务企业专注自己的核心业务能力,而将本企业非核心业务外包给电子商务服务企业,如电子零售企业通常将电子支付服务和配送服务外包。很显然,在企业强化核心业务能力的同时,管理外包服务非常重要。

(5) 企业管理范围进一步延伸整个企业供应链。除了传统的企业财务、库存、销售、生产、物流、采购、外包等管理以外,涉及整个企业供应链的许多环节被要求进入管理范畴。客户、供应商以及合作伙伴连成一片的供应链已经成为企业与企业之间竞争的核心。企业供应链协同管理愈来愈重要。

(6) 企业越来越重视与客户间的互动、企业不同部门间甚至企业与外部企业的协同管理。在电子商务环境下,客户要求的个性化和定制服务越来越多。客户通常在电子商务交易中定制产品和服务,甚至参与产品的设计和生产过程。电子商务要求企业具有为客户快速提供满意产品和服务的能力,这时,要求不同部门间密切配合、外部供应商的合作支持。所以,电子商务环境下不同部门间甚至与外部企业的协同管理就变得非常重要。

5) 电子商务商业技术变革

电子商务商业技术(Business Technology)变革,是指与电子商务相关商业技术上所发生的根本性变化。所谓商业技术是指支持商业活动的各种技术。电子商务离不开网络信息技术的支持,同时也正是企业电子商务应用使网络信息技术产生更多的商业价值。如今的网络信息技术发展更多的是由商业应用驱动,很多的网络信息技术已成为重要的商业技术。

互联网不仅是信息技术,更是商业技术。ERP、CRM、SCM 都是目前企业业务发展离不开的商业技术。基于网络信息技术的商业智能技术和决策支持技术愈来愈受到重视。对企业来说,能用于支持商业活动的各种商业技术会不断涌现,电子商务环境下企业的业务发展更需要各种商业技术的支持。

Web 2.0 强调的参与、社群正在逐步地渗透到企业当中,同时它所表现出来的应用模式创新也正在催生新的技术,呼唤着新的软件架构的出现。当前,这种新的技术和架构已不再停留在理论层面,它开始应用在具体开发过程中,例如 Rest、Ajax、Mashup、Rails、敏捷开发等。Web 3.0 是 Web 2.0 的高级版本,建立在区块链技术和去中心化、开放性和最佳用户满意度的关键概念之上。Web 3.0 可以将服务从中心化变为去中心化。

云计算是信息技术行业备受关注的技术之一。云计算是一种基于互联网的计算方式,通过这种方式共享软硬件资源。美国国家标准与技术研究院(National Institute of Standard and Technology,NIST)给出的定义:云计算是一种按使用量付费的模式,这种模式提供可用的、便捷的、按需的网络访问,进入可配置的计算资源共享池(资源包括网络、服务器、存储、应用软件、服务);而这些资源能够被快速提供,只需投入很少的管理工作,或与服务供应商进行很少的交互。云计算是一个大的概念,有多种计算平台部署方式,不同的应用场景部署的云计算平台也有不同功能。因此,可以从部署方式和服务类型进行分类。针对云资源不同的部署方式可以分为公有云、私有云、混合云。

根据不同的服务类型分类,云计算提供的服务模式主要有以下几种:

(1) 基础设施即服务(Infrastructure as a Service,IaaS)　在IaaS服务中,云服务提供商提供虚拟化的计算资源,包括服务器、存储和网络设备等,以供用户按需使用。以前,如果用户想部署自己的网站或应用,需要购买服务器及其他硬件。而通过IaaS,用户无需购买、部署和管理自己的硬件设备和基础设施,而是通过云服务提供商的平台,根据实际需求弹性地获取所需的计算资源。用户可以根据应用程序的需求进行灵活的扩展和缩减,只支付实际使用的资源量,可以更好地优化成本和资源利用率。

(2) 平台即服务(Platform as a Service,PaaS)　PaaS在提供服务器硬件的基础上还提供了一个完整的应用程序开发和部署平台作为服务。云服务提供商提供了底层的基础设施和开发工具,使开发人员能够构建、测试、部署和管理应用程序,开发人员可以使用云服务提供商提供的开发工具、API和服务,快速构建和部署应用程序,而无需自己购买和维护硬件设备、操作系统和开发工具。

(3) 软件即服务(Software as a Service,SaaS)　用户通过互联网访问和使用云服务提供商托管的应用程序,而无需自行购买、安装和维护软件。使用SaaS,用户可以根据实际需求选择和订阅各种应用程序,如客户关系管理(CRM)、企业资源规划(ERP)、电子邮件、在线协作工具等。

上述云计算服务,其实也可视为IT服务的电子商务,通过互联网为用户提供IT服务。云计算服务的广泛应用,可以降低中小企业在互联网和电子商务应用的瓶颈,对促进中小企业的电子商务变革和数字化转型具有重要意义。

5.2　电子商务对传统产业的影响

随着电子商务的广泛应用,传统产业的生存和发展都会受到影响。在电子商务时代,面向电子商务应用的创新变革,传统产业为适应电子商务发展要求,将会进行自身的创新、转型和升级。本书作者认为,电子商务服务业是一个新兴产业,但电子商务本身不是一个产业或行业,有人把电子商务与传统产业对立起来,是极其错误的。电子商务是一种服务(理念、方式、模式、技术和能力),可以应用到所有的产业或行业,几乎所有产业或行业都应该电子商务化。电子商务与传统产业是服务和赋能的关系。电子商务对传统产业的影响可以从两个视角来分析:一是电子商务对产业外部环境的影响;二是电子商务对传统产业变革的影响。

5.2.1　电子商务对产业外部环境的影响

互联网的广泛应用,对人们的生活和工作方式以及产业各行各业发展的外部环境产生了深远的影响。电子商务对传统产业外部环境的影响主要表现在以下几个方面:

(1) 市场环境的变化　电子商务的发展使得传统产业的市场环境发生了变化。在电子商务应用的影响下,几乎所有传统产业的市场竞争都是全国性的甚至是全球性。传统产业需要重新审视市场格局,对自身的市场竞争策略要进行调整和创新,以适应新的市场竞争环境。同时,电子商务平台也为传统企业提供了新的销售渠道和推广方式,使得企业可以更好地拓展市场和提升品牌影响力。

(2) 消费需求的变化　电子商务应用的发展使得消费者的需求和购买行为发生了变化。在电子商务应用的影响下,消费者更加注重产品的个性化、品质化、服务化和便捷性,对于传统产业的产品和服务也提出了更高的要求。因此,传统产业需要更好地了解消费者的个性化需求,提供更好的产品和服务,以适应消费需求的变化。

(3) 经营模式的变化　电子商务的发展使得传统产业的经营模式发生了变化。在电子商务应用的影响下,传统产业的经营一般都需要由线下向线上迁移,实现线上与线下融合发展,同时还需要借助互联网平台进行数字化转型和智能化升级,以提升经营的效率和竞争力。经营模式的变化对于传统产业来说是一个巨大的挑战,但同时也是一个创新发展的机遇。

(4) 对产业链的变革　电子商务的发展使得传统产业的产业链发生了变革。在电子商务应用的影响下,传统产业链各个环节之间的信息不对称现象得到了缓解,产业链的协同效率得到提升。电子商务为传统产业提供了新的销售渠道和推广方式,尤其是原产地企业可以直接面向消费者销售产品,使得传统企业可以更好地拓展市场和提升品牌影响力。

(5) 跨界融合的机遇　电子商务的发展为传统产业提供了跨界融合的机遇。在电子商务应用的影响下,传统产业可以通过互联网平台与其他产业进行融合,实现业务的拓展和创新。例如,金融行业可以通过互联网平台与电商、物流等行业进行融合,实现金融服务的创新和升级。

(6) 推动产业的升级　电子商务推动了产业转型升级,使得传统产业可以更好地适应市场需求和消费者需求。在电子商务应用的影响下,企业可以更好地实现线上线下融合、数字化转型和智能化升级,从而提高产业的附加值和竞争力。传统产业的网络化和智能化升级不仅推动了经济的转型和创新,也为产业提供了更好的发展机遇和前景。

总之,电子商务对传统产业外部环境产生了深远的影响,不仅改变了市场竞争环境、消费者需求、商业模式和产业链结构,也为传统产业提供了跨界融合和转型升级的机遇。传统企业需要积极应对这些变化,抓住机遇并不断创新发展。

5.2.2　电子商务对传统产业变革的影响

1) 电子商务为产业协同赋能

(1) 产业协同的概念　协同是协调合作之意,是一种在一个系统各部分之间协作产生和谐共进的效应。协同理论的渊源可以追溯至1976年联邦德国著名物理学家哈肯论述的协同学理论。协同论是研究不同事物共同特征及其协同机理的新兴学科,是近十几年来获得发展并被广泛应用的综合性学科。

协同论告诉我们,系统能否发挥协同效应是由系统内部各子系统或组分的协同作用决定的,协同得好,系统的整体性功能就好。如果在一个系统内部,人、组织、环境等各子系统内部以及相互之间协调配合,共同围绕目标齐心协力地运作,那么就能产生1+1>2的协同效应。反之,如果一个管理系统内部相互掣肘、离散、冲突或摩擦,就会造成整个管理系统内耗增加,系统内各子系统难以发挥其应有的功能,致使整个系统陷于混乱无序的状态。

产业协同是指针对一些产业之间不能按照产业链的上下游关系形成有机联系、产业之间不能相互支撑和配套协作的混乱无序的产业系统,通过一定的体制机制约束和激励,逐渐演化为产业链上下游企业之间有机联系,横向产业之间围绕技术和产品市场需求相互配套协作,传统产业与新兴产业之间相互支撑,技术创新能力和动力不断增强,产业结构不断优化升级的现代产业体系的过程和状态。简而言之,产业协同是指区域内两个或两个以上的经济主体从追求各自独立的产业发展系统逐步演化为追求各经济主体间产业的相互促进、共同发展,达到双赢互惠的过程。

产业协同包括四个维度,即产业内不同企业之间的协同、产业之间的协同、产业行为主体间的协同和产业在不同地理空间的协同。

① 产业内不同企业之间的协同:主要是指围绕产业链上下游的不同企业之间的分工合作,共同实现产业链的稳定和高质量运行。

② 产业之间的协同:主要是指传统产业与战略性新兴产业、制造业与服务业等不同产业之间的在技术、原材料和市场等方面的互动发展,以实现产品、工艺、管理、创新等方面的同步提升。

③ 产业行为主体之间的协同:主要是指为构建区域产业(创新)生态系统而组成的由企业、政府机构、高校及科研机构和金融风险投资机构、法律咨询机构、管理咨询机构、中介机构等组成的正式和非正式的交流合作系统。

④ 产业在不同地理空间的协同:主要是指企业之间的互动发展和产业之间的配套协作关系在地理空间上的优化布局,从而形成产业集群和产业带等产业集聚区。

(2) 基于电子商务的产业协同案例　基于电子商务的应用,引导产业资源优化配置,可以实现一定空间范围内的产业协同发展,推动产业结构不断优化。

① 找钢网与钢铁产业集群:2018年,找钢网总部正式落户上海。上海吸引找钢网的一个重要原因便是宝山钢铁产业集群。随着钢铁产业转型升级、国家支持钢铁行业化解产能过剩问题和"互联网＋战略的快速推进,上海宝山钢铁产业集群中的企业开始探索钢铁等大宗商品电子商务和钢铁生产的数字化转型,不仅吸引了大批工业互联网相关优势企业集聚,还建成了全国最大的钢铁电子商务交易中心。找钢网等一批互联网企业的集聚,形成了协同发展,使得平台与钢铁产业在虚拟空间集聚的同时,能够更进一步在地理空间上形成集聚,放大了空间外部性和网络外部性的双重效应,从而实现了更大规模、更大范围的协同发展。

② 阿里巴巴与服装产业集群:浙江省作为我国互联网发展的先行示范区和电子商务大省,在"互联网＋"行动计划、"新电商"高质量发展的政策支持下,形成了众多的互联网、电子商务产业集聚区。快速发展的互联网、电子商务集聚区具备了更好的创新环境与技术优势,能够吸引原本就具备较强产业基础的浙江服装产业与其邻近集聚与协同合作,进一步形成了协同发展,既保持了虚拟集聚的优势,又放大了地理集聚的空间外部性收益,有利于促进区域产业经济的协调发展。浙江省互联网和电子商务发展遍地开花的同时,区域龙头企业也发挥了巨大的作用。

2018年,阿里巴巴集团在杭州市柏年产业园建立了自营工厂,标志着犀牛智造正式落地,这是阿里巴巴集团打造的服装智能制造企业,也是互联网平台探索"未来工厂的重要一步"。在需求端,犀牛智造能够提供精准销售预测,让按需生产可规模化实施,目前已经为包括蕉内、范洛在内的多个淘宝商家提供产品,取得了不错的销量成绩;在供给端,犀牛智造由于具备了在数字化方面的技术优势,吸引了多家中小服装企业在其周围形成协同集聚,帮助这些服装企业实现小单起订、快速反应的柔性制造,极大降低了制造工厂的生产和库存成本。随着我国制造业的数字化转型不断发展,作为互联网大厂的阿里巴巴主动试水智能制造,构建起了互联网平台与制造业协同发展，充分说明了龙头企业对于协同集聚的重要作用。

上述例子是电子商务应用促进产业集群企业的协同发展。电子商务应用也可促进不同产业间的协同发展。如基于电子商务的应用，旅游服务业、餐饮服务业、休闲服务业、零售服务业等可以实现产业协同发展。

2）电子商务为产业融合赋能

（1）产业融合的概念　　在世界第三次新技术革命和经济全球化的双重推动下，产业间相互渗透、相互融合的现象日渐增多。产业融合最早源于数字技术的出现而导致的信息行业之间的相互交叉。20世纪70年代的通信技术革新和信息处理技术的革新推动了通讯、邮政、广播、报刊等传媒间的相互融合；20世纪90年代以来，通信技术的进一步革新和个人电脑的普及导致互联网的广泛应用，这进一步推进了出版、电视、音乐、广告、教育等产业的融合。伴随着新科技革命的迅猛发展和企业跨行业、跨地区的兼并重组活动，产业的边界逐步趋于模糊化，全新的融合型产业体系逐渐形成。因此，产业融合是指不同产业或同一产业不同行业相互渗透、相互交叉，最终融合为一体，逐步形成新产业的动态发展过程。产业融合可分为产业渗透、产业交叉和产业重组三类。

① 产业渗透融合：即高新技术及其相关产业向其他产业渗透、融合，并形成新的产业。如信息技术产业以及农业高新技术化、生物和信息技术对传统工业的改造（如机械仿生、光机电一体化、机械电子）、电子商务、网络型金融机构等。又如发生在20世纪90年代后信息和生物技术对传统工业的渗透融合，产生了诸如机械电子、航空电子、生物电子等新型产业。还有电子网络技术向传统商业、运输业渗透而产生的电子商务与物流业等新型产业；新能源技术向汽车制造业的渗透以及新能源汽车与互联网融合的新产业等。高新技术向传统产业不断渗透，成为提升和引领高新技术产业发展的关键性因素，高新技术及产业发展有利于提升传统产业的发展水平，加速了传统产业的高技术化。主要体现在：促进传统产业的高附加值化，促进传统产业推出新品种和新的产业，促进传统产业装备现代化。目前，信息技术正在以前所未有的广度和深度渗透到制造业的各个环节中，使制造业的产品和生产过程，以至管理方式发生了深刻甚至是革命性的变化。

② 产业交叉融合：即通过产业间的互补和交叉，实现产业间的融合，往往发生在高科技产业的产业链自然交叉的部分。这类融合通过赋予原有产业新的附加功能和更强的竞争力，形成融合型的产业新体系。这种融合更多地表现为服务业向第一产业和第二产业的交叉和渗透，如第三产业中相关的服务业正加速向第二产业的生产前期研究、生产中期设计和生产后期的信息反馈过程展开全方位的渗透，金融、法律、管理、培训、研发、设计、客户服务、技术创新、贮存、运输、批发、广告等服务在第二产业中的比重和作用日趋加大，相互之间融合成不分彼此的新型产业体系，如农业和工业中服务比例上升，产业与服务融合形成工业旅游、农业旅游等。

③ 产业重组融合：重组融合主要发生在具有紧密联系的产业或同一产业内部不同行业之间，是指原本各自独立的产品或服务在同一标准约束或集合下通过重组完全结为一体的整合过程。通过重组型融合而产生的产品或服务往往是不同于原有产品或服务的新型产品或服务。例如，第一产业内部的种植业、养殖业、畜牧业等子产业之间，可以生物技术融合为基础，通过生物链重新整合，形成生态农业等新型产业形态。在信息技术高度发展的今天，重组融合更多地表现为以信息技术为纽带的、产业链的上下游产业的重组融合，融合后生产的新产品表现出数字化、智能化和网络化的发展趋势。

（2）电子商务零售业与物流服务业的融合发展　　物流的概念最早形成于美国20世纪

30年代，原意为货物配送。2001年美国供应链管理协会给物流的定义是：为了满足消费者的要求，对商品及服务以及相关信息在源头到消费地点之间有效益、有效率的正向及反向流动与仓储进行计划、执行与控制，它是构成供应链的元素之一。物流活动一般由运输、装卸、搬运、包装、储存保管、流通加工、信息处理构成。在当代社会中，随着现代物流概念的兴起，物流成为企业节约成本及提高劳动生产力的"第三利润源泉"，现代物流成为以企业追求利益最大化为目标，以现代化的手段与设备，以先进的管理与运作，实现商品与服务的实体从供给者向需求者转移的经济活动过程。

当我们进入到电子商务时代，贸易过程中的单证从纸质变成电子形式。现在不单是单证的电子化，商家还把自己的产品放在互联网上展示，等待买家选择、询问、确认订单、付款，并在买家付款后发货，等待买家收货及提供售后服务。而买家坐在家里就可以选购商品，他们上网浏览、挑选、查询、网上支付、等待发货、收货并评价。在这样的交易过程中，大多环节可以通过互联网实现，而唯独产品从卖家到买家这一物理位移不能虚拟实现，必须通过实体操作才可以达到。电子商务物流应运而生。为了提高物流效率，更多的电子技术应用于产品的包装、装卸、搬运、运输工具、仓储设施及通信设施，电子商务物流将这些要素有机结合服务于现代经济。

从某种程度上说，电子商务中只有物流才会与消费者进行面对面的接触，因而物流是决定电子商务成败的关键因素之一。同时，电子商务也促进了物流基础设施的完善。由于电子商务高效率和全球性的特点，要求物流也必须达到高效率和全球化的目标。而物流要达到这一目标，良好的交通运输网络、通信网络等基础设施则是最基本的保证。其次，电子商务促进了物流技术的进步。物流技术主要包括物流硬技术和软技术。物流硬技术是指组织物流过程中所需的各种材料、机械和设施等；物流软技术是指组织高效率的物流所需的计划管理、评价等方面的技术和管理方法。从物流环节来考察，物流技术包括运输技术、保管技术、装卸技术、包装技术等。最后电子商务促进了物流管理水平的提高。物流管理水平的高低直接影响物流效率的高低，也影响着电子商务高效率优势的实现。只有提高物流的管理水平，建立科学合理的管理制度，将科学的管理手段和方法应用于物流管理中，才能保证物流的畅通进行，实现物流的合理化和高效化，促进电子商务的发展。

电子商务为产业融合赋能的例子有很多，如基于电子商务的应用，促进农业与旅游、养老、健康等产业融合发展，形成乡村旅游、休闲农业和农村康养等新产业。

3）电子商务为产业转型赋能

（1）产业转型的概念　产业转型从宏观的角度说，是指一个国家或地区在一定历史时期内，根据国际和国内经济、科技等发展现状和趋势，通过特定的产业、财政金融等政策措施，对其现存产业结构的各个方面进行直接或间接的调整。也就是一个国家或地区的国民经济主要构成中，产业结构、产业规模、产业组织、产业技术装备等发生显著变动的状态或过程。从这一角度说，产业转型是一个综合性的过程，包括了产业在结构、组织和技术等多方面的转型。从行业内的角度，产业转型是指某个（些）产业在进入成熟期或衰退期后，通过市场调节或政府干预使该产业内的企业逐步撤出并将业务领域转移至其他产业，或者利用新技术对该产业实行改造使之重新获得增长机会的过程。制造业向服务化制造转型是一个产业转型的典型例子。

制造业向服务化制造转型是指制造业的生产过程中注入了越来越多的服务要素，制造业的产出从原来的单纯提供物品或物品附加物转变为提供包含物品和服务在内的整套解决方案。制造企业通过客户深度参与设计、服务要素的投入和供给，实现延伸产业链、提升价值链。制造业服务化可以进一步分为投入服务化和产出服务化。投入服务化是指在制造企业生产经营全部投入要素中,服务要素的投入占比越来越高;产出服务化是指在制造企业的产出和收入中,服务性的产出和收入占比越来越高。

随着电子商务的应用以及信息技术与工业经济的融合加深,促进了加工制造业向服务化制造转型。信息技术的发展降低了企业管理协调成本和交易费用,提高了交易效率。信息技术加强了企业运营各环节的协作,加强了企业间商业活动的衔接,提升了生产协作和产品流通的及时性、准确性和整个供应链的效率。在信息化背景下,服务业对制造业的促进作用进一步增强,电子商务、现代物流、工业设计、软件和信息服务等现代生产性服务业发展步伐不断加快,为高端制造发展提供了重要基础和支撑。

近年来,一种新型的服务化制造模式正在兴起,云制造利用互联网和云服务平台,将各种制造资源和制造能力物联化,接入制造云池并全面整合管理,按照客户需要提供各类泛在安全、按需获取的制造服务,云制造的兴起促进了制造业服务化的进程。其次,随着制造业的技术日益成熟以及信息技术的深入应用,生产制造流程走向标准化、智能化和柔性化,制造业的进入壁垒越来越低,市场竞争日益激烈,工业市场由短缺经济向过剩经济转变,制造环节的附加价值逐渐降低,而产业链上游的研发设计和下游的营销服务以及品牌运营环节因为难以模仿而具有较高的附加价值,整个价值链的附加价值图形呈现出一条形似微笑曲线的形状。"微笑曲线"反映了产业链分工的上、中、下游各环节对产业的控制力和各业务工序获利能力的差异。为了追求利益最大化,大型跨国公司往往在全球范围内整合生产资源,自身专注于产品技术创新、研发设计、品牌运营、销售和售后服务,把部分技术含量低、附加值低的生产制造、加工组装环节外包给劳动力成本低廉的发展中国家。当前,全球产业链的高价值环节集中在上、下游环节的特征,即高价值环节逐渐从制造环节向服务环节转移的发展趋势,促使制造企业的服务化转型。

(2) 基于电子商务的产业转型案例——震坤行:从供应商到服务平台的转型　在制造业中,工业用品占整体采购成本的30%~40%,由于工业用品库存量单位(SKU)多、客单价低、单量分散,成为采购人员的难题。由于采购流程长、采购标准化程度低、数字化程度低等诸多因素,导致工业用品供应商体系良莠不齐,整个工业用品供应链效率低,协同度低。震坤行成立于1998年,最初从事胶黏剂和润滑剂等化学品销售,主要的销售对象是工厂采购。2011年,震坤行从传统企业向电子商务服务平台转型,经营的品类逐步从垂直品类拓展到全品类工业品。2013年震坤行在工业区附近建立仓储物流,利用互联网模式解决过去工厂由于供应不足导致冗余采购造成的浪费问题。

震坤行的服务化转型为工厂采购带来了以下变化:

① 降低物资采购成本:过去,工业品的分销体系极度分散,区域分散,导致供应商管理难度大,采购成本高。工业用品采购平台的出现,利用互联网长尾聚合器的优势,利用互联网预订、拼团采购的优势,有效降低了采购成本和减少工厂断货风险。

② 提升库存周转率和配送效率:过去,工业用品的供应商仓储分散,导致库存周转慢和配送效率低。工业用品采购平台的出现,对仓储进行集中管理,有效提升库存周转率和物流配送效率。

③ 从链接销售到链接服务:在工业供应链上,需求方除了采购工业用品,还会采购服务,比如劳务分包、专业分包、设备租赁、设备维护保养等,这些需求,过去只能通过线下匹配来完成。工业用品采购平台的出现,线上匹配服务成为可能和发展趋势。震坤行从供应商转型为供应链服务平台,其通过互联网技术链接更丰富的物资和服务,通过智能化的仓储配送体系,降低了工业用品供需双方信息不对称的难度,改变了工业用品采购方式和库存管理方式,推动

了所在行业的进步。

电子商务为产业转型赋能的例子有很多,如基于电子商务的应用,促进加工制造业向服务型制造转型、印刷业向数字资产管理平台服务转型。

4) 基于电子商务的产业升级

(1) 产业升级的概念　产业升级就是使产品附加值提高的生产要素改进、结构改变、生产效率与产品质量提高、产业链升级。产业升级的目的是使产业更适应市场需求,提高生产效率和产品质量,从而提升企业的竞争力和市场地位。比如基于电子商务的应用,促进传统零售业升级为互联网零售业以及传统旅游业升级为互联网旅游业。

(2) 基于电子商务的零售业升级

① 新零售的内涵:基于电子商务,零售业转型升级"新零售"。自 2016 年新零售的概念被提出以来,新零售得到了社会各界的广泛关注。我国商务部则定义新零售是"以消费者为核心,以提升效率、降低成本为目的,以技术创新为驱动,要素全面更新进化的商品交易形式"。

在企业界,一些互联网巨头依据自身对新零售的理解,相继推出不同形态的新零售模式,如 2017 年阿里研究院指出,新零售是以消费者体验为中心的数据驱动的泛零售业态,其关注的是消费者体验与数据驱动,进而开设了盒马小店与天猫小店。

京东认为,新零售的本质是实现成本、效益、体验的升级,通过基础设施的智能化和协同化,推动"无界零售",打破产业边界,重新定义消费者与企业的关系,主要是聚焦"无界零售"实现成本、效益和体验升级,因此,推出了京东之家体验店。

腾讯借助自身社交流量赋能优势,将用户、数据和链接三个维度与零售业结合,强调"去中心化赋能",在为零售企业提供更多直接触达用户的机会,主要强调的是其社交与零售的融合,进而入股京东和永辉。

苏宁通过布局"两大两小多专"智慧业态集群,提倡以消费者需求为核心,以云端大数据分析和智慧物流技术为保障,多业态精准经营,促进线上线下相互融合共同发展,更多关注的是技术赋能,打造其智慧零售,开设了线上卖场"趣"和线下的智慧生活广场。

小米则认为新零售就是更高效率的零售,借助互联网工具从线上回到线下,提升传统零售的效率,实现融合,关注的则是零售效率的提升,据此推出了小米之家服务站等。

② 零售业转型升级"新零售"的过程:电子商务的快速发展使网络购物成为消费者的主要购物方式之一。这意味着传统的实体零售业因电子商务兴起正逐渐萎缩,进而导致了传统的实体零售渠道也纷纷开设网络零售渠道,以冲淡在线零售商对其零售市场的蚕食,如苏宁易购、国美网上商城的上线等。自此,实体零售业步入多渠道时代,但此时实施多渠道的零售商的各个渠道是相对独立运营,不存在不同渠道资源的互补利用,而不同偏好的消费者会在多个渠道中选择一个渠道去完成产品购买。此后,随着起源于美国的 O2O 模式传入我国,多渠道零售也伴随着经历了短暂的跨渠道阶段。与在多渠道阶段不同的是,在该阶段消费者是在多个不同的渠道上完成同一购物的不同阶段,而零售企业则能将线上消费者引流到线下消费。

步入 2010 年后,互联网技术的飞速发展使电子商务发展进入了快车道,传统电子商务由于互联网和移动互联网终端大范围普及所带来的用户增长以及流量红利正逐渐萎缩,传统电子商务所面临的增长"瓶颈"开始显现。此外,传统的线上电子商务从诞生之日起就存在着难以补平的明显短板,线上购物的体验始终不及线下购物是不争的事实。相对于线下实体店给顾客提供商品或服务时所具备的可视性、可听性、可触性、可感性、可用性等直观属性,线上电子商务始终没有找到能够提供真实场景和良好购物体验的现实路径。因此在用户的消费过程体验方面要远逊于实体店面,不能满足人民日益增长的对高品质、异质化、体验式消费的需求。无论是实体零售还是电商零售,以独立、对抗的模式运营都会步入增长僵局。这就要求零售业去打破线上和线下渠道间的界限,使得线上、线下渠道能够融合发展,因此,零售业开始步入全渠道零售阶段。新零售的出现是零售业转型升级的必然。网络终端的普及与互联网技术的发展为其产生提供了前提条件;消费者异质化、体验式消费需求的持续增长则是为新零售的出现提供了原始推动力。

(3) 电子商务助力农村产业升级　　农村电子商务成为发展农村数字经济的突破口。电子商务从流通端切入,逐步向农业产业链上游延伸,渗透到农业生产、加工、流通等环节,推进农产品在生产、组织、管理、加工、流通、储运、销售、营销、品牌、服务等环节互联网化,提升全要素生产率,节本增效,优化资源配置,促进农业全产业链数字化转型升级。

① 电子商务企业直采数字农业基地快速发展:盒马、京东、拼多多等部分电子商务企业在多地建设农业直采基地,通过数字化助力农产品品种研发、生产过程优化以及农产品标准制定,拉动和引导农业产业链资源配置优化,实现产业协同创新。随着农村电子商务深入发展,依托电子商务所积累的数字化产销渠道、数据资源要素和数字技术应用场景等资源,正在成为促进数字农业发展的重要基石。

② 农村生活和商业服务正在全面走向数字化、在线化和智能化。新冠疫情以来,我国农村生活服务在线化加速普及,在线教育、在线问诊、餐饮外卖、在线旅游、在线休闲娱乐等发展迅速。大型电子商务平台不断下沉,为县域生活服务业商户提供线上经营渠道,推动农村传统商超、小卖店加速数字化改造。很多地方通过电子商务平台、社交网络、在线旅游和外卖平台等渠道,将本地的特色商品、自然风光、文化旅游资源及时发布出去,带动乡村旅游、餐饮及民宿等产业发展。数字技术和电子商务正在深刻改变着农业生产和农民生活的方式。

5.3　传统产业的数字化与升级转型

传统产业的数字化与升级转型是与电子商务变革非常密切的一个概念。这一节首先讨论数字化和产业数字化的概念,然后重点讨论传统产业数字化转型的相关问题。

5.3.1　数字化与产业数字化

1) 对数字化的理解

(1) 数字化中"数字"的含义　　要想了解数字化和数字化转型的内涵,首先必须明白"数字"的含义。日常生活中我们处处都能见到数字,0、1、2、3、4……我们用数字来衡量大小,表示顺序,表明身份(身份证号),数字被我们用来表达各种类型的信息。而数字化中的"数字"不是我们上文所提到的数字,它仅仅是指二进制中的"0"和"1"两位数字。任何文字、图像、声音等信息都可以编译成"0""1"的数字组合。换言之,数字化中"数字"是以"0""1"作为数据信息存储、传递和处理的方式。

(2) 数字化的概念　　数字化概念最早是在尼葛洛庞帝的《数字化生存》中提出,"数字化是人类文明的新形式。数字化书籍、数字化报刊、数字化图书馆、数字化博物馆,甚至数字化社区、数字化政府和数字化社会都已经或正在出现。人类所创造的一切文明都可以数字化,它推动和保存了人类文明。"尼葛洛庞帝的数字化概念是关于人类发展的宏观的数字化概念,或者说是数字化愿景。

关于数字化概念,我们可以沿着上文对"数字"的理解去定义。数字化是指利用信息系统、各类传感器、机器视觉等信息通信技术,将物理世界中复杂多变的数据、信息、知识,转变为一系列二进制代码,引入计算机内部,形成可识别、可存储、可计算的数字、数据,再以这些数字、数据建立起相关的数据模型,进行统一处理、分析、应用。例如生活中数码相机和手机拍照,光线映入镜头,经过影像检测传感器将光线作用强度转化为电荷的累积,再通过模数转换芯片转换成数字编码,这就是常见的数字化过程。

Gartner 对于数字化有个简洁的定义:数字化是通过二进制代码表示的物理项目或活动。换言之,数字化是把物理世界映射或迁移到数字世界。例如在线会议(腾讯会议、钉钉、ZOOM)利用数字技术将会议室搬到数字世界;滴滴等打车软件是将现实世界的出租车映射到了数字世界,并实时保持与现实世界同步。

2) 数字化的发展现状

数字化,不是一个新词,也不是现在才有的概念,数字化随着电子化、信息化、网络化、数据化、智能化等一起发展至今。有人认为数字化就是信息化的一部分,也有人认为数字化与信息化不一样。

美国公司 C3.ai 创始人 Thomas M. Siebel 认为,数字化有三次浪潮:第一次浪潮:数字化(兴起)。计算机及其软件的应用,数字化使人们工作更简单、更准确、更自动化。第二次浪潮:互联网(应用)。互联网的出现,对商业、政府、教育以及人类生活带来破坏性创新,电子商务出现。第三次浪潮:数字化转型。数字化转型是推动全新工作方式和思考方式的破坏性进化,云计算、大数据、物联网和人工智能广泛应用。在这个大规模灭绝的时代,企业需要思考如何生存和繁荣发展。

2015 年后,数字化在国内已成为热点。党中央高度重视数字化发展,明确提出数字中国战略。党的十九届五中全会通过的《中共中央关于制定国民经济和社会发展第十四个五年规划和二〇三五年远景目标的建议》明确提出,要"加快数字化发展",并对此作出了系统部署。在 2021 年的全国两会上,"数字化"与"数字经济"成为热词,数字化转型"众盼所归",各地推进数字化转型的战略目标逐渐清晰。

2020 年 8 月 21 日,国务院国资委印发《关于加快推进国有企业数字化转型工作的通知》,就国有企业数字化转型做出部署。2020 年 10 月 8 日,江苏省人民政府办公厅发布《关于深入推进数字经济发展的意见》,提出建设数字经济强省具体要求。2021 年 3 月 1 日,中共浙江省委全面深化改革委员会印发《浙江省数字化改革总体方案》,包括具体实施方案(165 页)。2021 年 8 月 10 日,《江苏省"十四五"数字经济发展规划》由省政府办公厅印发实施。

3) 产业数字化

产业数字化是产业视角的数字化概念。一般认为,产业数字化是指在数字科技支撑和引领下,对产业链上下游的全要素数字化升级、转型和再造的过程。在我国的数字经济概念中,产业数字化,即传统产业应用数字技术所带来的产出增加和效率提升部分,包括但不限于工业互联网、智能制造、车联网、平台经济等融合型新产业新模式新业态。2020 年 6 月,国家信息中心信息化和产业发展部与京东数字科技研究院在京联袂发布《携手跨越重塑增长——中国产业数字化报告 2020》,该报告首次专业阐释"产业数字化"。

5.3.2 数字化的发展历程

随着科技的进步和信息技术的快速发展,数字化已经成为现代社会不可或缺的一部分。本书作者认为,广泛意义上的数字化发展历程包括如下五个阶段,如图 5-1 所示。

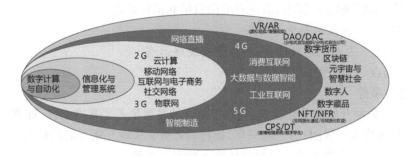

图 5-1 数字化的发展历程

1) 数字化 1.0:数字计算与自动化

(1) 主要特点　数字计算兴起,并广泛应用于自动化领域。

(2) 阶段起点　20 世纪 40 年代。

(3) 标志性事件

① 计算机的诞生及数据的数字化

1946 年:美国宾夕法尼亚大学诞生了世界上第一台通用电子计算机 ENIAC,标志着人类进入了数字化 1.0 阶段。

1951 年:第一台商用计算机 UNIVACI 投入使用。

1964 年:IBM 推出 System/360 系列计算机,具有统一的软件和硬件接口,标志着计算机的标准化和通用化。

② 自动化的应用

20 世纪 60 年代:预处理、边缘检测、对象匹配、轮廓线检测等机器视觉技术被提出,使机器能够识别和理解物体,从而能更好地操纵机器在各种环境中运行。

20 世纪 60 年代后期:1969 年,美国数字设备公司研制出世界上第一台可编程序控制器(PLC),并在通用公司汽车生产线上首次应用成功,实现了生产的自动控制。

2) 数字化 2.0:信息化与管理系统

(1) 主要特点　信息技术广泛运用,并促进信息管理系统的发展。

(2) 阶段起点　20 世纪 60 年代末至 70 年代初。

(3) 标志性事件

① 信息技术的普遍应用

20 世纪 60 年代末:IT(Information Technology,信息技术)的逐渐应用标志着数字化进入了新的发展阶段,人们开始广泛应用计算机和网络技术,更加注重信息的获取、处理和利用,以及建立更加高效的管理系统来支持业务运作。

1971 年:英特尔推出第一款微处理器 Intel 4004,使得计算机变得更加小型化和便携化,为个人计算机的普及奠定了基础。

20 世纪 80 年代:关系数据库的发展使得数据的存储和管理更加灵活和高效,为企业的信息化和管理系统提供了基础。

② 高效的管理系统

20世纪90年代：企业资源计划（ERP）系统兴起，整合了企业内部的各个部门和业务流程，实现了信息的集中管理和共享。

20世纪80年代末和90年代初：客户关系管理（CRM）系统兴起，通过整合和分析客户数据，帮助企业更好地了解客户需求，实施有效的营销和销售策略。

3）数字化3.0：互联网与电子商务

（1）主要特点　互联网广泛应用，在线购物发展迅速。

（2）阶段起点　20世纪90年代。

（3）标志性事件

1995年：互联网开始商业化运营，为数字社会的发展集齐了基本条件，即终端（计算机）、网络和浏览器（网络人机界面）等三驾马车，让行动者有了实现互联互通的机会，互联网的社会化应用才真正出现了，为数字化3.0时代的到来奠定了基础。

1998年：谷歌成立。谷歌的成立标志着搜索引擎技术的突破和商业化应用，为互联网信息的检索和共享提供了更加高效和便捷的方式。

20世纪末至21世纪初：许多电子商务公司如亚马逊、eBay、阿里巴巴、京东等崛起，加速了商业活动的数字化和服务化。

2005年：在信息社会世界峰会（WSIS）上，国际电信联盟（ITU）发布了《ITU互联网报告2005：物联网》，正式提出了"物联网"的概念。

2006年：Google首席执行官埃里克·施密特（Eric Schmidt）在搜索引擎大会提出云计算的概念。

2007年：苹果发布第一代iPhone。iPhone的发布标志着移动互联网时代的开始，人们可以通过智能手机随时随地接入互联网，推动了移动互联网的发展。

2009年：中本聪发布了开源的第一版比特币客户端，宣告了比特币的诞生。他同时通过"挖矿"得到了50枚比特币，产生第一批比特币的区块链就叫作"创始区块"（Genesis Block）。

2010年：共享经济兴起。共享经济的兴起如Uber、Airbnb等平台的崛起，改变了传统产业的商业模式，推动了数字化3.0时代的商业创新和社会变革。

4）数字化4.0：大数据与数据智能

（1）主要特点　大数据分析和数据驱动的人工智能得到广泛应用。

（2）阶段起点　21世纪初。

（3）标志性事件

2003—2006年：谷歌在2003—2006年间发表了三篇论文：*MapReduce：Simplified Data Processing on Large Clusters*，*Bigtable：A Distributed Storage System for Structured Data* 和 *The Google File System*，介绍了Google进行大规模数据处理的关键技术，为大数据的存储和分析奠定了基础。

2011年：IBM的Watson（基于人工智能和自然语言处理的计算机系统）赢得了美国电视节目《危险边缘》的比赛。

2012年：谷歌的深度学习算法在ImageNet图像识别比赛中获胜，标志着深度学习在计算机视觉领域的成功应用。

2015 年：半自动驾驶系统 Autopilot 成为第一个投入商用的自动驾驶技术，人工智能技术开始广泛应用。

2015 年：联合国发布了《可持续发展目标》。这个全球性的倡议旨在通过数字技术和创新来实现可持续发展，推动了数字化 4.0 阶段的数字技术与社会发展的结合。

5）数字化 5.0：元宇宙与智慧社会

（1）主要特点　AR/VR 等元宇宙广泛应用，社会各领域普遍数字化转型。

（2）阶段起点　21 世纪 20 年代。

（3）标志性事件

2021 年：2021 年脸书系社交应用总月度活跃的用户数达到 34.5 亿，占世界总人口的 43.7%，意味着数字技术真正进入了人们的日常生产和生活。（21 世纪以来，先是网络基础设施的发展，接着是终端设施设备的发展，然后是数字社会的真正来临。）

2021 年：Facebook 更名为 Meta。这个事件标志着元宇宙概念的崛起和重要性的认可，Meta 公司宣布将致力于构建元宇宙平台。

2022 年：苹果公司发布了 AR/VR 头戴设备，标志着增强现实和虚拟现实技术在消费市场的普及，为元宇宙的发展奠定了基础。

2023 年：全球范围内的数字身份认证系统的建设推进。这个事件标志着数字社会中个人身份和数据隐私的重要性，为数字社会的发展提供了安全和可信的基础。

5.3.3　对数字化转型的理解

1）数字化转型的概念

所谓数字化转型，就是基于数字技术应用的根本性改变或变革。《中华人民共和国国民经济和社会发展第十四个五年规划和 2035 年远景目标纲要》提出："迎接数字时代，激活数据要素潜能，推进网络强国建设，加快建设数字经济、数字社会、数字政府，以数字化转型整体驱动生产方式、生活方式和治理方式变革"。

从本质上看，数字化转型不同于传统意义上以业务组织或管理者意志驱动的职能改革。数字化转型是运用新兴数字技术进行的一次业务重构，通过数字技术发展和应用驱动商业模式、产业链，乃至企业内部流程、组织及管理的变革，构建以数据为中心的企业价值链，推动以客户为中心的上中下游各行业、企业形成数字生态，最终为行业及企业获得最大商业价值。除运用新技术手段以外，基于所处行业、企业发展、转型路径和价值导向等角度不同，全球对数字化转型的定义也有所不同。

国外很早就提及 Digital Transformation，如 2002 年中国大百科全书出版社出版的图书《数字化变革》（作者是凯约尔·帕特尔）英文书名是 *Digital Transformation*。国内，近几年数字化转型这个概念才比较热，实际上，"数字化转型"早在 2005 年前后就已经出现了。最早提出数字化转型的行业是出版行业，具体来说是报业。

早在在 2011 年，全球权威咨询公司 Gartner 将数字化转型定义为：通过数字化的技术，驱动企业转型。数字化业务转型是指利用最新的数字技术和支持能力，来创建一个强大、全新的数字业务模式的过程。

2012 年，IBM 公司认为，数字化转型将由客户推动、数字优先的方法应用于企业的所有方面，包括业务模式、客户体验以及流程和运营。它采用 AI、自动化、混合云以及其他数字技术，借助数据推动智能化工作流程,更迅速、更智慧地做出决策,实时响应市场颠覆性事件。最终,它改变了客户期望,创造出新的商机。

国际数据公司(IDC)定义数字化转型是:利用数字化技术(云计算、大数据、移动技术、人工智能、物联网、区块链等)和能力来驱动业务模式重构、管理模式变革、商业模式创新与核心能力提升的途径和方法,其目的是实现企业业务的转型、创新和增长。

我国国家标准《信息化和工业化融合 数字化转型 价值效益参考模型》(GB/T 23011—2022)中的定义:数字化转型是指深化应用新一代信息技术,激发数据要素创新驱动潜能,建设提升数字时代生存和发展的新型能力,加速业务优化、创新与重构,创造、传递并获取新价值,实现转型升级和创新发展的过程。(注:推进数字化转型通常坚持以价值效益为导向、以新型能力为主线,以数据要素为驱动,以业务变革为核心。)

华为公司对行业数字化转型的定义是:通过新一代数字技术的深入运用,构建一个全感知、全联接、全场景、全智能的数字世界,进而优化再造物理世界的业务,对传统管理模式、业务模式、商业模式进行创新和重塑,实现业务成功。

近来,国内还出现了数智化转型的概念,即数智驱动的数字化转型,也就是数据智能技术驱动的数字化转型。云计算、物联网、大数据和人工智能等是典型的数据智能技术。

2) 从工业革命历史看待数字化转型

(1) 第一次工业革命——机械化,蒸汽机+时代 第一次工业革命以蒸汽机技术为代表,改变了对能源与动力的利用方式。纽科门于1712年最早研制成功火力机(蒸汽机),但和后期的瓦特蒸汽机相比效率较低。当时纽科门蒸汽机的煤消耗是商用瓦特汽机的3倍。瓦特的主要贡献是大幅提升了纽科门蒸汽机的技术指标,他在与英国商人博尔顿的合作中,对纽科门蒸汽机进行持续改进,并在1775年建立企业,实现商业化生产。相对于纽科门蒸汽机0.5%的热效率,瓦特蒸汽机的热效率达到约4.5%,关键技术指标提高了近10倍。瓦特改良蒸汽机之后,彻底解决了这些问题,从而由一系列技术革命引起了从手工劳动向动力机器生产转变的重大飞跃。

(2) 第二次工业革命——电气化,内燃机+时代 第二次工业革命主要以电力和内燃机技术等为代表,也改变了对能源与动力的利用方式。在欧姆、法拉第等进行的科学探索的基础上,比利时工程师格拉姆在1870年发明了世界上第一台实用的直流发电机。1881年,西门子公司在英国建立了世界上第一个商业发电站(包含输电网络)。在内燃机技术方面,1876年,德国工程师奥托成功研制了四冲程煤气内燃机;1897年,德国工程师狄塞尔研发成功单缸四冲程柴油机,极大提高了内燃机热效率,后续广泛应用到轮船、潜艇中。1883年,德国工程师戴姆勒研制成功汽油内燃机,结合变速箱、转向器等技术改进,以汽车产品的形式彻底提升了动力运输能力。第二次工业革命进一步增强了人们的生产能力,交通更加便利快捷,改变了人们的生活方式,扩大了人们的活动范围,加强了人与人之间的交流。

(3) 第三次工业革命——信息化,计算机+时代 第三次工业革命主要以计算机和互联网等技术为代表,改变了对信息的处理方式。第一台现代计算机 ENIAC 在第二次世界大战中出现,建造目的是满足复杂弹道计算需求。1954年,第一台商用计算机 UNIVC-1 诞生,虽然极大地提高了信息处理效率,但是计算机本身体型过大、价格不菲。1981年,IBM 推出第一代个人电脑并迅速得到广泛使用。互联网的历程与计算机技术比较类似。最早是1964年的阿帕网(APRANET),在1971年前后拥有超过20个链接站点。1990年12月,出现了第一台服务器,标志着万维网可以访问。

(4) 第四次工业革命——智慧化,互联网+时代 第四次工业革命以网络化、智能化为主要特征,以数字科技为核心,生物医药、新能源、新材料等群体突破;人工智能、物联网、云计算等数字产业、数字融合产业,以及生物医药、新能源、新材料等新兴产业正在崛起;以5G、物联网、工业互联网、卫星互联网为代表的通信网络基础设施,以人工智能、云计算、区块链为代表的新技术基础设施,以数据中心、智能计算中心为代表的算力基础设施,都成为典型的新型基础设施;产业边界不断模糊、制造服务融合、实体数字融合。数据成为一种新的生产要素,数字经济成为标志性形态。

第一、二次工业革命重点是:能源、动力、运输革命,出现大机器生产、大规模生产、铁路运输。第三、四次工业革命重点是:信息、通信、计算革命,出现大数据智能、个性化定制、电子商务。每次工业革命都催生一批新行业和新企业,也摧毁一批传统行业和企业,并对其他行业产生革命性影响。

5.3.4 产业数字化转型的必要性

为什么要产业数字化转型?产业数字化转型的必要性可从如下两个方面来分析:

1) 国家竞争战略

数字化转型是国家竞争战略。当前,世界正进入经济快速发展的时期,新技术、新业态、新平台蓬勃兴起,促进资源要素在全球范围内的优化配置,并深刻影响着全球科技创新、产业结构调整和经济社会发展。国际上,以美国、德国、日本等为代表的发达国家和以印度、越南为代表的发展中国家,均在积极布局、加快数字技术与实体经济深度融合发展、推动技术迭代、应用升级、场景更新,以数字化转型为发力点抢占国际竞争领先地位。在此国际大势之下,中国制造业企业如果想突破利润微薄的中低端产业链定位,就必须加速探索数字化转型之路。

美国、德国、欧盟等主要发达国家和地区凭借技术和资源优势,加快推动发展方式由要素驱动、投资驱动向创新驱动转变,引领生产力和生产关系协同变革,寻求加强对全球产业经济发展的影响力和控制力。美国聚焦前沿技术和高端制造业,高度重视并大力推进数字化建设,提出工业互联网发展战略,利用新一代信息技术优势"自上而下"重塑制造业,引领全球数字化转型浪潮。德国以"工业4.0"为核心,将信息物理系统(CPS)作为工业4.0的核心,基于平台网络打通数据链,实现资源元素的协同共享,同时发挥汽车、机械等制造业的传统优势,依托数字化转型加快发展高端制造业,提升制造业综合竞争力。欧盟从建立数字单一市场的角度出发,整合欧盟各国资源,以数字化基础建设、数字化人才培养、数字化公共服务输出等为重点方向,协同推动各领域数字化转型发展。

印度、越南、印度尼西亚等发展中国家同样重视数字化转型发展,推动传统工业的生产方式、产业形态、创新体系重构,寻求利用后发优势实现换道超车。印度提出"印度制造计划",明确汽车、航空、化工、食品加工等25个重点产业,探索加强智能制造技术创新与应用,再以制造业带动经济整体发展,提高"印度制造"在全球制造业布局中的地位。越南发布"第四次工业革命国家战略草案",旨在运用新技术推动制造业产业链更新换代,促进产业结构调整优化,实现从低端制造向中高端制造业转型。印度尼西亚提出"印度尼西亚工业4.0",旨在加快印度尼西亚工业重建和产业升级,促进国际竞争力和国际地位提高。

我国政府高度重视数字经济与实体经济融合,产学研用基本形成数字化转型共识。习近平总书记极具前瞻性、创造性地作出了建设"数字福建"的战略决策,提出了"数字化、网络化、可视化、智慧化"的数字福建建设目标,开创了中国数字化转型的应用实践先河。2015年,习近平总书记在第二届世界互联网大会开幕式上首次提出推进"数字中国"建设;2017年党的十九大把"数字中国"建设提到了国家战略高度,并明确提出要加快建设"数字中国"。2021年《中华人民共和国国民经济和社会发展第十四个五年规划和2035年远景目标纲要》中,数字化独占一篇,位列第五章"加快数字化发展,建设数字中国",成为未来5年乃至15年数字化转型发展的行动纲领。国家发改委等17部门联合发起"数字化转型伙伴行动",推行普惠型"上云用数赋智"服务,培育数字经济新业态。2021年11月,工信部出台《"十四五"信息化和工业化深度融合发展规划》,制定制造业数字化转型行动计划,制定行业数字化转型路线图,面向原材料、消费品、安全生产等重点行业领域,培育一批平台和解决方案。国务院国资委组织实施国有企业数字化转型专项行动计划,突破关键核心技术,培育数字应用场,打造行业转型样板。

2) 环境改变

数字技术不断在改变一切,技术和商业环境在不断变化。客户变了!市场环境变了!用户力量不断增强,市场不确定性不断增加,推动消费升级。随着我国居民可支配收入的增加和经济的发展,消费者的选择变得越来越丰富。消费者在选择商品时也变得更加理性,他们不仅关注商品质量、价格,还关注商品背后的品牌实力,以及售前、售后服务等用户体验。很多消费者不再满足于享受标准化的服务,而是更倾向于为那些个性化、定制化的服务买单。消费升级打破了企业传统的制胜方式。过去,企业通过大规模、标准化、批量化、自动化的生产便可满足市场需求,如今,这种经营模式已不能满足消费者的个性化需求。越来越多的企业开始思考如何为消费者提供个性化、定制化的商品和服务。针对这一诉求,企业可以通过两种途径入手:第一种是提供的产品和服务不变,利用更精细化的数字化营销方式获得用户增长。企业可以通过构建用户画像,快速找到目标用户,将产品精准地推销给用户。第二种是以用户为中心重构企业的产品开发和创新模式。通过大数据分析更深层次地理解用户需求,基于不同用户的画像,匹配不同的产品和服务。两种方式实质上是以数字化的方式改造产品。另外,企业还可以将数字化能力运用在生产流程、运营效果、管理质量等环节,从而在整体上实现数字化转型。

数字技术(信息与通信技术)逐渐成为通用的技术。数字基础设施已经形成,IT设施云端化。从万物互联(IoT)到万物智能(AIoT)。5G、人工智能、物联网、大数据中心、工业互联网等建设和应用实现突破,技术先进、功能强大的网络与融合类新型基础设施逐渐形成。截至2023年11月,我国5G基站建设规模达328.2万个,已经覆盖所有县城以上城市城区;已建成全球最大的窄带物联网网络,蜂窝物联网用户规模达20多亿,占全球的一半以上。云数据中心资源总体供给规模平稳增长,近年来复合增长率在30%以上,阿里云已成为全球第四大云服务提供商。全球500强超级计算机的计算能力中32%来自中国,边缘数据中心和边缘计算处于初级阶段,为数字化转型提供基础设施保障的能力越来越强。

数据成为重要资源,在线成为重要方式,智能机器成为重要工具。一切业务:数据化;一切数据:业务化。数字化技术促进了人与物、物与物、人与人之间的连接,突破了传统物理层面连接方式和数量的限制,泛在连接和跨域协作形成了海量的数据资产。数据作为新的生产要素将为企业的生产、组织和运营带来了新的价值创造。大数据将成为企业、社会和国家层面重要的战略资源。大数据将不断成为各类机构,尤其是企业的重要资产,成为提升机构和公司竞争力的有力武器。企业将更加钟情于用户数据,充分利用客户与其在线产品或服务交互产生的数据,并从中获取价值。此外,在市场影响方面,大数据也将扮演重要角色——影响着广告、产品推销和消费者行为。

另外,数字孪生为实物世界创造对应的数字世界,数字化带来了两场革命:工具革命和决策革命。从传统工具到智能工具;从经验决策到数据驱动+算法驱动+算力驱动决策。如今的企业越来越重视电子商务化+数据智能化+用户中心化。

5.3.5 如何进行产业数字化转型

1) 对产业数字化转型的思考

美国 MIT 的埃里克·布莱恩约弗森和安德鲁·麦卡菲把数字化转型称为第二次机器时代。数字技术在给我们带来极大便利的同时,也给一些职业带来永久性、颠覆性的改变。各种企业也将被迫转型,否则只能消亡。我们应该从马车到汽车改变中得到启示:用户选择的力量是最革命性的。数智化转型离不开智慧服务理念,如图 5-2 所示。工业革命的逻辑是从动力和智力上不断为人类的工业创造活动提供支持服务。

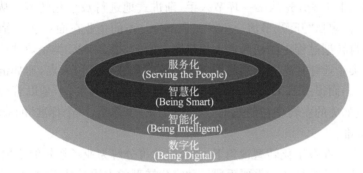

图 5-2 数字化转型与智慧服务

数字化转型(Digital Transformation)是建立在数码化(Digitization)、数字化(Digitalization)基础上,进一步触及公司核心业务,以新建一种商业模式为目标的高层次转型。数字化转型是开发数字化技术及支持能力以新建一个富有活力的数字化商业模式。数字化转型表明,只有企业对业务进行系统性、彻底的(或重大和完全的)重新定义——而不仅仅是技术,而是对组织活动、流程、业务模式和员工能力的方方面面进行重新定义的时候,成功才会得以实现。

正确的思维是数字化转型成功的关键。对产业数字化转型时可以做如下思考:

(1) 登高望远,看清未来数字化转型的趋势:颠覆什么?

(2) 立足思考,发现目前数字化转型的机遇:如何赋能?

(3) 胸有成竹,拥有推进数字化转型的蓝图:有无愿景?

(4) 脚下有路,知道走向数字化转型的路标:如何转型?

人们的认知思维、战略思维和管理思维是否正确,是数字化转型成功的关键。在数字化转型中,要坚持为用户服务的理念。

通常可有不同视角的数字化转型:经济的数字化转型、产业的数字化转型、企业的数字化转型、业务的数字化转型、产品的数字化转型、技术的数字化转型、组织的数字化转型、部门的数字化转型。数字化转型可以涉及企业的各个方面:商业模式的数字化转型、技术架构的数字化转型、产品服务的数字化转型、销售渠道的数字化转型、客户服务的数字化转型、运营管理的数字化转型、组织架构的数字化转型。

数字化转型并不一定总能成功。数字化转型失败率高达70%~84%。有的在转型起步阶段未能成功,有的未能转型领跑。数字化转型失败的原因大多是缺乏有效的指导原则。

2) 数字化转型"四要素"

企业数字化转型的过程就是技术创新与管理创新协调互动,生产力变革与生产关系变革相辅相成,实现螺旋式上升、可持续迭代优化的体系性创新和全面变革过程。从数字化转型工作推进角度,我们提出数字化转型的行动方法论,可总结为以下"四要素":

(1) 需求出发 数字化转型本质是业务转型,数字技术的作用正从技术支撑走向企业生产经营全流程。这就急需企业内部达成转型共识并调整领导战略。企业数字化转型的首要工作是在正式启动转型之前要明确需求,通过全面扫描自身情况,梳理企业对数字化转型的需求,需求的收集范围要覆盖企业的研发、测试、生产、营销、销售、人事、办公、采购、客服、运维等全流程与全部门,整合分析后进行分类聚焦,明确企业的核心需求,以核心需求为引擎,结合自身实际情况和阶段性目标,先从某一环节入手,渐进式地进行数字化转型。从企业的本质来看,核心追求的目标包括"开源、节流、提效"三个部分。不同企业在面对这三者时的选择不同,也常常意味着各自转型过程中的切入点大相径庭。例如,很多 B2C 类企业往往以"开源"为核心需求,那么,这类企业往往选择营销与用户增长环节为数字化切入点,比如链家推出的链家在线、贝壳找房等。而很多 B2B 类企业往往以"提效"为核心诉求,于是以管理或财务环节为数字化切入点,例如美的在转型初期基于"一个美的,一个体系,一个标准"的战略,重构流程和系统,统一数据标准。

(2) 场景切入 在数字化转型视角下,企业经营可分解为业务场景的叠加。立足场景、问题导向是数字化建设速赢见效的重要手段。数字化转型的本质是技术驱动的业务变革和价值链创新,数字化对准的是业务,重点在于企业在具体的业务场景中如何借助技术更精准、更有效地服务用户,更全面、直接地提升产品的用户体验和质量,更系统地获得有竞争力的成本优势和服务优势。从场景切入开展数字化转型,企业可采取以下有效策略:从价值需求出发,通过场景建模、解耦、复用、协同开发、数据打通等,从单个场景的转型切入,寻求局部最优解决方案,通过逐个突破业务重要节点,打通企业价值链,推动企业的数字化转型。行业不同,切入的场景不同。例如零售企业一般选择从营销端或渠道端的场景切入,制造业可选择从供应链场景切入,包括采购、制造、仓储物流等场景。

(3) 数据支撑 在数字化时代,数据就是生产力。实现数字化转型应以数据为必要且关键的支撑。用数据支撑数字化转型有两层含义:第一层是用数据支撑数字化转型的过程和动作。数字化转型会打破企业原有的组织边界和信息边界,需要基于大量打通的数据资产开展场景化的计算、建模、应用。同时,将数据应用于具体场景的过程中,又会产生和沉淀大量新的数据,成为企业新的数据资产,继续支撑数字化体系。第二层是用数据支撑数字化转型中的业务运营和管理决策。数字化转型的本质就是挖掘和释放数据的价值,一方面是基于大数据+算法的技术手段,面向业务运营提供数据支撑,通过数据模型为供应链管理提供支撑;另一方面是面向管理决策分析提供数据支撑,对企业全方位进行数据的加工、分析中,发现问题,制定战略和相关决策,并对结果进行预测和监控。

(4) 技术迭代 当前,以云计算、大数据、物联网、人工智能、5G 为代表的新一代信息技术,在不断的融合、叠加、迭代中,为数字化转型提供了高经济性、高可用性、高可靠性的技术底座。同时,量子计算、脑机接口等技术突破传统信息技术领域范畴,为数字化转型向高级阶段发展注入动力。此外,除上述通用的技术之外,每个行业的企业在转型过程中对技术还有一些特殊的需求,如制造业的工业机器人技术,房地产经纪行业的 VR 技术,零售行业的数据采集技术,物流行业的 RFID(射频识别)技术等。这些技术在行业场景中广泛应用,高效响应不同行业企业数字化转型中的个性化需求。从数据层面讲,随着技术的迭代发展,企业将更多地通过数据处理、仿真建模、机器学习等技术改变从数据—信息—知识的整个流程,用数据建构与物理世界形成映射关系的数字世界,并借助算力和算法来生产有用的信息和知识,企业将进入知识自动化阶段,数据将进入到价值创造的体系中。这种力量决定了技术迭代将会由助力企业数字化转型的不断前行,最终助力企业重塑竞争力。

3) 数字化转型的六大原则

在数字化转型过程中,一般遵循如下六大原则,如图 5-3 所示。

(1) 战略引领　越来越多的企业直观、深切地感受到数字化转型带来的显著优势,不再踌躇于"要不要"转型,更加深入思考"转什么""怎么转"。数字化转型不能只停留在技术手段上的改进,而要上升为关乎企业未来生存发展的经营战略层面加以部署,以数字化转型战略引领企业转型升级。

(2) 顶层挂帅　数字化转型涉及组织、流程、业务、部门协作等一系列变革,涉及员工思想转变、管理优化、利益再分配等方方面面,没有"一把手"强有力的支持,只靠业务部门

图 5-3　数字化转型六大原则

修修补补,往往举步维艰,最终将无疾而终归于失败。数字化转型实际上是"一把手"的一场自我革命之旅,"一把手"要有自我否定的勇气,摒弃路径依赖,重塑对企业发展与生存的认知。

(3) 标准先行　国家层面,标准上的持续高速突破为我国实现 3G 跟跑、4G 并跑、5G 领跑奠定了坚实的基础。同样的经验也适用于数字化时代。通过术语定义、参考架构、评估模型等基础性标准的规范,新概念和新技术才能得以真正的实施,凝聚行业共识形成合力加速数字化转型。企业层面,在着手实施数字化改造之前,需要企业在内部率先完成标准化,编制起一套企业内部的数据字典,建立统一的数据标准体系,为实现企业内各类数据的互联互通互理解提供保障。

(4) 数字思维　数字化转型不是简单的"机器换人",技术赋能不等于技术万能。盲目追求新技术、新设备、新模式的应用,只会是为了数字化而数字化、为了转而转。麦肯锡研究报告显示,一般企业数字化转型失败率达 80%,其中,文化是企业认为影响数字化转型有效性的最大障碍。企业需高度重视全员数字化素养的培育,把数字优先思想贯穿到企业精神文化、制度文化和物质文化建设全过程,激发全员在面对实际问题时,从"能用、会用"向"想用、爱用"数字化手段转变的能动性。

(5) 分步实施　数字化转型没有针对所有行业和企业的"标准答案",每一家企业在数字化进程中都需要探索属于自己的转型之路。在实施转型前,企业首先要拥有顶层战略规划和长远清楚的转型目标,而在制定具体的转型路线和实施计划过程中,更需要企业结合自身发展情况以及在数字化转型中遇到的难点痛点作为转型切入点,个性化地制定符合企业和行业特点的数字化转型实施计划。在转型过程中,企业通过分阶段推进数字化转型计划,在实施过程

中不断对路线图进行优化和完善,从而由点及面地推行企业数字化转型。

(6)持续改进　数字化转型不是一个短期上线的实施项目,而是一个持续迭代的系统工程。由于行业属性、企业规模和数字化基础等因素不同,不同企业可能处于数字化转型的不同阶段,但都需不断进行"目标—方案—执行—改进"的循环往复。数字化转型也并非想象中那么难,不是推倒之前的投入从头开始,企业正在做的一切有关智能制造、工业互联网、两化融合的实践,只要能够有利于提质、降本、增效、减存,为客户创造价值、为企业带来新的经济增长点,皆为践行数字化转型。

4)数字化转型的逻辑思维

数字化转型是一项长期战略,也是一个持续的改革进程,多数企业需要3~5年甚至更长时间才能取得显著成果。数字化转型涉及多个部门:战略部门、IT部门、业务部门、人力资源部门和财务部门。数字化转型是一项系统性的创新工程,需要统筹规划,并在推进过程中,不断迭代优化。数字化转型必须是"一把手"工程,又不仅是"一把手"工程,需要各级"一把手"和全体员工一致认同。数字化转型面临的挑战来自方方面面,要坚持系统观念,构建持续迭代的协同创新工作体系。

数字化转型,大势所趋。对数字化转型,要有正确的逻辑思维。数字化转型,不仅是数字化赋能,还要考虑数字化颠覆;要从技术、商业和社会三个维度分析数字化转型的环境。数字化转型一般体现在四个方面:优化、创新、变革和重构,如图5-4所示。

本书作者给出了一个关于数字化转型的一般性定义:数字化转型是在数字机器革命的赋能与颠覆力量推动下,从应对技术、商业和社会的变革出发,通过基于数字技术的优化、创新、变革和重构,促使事物形态发生根本性的改变。

$$数字化转型 = 数字化^{赋能+颠覆}(优化,创新,变革,重构)^{技术×商业×社会}$$

5)数字化转型的管理决策

对企业来说,数字化转型管理,本质上,是战略变革决策管理。企业应该在生存与成长双重战略驱动下,在分析趋势、环境和挑战的基础上,从基础与设施、战略与领导、组织与文化、业务与运营等四个方面思考数字化转型的管理决策。图5-5所示是本书作者提出的数字化转型双驱动决策模型。

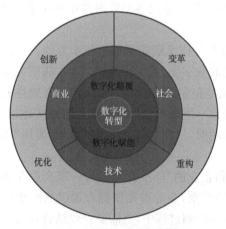

图5-4　数字化转型的逻辑思维

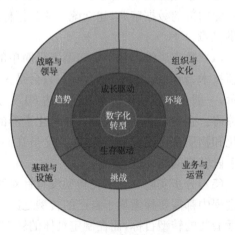

图5-5　数字化转型双驱动决策模型

思考与练习

1. 何谓电子商务变革？电子商务变革具体包括哪些内容？
2. 电子商务时代企业管理发生的变革一般包括哪些方面？
3. 一般从哪些方面分析电子商务对产业外部环境的影响？
4. 一般从哪些方面分析电子商务对传统产业变革的影响？
5. 如何理解数字化、数智化、产业数字化以及数字化转型？
6. 广泛意义上的数字化发展历程一般可分成哪几个阶段？
7. 传统产业数字化转型和电子商务变革之间是什么关系？
8. 旅游电子商务专业是旅游类专业还是电子商务类专业？
9. 产业数字化转型的必要性一般可从哪几个方面来分析？

6 电子商务生态化与互联网经济体

【内容概要】

本章首先讨论电子商务生态系统与互联网经济生态系统的概念和内涵以及生态视角下的电子商务发展模式,然后讨论支持互联网经济发展的新型基础设施,最后讨论互联网经济体和电子商务经济体的产生与发展。

【学习目标】

(1) 掌握电子商务生态系统的概念和内涵。
(2) 掌握互联网经济生态系统的基本内涵。
(3) 了解生态视角下的电子商务发展模式。
(4) 了解互联网经济发展的新型基础设施。
(5) 掌握互联网经济体的概念与发展现状。

【基本概念】

电子商务,生态系统,新型基础设施,互联网经济体。

6.1 电子商务应用中的生态系统

这一节首先介绍生态系统和商业生态系统的概念,然后讨论互联网生态系统、电子商务生态系统及互联网经济生态系统,并从生态视角讨论电子商务的发展模式。

6.1.1 生态系统与商业生态系统

1) 生态系统

生态系统是指在自然界的一定空间内,生物与环境构成的统一整体。在这个统一整体中,生物与环境之间相互影响、相互制约,并在一定时期内处于相对稳定的动态平衡状态。生态系统是一个开放的机能系统,它不断地同外界进行物质、能量的交换和信息的传递。它可以大到太阳系,小到水池;可以是海洋生态系统、水生生态系统或者陆地生态系统。它是生态学研究的基本单位,也是环境生物学研究的核心问题。

生态系统的类型众多,有大有小,包括农田生态系统、森林生态系统、草原生态系统、海洋生态系统、湿地生态系统、城市生态系统等。按类型分包括水域的淡水生态系统、河口生态系统、海洋生态系统等,陆地的沙漠生态系统、草甸生态系统、森林生态系统等。此外,按由来分又可分为自然生态系统(如极地、原始森林)、半人工生态系统(如农田、薪炭林、养殖湖)以及人工生态系统(如城市、工厂或矿区、宇宙飞船和潜艇的载人密封舱)。

生态系统会受到许多因素的影响。这些因素包括生物因素和非生物因素。非生物因素包括光照、水分、温度和湿度等。生物因素则包括其他所有影响某种生物个体生活的生物,包括同种和不同种的生物个体。生物与生物之间的关系常见的有捕食关系、竞争关系、合作关系、寄生关系等。此外,人类活动也会对生态系统产生巨大影响,如改变物种(有意无意造成物种消失或引入物种)、改变环境因素(导致大量污染物质进入环境)、破坏信息交流系统(导致生物释放驱赶天敌、排斥异种、吸引异性信息)等。

2) 商业生态系统

商业生态系统(business ecosystem)这一概念最早是由美国著名经济学家詹姆士·穆尔(James F. Moore)在1993年提出的。詹姆士·穆尔在《哈佛商业评论》上发表了论文《掠食者与猎物:新的竞争生态》,该论文借鉴生态系统的相关研究,首次提出"商业生态系统"概念:商业生态系统是以组织和个人的相互作用为基础形成的经济联合体。这个系统包括企业、风险投资者、相关的行业协会、政府和非政府组织等各类利益相关团体。企业不再是商业系统中一个孤立的存在者,而是整个商业生态系统的一个成员。

商业生态系统的成员一般包括核心企业、消费者、市场中介、供应商、风险承担者等,有时还包括竞争者。这些成员之间构成了价值链,不同的链之间相互交织形成了价值网,物质、能量和信息等通过价值网在联合体成员间流动和循环。

(1) 商业生态系统的特点

① 系统开放性:企业间资源共享,提倡互惠互利的同时支持合理竞争。

② 系统稳定性:企业之间的竞争需遵循行业内的规则,市场总体保持有序。

③ 系统多样性:各企业具备不同创新能力,技术、需求、创新模式的突破有利于商业生态系统价值的创造。

(2) 著名企业特色商业生态系统　国内许多公司都在努力打造自己的商业生态系统,例如:

① 阿里巴巴:用生态思维升级商业服务。

② 小米:打造万物互联生态链。

③ 京东:打造无界零售新生态之路。

④ 腾讯:以社交为连接的泛文娱生态系统。

⑤ 百度:以搜索向人工智能生态的跳跃。

这些公司都在通过建立自己的商业生态系统来提高竞争力并为客户提供更好的服务。

(3) 生态系统中企业地位评估　通常,人们可以从以下几个方面来评估一个企业在其所处商业生态系统中的地位:

① 企业在生态系统中的角色:企业在生态系统中扮演着什么角色,是核心企业还是辅助企业,这决定了企业在生态系统中的重要性。

② 企业对生态系统的贡献:企业对生态系统的贡献,包括创造的价值、提供的服务、促进合作等,这也决定了企业在生态系统中的地位。

③ 企业与其他成员的关系:企业与其他成员之间的关系,包括合作关系、竞争关系等,这也会影响企业在生态系统中的地位。

④ 企业的竞争力:企业在生态系统中的竞争力,包括技术实力、创新能力、品牌影响力

等,这也会影响企业在生态系统中的地位。

6.1.2 互联网与电子商务生态系统

互联网生态系统包括电子商务生态系统。下面,首先讨论一般意义的互联网生态系统,然后讨论电子商务生态系统。

1) 互联网生态系统

从概念上说,互联网生态系统是以互联网技术为核心,以客户价值为导向,通过跨界纵向整合产业链,横向打通客户关系圈,打破工业化时代下产业边界和颠覆传统商业生态模式,实现链圈式价值重构的生态体系。

随着互联网技术的不断发展和创新,互联网生态系统也在不断发展和演变。例如,移动互联网的兴起推动了移动支付、移动社交、移动电商等新兴业态的发展;大数据、云计算、人工智能等技术的应用也为互联网生态系统带来了新的机会和挑战。随着5G、物联网、区块链等技术的普及和应用,互联网生态系统将继续快速发展,为人类带来更多便利和惊喜。

经过近30年的发展,中国互联网从无到有,从小到大,从大到强。互联网生态系统的不同模式也已经被各行业开拓创新者建立实施,并且经过市场的考验和客户的选择,为数不少的生态体系模式最终留存下来且取得了巨大的成功。

(1) 互联网生态系统的模式

① 平台模式:平台模式是指企业通过建立一个开放的平台,吸纳各种不同类型的企业和个人参与其中,共同创造价值。例如,阿里巴巴的淘宝平台就是一个典型的平台模式。

② 内容模式:内容模式是指企业通过提供丰富的内容来吸引客户,并通过广告或其他方式来实现盈利。例如,腾讯的腾讯视频就是一个典型的内容模式。

③ 交易模式:交易模式是指企业通过提供一个交易平台,让买卖双方能够方便地进行交易。例如,阿里巴巴的支付宝就是一个典型的交易模式。

④ 社交模式:社交模式是指企业通过建立一个社交网络,让客户能够方便地与他人进行社交互动。例如,腾讯的微信就是一个典型的社交模式。

(2) 互联网生态系统的特点

① 开放性:互联网生态系统的开放性强,能够吸纳各种不同类型的企业和个人参与其中。

② 灵活性:互联网生态系统具有很强的灵活性,能够快速适应市场变化和客户需求。

③ 创新性:互联网生态系统鼓励创新,能够不断推出新产品和服务来满足客户需求。

④ 协同性:互联网生态系统具有很强的协同性,能够实现各个成员之间的协同合作,共同创造价值。

(3) 互联网生态系统的典型案例

① 阿里巴巴:以电子商务为核心,建立了包括支付宝、天猫、淘宝、菜鸟物流等在内的完整的电子商务生态系统。

② 腾讯:以社交为核心,建立了包括微信、QQ、腾讯视频、腾讯新闻等在内的完整的社交生态系统。

③ 百度:以搜索为核心,建立了包括百度地图、百度百科、百度贴吧等在内的完整的搜索生态系统。

(4) 互联网生态系统的发展趋势　互联网生态系统的发展一直处于快速变化和演进之中。以下是一些当前和未来互联网生态系统发展的趋势：

① 5G 技术的普及：5G 技术将提供更快的互联网连接速度和更低的延迟，这将推动互联网生态系统中的各种应用，包括增强现实和虚拟现实应用、物联网设备等。

② 物联网的增长：随着越来越多的设备和传感器连接到互联网，物联网将成为互联网生态系统的重要组成部分，为各行各业提供大量数据和智能化解决方案。

③ 边缘计算（edge computing）：边缘计算技术将计算和数据处理推向网络的边缘，以减少延迟并提高响应速度，这对实时应用程序和物联网非常重要。

④ 人工智能和机器学习：人工智能和机器学习技术将在互联网生态系统中更广泛地应用，用于个性化推荐、自动化决策、客户支持等方面。

⑤ 数字化身份和隐私保护：随着数字身份的重要性越来越受到关注，互联网生态系统将更加关注客户数据隐私和安全性，并可能采用更多的身份验证和加密技术。

⑥ 区块链技术：区块链技术将被广泛用于金融、供应链、数字身份验证等领域，以提高安全性和可追溯性。

⑦ 增强现实和虚拟现实：增强现实和虚拟现实技术将改变娱乐、教育、医疗保健和培训等领域，为互联网生态系统带来新的机会。

⑧ 生态系统合作和整合：不同的互联网平台和服务提供商将继续合作和整合，以提供更全面的解决方案，从而提升客户体验。

⑨ 可持续性和社会责任：可持续性和社会责任将成为互联网生态系统中越来越重要的因素，包括减少碳足迹、支持社会公益事业和道德数据使用等。

⑩ 全球化和跨境业务：互联网将继续促进全球化，使企业和个人能够跨越国界开展业务交流。

⑪ 新兴市场的崛起：新兴市场中的互联网客户数量不断增长，这将为互联网生态系统提供新的增长机会。

⑫ 数字技能培训和在线教育：为了适应快速变化的互联网技术，数字技能培训和在线教育将变得更加重要，以满足就业市场的需求。

2) 电子商务生态系统

电子商务生态系统是一种商务生态系统，是在电子商务应用中形成的以组织和个人的相互作用为基础的经济联合体。电子商务生态系统一般分为三层：核心层、服务层、环境层，如图 6-1 所示。核心层包括电子商务平台、买方和卖方；扩展层也叫服务层，包括支撑服务和衍生服务；环境层包括经济、政策、社会、技术、法律和文化等。电子商务应用是基于互联网为客

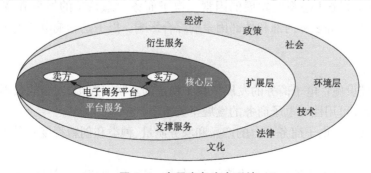

图 6-1　电子商务生态系统

户和业务提供创新服务。服务创新是电子商务应用的灵魂。

电子商务生态系统是由电子商务企业、供应商、消费者以及相关的第三方服务机构等构成的一个有机整体。在这个生态系统中，各个参与者之间通过互联网进行信息交流、商品交易和提供服务，共同创造价值。电子商务生态系统的核心是电子商务平台，它连接供应链的上游和下游，提供一个开放、公平、透明的市场环境，使得商品和服务能够更有效地流通。

(1) 电子商务生态系统的组成　电子商务生态系统是一个复杂的商业生态系统，涉及多个参与者和环节，旨在支持在线购物和交易。这个生态系统通常包括很多参与者和关键职能部门或服务提供者。

① 消费者：电子商务的最终客户，他们通过在线平台浏览、搜索购买产品或服务。

② 电子商务平台：这是在线商务活动发生的地方，包括电子商务网站、移动应用程序和社交媒体平台等。著名电子商务平台包括亚马逊、eBay、淘宝、京东、阿里巴巴等。

③ 商家/卖家：这是销售产品或服务的实体或个人。商家可以是传统的实体店铺，也可以是纯粹的在线零售商。

④ 供应链和物流：包括产品从制造商或供应商到最终消费者手中的整个流程，包括库存管理、物流、配送和退货处理。

⑤ 支付和金融服务：为了进行在线交易，电子商务系统需要支持各种支付方式，包括信用卡、电子支付、数字货币等。此外，金融服务还包括贷款、保险等。

⑥ 数字营销：各种数字营销策略用于吸引潜在客户，包括搜索引擎优化（SEO）、社交媒体营销、电子邮件营销等。

⑦ 数据分析和个性化推荐：通过数据分析和机器学习技术，电子商务平台可以了解客户行为，为他们提供个性化的产品推荐和广告。

⑧ 客户支持和售后服务：为了满足客户需求，电子商务平台需要为客户提供支持退换货政策以及解决投诉的机制。

⑨ 政府法规和法律合规：电子商务生态系统需要遵守国际、国内和地方的法律法规，包括税收、隐私保护、消费者权益等相关规定。

⑩ 技术基础设施：包括服务器、云计算、网络安全和数据存储等技术基础设施，用于支持电子商务平台的运行。

⑪ 合作伙伴和第三方服务提供商：电子商务平台通常会与各种合作伙伴和第三方服务提供商合作，以扩展其功能，例如在线支付提供商、市场研究公司等。

这些组成部分相互依存、相互协作，共同构成了一个完整的电子商务生态系统。这个生态系统的不断演变为企业提供了许多商机，也为消费者提供了更多的购物选择和便利性。

(2) 影响电子商务生态系统发展的因素　电子商务生态系统的发展和变化受到技术进步、市场趋势、竞争力等多种内部和外部因素的综合影响。以下是影响电子商务生态系统发展的一些重要因素：

① 内部因素

a. 技术基础设施：电子商务的发展依赖于稳定的互联网连接、安全的数据存储和处理能力。技术的进步和可用性对电子商务的发展至关重要。

b. 产品和服务：电子商务平台的产品和服务质量、种类和创新程度对其吸引力和竞争力产生重要影响。

c. 价格策略：电子商务平台的价格策略，包括折扣、促销和定价策略，直接影响消费者的购物决策。

  d. 客户体验：易用性、网站性能、移动应用程序体验等因素对电子商务生态系统的成功至关重要,因为它们直接影响客户留存率和忠诚度。

  e. 供应链管理：高效的供应链管理可以降低库存成本、提高交付速度,并确保产品可用性,这对电子商务平台的成功至关重要。

  f. 市场营销策略：电子商务平台的市场推广和广告策略可以吸引潜在客户,并提高知名度。

  g. 数据分析和个性化推荐：通过数据分析和个性化推荐,电子商务平台可以更好地了解客户需求并提供个性化的购物体验。

  ② 外部因素

  a. 法律和法规：政府的法律和法规,包括隐私法规、税收法规和消费者保护法律,会直接影响电子商务的运营和合规性。

  b. 竞争环境：竞争对手的数量和实力、市场份额分配以及市场进入障碍都会影响电子商务生态系统的发展。

  c. 消费者习惯：消费者的购物习惯和趋势,如移动购物、社交媒体购物和在线评论等,会影响电子商务平台的策略和功能。

  d. 经济状况：宏观经济因素如通货膨胀率、就业率和消费者信心会影响消费者的购买力和购物行为。

  e. 技术趋势：新兴技术如人工智能、区块链和虚拟现实对电子商务的发展和创新具有潜在影响。

  f. 全球化：跨国电子商务在全球市场的扩张会受到国际贸易政策、汇率波动和文化差异的影响。

  g. 环保和社会责任：环保和社会责任因素对电子商务平台的可持续性和声誉的影响越来越大。

  (3) 电子商务生态系统的典型案例

  ① 亚马逊：亚马逊是全球最大的电子商务公司之一,它建立的电子商务生态系统,包括亚马逊商城、亚马逊物流、亚马逊支付等。

  ② 阿里巴巴：阿里巴巴是中国最大的电子商务公司之一,它建立的电子商务生态系统包括淘宝、天猫、支付宝、菜鸟物流等。

  ③ eBay：eBay 是全球最大的在线拍卖和购物网站之一,它建立的电子商务生态系统包括 eBay 商城、PayPal 支付等。

  电子商务生态系统未来的发展趋势可能会受到许多因素的影响,包括技术进步、市场需求、法律法规和社会文化等。随着移动互联网、大数据、人工智能等技术的不断发展,电子商务生态系统可能会更加便捷、智能和个性化。企业将更加注重提升客户体验,通过提供更优质的产品和服务来吸引和留住客户。此外,随着全球化的加快,电子商务生态系统也将更加国际化,跨境电子商务将成为一个重要的发展方向。

6.1.3 互联网经济生态系统

  1) 互联网经济生态系统的概念

  互联网经济是互联网广泛应用形成的经济形态,也有着与电子商务类似的生态系统。互联网应用产品与服务是核心层;支撑技术产品与服务以及衍生技术产品与服务是扩展层;同样,互联网经济生态系统还包括直接或间接影响主体生存的各种环境,如图 6-2 所示。

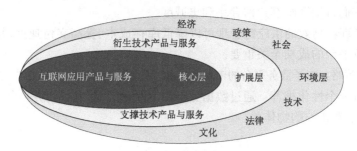

图 6-2 互联网经济生态系统

互联网经济生态系统是指由互联网企业、客户、开发者以及其他相关的参与者构成的一个有机整体。在这个生态系统中,各个参与者之间通过互联网进行信息交流、商品交易和提供服务,共同创造价值。互联网经济生态系统的核心是互联网平台,它连接了供应链的上游和下游,提供了一个开放、公平、透明的市场环境,使得商品和服务能够更有效地流通。

2）互联网经济生态系统的组成元素

互联网经济生态系统是由多个元素组成的复杂商业生态系统,它们相互依存、相互协作,共同推动互联网经济的发展。以下是构成互联网经济生态系统的主要组成部分：

（1）消费者　是互联网经济的最终客户,他们通过互联网来获取信息、购物、娱乐、社交等。消费者是互联网经济的需求方。

（2）互联网平台　这是互联网经济活动发生的主要场所,包括搜索引擎、社交媒体、电子商务平台、应用商店和云计算服务等。

（3）内容创作者和开发者　包括博客作者、应用程序开发者和游戏制作人等,他们通过互联网提供内容、应用程序和游戏,吸引和留住客户。

（4）电子商务　包括在线零售商、电子支付提供商、物流公司和在线市场等,他们通过互联网提供产品和服务,并支持在线交易。

（5）数字广告和营销　广告主、广告代理商和数字营销公司通过互联网广告和营销策略来推广产品和品牌。

（6）金融科技　金融科技公司提供在线支付、借贷、投资和数字货币服务,改变了传统金融行业的运作方式。

（7）物联网　物联网设备和传感器通过互联网连接,收集和传输数据,用于自动化和优化各行业的业务流程。

（8）大数据分析和人工智能　大数据分析和人工智能技术为企业提供了数据洞察和自动化决策支持,以改善产品和服务。

（9）云计算　云服务提供商为企业和个人提供存储、计算和应用程序托管等服务,提高了可扩展性和灵活性。

（10）政府部门和监管机构　政府部门和监管机构负责制定互联网相关的法律法规和政策,以确保合规性和消费者权益保护。

（11）初创企业和孵化器　初创企业和孵化器在互联网经济中发挥重要作用,推动创新和创业活动。

(12) 教育和研究机构　教育和研究机构致力于互联网技术研究和教育，为劳动力提供知识和技能培训。

(13) 社会和文化因素　社会和文化趋势、价值观和消费者习惯也会影响互联网经济的发展。

这些组成部分相互关联，构成了一个复杂的互联网经济生态系统。互联网经济生态系统的发展受到技术创新、市场趋势、政府政策、全球化等多种因素的影响。不同行业和地区的互联网经济生态系统可能存在差异，但以上这些基本元素通常都是一样的。

3) 互联网经济生态系统的典型案例

(1) 谷歌　谷歌是全球最大的搜索引擎公司之一，它的互联网经济生态系统包括谷歌搜索、谷歌广告、谷歌地图等。

(2) 脸书　脸书是全球最大的社交网络公司之一，它的互联网经济生态系统包括脸书社交网络、Instagram 图片分享、WhatsApp 即时通信等。

(3) 亚马逊　亚马逊是全球最大的电子商务公司之一，它的互联网经济生态系统包括亚马逊商城、亚马逊物流、亚马逊支付等。

6.1.4　生态视角下的互联网电子商务

人类已经进入了互联网电子商务时代。随着互联网应用的普及，互联网电子商务已经在全球范围内得到了很好的发展。从上面的讨论，可以知道电子商务生态化是当今互联网电子商务发展的重要趋势。下面从生态视角进一步讨论影响互联网电子商务发展的主要因素以及互联网电子商务的发展模式。

1) 影响互联网电子商务发展的主要因素

我们认为，目前影响互联网电子商务发展的因素有如下八大因素。

(1) 互联网电子商务平台服务创新能力　互联网电子商务平台服务创新能力主要体现在以下几个方面。

① 技术创新能力：电子商务平台通过引入先进的技术，如人工智能、大数据分析等，提升自身的运营效率，优化客户体验，提供个性化推荐等服务。这些技术创新有助于电子商务平台更好地满足客户需求，提升市场竞争力。

② 模式创新能力：电子商务平台的商业模式也在不断演变和创新，例如共享经济模式、O2O 模式等。这些创新模式能够帮助电子商务平台更好地适应市场变化，满足客户对灵活性、个性化的需求。

③ 资源整合能力：电子商务平台具有整合资源和拓展市场的强大能力。通过将更多的服务商引入市场，提供多元化的服务选择，同时能够将消费者的需求整合起来，为服务商提供更准确的市场需求反馈。这种能力有助于电子商务平台实现资源的优化配置，促进服务业的创新和发展。

④ 营销创新能力：电子商务平台在营销方面也具有较强的创新能力。通过运用互联网新技术和新思维，如社交电商、内容电商等模式，开展精准营销、社交营销等多种营销，提升品牌知名度和市场影响力。

⑤ 市场响应能力：电子商务平台具有较强的响应市场变化的能力。通过实时监测市场变化和客户需求，及时调整自身策略，优化服务，提升客户体验和市场竞争力。

总之,互联网电子商务平台服务创新能力体现在多个方面,需要不断关注市场变化和客户需求,持续进行创新和优化,以提升平台的竞争力和市场占有率。

(2) 互联网电子商务平台客户接受程度　通常,互联网电子商务平台客户接受程度主要包括两个方面:客户的认知水平和客户的使用率。

① 客户的认知水平:这主要是指客户对电子商务平台的了解程度和认知程度。客户首先需要知道并了解电子商务平台是什么,才能进一步使用和接受该平台。

② 客户的使用率:这是指客户在平台上进行购物的频率和购物金额。如果客户经常使用电子商务平台进行购物,那么说明他们对这种平台的接受度高。

总的来说,互联网电子商务平台客户接受程度受到多种因素的影响,包括但不限于平台的信誉度、平台的客户体验、购物的便捷性、商品的质量和价格等。这些因素共同决定了客户对电子商务平台的接受程度。

(3) 互联网电子商务所需支撑服务能力　互联网电子商务所需支撑服务能力一般包括如下几个方面。

① 信息传输能力:信息传输能力是互联网电子商务的核心能力之一。它确保商品信息和交易状态的及时传递,使得消费者和商家能实时地进行沟通和交易。

这种能力主要体现在以下几个方面:

a. 高效的信息传输网络:包括互联网、移动网络、物联网等基础设施,这些设施能够确保信息的及时传递和交易的顺利进行。

b. 数据处理和存储能力:电子商务平台需要具备强大的数据处理和存储能力,以应对大量的客户数据和交易信息的处理和存储需求。

c. 信息交互和沟通能力:电子商务平台需要具备优秀的客户界面设计、交互功能和沟通能力,使客户能够方便地进行购物和交易。

② 信息安全能力:信息安全能力是保障电子商务平台安全运行的重要支撑。它涉及客户信息、交易数据、支付信息等多个方面的保护,以防止出现数据泄露、信息篡改、黑客攻击等安全问题。

这种能力需要做到以下几点:

a. 数据加密和隐私保护:电子商务平台需要采用先进的数据加密技术,保护客户信息和交易数据的安全性和隐私性。

b. 安全防护和监控机制:电子商务平台需要建立完善的安全防护和监控机制,及时发现并应对各种安全威胁和攻击。

c. 客户信息和交易数据的合规管理:电子商务平台需要遵守相关法律法规,对客户信息和交易数据进行合规管理,以确保数据的合法使用和保护。

③ 支付服务能力:支付服务能力是互联网电子商务的核心服务之一。它涉及客户支付的安全性和便捷性,以及商家的收款和结算等问题。

这种能力需要具备以下功能:

a. 多种支付方式:电子商务平台需要支持多种支付方式,如支付宝、微信支付、信用卡支付等,以满足不同客户的需求。

b. 安全的支付系统:电子商务平台需要建立安全的支付系统,以保障客户支付的安全性和隐私性。

c. 高效的结算系统:电子商务平台需要建立高效的结算系统,以确保商家的收款和结算的及时性和准确性。

④ 物流服务能力：物流服务能力是互联网电子商务的重要支撑之一。它涉及商品从商家到客户的配送和交付，以及物流信息的及时更新等问题。

这种能力需要做到以下几点：

a. 可靠的物流合作伙伴：电子商务平台需要与可靠的物流合作伙伴建立合作关系，以确保商品的及时配送和交付。

b. 高效的物流管理系统：电子商务平台需要建立高效的物流管理系统，实时监控商品的配送状态和交付情况，及时更新物流信息，以提高客户满意度。

c. 物流配送方式的多样性：电子商务平台需要支持多种物流配送方式，如自提点、自提柜等，以满足不同客户的需求。

⑤ 客户服务能力：客户服务能力是互联网电子商务的重要保障之一。它涉及客户在使用平台过程中遇到的问题和服务需求以及平台对客户的支持和反馈等问题。

这种能力一般需要做到以下几点：

a. 专业的客户服务团队：电子商务平台需要建立专业的客户服务团队，随时解答客户的问题，满足客户的服务需求，提供优质的服务支持。

b. 完善的客户服务体系：电子商务平台需要建立完善的客户服务体系，包括客户服务热线、在线客服等多种服务渠道，使客户能够方便快捷地获得服务支持。

c. 快速响应和解决问题的能力：电子商务平台需要具备快速响应和解决问题的能力，及时响应客户的投诉和建议，提高客户满意度。

⑥ 数据分析能力：数据分析能力是互联网电子商务的重要支撑之一。它通过对大量数据的分析和挖掘，发现客户需求和市场趋势，优化产品和服务，提高运营效率和市场竞争力。

a. 数据采集和分析工具：电子商务平台需要采用先进的数据采集和分析工具，收集并分析用户数据、交易数据、行为数据等大量数据源的信息，提取有价值的信息。

b. 数据挖掘能力：通过数据挖掘技术，发现客户需求和市场趋势，优化产品和服务，提高运营效率和市场竞争力。

c. 数据可视化能力：将分析结果通过图表、图像等方式进行可视化展示，使结果更加直观易懂，便于分析和决策。

⑦ 营销推广能力：营销推广能力是互联网电子商务的重要支撑之一。它通过各种营销手段和渠道，推广产品和服务，吸引潜在客户和提高销售额。

a. 营销策略制订能力：根据产品特点、市场需求等因素制订有效的营销策略。

b. 多渠道推广能力：利用线上线下的多种渠道进行产品推广，如社交媒体、广告投放、合作伙伴等。

（4）互联网电子商务相关衍生服务水平　互联网电子商务相关衍生服务水平是指伴随着电子商务应用的深入发展而催生的各类专业服务水平。这些服务有着较高的水平及技术含量，如电子商务代运营服务、电子商务品牌服务、电子商务咨询服务、电子商务教育培训服务、电子商务安全服务等。

对于衍生服务水平，可以从以下几个方面进行评估：

① 服务质量：这些衍生服务的质量是评估其水平的重要因素。高质量的服务需要具备专业性、可靠性、有效性以及客户满意度高等方面的特点。

② 技术含量：这些衍生服务的技术含量也是评估其水平的重要因素。技术含量的高低，将直接影响服务的品质和效果。

③ 服务内容：这些衍生服务的服务内容也是评估其水平的重要因素。服务内容是否丰富、是否符合市场需求，将直接影响服务的品质和效果。

④ 客户反馈：客户的反馈是评估这些衍生服务水平的直接体现。客户的满意度、投诉率等都是反映服务水平的重要指标。

总之，互联网电子商务相关衍生服务水平的高低，将直接影响互联网电子商务应用的发展。因此，提高这些衍生服务水平，将有助于推动互联网电子商务的快速发展。

（5）互联网电子商务发展的外部生态环境　互联网电子商务发展的外部生态环境包括经济、政策、社会、技术等多个方面。以下是对这些方面的具体分析：

① 经济环境：经济发展水平、消费者购买力、企业竞争力等因素都会对互联网电子商务的发展产生影响。随着经济的不断发展和消费者购买力的提高，互联网电子商务的规模和覆盖范围将不断扩大。同时，企业间的竞争也将推动互联网电子商务不断提升服务质量、拓展应用领域。

② 政策环境：政府的政策和法律法规对互联网电子商务的发展具有重要的影响，起着规范和引导作用，同时政府的支持和鼓励也将推动互联网电子商务的快速发展。

③ 社会环境：社会文化、消费习惯、生活方式等因素都会对互联网电子商务的发展产生影响。随着社会的不断发展和人们消费观念的转变，互联网电子商务的应用范围将不断扩大，同时人们对于线上购物的接受度和信任度也将不断提高。

④ 技术环境：信息技术、网络技术、大数据技术、物联网技术等的发展和应用都将对互联网电子商务的发展产生深远的影响。随着技术的不断进步和应用，互联网电子商务的服务质量将不断提升，应用范围将不断扩大，同时也将推动互联网电子商务不断创新和升级。

综上所述，互联网电子商务发展的外部生态环境是多方面的，需要各方面协同发展，共同推动互联网电子商务的快速发展。

（6）互联网电子商务平台诚信经营意识　互联网电子商务平台诚信经营意识一般包括如下几个方面：

① 遵守法律法规：互联网电子商务平台应当严格遵守国家法律法规，遵守商业道德和行业规范，合法经营，诚实守信。

② 正当竞争：互联网电子商务平台应当坚持正当竞争原则，不进行不正当竞争，不制造虚假信息，不诋毁竞争对手，维护市场秩序。

③ 保护消费者权益：互联网电子商务平台应当保护消费者合法权益，不侵犯消费者隐私，不泄露消费者信息，不盗用消费者客户账号，保障消费者的交易安全。

④ 真实交易：互联网电子商务平台应当保证交易信息的真实性和交易过程的透明性，不虚假宣传，不误导消费者，不隐瞒商品或服务缺陷。

⑤ 产品质量：互联网电子商务平台应当保证销售商品的质量，建立健全商品质量管理体系，对售卖商品进行严格的质量把关，确保消费者购买的商品质量可靠。

⑥ 价格合理：互联网电子商务平台应当合理定价，不虚高价格，不误导消费者，不错标价格，保障消费者合法权益。

⑦ 履行承诺：互联网电子商务平台应当履行对消费者的承诺，不无故拒绝或延迟履行承诺，不擅自改变承诺内容，保障消费者合法权益。

⑧ 及时响应投诉：互联网电子商务平台应当建立健全投诉处理机制，及时响应和处理消费者投诉，不推诿责任，积极解决消费者问题，提高消费者满意度。

(7) 互联网电子商务平台风险控制能力　互联网电子商务平台风险控制能力一般包括如下几个方面。

① 信息安全风险控制：互联网电子商务平台应重视信息安全，采取多种措施防止黑客攻击、病毒感染等风险。包括但不限于：

a. 建立完善的安全防护体系，包括防火墙、入侵检测系统、病毒防护等。

b. 对重要信息进行加密存储和传输，防止数据泄露和被篡改。

c. 定期进行安全审计和漏洞扫描，及时发现和处理安全问题。

② 交易安全风险控制：互联网电子商务平台应保障交易过程的安全性，防止欺诈交易、虚假订单等风险。包括但不限于：

a. 对交易双方进行身份认证和授权管理，确保交易双方的真实性和合法性。

b. 建立交易风险评估机制，对异常交易进行及时干预和处理。

c. 提供安全的支付方式，保障客户资金的安全性。

③ 商品质量风险控制：互联网电子商务平台应对销售的商品质量进行严格把关，防止出售假冒伪劣商品的风险。包括但不限于：

a. 对进货渠道进行严格筛选和管理，确保商品来源合法和质量可靠。

b. 对商品进行质量检验和抽查，确保商品质量符合标准。

c. 提供商品退换货服务，对质量问题进行及时处理和赔偿。

④ 物流配送风险控制：互联网电子商务平台应确保物流配送的及时性和安全性，防止商品损坏、丢失等风险。包括但不限于：

a. 选择可靠的物流合作伙伴，保证物流配送的效率和质量。

b. 对物流配送过程进行跟踪和监控，确保商品按时、安全到达。

c. 对物流配送人员进行培训和管理，提高服务质量。

⑤ 售后服务风险控制：互联网电子商务平台应提供完善的售后服务，及时处理消费者的问题和投诉，提高客户满意度。包括但不限于：

a. 提供客服电话、在线客服等多元化的服务渠道，方便消费者咨询和投诉。

b. 对消费者的问题和投诉进行及时响应和处理，积极解决问题。

(8) 互联网电子商务平台监管自律措施　互联网电子商务平台监管自律措施一般包括如下几个方面：

① 遵守法律法规：互联网电子商务平台应严格遵守国家法律法规，依法经营，不得从事违法违规活动。同时，应积极配合政府部门的监管。

② 诚信经营：互联网电子商务平台应坚持诚信经营原则，遵守商业道德，不进行虚假宣传，不误导消费者，不隐瞒商品或服务缺陷。应建立完善的信用评价机制，鼓励客户参与评价，提高平台的透明度和可信度。

③ 信息公开透明：互联网电子商务平台应公开平台的相关信息，包括但不限于商品或服务信息、交易规则、价格体系等，确保信息的公开透明。同时，应建立信息披露机制，及时向消费者披露重要信息，保障消费者的知情权。

④ 保障交易安全：互联网电子商务平台应采取有效措施保障交易过程的安全性，防止黑客攻击、病毒感染等风险。应建立完善的交易风险评估机制，对异常交易进行及时干预和处

理。同时,应加强支付安全管理,保障客户资金的安全性。

⑤ 加强内部管理:互联网电子商务平台应建立健全内部管理体系,明确各部门职责和操作规范,确保平台的正常运行和客户数据的安全性。应加强员工培训和管理,提升员工的素质,增强员工的服务意识。

⑥ 保护客户隐私:互联网电子商务平台应采取措施保护客户隐私,防止客户信息泄露和被滥用。应建立完善的数据保护机制,对客户数据进行加密存储和传输,确保客户数据的安全性。

⑦ 打击网络诈骗:互联网电子商务平台应积极配合公安机关打击网络诈骗行为,防止不法分子利用平台进行诈骗活动。应建立完善的诈骗监测和防范机制,及时发现和处理诈骗行为,保护消费者合法权益。

⑧ 接受社会监督:互联网电子商务平台应积极接受社会监督,鼓励客户参与评价和监督,及时响应和处理消费者投诉,积极解决问题。同时,应加强与媒体的沟通和合作,及时回应社会关切,提升舆论监督品质。

2) 互联网电子商务的发展模式

从生态视角看,互联网电子商务的发展模式一般可以分为如下四种。

(1) 互联网电子商务平台发展模式　互联网电子商务平台发展的目的是基于互联网的电子商务应用服务能力创新发展。一般需要引进高端复合型人才,投入资金开发平台、推广平台。互联网电子商务平台发展模式一般可分为两种模式:

① 创业驱动:创业驱动模式是互联网电子商务平台发展中常用的模式,多追求互联网电子商务新模式和新领域,通常谋求风险投资支持。商业模式选择和风险投资支持对互联网电子商务平台创业驱动模式至关重要。

② 变革驱动:变革驱动模式是互联网电子商务平台发展中少用的模式,多追求互联网电子商务新模式,通常有一定的业务发展基础。商业模式选择和变革领导能力对互联网电子商务平台变革驱动模式至关重要。

这两种模式都有其优势和不足,选择哪种模式取决于公司的具体情况和战略目标。在"互联网＋"时代背景下,电子商务正迎来重要的发展机遇。因此,无论选择哪种发展模式,关键在于如何利用这些机遇,推动电子商务平台的创新和发展。

(2) 互联网电子商务应用发展模式　互联网电子商务应用以互联网商务平台为基础。互联网电子商务应用发展模式一般可分为三种模式:

① 支持业务优化:支持业务优化模式是指基于平台改进业务运营,将互联网电子商务平台作为改善客户服务或增加销售的一个补充渠道。如一些制造企业通过互联网电子商务平台向线上客户销售或推广原有的产品。

② 支持创业经营:支持创业经营模式是指基于平台创业经营,将互联网平台作为创业平台,完全依靠线上渠道开展业务。如通过淘宝平台创业的中小卖家,可称为创业电商。

③ 支持业务转型:支持业务转型模式是指基于平台转型业务,将原有的线下业务运营转移到线上,通过互联网电子商务平台对业务运营进行升级转型,甚至使业务模式发生根本性的变化。

(3) 互联网电子商务服务发展模式　互联网电子商务服务是面向互联网电子商务平台及其应用的各类服务,包括两个方面:

① 支撑服务:是必需的一些服务,如配送物流、在线支付、信用评级等。

② 衍生服务：是提高互联网电子商务水平的一些服务，如培训服务、技术服务、咨询服务、运营代理服务等。

互联网电子商务服务发展模式一般可分为两种模式：

① 单一服务：单一服务模式是指专门提供某一领域的互联网电子商务专业服务，如专门提供商品配送服务或网络广告服务等。

② 综合服务：综合服务模式是指同时提供多个领域的互联网电子商务专业服务，如同时提供网页设计服务、网络广告服务、技能培训服务和运营代理服务等。

(4) 互联网电子商务推进发展模式　互联网电子商务推进发展模式一般可分为两种模式：

① 政府推动：政府推动（也称政策主导）模式是指政府主管部门在电子商务发展过程中，出台相关规划、政策和措施，引导所在地区电子商务发展，尤其是在一些经济不发达地区，试图通过电子商务发展来脱贫致富。

② 自主发展：自主发展（也称市场主导）模式是指互联网电子商务平台及其应用企业以及电子商务服务提供商在自主业务发展需求驱动下通过市场主导的服务创新促进互联网电子商务发展。在经济发达地区，人们的互联网应用创新意识比较强，电子商务自主发展常常会比较快，成熟度比较高。

6.2　互联网经济的基础设施建设

接下来，我们主要讨论互联网经济的基础设施，了解互联网经济的基础设施现状，从而了解互联网已成为社会经济基础设施这一事实。

6.2.1　互联网经济的基础设施

互联网经济是互联网及其应用所形成的经济形态，是基于互联网的新经济。不同人对互联网经济有不同的理解：① 互联网经济是互联网产品或服务的经济；② 互联网经济是基于互联网应用的经济；③ 互联网经济是互联网时代的经济。

在互联网发展早期，互联网的经济价值仅表现为互联网产品或服务价值；随着互联网的推广应用，互联网的经济价值不仅表现为互联网产品或服务价值，还表现为互联网应用产生的附加经济价值；随着互联网广泛应用到几乎所有经济领域，互联网的经济价值就更多表现为对整个社会经济发展的支撑作用。互联网经济是整个社会经济的重要组成部分，甚至严格来讲，现在已经没有完全不受互联网应用影响的经济了，只是影响和支撑程度不同而已。

1) 对互联网经济基础设施的不同理解

通常，人们对互联网经济的基础设施有如下两个不同角度的理解。

(1) 互联网经济的基础设施　互联网经济的基础设施包括如下几个方面：

① 通信网络设施：通信网络设施是互联网经济的基础设施之一，它包括光纤网络、宽带网络和移动通信网络等，这些网络能够实现数据的传输和信息的交流。通信网络设施的建设和维护对于互联网经济的发展至关重要，它能够提供稳定、高效的数据传输和信息交流服务，促进互联网经济的快速发展。

② 数据中心：数据中心是互联网经济的另一个重要基础设施，它是存储和管理数据的重

要场所。随着互联网经济的快速发展,数据量呈爆炸式的增长,数据中心的建设和维护对于互联网经济的发展至关重要。数据中心能够提供稳定、可靠的数据存储和管理服务,保障数据的完整性和安全性,同时为各种应用提供强大的计算和存储能力。

③ 搜索引擎:搜索引擎是互联网经济中不可或缺的基础设施之一,它是用户获取信息的重要途径。搜索引擎能够通过对互联网上的信息的抓取、索引和排序,使用户能够快速地找到所需的信息。搜索引擎的建设和维护对于互联网经济的发展至关重要,它能够提高用户获取信息的效率,促进互联网经济的发展。

④ 电子商务平台:电子商务平台是互联网经济中的重要基础设施之一,它是实现线上交易的重要场所。电子商务平台的建设和维护对于互联网经济的发展至关重要,它能够提供便捷、安全的在线交易服务,促进互联网经济的发展。同时,电子商务平台还能够提供线上支付、物流配送等服务,进一步便利线上交易的过程。

⑤ 社交媒体:社交媒体是互联网经济中的另一个重要基础设施,它是人们交流和分享信息的重要平台。社交媒体的建设和维护对于互联网经济的发展至关重要,它能够提供便捷、高效的交流和分享服务,促进互联网经济的发展。社交媒体还能够提供各种在线娱乐、学习等服务,进一步丰富互联网经济的内容。

⑥ 移动网络设施:随着移动互联网的普及,移动网络设施成为互联网经济的基础设施之一。移动网络设施包括基站、路由器、交换机等设备,它们能够提供无线通信服务,使得人们可以通过手机、平板电脑等移动设备随时随地地访问互联网。移动网络设施的建设和维护对于互联网经济的发展至关重要,它能提供稳定、高效的无线通信服务,促进互联网经济的发展。

⑦ 在线支付系统:在线支付系统是互联网经济中的另一个重要基础设施,它是实现线上交易支付的重要手段。在线支付系统能够提供安全、便捷的支付服务,使得人们可以通过各种支付方式完成线上交易。在线支付系统的建设和维护对于互联网经济的发展至关重要,它能够保障交易资金的安全性和交易的便捷性,进一步促进互联网经济的发展。

⑧ 物联网技术:物联网技术是互联网经济中的新兴基础设施之一,它是实现万物互联的重要技术手段。物联网技术可以通过各种传感器、芯片等技术手段实现物体信息的采集和传输,使得物体可以与互联网进行连接和交互。物联网技术的建设和发展对于互联网经济的发展至关重要,它能够提供更加广泛的数据来源和更加丰富的应用场景,进一步促进互联网经济的发展。

根据《国务院关于印发"十四五"数字经济发展规划的通知》,未来我国将建设可靠、灵活、安全的工业互联网基础设施,支撑制造资源的泛在连接、弹性供给和高效配置。加快推进能源、交通运输、水利、物流、环保等领域基础设施数字化改造。推动新型城市基础设施建设,提升市政公用设施和建筑智能化水平。此外,我国网络基础设施已经基本建成,工业互联网发展取得显著成效。这些都为互联网经济的发展奠定了坚实的基础。

(2) 互联网成为社会经济基础设施 互联网已经成为社会经济的基础设施之一,其作用和影响在不断扩大和深化。互联网通过数字技术和信息通信技术的结合,改变了传统经济的形态和模式,成为新经济时代的重要基础设施。

① 互联网促进了经济的数字化转型:互联网的发展使得传统经济逐渐向数字化转型,数字技术成为现代经济的基础。互联网通过对数据和信息的传输和处理,使得经济活动的效率和质量得到了大幅提升。例如,电子商务平台的发展使得线上交易成为可能,大大提高了交易的效率和便捷性。

② 互联网促进了经济的全球化发展：互联网的开放性和互联性使得经济活动不再受地域限制，全球范围内都可以进行信息和资源的交流和共享。这使得企业可以更广泛地开展业务，提高市场竞争力，同时也使得消费者可以更加方便地获取商品和服务。此外，互联网还促进了产业升级和创新发展。互联网的应用使得传统产业得到了升级和转型，新兴产业得到了快速发展。同时，互联网也促进了技术创新和发展，新的技术和商业模式不断涌现，为经济发展注入了新的动力。

③ 互联网成为现代社会不可或缺的基础设施之一：人们的生活和工作已经离不开互联网，互联网的应用已经渗透到了社会的各个领域。互联网的发展对于提高人民的生活质量、促进社会进步和经济发展都具有重要的意义。

总之，互联网已经成为社会经济的基础设施之一，其作用和影响在不断扩大和深化。未来随着互联网技术的不断发展和应用，互联网将会在更多领域发挥重要作用，为社会经济发展注入新的动力。

2）互联网经济的基础设施要素

互联网经济的基础设施包括一系列关键技术和资源，用于支持互联网经济相关的商业活动和服务。以下是互联网经济的基础设施要素：

（1）互联网连接　高速互联网连接是互联网经济的基础。它包括宽带和光纤网络、移动网络（如 4G 和 5G）、卫星互联网络和有线网络。

（2）数据中心　数据中心提供了服务器、存储和计算资源，用于托管互联网应用程序、网站和服务。云计算提供商如 Amazon Web Services（AWS）、Microsoft Azure 和 Google Cloud 等是重要的数据中心提供商。

（3）域名系统（DNS）　DNS 是将网站和服务器的域名映射到其 IP 地址的关键组件。它使人们能够通过易记的域名访问网站，而不必记住复杂的 IP 地址。

（4）网络安全　网络安全是互联网经济的重要组成部分，包括防火墙、杀毒软件、入侵检测系统和数据加密技术等，用于保护用户数据和网络免受威胁。

（5）物联网设备　物联网设备是连接到互联网的传感器、设备和物品，用于收集和传输数据，支持智能城市、智能家居和工业自动化等应用。

（6）云计算　云计算提供了可扩展的计算和存储资源，用于支持云服务、在线应用程序和数据存储。它使企业能够根据需要灵活扩展或缩减资源。

（7）电子支付和金融基础设施　电子支付系统、银行和金融机构为在线交易提供支持，包括信用卡处理、数字钱包、支付网关等。

（8）内容分发网络（CDN）　CDN 通过在全球各地的服务器上缓存网站和媒体内容，加速内容传递，减少延迟并提高性能。

（9）大数据存储和分析工具　大数据存储和分析工具用于分析和处理海量数据，提供决策支持。

（10）人工智能和机器学习　这些技术用于自动化决策、数据分析、自然语言处理和图像识别等任务，对互联网经济的智能化和个性化提供了支持。

（11）虚拟化技术　虚拟化技术允许在同一台物理服务器上运行多个虚拟机，提高了资源利用率和灵活性。

（12）社交媒体平台　社交媒体提供了在线社交、内容共享和广告投放的平台，是互联网经济中的重要组成部分。

(13) 电子邮件和通信工具　电子邮件、即时消息和视频通话工具支持在线沟通和协作。

上述这些基础设施要素共同构建了互联网经济的基础,使各种在线业务和服务得以运行并不断创新。互联网经济的基础设施是推动数字经济发展的关键,它包括网络连接、数据处理和存储、安全防护等多个方面,为各类在线服务提供了必要的支持。同时,随着技术的进步和需求的变化,互联网经济的基础设施也将不断演进,以适应日益复杂和多样化的需求。

互联网经济的基础设施与数字基础设施之间有着密不可分的关系。目前所说的数字基础设施主要涉及5G、数据中心、云计算、人工智能、物联网、区块链等新一代信息通信技术,以及基于此类技术形成的各类数字平台。3D打印、智能机器人、AR眼镜、自动驾驶等新型数字科技,则广泛拓展了数字基础设施的应用范围,擘画了全新的数字生活图景。

数字基础设施是数字经济发展的底座和基石,也是拉动新一轮经济增长的重要引擎。随着数字基础设施的不断完善,物联网、人工智能等新一代数字技术将不断成熟,数字技术将加速与国民经济各行业深度融合,产业赋能作用将进一步增强,进而深刻改变企业的要素组合、组织结构、生产方式、业务流程、商业模式、客户关系、产品形态等,加快各行业质量变革、效率变革、动力变革进程。

此外,全球科技产业竞争加剧。近年来,许多国家都不遗余力地加强在数字科技创新、技术标准和国际规则制定等方面的布局,谋求在全球数字经济竞争中抢占先机。一方面,数字经济增长速度快、发展潜力大,日益成为各国经济发展的重要动能和国民经济的重要支柱。另一方面,新一代信息技术将推动形成一个万物互联、数据资源成为重要价值来源的社会,对关键数字技术、设备、平台和数据的掌控直接关系到个人隐私与信息安全、产业安全、政治安全、国防安全等国家安全各个方面。

很显然,建设完善的数字基础设施对于推动互联网经济的发展至关重要。

根据《数字中国建设整体布局规划》,未来数字基础设施将高效联通,数据资源规模和质量加快提升,数据要素价值有效释放,数字经济发展质量效益大幅增强。政务数字化智能化水平明显提升,数字文化建设跃上新台阶,数字社会精准化、普惠化、便捷化取得显著成效,数字生态文明建设取得积极进展,数字技术创新实现重大突破,应用创新全球领先,数字安全保障能力全面提升,数字治理体系更加完善,数字领域国际合作打开新局面。

此外,中兴通讯发布的《数字基础设施技术趋势白皮书》指出,面向2030年,产业互联、全息通信、元宇宙、自动驾驶等新型应用对信息通信技术提出了更高的需求。但应该看到,信息通信技术的发展是以19世纪末到20世纪中叶人类在电磁学、量子力学、信息论等数学、物理学的突破为基础的,而近几十年来,基础科学的突破有放缓的迹象,这使得信息通信领域的未来技术发展面临越来越严峻的挑战。传统的技术演进路线面临摩尔定律、香农定理的限制以及节能减排的约束,亟须在基础理论、核心算法和系统架构方面有根本性的创新。国际形势的风云变幻,也对技术自主创新提出了很高的要求。

6.2.2 "互联网+"的新基础设施

"互联网+"的新基础设施融入并强化了现有基础设施,为更为广泛的应用领域提供了更强大的支持,如图6-3所示。这一融合产生了更为复杂和多样化的基础设施格局,显著提升了各种业务和服

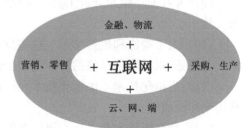

图6-3　"互联网+"示意图

务的运行效率与创新能力。

"互联网+"的新基础设施云、网、端,如图6-4所示。新基础设施叠加于原有基础设施之上,发挥了更大作用。

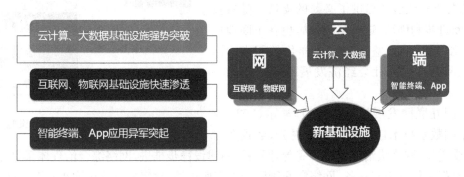

图6-4 "互联网+"的新基础设施

"云"一词在此涵盖了云计算和大数据基础设施,这两者共同作用极大地促进了生产力的进一步提升和商业模式的创新。这些进步得益于对数据的高效利用,云计算和大数据基础设施使用户能够像使用水和电一样便捷、低成本地获取计算资源,从而实现了计算便捷性的飞跃。

"网"不仅包括传统的互联网,还扩展到了物联网领域。网络承载能力持续增强,同时不断挖掘新的价值。这种提升为各种新兴领域和应用提供了更为可靠和高效的通信基础,为创新和增值提供了坚实的技术基础。

"端"则是用户与互联网交互的终端设备,包括个人电脑、移动设备、可穿戴设备、传感器以及以软件形式存在的各类应用程序。这些终端设备不仅是数据的重要来源,而且是用户与服务互动的关键界面。它们的多样性和普及程度为用户提供了更为多元化的体验和选择。

这一新基础设施生态系统的建立,实际上是互联网技术和应用不断演进的自然延伸,为数字化时代的全面发展提供了有力的支撑。

新基础设施的投资由过去的政府或国企主导,逐渐转向由民营企业和个人主导。这意味着,云计算等领域的投资主体正在从政府或国有大企业转向民营企业,而移动互联网等领域的投资主体则正在转向个人。这种转变可能会带来服务模式和控制权的显著改变,民营企业必须持续创新以扩大规模和获取潜在收益,消费者的主导权也在增强。这是一个非常值得关注的发展趋势。

"互联网+"的新基础设施投资主体的转变可能会对互联网经济产生重要影响。随着投资主体从政府或国有大企业转向民营企业和个人,云计算和移动互联网等领域可能会出现更多的创新和竞争。民营企业和个人往往更加灵活,能够快速响应市场需求,推出新产品和服务。这可能会促进"互联网+"的快速发展,给消费者带来更多的选择和便利。

此外,这种转变也可能带来一些挑战。例如,民营企业和个人可能缺乏政府或国有大企业那样强大的资金实力和政策支持,因此在投资基础设施时可能面临更多的风险。此外,随着投资主体的转变,监管机构也需要相应调整监管措施,以确保"互联网+"的健康发展。

6.2.3 社会经济的新基础设施

互联网已经成为社会经济的新基础设施,如图6-5所示。互联网不仅为人们提供了便捷的信息获取和沟通渠道,还促进了各行各业的数字化转型,推动了经济增长和社会发展。互联网基础设施包括网络连接、数据处理和存储、安全防护等多个方面,为各类在线服务提供了必要的支持。随着技术的不断进步和创新,这些基础设施也在不断地更新和优化,以适应日益复杂和多样化的需求。因此,互联网已经成为社会经济发展不可或缺的一部分。

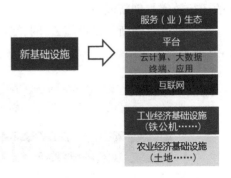

图 6-5　社会经济的新基础设施

《中国互联网发展报告(2023)》显示,2022 年以来,中国数字技术创新能力持续提升,数据要素价值备受重视,网络法治建设逐步完善,网络文明建设稳步推进,网络综合治理体系更加健全,数据安全保护体系更趋完备,网络空间国际合作有所进展,数字中国建设取得显著成效。

1) 我国互联网行业发展特征

具体来看,我国互联网行业呈现如下发展特征:

(1) 在基础资源与技术方面,中国骨干网络架构不断优化,5G 网络建设和应用全球领先,以双千兆网络为代表的信息通信基础设施快速发展;算力总量已位居世界第二,云计算市场总量稳定增长;数据要素基础制度获得重要突破,数据空间技术体系探索加快,大模型驱动产业加速,可信 AI 进入实践阶段;移动物联网连接数率先实现了"物超人";车联网进入以汽车、交通运输实际应用需求为牵引的先导应用新阶段;区块链自主创新能力持续提升,应用广度深度加速拓展。

(2) 在互联网应用与服务方面,随着数字政府顶层设计的不断完善,中国电子政务国际排名达到新高;工业互联网基础设施能力不断夯实,行业应用走向纵深发展;电子商务交易额保持小幅增长,数字化和智能化升级进一步实现;网络音视频市场竞争加剧,平台治理机制日益完善;网络金融上下游生态日趋完善,数字化赋能提质增效;网络教育数字化转型全面启动,热点领域加快发展。

(3) 在网络治理与环境方面,中国民生问题集中突破,治理体系日臻完善;网络安全产业进入快速成长阶段,数字安全成为数字发展战略保障。

2) 我国互联网发展状况

下面通过一些官方统计数据来展示我国互联网的发展状况。

(1) 互联网宽带接入端口数量　截至 2023 年 6 月,我国互联网宽带接入端口数量达 11.1 亿个,较 2022 年 12 月净增 3 457 万个,如图 6-6 所示。其中,光纤接入(FTTH/O)端口达到 10.6 亿个,较 2022 年 12 月净增 3 855 万个,占互联网宽带接入端口的 96.2%;具备千兆网络服务能力的 10G PON 端口数达 2 029 万个。

(2) 网站数量　截至 2023 年 6 月,我国网站数量为 383 万个,如图 6-7 所示。

(3) App 数量　根据全国 App 技术检测平台的统计,截至 2023 年 6 月,我国国内市场上监测到活跃的 App 数量为 260 万款(包括安卓和苹果商店),如图 6-8 所示;移动应用开发者数量为 83 万,其中安卓开发者为 25 万,苹果开发者为 58 万;安卓应用商店累计下载量为 696 亿次。

(4) 移动互联网接入流量　2023 年上半年,我国移动互联网接入流量达 1 423 亿 GB,同比增长 14.7%,如图 6-9 所示。

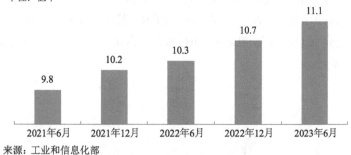

来源：工业和信息化部

图 6-6　互联网宽带接入端口数量

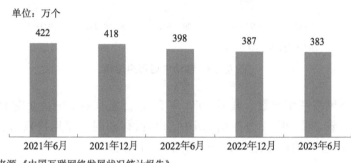

来源：《中国互联网络发展状况统计报告》

图 6-7　网站数量

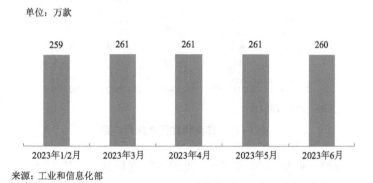

来源：工业和信息化部

图 6-8　活跃 App 数量

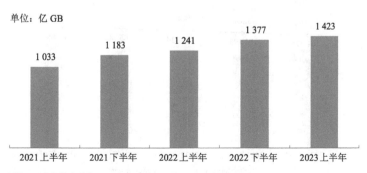

来源：工业和信息化部

图 6-9　移动互联网接入流量

(5) 移动电话用户情况 截至 2023 年 6 月,三家基础电信企业的移动电话用户总数达 17.10 亿户,较 2022 年 12 月净增 2 653 万户,如图 6-10 所示。其中,5G 移动电话用户达 6.76 亿户,较 2022 年 12 月净增 1.15 亿户,占移动电话用户的 39.5%,占比较 2022 年 12 月提高 6.2 个百分点。

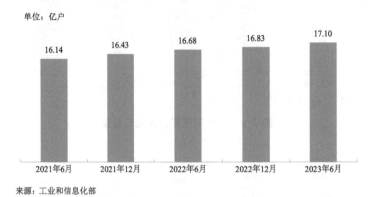

来源:工业和信息化部

图 6-10 移动电话用户规模

(6) 蜂窝物联网终端用户数 截至 2023 年 6 月,三家基础电信企业发展蜂窝物联网终端用户达 21.2 亿户,较 2022 年 12 月净增 2.79 亿户,占移动网终端连接数(包括移动电话用户和蜂窝物联网终端用户)的比重达 55.4%,如图 6-11 所示。

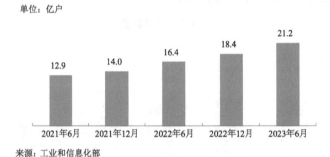

来源:工业和信息化部

图 6-11 蜂窝物联网终端用户数

(7) 总体网民规模 截至 2023 年 6 月,我国网民规模达 10.79 亿人,较 2022 年 12 月增长 1 109 万人,互联网普及率达 76.4%,如图 6-12 所示。

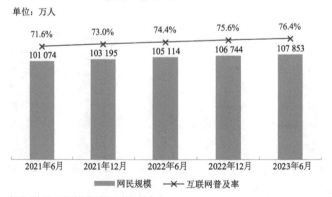

来源:《中国互联网络发展状况统计报告》

图 6-12 网民规模和互联网普及率

(8) 手机网民规模　截至 2023 年 6 月,我国手机网民规模达 10.76 亿人,网民中使用手机上网的比例为 99.8%,如图 6-13 所示。

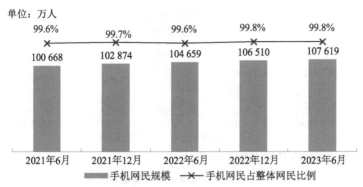

图 6-13　手机网民规模及其占网民比例

(9) 城乡地区互联网普及率　截至 2023 年 6 月,我国城镇地区互联网普及率为 85.1%,较 2022 年 12 月提升 2.0 个百分点;农村地区互联网普及率为 60.5%,如图 6-14 所示。

图 6-14　城乡地区互联网普及率

(10) 上网时长　截至 2023 年 6 月,我国网民的人均每周上网时长为 29.1 个小时,较 2022 年 12 月提升 2.4 个小时,如图 6-15 所示。

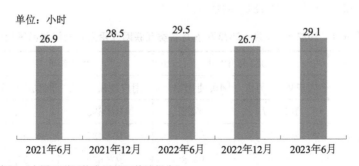

图 6-15　网民人均每周上网时长

(11) 上网设备 截至 2023 年 6 月,我国网民使用手机上网的比例达 99.8%;使用台式电脑、笔记本电脑、电视和平板电脑上网的比例分别为 34.4%、32.4%、26.8% 和 28.6%,如图 6-16 所示。

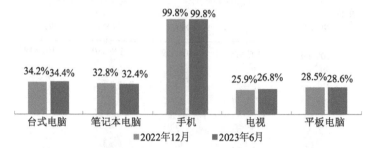

来源:《中国互联网络发展状况统计报告》

图 6-16 互联网络接入设备使用情况

(12) 5G 手机出货量 2023 年上半年,国内手机出货量达 1.24 亿部,其中,5G 手机出货量为 1.02 亿部,同比下降 6.4%,占同期手机出货量的 78.9%,如图 6-17 所示。

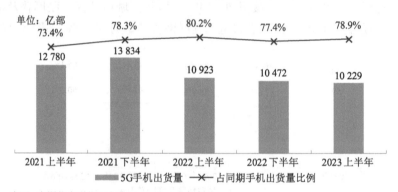

来源:中国信息通信研究院

图 6-17 5G 手机出货量及其占同期手机出货量比例

(13) 各类互联网应用用户规模和网民使用率 2023 年上半年,我国个人互联网应用持续发展,多类应用用户规模获得增长。其中,网约车、在线旅行预订、网络文学、网络音乐的用户规模较 2022 年 12 月分别增长 3 491 万人、3 091 万人、3 592 万人、4 163 万人,增长率分别为 8.0%、7.3%、7.3%、6.1%,如表 6-1 所示。

表 6-1 2022 年 12 月—2023 年 6 月各类互联网应用用户规模和网民使用率

应用	2022 年 12 月		2023 年 6 月		增长率/%
	用户规模/万人	网民使用率/%	用户规模/万人	网民使用率/%	
即时通信	103 807	97.2	104 693	97.1	0.9
网络视频(含短视频)	103 057	96.5	104 437	96.8	1.3
短视频	101 185	94.8	102 639	95.2	1.4
网络支付	91 144	85.4	94 319	87.5	3.5
网络购物	84 529	79.2	88 410	82.0	4.6

(续表)

应用	2022年12月		2023年6月		增长率/%
	用户规模/万人	网民使用率/%	用户规模/万人	网民使用率/%	
搜索引擎	80 166	75.1	84 129	78.0	4.9
网络新闻	78 325	73.4	78 129	72.4	−0.3
网络直播	75 065	70.3	76 539	71.0	2.0
网络音乐	68 420	64.1	72 583	67.3	6.1
网络游戏	52 168	48.9	54 974	51.0	5.4
网络文学	49 233	46.1	52 825	49.0	7.3
网上外卖	52 116	48.8	53 488	49.6	2.6
线上办公	53 962	50.6	50 748	47.1	−6.0
网约车	43 708	40.9	47 199	43.8	8.0
在线旅行预订	42 272	39.6	45 363	42.1	7.3
互联网医疗	36 254	34.0	36 416	33.8	0.4
网络音频①	31 836	29.8	32 081	29.7	0.8

展望未来,中国互联网行业将继续深入贯彻数字中国建设部署要求,一是进一步加强基础设施建设,5G推广普及远超时序进度,千兆光网发展持续提速,万物互联基础稳步夯实;二是数据基础制度持续构建,开启数据要素价值释放新时代;三是数字经济和实体经济融合不断深化,工业互联网规模化推广成为主要方向;四是核心技术加快突破,大模型技术不断快速迭代,有可能成为通用智能的雏形;五是实现平台企业在引领发展、创造就业、国际竞争中大显身手,大有可为。

3) 我国互联网在商务交易类应用的发展状况

(1) 网络支付　截至2023年6月,我国网络支付用户规模达9.43亿人,较2022年12月增长3 175万人,占网民整体的87.5%,如图6-18所示。

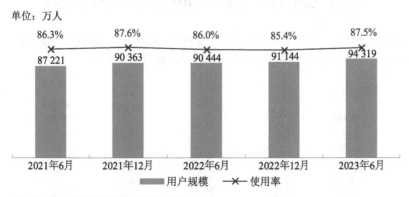

来源:《中国互联网络发展状况统计报告》

图6-18　2021年6月—2023年6月网络支付用户规模及使用率

---

① 网络音频:包括网上听书、网络电台。

（2）网络购物　截至 2023 年 6 月，我国网络购物用户规模达 8.84 亿人，较 2022 年 12 月增长 3 881 万人，占网民整体的 82.0%，如图 6-19 所示。

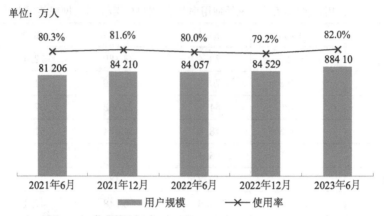

来源：《中国互联网络发展状况统计报告》

图 6-19　2021 年 6 月—2023 年 6 月网络购物用户规模及使用率

（3）网上外卖　截至 2023 年 6 月，我国网上外卖用户规模达 5.35 亿人，较 2022 年 12 月增长 1 372 万人，占网民整体的 49.6%，如图 6-20 所示。

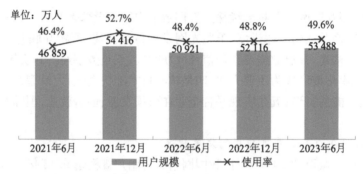

来源：《中国互联网络发展状况统计报告》

图 6-20　2021 年 6 月—2023 年 6 月网上外卖用户规模及使用率

（4）在线旅行预订　截至 2023 年 6 月，我国在线旅行预订用户规模达 4.54 亿人，较 2022 年 12 月增长 3 091 万人，占网民整体的 42.1%，如图 6-21 所示。

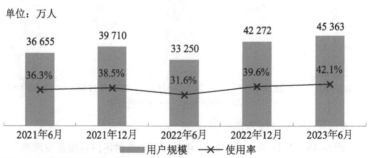

来源：《中国互联网络发展状况统计报告》

图 6-21　2021 年 6 月—2023 年 6 月在线旅行预订用户规模及使用率

6.2.4 新型基础设施建设领域

新型基础设施建设是指以信息网络为基础,以数字化、智能化、网络化为特征,以促进经济社会高质量发展为目标的七大领域基础设施建设,如图 6-22 所示。

图 6-22 新型基础设施建设

新型基础设施建设包括 5G 基站、物联网、工业互联网、人工智能、云计算、大数据等领域的基础设施建设。新型基础设施建设旨在促进数字经济的发展,推动传统产业的转型升级,提高社会生产力和经济增长潜力。在当前全球经济增长放缓的背景下,新型基础设施建设被认为是拉动经济增长的重要引擎之一。

2018 年 12 月,中央经济工作会议在北京举行,会议重新定义了基础设施建设,把 5G、人工智能、工业互联网、物联网定义为新型基础设施建设。随后"加强新一代信息基础设施建设"被列入 2019 年政府工作报告。2020 年 3 月,中共中央政治局常务委员会召开会议,提出加快 5G 网络、数据中心等新型基础设施建设进度。2020 年 3 月 6 日,工业和信息化部召开加快 5G 发展专题会,要求加快新型基础设施建设。

新型基础设施建设对传统产业产生了深远的影响。随着 5G、物联网、人工智能等技术的不断成熟,传统产业将经历数字化转型,生产效率和产品质量将进一步得到提高。例如,智能制造技术的应用使得工厂能够更好地控制生产过程,提高生产效率和产品质量。物联网技术的应用使得物流更加智能化,商品可以更快速准确地送达消费者手中。人工智能技术的应用使得企业能够更好地了解市场需求,为消费者提供更加个性化的产品和服务。此外,云计算、大数据等技术的发展也将促进传统产业的转型升级。这些技术使得企业能够更好地分析和处理海量数据,为决策提供更加精准的依据。同时,这些技术也为企业提供了强大的数据安全保障,保护企业的商业秘密和知识产权。总之,新型基础设施建设将为传统产业提供强大支撑,促进传统产业的转型升级,提高社会生产力和经济增长潜力。

在新型基础设施建设任务中更强调"提升拓展"。提升就是提升互联网和移动互联网的服务能力,进一步支撑发展互联网和移动互联网服务;拓展则是在之前网络基础设施建设的基础上,拓展部署空间信息基础设施和物联网,从而培育这些领域的新业态、新模式、新产业。

新型基础设施建设的发展趋势是朝着更加智能化、数字化、网络化的方向发展。随着 5G、物联网、人工智能等技术的不断成熟,新型基础设施建设将更加注重数据的收集、处理和应用,以支持智能制造、智能交通、智慧城市等领域的发展。此外,随着云计算、大数据等技术的不断发展,新型基础设施建设也将更加注重数据安全和隐私保护,以保障个人信息和商业秘密的安全。总之,新型基础设施建设将不断推动数字经济的发展,促进传统产业的转型升级,为经济社会发展提供强大支撑。

6.3 互联网经济体的概念与内涵

本节首先讨论经济体、互联网经济体以及电子商务经济体的概念,然后从多个角度对互联网经济体进行全新理解。

6.3.1 经济体的概念

经济体是指对某个区域的经济组成进行统称和划分。经济体可以指一个地区,如中国台湾地区,或地区内的国家群体,如欧盟、东盟等。简单来说,经济体是一个生产和消费产品和服务的地方。例如,理发师在小区内剪头发可以看作是一个简易的经济体。生产方产出理发服务,消费者来这个小区里可以获得服务。又如,工厂生产手机,消费者从商店购买手机,整体可以看作是一个复杂一点的经济体。这些经济体的区别在于产出和消费的种类和体量。

目前在世界上排名靠前的几个主要经济体为美国、中国、日本、德国、英国。《美国新闻和世界报道》于2022年底发布年度世界十大经济体排行榜,依次为:美国、中国、日本、德国、英国、法国、印度、意大利、巴西、意大利。因为中国等国家经济发展迅速,所以这些经济体之间的排名经常发生变动。而排名也是依据经济体实际的国内生产总值来确定的。

世界经济体是指多个国家为了达到优惠的贸易政策从而实现共同的经济利益以应对激烈的市场竞争而组建的经济共同体或经济合作团体。目前全球比较知名而且规模较大的三大世界经济体分别是欧洲联盟(简称欧盟)、亚太经济合作组织(简称亚太经合组织)和北美自由贸易区。

经济共同体是指多个国家或地区通过协议或其他形式的合作,以实现经济一体化为目标的组织。这些国家或地区通常会在贸易、货币政策、法规等方面进行协调,以促进成员间的经济交流和合作。例如,欧洲经济共同体(European Economic Community,EEC)就是一个典型的经济共同体,它是欧洲共同体中最重要的组成部分。

新兴经济体是指某一国家或地区经济蓬勃发展,成为新兴的经济实体,但目前并没有一个准确的定义。英国《经济学家》将新兴经济体分成两个梯队。第一梯队包括中国、巴西、印度、俄罗斯和南非,也称"金砖"国家;第二梯队包括墨西哥、韩国、菲律宾、土耳其、印度尼西亚、埃及、阿根廷、波兰、匈牙利、马来西亚和罗马尼亚,也称"新钻"国家。此外,还有一个新兴经济体11国的概念,包括阿根廷、巴西、中国、印度、印度尼西亚、韩国、墨西哥、俄罗斯、沙特阿拉伯、南非和土耳其。

6.3.2 互联网经济体与电子商务经济体

1) 互联网经济体

互联网所具有的泛在性——时间泛在、空间泛在和主体泛在,使得散布式的资源配置、协同型的价值网络和逾越空间的经济集合成为可能,从而打破了实体地域的经济集合概念。互联网经济以技术为边界,将资源、要素、市场与技术整合起来,已在全球范围内俨然呈现为一个巨型经济体——互联网经济体。

(1) 互联网经济体的概念　互联网经济体是指以互联网技术为平台,以网络为媒介,以应用技术创新为核心的经济活动的总称。它基于互联网所产生的经济活动的总和,在当今发展阶段主要包括电子商务、互联网金融、即时通信、搜索引擎和网络游戏五大类型。在互联网时代,经济主体的生产、交换、分配、消费等经济活动,以及金融机构和政府职能部门等主体的经济行为,都越来越依赖信息网络。互联网经济体是以互联网平台为主要载体,以数据为关键生产要素,以新一代信息技术为核心驱动力,以网络信息基础设施为重要支撑的新型经济形态。互联网经济体的构成有广义与狭义之分。狭义互联网经济体包含互联网应用、互联网服务、互联网基础设施和互联网设备制造四个部分;而广义互联网经济体除包含这四个部分外,还包含被"互联网化"的实体经济。

狭义互联网经济体包含以下四个部分:
① 互联网应用:包括电子商务、网络媒体、网络广告、网络文娱和网络游戏等。
② 互联网服务:包括电子商务服务、软件、IT咨询和教育培训等。
③ 互联网基础设施:包括宽带、互联网数据中心和云计算运营等。
④ 互联网设备制造:包括电脑、手机、服务器和路由器制造等。

这些部分共同构成了互联网经济体的基础,为人们提供了更快捷、更便利的服务。例如,互联网应用可以帮助人们更快地获取信息,完成各种任务;互联网服务可以为人们提供各种便捷的在线服务,如购物、支付、娱乐等;互联网基础设施为互联网应用和服务提供了稳定的支撑;而互联网设备制造则为人们提供了各种智能终端,方便人们接入互联网。

一些著名的互联网公司,如谷歌、脸书、亚马逊、阿里巴巴、腾讯等,都是互联网经济体的典型例子。这些公司通过提供搜索、社交、购物、支付、娱乐等服务,为人们提供了更快捷、更便利的生活体验。

(2) 互联网经济体的优势
① 互联网经济体能够提供更快捷、更便利的服务,满足消费者的需求。
② 互联网经济体能够通过大数据、云计算、人工智能等技术,提高生产效率、降低成本。
③ 互联网经济体还能够促进创新,推动新业态、新模式的发展。

(3) 互联网经济体的劣势
① 互联网经济体的发展速度很快,但也容易出现泡沫,需要谨慎把握发展方向。
② 互联网经济体的竞争激烈,市场环境不稳定,企业需要不断创新才能保持竞争力。
③ 互联网经济体对技术依赖性强,技术更新迅速,企业需要不断投入研发才能跟上技术发展的步伐。

总之,互联网经济体在发展过程中也面临着诸多挑战。

2) 电子商务经济体

(1) 电子商务经济体的概念　电子商务经济体是指具有电子商务属性的经济活动的集合,包括电子商务应用、电子商务服务、电子商务相关互联网基础设施和电子商务相关互联网设备制造四个部分。这个概念首次由阿里巴巴集团研究中心在2013年提出。2013年5月10日,正当淘宝成立十周年之际,阿里巴巴集团研究中心在文章《增长极:从新兴市场国家到互联网经济体》中首次提出电子商务经济体的概念,如图6-23所示。

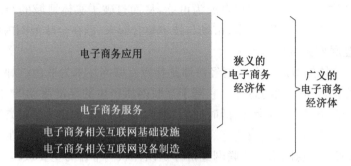

图 6-23 电子商务经济体的概念示意图

自 1995 年萌芽至今,中国电子商务经历了从"工具"(点)、"渠道"(线)到"基础设施"(面)三个不断扩展和深化的发展过程。2013 年,电子商务在基础设施上进一步催生出新的商业生态和商业景观,进一步影响和加速传统产业的电子商务化,进一步扩展其经济和社会影响,电子商务经济体开始兴起。

电子商务经济体具有高增长、高溢出、高效能和低消耗的特点。电子商务经济体对内需增长、创业与就业、经济发展方式转变、经济结构调整、新型城镇化建设和制造业改造升级等方面均起到显著的促进作用。在中国目前经济快速增长、消费市场大、信息化和工业化交织发展的时代,以消费者为中心的 C2B 模式,将是未来商业模式的主要代表,将引领电子商务经济体走向未来。这种模式能够更好地满足消费者需求,促进经济增长,提高生产效率,降低成本。

一些著名的电子商务公司,如亚马逊、阿里巴巴、京东、eBay 等,都是电子商务经济体的典型例子。这些公司通过提供在线购物、支付、物流等服务,为消费者提供了更快捷、更便利的购物体验。此外,还有许多新兴的电子商务公司,如 Shopify、拼多多等,也在不断创新和发展,为消费者提供更多样化的选择。

(2)电子商务经济体的优势

① 电子商务经济体能够将传统的商务流程电子化、数字化,用电子流代替实物流,可以大量减少人力、物力投入,降低成本。

② 电子商务经济体所具有的开放性和全球性的特点,为企业创造了更多的贸易机会。

③ 电子商务经济体使企业可以以相近的成本进入全球电子化市场,使得中小企业有可能拥有和大企业一样的信息资源,提高了中小企业的竞争力。

总之,电子商务经济体具有很大的发展潜力和前景。

(3)电子商务经济体的劣势

① 电子商务经济体的安全性问题仍然存在,个人信息泄露、交易欺诈等问题时有发生。

② 电子商务经济体的法律法规不够健全,不能很好地保护各方利益。

③ 电子商务经济体在产品配送、安装、退换货、维修等环节,依然存在短板。

总之,电子商务经济体在发展过程中也面临着诸多挑战。

6.3.3 对互联网经济体的新理解

1)从六个维度看互联网经济体

我们可以从如下六个维度理解互联网经济体:

(1) 互联网作为经济体的基础设施,不同于传统工业时代的"铁公机",随着互联网与经济社会的融合加深,"云、网、端"成为新的基础设施。

(2) 作为一种经济体,促进经济增长的动力是什么?传统经济理论认为劳动力、资本很重要,《国富论》将土地、自然资源作为创造财富、创造经济的要素。在互联网时代,数据将成为促进经济增长的新要素。

(3) 商业模式正在改变。传统商业模式是大生产、大零售、大品牌、大营销,而未来则是以消费者为商业模式的中心。这些年阿里研究院也在主推一个概念:C2B。这个B可以理解为商业企业,也可以理解为制造业企业,还可以理解为创新设计企业等。

(4) 未来经济主体的变化。自电子工业革命以来,产业组织形式经历了从工厂、车间到公司的变化。现在的经济主体一般是指企业,未来可能是"平台+小微/个人"的新产业组织形式。

(5) 就业的形态变了。互联网时代就业是灵活的就业,阿里研究院称:2020年,整个中国的非农就业人口达到4亿人,但是真正有雇主的企业、有雇主的就业、在企业里面就业的为3.2亿人,剩下的8 000万人去哪了?我们认为更多是所谓的灵活就业,是自我雇佣。

(6) 随着互联网经济体的成长,对互联网经济发展进行更好的规范,更好的鼓励,更好的引导,也不同于传统经济,应该进行一些变革。

2) 中国的互联网经济体

中国已经成为世界最大的互联网经济体。随着中国经济的持续增长,时代的不断演进,中国互联网行业经历了深刻的演变,已经成为全球互联网经济领域的重要力量。中国不仅已经成功建立起世界上最大的互联网经济体,而且在此过程中,其代表性企业,如腾讯和阿里巴巴等已成为国际互联网行业的杰出代表,备受全球瞩目。

此外,中国还在共享经济领域实现了一系列创新,包括共享单车、共享电动汽车、共享充电宝、共享雨伞和共享自助洗车等。这一发展趋势不仅反映了中国互联网行业的持续壮大,还表明中国在推动全球互联网和共享经济范式的演变中发挥着举足轻重的作用。这一演进在世界范围内引起学术界和产业界的广泛关注,并在国际经济格局中产生了深远的影响。

3) 核心互联网经济体

随着互联网的发展,一大批互联网企业成长壮大,它们构成了一种新的经济组织——核心互联网经济体。2015年,佘丛国等在《核心互联网经济体将成为我国社会经济核心驱动力》一文中详细论述了核心互联网经济体。

在阿里巴巴成立18周年年会现场,马云在演讲中提出:今天的阿里巴巴已经不是一家普通的公司,已经是一个经济体,一个新型的经济体。以前的经济体以地理位置界定:长三角经济体、珠三角经济体、加州经济体,但是今天新的经济体诞生在互联网上。这个经济体要在2036年建成全球第五大经济体。

互联网始于1969年的阿帕网,经过55年的发展,从工具、渠道、基础设施到在全世界范围内出现互联网经济体,完成了巨大的变革,如图6-24所示。电子商务经济成为整个互联网经济的核心,网商成为电子商务经济的主体。

根据麦肯锡报告,在全世界20多个国家中,整个互联网经济产值在全球的经济体中已占据第五位,互联网对整个经济的影响正在不断增强。

互联网的发展对经济社会产生了广泛深远的影响。互联网为各经济主体提供了优越的信息平台,让经济交流突破了时间与空间的束缚,并在扩大交易范围、降低交易成本的基础上,深

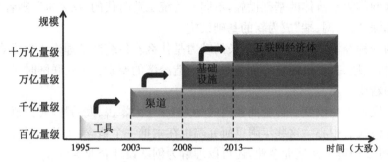

图 6-24 对互联网的认识在不断改变

化了社会分工,创造了更多就业岗位。互联网作为知识经济时代的重要象征与信息化生活的主要载体,它承载起了一个新兴产业——互联网产业的发展,并使之以惊人的速度发展壮大,成为我国产业中的新锐力量,给经济增长注入了活力。另外,互联网又凭借着自身的信息平台优势与科技优势,在多方面给传统产业带来了机遇与变革。

例如,我国大数据产业增幅全球领先——互联网服务实体经济前景广阔。2023年6月,我国互联网行业实现快速发展,网络基础设施全面覆盖,移动通信总基站已达1 129万个,IPv6规模部署广度不断推进;网民规模稳定增长,互联网普及率已经达到76.4%。网络基础设施建设带动了我国信息通信技术的快速发展,有力支撑了传统制造业和国民经济各个产业的数字化转型升级,成为数字经济发展的重要基石。

总的来说,对经济增长的研究已无法忽视互联网因素的作用。在应用需求的牵引下,在5G、云计算、人工智能等新技术的驱动下,与工业和实体经济更紧密结合将是互联网下一步的重点发展方向。

思考与练习

1. 如何理解电子商务生态系统与互联网经济生态系统?
2. 互联网经济生态系统的主要组成元素一般包括哪些?
3. 如何看待电子商务应用发展对线下实体经济的影响?
4. 如何理解"互联网+"应用的新基础设施:云、网、端?
5. 从生态视角讨论互联网电子商务发展及其主要模式。
6. 如何理解互联网是社会经济新基础设施?并举例说明。
7. 何谓经济体?广义与狭义的互联网经济体有何不同?
8. 阅读当前最新版本《中国互联网络发展状况统计报告》。

7 跨境电子商务与全球贸易数字化

【内容概要】
  本章首先介绍跨境电子商务的概念、分类和业务流程以及跨境电子商务应用的关键问题，然后从不同视角讨论中国跨境电子商务发展现状，最后介绍数字贸易的概念、内容以及全球贸易数字化的关键技术和面临的挑战，讨论全球贸易数字化的未来发展和趋势。

【学习目标】
  (1) 掌握跨境电子商务的概念、内涵与分类。
  (2) 掌握跨境电子商务应用中的关键问题。
  (3) 了解中国跨境电子商务发展历程与现状。
  (4) 掌握数字贸易与全球贸易数字化的内涵。
  (5) 了解全球贸易数字化的未来发展和趋势。

【基本概念】
  国际贸易，跨境电子商务，贸易数字化。

7.1 跨境电子商务的概念与应用

  随着全球化进程的不断加速，跨境电子商务作为数字经济的重要组成部分，已经成为国际贸易和商业合作中的一股强劲力量。跨境电子商务以其高效、便捷、多元的特点，突破了传统国际贸易的地理和时间限制，为企业和消费者带来了前所未有的商机与便利。其在全球范围内的迅速崛起，不仅促进了商品、服务和资金的跨边界流动，还极大地丰富了消费者的购物体验，推动了数字经济的蓬勃发展。

  跨境电子商务的概念涵盖了一系列在国际范围内进行的电子商务活动，这些活动涉及商品、服务、数字产品等的在线买卖、支付、物流、海关申报等多个环节。它不仅涵盖了传统商品贸易，还包括了数字化产品、知识产权交易、跨境服务等新兴领域。跨境电子商务正逐渐成为全球经济增长的新引擎，为中小企业、发展中国家和发达国家带来了平等参与全球贸易的机会。

  这一节，我们将重点讨论跨境电子商务的相关概念、跨境电子商务的分类、跨境电子商务的业务流程和典型案例以及跨境电子商务应用的关键问题。

7.1.1 跨境电子商务的相关概念

  1) 对跨境电子商务的理解
  跨境电子商务是指不同关境的交易主体，通过电子商务平台达成交易，进行电子支付结算，并通过跨境物流及异地仓储送达商品，从而完成交易的一种国际商业活动。跨境电子商务能够促进全球商品流通和经济发展,提升消费者的购物体验和生活质量。简单来说,跨境电子商务是电子商务在国际范围内的扩展,允许消费者和商家在全球范围内进行交易,突破了地理和国界的限制。

从广义上来看,跨境电子商务基本等同于外贸电子商务,是指分属不同关境的交易主体,通过电子商务的手段将传统进出口贸易中的展示、洽谈和成交环节电子化,并通过跨境物流送达商品、完成交易的一种国际商业活动。

从更广意义上来看,跨境电子商务指电子商务在进出口贸易中的应用,是传统国际贸易商务流程的电子化、数字化和网络化。它涉及许多方面的活动,包括货物的电子贸易、在线数据传递、电子资金划拨、电子货运单证等。

从狭义上来看,跨境电子商务基本等同于跨境零售。跨境零售指的是分属于不同关境的交易主体,借助计算机网络达成交易、进行支付结算,并采用快件、小包等行邮的方式通过跨境物流将商品送达消费者手中的交易活动。

跨境电子商务在国际上流行的叫法为 cross-border e-commerce,其实指的都是跨境零售。通常跨境电子商务从海关来说等同于在网上进行小包的买卖,基本上针对消费者。跨境电子商务概念界定的示意图,如图 7-1 所示。

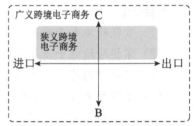

图 7-1 跨境电子商务概念界定

2)跨境贸易的相关概念

跨境电子商务是跨境贸易的一种方式。为了了解跨境电子商务,有必要同时了解跨境贸易的一些相关概念。

(1)全球市场接触 跨境电子商务使商家能够将产品和服务推向全球市场,不再局限于本地或国内市场。这为企业提供了更大的机会,能够接触到更多的潜在消费者。

(2)国际支付和结算 跨境电子商务需要处理不同国家和地区的货币转换和支付问题。支付和结算系统必须能够进行跨境交易,以确保付款的安全性和可靠性。

(3)国际物流和运输 跨境电子商务涉及物品从一个地方运送到另一个地方,因此物流是一个比较重要的环节。有效的国际物流网络能够确保产品及时送达目的地,并提供可追踪的运输选择。

(4)关税和税收 不同国家和地区可能有不同的关税和税收政策,这可能会影响到跨境电子商务交易的成本。商家需要了解并遵守相关税收法规。

(5)海关和进口规定 跨境交易需要遵守目的地的海关和进口规定。商家需要了解清关流程,确保商品能够合法地进入目的地。

(6)文化和语言差异 跨境交易可能涉及不同的文化和语言。商家需要考虑这些因素,以确保他们的产品、服务和营销活动在不同国家和地区能够产生积极的效果。

(7)国际市场调研 跨境电子商务需要对目标市场进行充分的市场调研。不同国家和地区的消费者需求、偏好和购物习惯可能会有所不同,因此了解目标市场是成功的关键。

(8)法律和法规遵循 不同国家和地区可能有不同的电子商务法律和消费者保护法规。商家需要遵守这些法律法规,以避免法律纠纷问题。

(9)汇率风险管理 跨境交易涉及货币转换,因此汇率的波动可能会对交易的成本和利润产生影响。商家可能需要考虑采取汇率风险管理策略以降低风险。

(10)国际营销策略 跨境电子商务需要针对不同国家和地区制定适当的营销策略。这可能涉及调整品牌定位、广告宣传和市场推广等。

3) 面向跨境电子商务的两种企业转型

在数字科技迅速演进的时代,跨境电子商务已经融入全球商业的核心。在这个竞争日益激烈的环境中,企业需要不断创新和调整战略,以适应市场的变化和消费者的需求。传统外贸企业和国内电子商务企业在这一转型的浪潮中,展现出了两种截然不同的转型路径。一方面是外贸电子商务化:传统外贸企业积极融合数字技术,涉足跨境电子商务领域,寻求新的增长点;另一方面是电子商务外贸化:国内电子商务企业拥抱国际市场,以全球视野和本土经验,推动企业走向国际化,如图7-2所示。下面讨论这两种企业转型在跨境电子商务领域所取得的成就和面临的挑战。无论是融合创新还是涉足海外,企业都需要在转型过程中紧密把握市场脉搏,以求在全球竞争中获得成功。

图 7-2 面向跨境电子商务的两种企业转型

(1) 传统外贸企业转型为跨境电子商务企业 传统外贸企业转型为跨境电子商务企业是一个将传统贸易模式与现代电子商务相结合的过程。以下是其中的关键步骤和策略:

① 建立线上销售渠道:传统外贸企业需要在跨境电子商务平台上建立自己的线上店铺,如亚马逊、eBay、阿里巴巴国际站等。这些平台提供了全球范围内的客户基础和销售机会。

② 多渠道战略:在跨境电子商务中,多渠道销售可以降低依赖性,提高业务的稳定性。除了大型电子商务平台,还可以考虑建立自己的品牌官网,利用社交媒体等渠道吸引潜在客户。

③ 产品本地化:针对不同国家和地区的消费者需求,对产品进行本地化调整,包括规格、标签、包装、使用说明等。这有助于提升产品在目标市场的可接受度。

④ 数字营销:传统外贸企业需要采取数字营销手段,如搜索引擎优化、社交媒体广告、内容营销等,以吸引目标客户群体并提升品牌知名度。

⑤ 国际物流合作:成功的跨境电子商务企业需要高效的国际物流合作伙伴,以确保产品能够安全、准时地送达客户手中。可以考虑与专业的跨境物流公司合作。

⑥ 支付与结算:提供方便、安全的支付方式对于吸引国际消费者非常重要。可以整合多种国际支付方式,如信用卡支付、PayPal 支付等,以适应不同国家和地区的支付习惯。

⑦ 客户服务:跨境电子商务企业需要提供优质的客户服务,包括多语言支持、及时回复客户问题、售后服务等。客户满意度对于长期成功至关重要。

(2) 国内电子商务企业转型为跨境电子商务企业 国内电子商务企业转型为跨境电子商务企业涉及将国内的商业模式扩展到国际市场。以下是相关策略和注意事项:

① 市场研究:了解目标市场的文化、消费习惯、竞争格局等。这有助于调整产品、定价和营销策略。

② 产品选择:选择适合目标市场的产品,可能需要考虑该产品在目标市场的需求程度和竞争状况。

③ 语言和文化:确保网站和营销内容能够适应目标市场的语言和文化,以便更好地与潜在客户沟通。

④ 跨境物流:设计合理的跨境物流方案,考虑跨境运输时间、运费、关税等因素,以确保商品的顺利交付。

⑤ 本地化营销：采取本地化的数字营销策略，包括在当地社交媒体平台上投放广告、与本地博主合作等，以提升品牌知名度。

⑥ 海外仓储：在目标市场建立海外仓库，可以缩短交货时间，降低物流成本，提高客户满意度。

⑦ 合规合法：了解目标市场的法律法规，确保产品和营销活动符合当地的法律法规规定。

⑧ 支付和结算：提供多种国际支付方式，确保客户可以方便地购买商品。

⑨ 客户信任：建立国际市场上的信任，可以通过提供详细的产品信息、真实的客户评价和客户保障政策等方式实现。

无论是传统外贸企业还是国内电子商务企业，转型为跨境电子商务企业都需要全面的规划和准备。成功转型需要适应国际市场的需求，充分把握数字技术和全球化的机会，同时也要应对各种挑战和风险。

7.1.2 跨境电子商务的分类

跨境电子商务是电子商务对跨境贸易的服务方式。下面主要从电子商务和跨境贸易的不同视角，讨论目前对跨境电子商务应用（平台）的分类。

1) 按照市场主体的属性分类

通常，电子商务应用可以划分成 B2B 电子商务、B2C 电子商务、C2C 电子商务等。跨境电子商务也有不同的应用模式之分，可以分为 B2B 跨境电子商务、B2C 跨境电子商务、C2C 跨境电子商务等。

（1）B2B 跨境电子商务　B2B 跨境电子商务是商家与商家之间（business to business）通过互联网跨境平台进行商品与服务等数据信息传递而后达成交易的电子商务应用。B2B 跨境电子商务的卖家一般为大中型企业，提供企业产品与服务等相关信息，最终客户为企业或集团客户。目前，在中国跨境电子商务市场交易规模中，B2B 跨境电子商务市场交易规模将近占总交易规模的 90%。在跨境电子商务市场中，企业级市场仍处于主导地位。代表企业有阿里巴巴国际站、中国制造网、环球资源网、环球市场网、大龙网、易单网等。

（2）B2C 跨境电子商务　B2C 跨境电子商务是商家（business）针对消费者（consumer）开展的跨境电子商务，是指分属不同关境的企业直接面向个人消费者在线销售产品和服务，通过电商平台达成交易、进行支付结算，并通过跨境物流送达商品、完成交易的电子商务应用。B2C 跨境电子商务的卖方是商家，面对的是终端消费者。目前我国 B2C 类的跨境电子商务在整体跨境电子商务交易规模中的比重正在逐年攀升，在未来或将迎来大规模增长。代表企业有全球速卖通（AliExpress）、敦煌网、兰亭集势、京东国际、执御等。

（3）C2C 跨境电子商务　C2C 跨境电子商务是分属不同关境的消费者卖方（consumer）与消费者买方（consumer）依托第三方平台进行的跨境电子商务应用。即卖家通过第三方电商平台发布产品和服务售卖、产品信息、价格等内容，买方进行筛选，最终通过电商平台达成交易、进行支付结算，并通过跨境物流送达商品、完成交易。C2C 跨境电子商务市场一直存在，虽然仍然属于小众，但是其发展的意义重大。代表企业有 eBay 等。

2) 按照进出口货物流向分类

跨境贸易一般可以分成两大类：进口贸易和出口贸易。跨境电子商务从进出口方向分为出口跨境电子商务和进口跨境电子商务。

（1）**出口跨境电子商务**　目前我国跨境电子商务还是以出口型为主。出口跨境电子商务指的是我国出口企业通过跨境电子商务平台进行商品展示、完成交易并采用线下跨境物流渠道将商品出口至境外市场的电子商务应用。代表企业有全球速卖通、亚马逊（Amazon）海外购、eBay、兰亭集势等。

（2）**进口跨境电子商务**　进口跨境电子商务是指将境外的商品通过跨境电子商务平台销售到我国境内市场的电子商务应用。平台一般为自营型，即通过海外买手采购商品并将商品运送至国内保税仓，通过平台上商品的展示促成交易，买方一般为国内的终端消费者。进口跨境电子商务的物流速度相对较快，但一般慢于国内电商。代表企业有天猫国际、京东国际、洋码头、小红书等。

3) 按照销售品类差异分类

按照跨境贸易中销售品类的差异，跨境电子商务（平台）可以分成两大类：垂直型跨境电子商务和综合型跨境电子商务。

（1）**垂直型跨境电子商务**　垂直型跨境电子商务包括产品类垂直跨境电子商务和地域性垂直跨境电子商务。产品类垂直跨境电子商务，即平台上所售商品只涉及某个行业或某个细分市场，并在这一领域做大做深，如母婴类、建材类；地域性垂直跨境电子商务，即平台商品只专注销往某一个地域或区域。代表企业有易单网、蜜芽等。

（2）**综合型跨境电子商务**　与垂直型跨境电子商务相对应，综合型跨境电子商务指的是平台上所售商品的品类比较全面与综合，种类较多，涉及多个行业的方方面面。代表企业有全球速卖通、亚马逊、eBay、Wish等。

4) 按照交易服务流程分类

按照电子商务在跨境贸易中提供的不同服务，跨境电子商务平台可以分为信息服务平台、在线交易平台和综合服务平台。

（1）**交易前：信息服务平台**　信息服务平台主要是为境内外会员商户提供网络营销平台，展示与传递供应商等商家的商品或服务信息，促进供应商与采购商或买卖双方之间完成交易。代表企业有阿里巴巴国际站、中国制造网、环球市场网、环球资源网。

（2）**交易中：在线交易平台**　在线交易平台不仅提供企业的产品、服务等多方面信息，而且可以通过平台完成搜索、咨询、对比、下单、支付、物流、评价等全购物链环节。在线交易平台模式正逐渐成为跨境电子商务中的主流模式。代表企业有全球速卖通、敦煌网、炽昂科技（FocalPrice）。

（3）**交易后：综合服务平台**　外贸综合服务平台在交易双方完成信息服务与在线交易等环节之后，为商户提供物流、通关等流程或全流程一条龙服务，并收取一定的服务费用。代表平台有一达通、世贸通。

5) 按照平台运营方的属性分类

按照平台运营方属性的不同，可以将跨境电子商务平台分成两大类：自营型跨境电子商务平台和第三方开放型跨境电子商务平台。

（1）**自营型跨境电子商务平台**　自营型电子商务企业在线上搭建平台，平台方整合供应商资源，以较低的进价采购商品，然后以较高的售价出售商品，其主要将赚取商品差价作为盈利模式。由于商品基本上都是平台自营的，商品品质有保障，货源稳定且配套服务方便快捷，可信赖度较高。但其总体运营成本较高，平台需要承担退换货、商品滞销等所有费用，相比第三方开放型平台,存在着较高的运营风险。代表企业有兰亭集势、炽昂科技、京东国际、网易考拉。

（2）第三方开放型跨境电子商务平台　第三方开放型跨境电子商务平台通过线上搭建商城,并整合物流、支付、运营等服务资源,吸引品牌商、制造商等商家及经销商等买家入驻,为其提供跨境电子商务交易服务。平台将收取商家佣金及增值服务佣金作为主要的盈利模式,但并不从事商品的购买与销售。一般而言,该类平台上商品种类较为丰富,网站流量较大,各项服务方便快捷,但不能很好地保障商品的质量。代表企业有阿里巴巴国际站、全球速卖通、敦煌网、环球资源网。

6) 按照盈利模式的不同分类

按照跨境电子商务平台盈利模式的不同,可将跨境电子商务平台分成五种：传统跨境大宗交易平台(大宗 B2B)、综合门户类跨境小额批发或零售平台(小宗 B2B 或 C2C)、垂直类跨境小额批发零售平台(独立 B2C)、专业第三方服务平台(代运营)和外贸综合服务平台。

（1）传统跨境大宗交易平台(大宗 B2B)　大宗 B2B 为境内外会员商户提供网络营销平台,传递供应商或采购商等合作伙伴的商品或服务信息,并最终帮助双方完成交易。这种平台主要依靠收取会员费和营销推广费盈利。

（2）综合门户类跨境小额批发或零售平台(小宗 B2B 或 C2C)　小宗 B2B 或 C2C 为独立第三方销售平台,不参与物流、支付等交易环节。其收入来源主要依靠收取交易佣金,此外还包括会员费、广告费等增值服务费。

（3）垂直类跨境小额批发零售平台(独立 B2C)　独立 B2C 为批发零售平台,同时自建 B2C 平台(含物流、支付、客服体系),将产品销往海外。销售收入为其主要收入来源。

（4）专业第三方服务平台(代运营)　专业第三方服务平台不直接或间接参与任何电子商务的买卖过程,而是为行业不同、模式各异的从事小额跨境电子商务的公司提供通用的解决方案,为客户提供后台的支付、物流和客户服务以及涉外法律顾问等服务。

（5）外贸综合服务平台　外贸综合服务平台为跨境电子商务商家提供外贸出口一条龙服务,如一达通。国家也有外贸综合服务企业的提法。

7.1.3　跨境电子商务的业务流程

跨境电子商务涵盖了多个环节和流程,从商品展示到支付交易,再到物流配送,都需要经历一系列的步骤。下面是跨境电子商务的一般业务流程。

1) 商品展示与营销

跨境电子商务的第一步是将商品展示在线上平台上,该平台可以是自有网站、第三方电商平台或社交媒体。在这个阶段,商家需要精心设计商品页面,包括商品图片、描述、价格等信息,以吸引潜在买家的注意。

2) 搜索与浏览

消费者通过搜索引擎、电商平台内的搜索功能或社交媒体等途径找到感兴趣的商品。他们可以浏览商品页面,查看详细信息、评价、规格等。

3) 下单与购物车

一旦消费者选择了心仪的商品,他们可以将商品添加到购物车中,然后进入结算流程。购物车内的商品可以随时添加或移除。

4）结算与支付

在购物车中确认商品后,消费者进入结算页面。在这个阶段,他们需要提供收货地址等信息,并选择支付方式。支付方式包括银联、支付宝、PayPal、VISA、MASTER等,一旦支付完成,订单就会生成。

5）订单处理与确认

商家收到订单后,开始处理订单,包括确认库存、包装商品和生成发货单。商家可能会发送订单确认邮件给消费者,以提供进一步的信息。

6）物流服务

在订单确认后,物流流程启动。这包括从仓库中取出商品、进行包装、生成运单和安排物流渠道。物流可以选择国际快递、航空运输、海运等方式,这取决于跨境电子商务的规模和要求。

7）海关清关与关税

跨境电子商务涉及国际贸易,因此在进口国家的海关进行清关是必要的步骤。这可能涉及缴纳关税、报关文件提交等手续。

8）配送与交付

一旦清关完成,商品将通过物流渠道运送至消费者的收货地址。消费者可以通过订单追踪功能了解包裹的实时状态。最终,商品会送达到消费者手中。

9）售后服务与评价

一旦消费者收到商品,他们可以对商品质量和购物体验进行评价。如果有任何问题,那么他们可以联系客服部门寻求解决方案,例如退换货、退款等。

10）数据分析与优化

整个流程结束后,商家可以通过数据分析工具对销售数据、用户行为等进行分析,以优化未来的经营策略,提高客户满意度和销售业绩。

跨境电子商务的业务流程涉及众多环节,从商品展示到最终交付,每一步都需要商家和消费者之间的紧密合作和互动。有效地管理和优化这些流程,可以帮助企业提高效率,提供更好的客户体验,从而在目标市场取得成功。跨境电子商务的业务流程如图7-3所示。

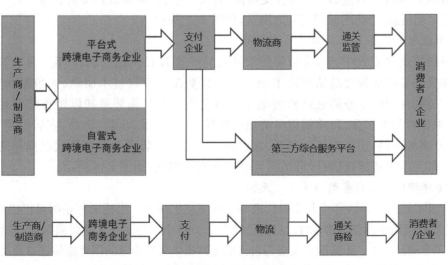

图7-3 跨境电子商务交易的业务流程

7.1.4 跨境电子商务应用的典型案例

1) 第三方开放型跨境电子商务平台：全球速卖通

全球速卖通(AliExpress)是阿里巴巴为帮助中小企业接触终端批发零售商，小批量多批次快速销售，拓展利润空间而全力打造的集订单、支付、物流于一体的外贸在线交易平台，被广大卖家称为国际版"淘宝"。其定位独特，惠及广大出口零售商，是出口跨境电子商务领域平台的杰出代表。了解全球速卖通详细信息，可访问全球速卖通官方网站，如图7-4所示。

图7-4 全球速卖通(https://www.aliexpress.com/)

2) 第三方B2B跨境交易平台：敦煌网

敦煌网成立于2004年，是第三方跨境电子商务B2B交易平台，主要提供在线交易平台及相关的外贸服务。平台上销售的产品品类主要是电子产品、手机及配件、计算机及网络、婚礼用品等，主要目标市场是欧美、澳大利亚等发达市场，目前拥有120万家国内供应商，550万买家和2500万种商品。卖家主要位于中国，买家覆盖全球约223个国家和地区，拥有100多条物流线路和10多个海外仓、71个币种支付能力。敦煌网商业模式：交易佣金＋服务费。了解敦煌网详细信息，可访问敦煌网官方网站，如图7-5所示。

4) 跨境电子商务B2C网站：兰亭集势

兰亭集势成立于2007年，是目前我国最大的外贸B2C网站。2013年6月6日晚间兰亭集势在美国纽约证券交易所挂牌上市。兰亭集势是一家以技术驱动、大数据为贯穿点，整合供应链和生态圈服务的在线跨境电子商务公司。兰亭集势最初以销售定制婚纱礼服为主，后来进行品类扩张，目前销售品类涵盖服装、电子产品、玩具、饰品、家居用品等14大类，共6万多种商品，主要市场为欧洲、北美洲等。兰亭集势商业盈利模式以商品进销差价为主。了解兰亭集势详细信息，可访问兰亭集势官方网站，如图7-6所示。

4) 全球跨境电子商务购物平台：天猫国际

天猫国际创建于2014年2月19日，隶属于阿里巴巴集团。天猫国际是阿里巴巴集团重点打造的全球跨境电子商务购物平台。目前已经有39 000个国外品牌入驻天猫国际，并且覆盖多达7 000多个商品品类。天猫国际主要为自己的用户提供来自全球的国外原装进口商品，满足海外购物消费者的需求。了解天猫国际详细信息，可访问天猫国际官方网站，如图7-7所示。

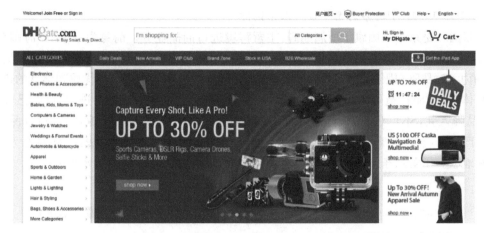

图 7-5 敦煌网（https：//www.dhgate.com/）

图 7-6 兰亭集势（https：//www.lightinthebox.com）

图 7-7 天猫国际（https：//www.tmall.hk/）

5) 全球跨境电子商务购物平台：京东国际

京东国际是京东集团旗下所属品牌，主营跨境进口商品业务。前身为京东的"海囤全球"与"京东全球购"。作为国内首个全面专注于大进口业务的消费平台，京东国际通过在消费场景、营销生态、品质和服务、招商四大维度的全面升级，为消费者带来更加优质和丰富的进口商品购物体验，从而打造可信赖的进口商品一站式消费平台。在一般贸易进口方面，已吸引近2万个品牌入驻，SKU近千万，覆盖时尚、母婴、营养保健、个护美妆、3C、家居、进口食品、汽车用品等产品品类，产品来自美国、加拿大、韩国、日本、澳大利亚、新西兰、法国、德国等70多个国家和地区。了解京东国际详细信息，可访问京东国际官方网站，如图7-8所示。

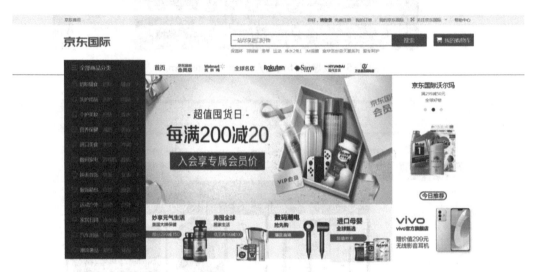

图7-8　京东国际（https://hongkong.jd.com/）

7.1.5　跨境电子商务应用的关键问题

跨境电子商务是不同关境商业主体间的电子商务应用。跨境电子商务的特殊性就在于服务于跨境贸易。与境内电子商务比较，相对而言，过程比较复杂。跨境电子商务一般需要考虑如下一些关键问题：跨境通关、跨境物流、跨境支付、市场监管、客户服务和数据安全。

1) 跨境通关

与境内电子商务不同，跨境电子商务应用必须考虑跨境通关问题。跨境购买或销售的商品都必然面对海关通关问题。海关通关管理制度不仅影响货物送达速度，而且还涉及退税、结汇以及贸易安全等问题。

不同国家海关的通关管理制度不完全一样。美国、澳大利亚、加拿大海关关于跨境贸易电子商务的申报方式，主要由商品价值和运输方式决定，可分为正式报关和非正式报关（美国）、正式申报和低值货物自评申报（澳大利亚）、正常申报和低值货物申报（加拿大）；欧盟海关则要求通过跨境网购进口商品必须如实申报商品名、性质和价值；中国则以商品进出境时海关确定的进出境目的为准，结合进出境运输方式对货物和物品分别适用不同的报关程序。此外，各国都规定跨境贸易进口商品必须符合各国对禁止和限制性商品进口以及相关许可证等方面的要求。

现阶段，我国与跨境电子商务进出口通关直接相关的通关模式主要有七种，分别是0110、1039、1210、1239、9610、9710、9810。从类别来说，跨境 B2B 和 B2C 所采用的通关模式不同。B2B 所采用的通关模式为 9710、9810、0110、1039，而 B2C 多采用 9610、1210、1239 通关模式。

(1) 0110 模式　0110 模式即传统 B2B 外贸的常用通关模式，指我国境内有进出口经营权的企业单边进出口的贸易。其交易的货物是企业单边售定的正常贸易的进出口货物，而且在生产环节消耗的料件正常付款并交税。

(2) 1039 模式　中华人民共和国海关总署 2014 年第 54 号公告：增列海关监管方式代码"1039"，全(简)称"市场采购"，适用认定的市场集聚区内采购的"多品种、多批次、小批量"货物。

(3) 1210 模式　中华人民共和国海关总署 2014 年第 57 号公告：增列海关监管方式代码"1210"，全称"保税跨境贸易电子商务"。适用于境内个人或电子商务企业在经海关认可的电子商务平台实现跨境交易，并通过海关特殊监管区域或保税监管场所进出的电子商务零售进出境商品[海关特殊监管区域、保税监管场所与境内区外(场所外)之间通过电子商务平台交易的零售进出口商品不适用该监管方式]。"1210"监管方式用于进口时仅限经批准开展跨境贸易电子商务进口试点的海关特殊监管区域和保税物流中心(B 型)。这一模式的优点在于跨境电子商务网站可将尚未销售的货物整批发送至国内保税物流中心，在电子商务平台进行零售，卖一件、清关一件。

(4) 1239 模式　中华人民共和国海关总署公告 2016 年第 75 号公告：增列海关监管方式代码"1239"，全称"保税跨境贸易电子商务 A"，简称"保税电商 A"。适用于境内电子商务企业通过海关特殊监管区域或保税物流中心(B 型)一线进境的跨境电子商务零售进口商品。企业完成备案及通关手续，电商货物批量入境，进入海关监管场所或保税监管区域，网上产生订单后，在区内打包并申报清单，捆绑车辆配送出区，事后集中缴纳税款。

(5) 9610 模式　中华人民共和国海关总署 2014 年第 12 号公告：增列海关监管方式代码"9610"，全称"跨境贸易电子商务"，就是我们日常所熟知的跨境电子商务直邮"集货模式"。适用于境内个人或电子商务企业通过电子商务交易平台实现交易，并采用"清单核放、汇总申报"模式办理通关手续的电子商务零售进出口商品(通过海关特殊监管区域或保税监管场所一线的电子商务零售进出口商品除外)。这一模式的优点是"清单核放、汇总申报"，解决了跨境电子商务 B2C 订单数量少、批次多的问题。

(6) 9710 模式　中华人民共和国海关总署 2020 年第 75 号公告：增列海关监管方式代码"9710"，全称"跨境电子商务企业对企业直接出口"，简称"跨境电子商务 B2B 直接出口"，用于跨境电子商务 B2B 直接出口的货物。适用于境内企业通过跨境电子商务平台与境外企业达成交易后，通过跨境物流将货物直接出口送达境外企业；或境内企业将出口货物通过跨境物流送达海外仓，通过跨境电子商务平台实现交易后从海外仓送达购买者，并根据海关要求传输相关电子数据的，按照本公告接受海关监管。

(7) 9810 模式　中华人民共和国海关总署 2020 年第 75 号公告：增列海关监管方式代码"9810"，全称"跨境电子商务出口海外仓"，简称"跨境电子商务出口海外仓"，适用于跨境电子商务出口海外仓货物。

2) 跨境物流

与境内电子商务不同的，跨境电子商务应用必须考虑跨境物流问题。跨境物流是指以海关关境两侧为端点的实物和信息有效流动和存储的计划、实施和控制管理过程。结合跨境电子商务及物流的概念与特点,可将跨境电子商务物流定义为:在电子商务环境下,依靠互联网、大数据、信息化与计算机等先进技术,物品从跨境电子商务企业流向跨境消费者的跨越不同国家和地区的物流活动。

在可预见的未来,跨境电子商务市场仍将快速增长。但目前市面上的跨境物流服务尚不完善。比如:跨境零售物流普遍存在着时效、服务、价格等几方面痛点,大大影响了消费者的体验。这背后的深层原因在于跨境物流环节多、参与企业多,大大增加了各环节的衔接难度和复杂性,且信息传递也不透明。

跨境电子商务与跨境物流高度正相关,两者存在长期稳定的均衡关系,且互为格兰杰因果关系。从长期来看,跨境电子商务与跨境物流的关系主要表现为相互正向促进作用,但也存在一定相互抑制关系,且跨境电子商务对跨境物流的长期依赖性要强于跨境物流对跨境电子商务的依赖。

3) 跨境支付

随着跨境电子商务爆发式的增长,出境游、出国留学的火热,跨境支付作为基础服务,有着巨大的潜力。从"跨境"这个词的字面意思可以知道,此类支付场景具有空间性特点。对于相关的跨境电子商务而言,因为所处国家的不同,买卖双方付款或收款的货币也是不同的。

跨境电子商务会产生支付、收款、物流、渠道和售后等问题,尤其是支付和收款,卖家需要面对通关退税,境外买家支付的外币在国内不能直接兑换成人民币,资金回笼时的外汇汇率变化等多个问题,而很多中小型企业和商家缺乏跨境支付的经验和能力,解决这些问题就需要第三方支付平台。不同跨境电子商务平台卖家可以根据自身需求选择不同的支付方式。但是从目前的跨境电子商务情况来看,很多地方,如东南亚、中东、印度等国家和地区,线上第三方支付渗透率其实不高。

跨境电子支付的出现,为跨境电子商务参与主体提供了便捷高效的支付结算方式,推动了跨境电子商务进出口业务的发展,但支付结算作为各国监管相对严格的金融行业领域,使得跨境电子支付遇到了监管差异、准入限制等方面的挑战。

4) 市场监管

跨境电子商务发展也会面临市场监管问题。在跨境电子商务蓬勃发展的同时,我们必须清醒意识到,合规经营是不可忽视的。

跨境电子商务企业与平台就消费者权益保障明确双方责任、权利和义务。企业承担消费维权责任,包括商品信息披露、退换货、不合格或缺陷商品召回以及赔偿责任等。

跨境电子商务企业和平台履行对消费者的提醒告知义务,在商品订购网页或其他醒目位置向消费者提供风险告知书,消费者确认同意后方可下单购买。

跨境电子商务企业和平台建立商品质量安全风险防控机制,包括收发货质量管理、库内质量管控、供应商管理、及时发布商品风险监测信息和预警信息等。

跨境电子商务企业承担商品质量安全的主体责任,需建立健全网购保税进口商品质量追溯体系,追溯信息至少涵盖境外启运地至境内消费者的完整物流轨迹。原则上不允许网购保税进口商品在海关特殊监管区域外开展"网购保税+线下自提"模式,这意味着经营线下展示(体验)店的跨境电子商务企业或平台必须严格区分网购保税进口商品与一般贸易进口完税商品,限制网购保税进口商品在线下展示(体验)店直接提货。

跨境电子商务平台建立防止跨境电子商务零售进口商品虚假交易及二次销售的风险控制体系,加强对短时间内同一购买人、同一支付账户、同一收货地址、同一收件电话反复大量订购以及盗用他人身份进行订购等非正常交易行为的监控,采取相应措施控制。打击虚假交易和二次销售的同时,对通过跨境电子商务刷单的行为进行监控。

国家市场监管总局等部门发布的《关于印发 2019 网络市场监管专项行动(网剑行动)方案的通知》指出,严格海外代购行为监管,加大对跨境电子商务进出口环节整治力度。加强对网络销售禁止交易商品的监测监管工作,不断净化网络市场环境。严厉打击网上销售假冒伪劣产品、不安全食品及假药劣药,营造放心消费环境。规范电子商务经营主体,集中整治非法主体互联网应用(网站、App 等)。

5) 客户服务

客户服务是企业与其客户的交流方式,客户服务的好坏直接影响到购买回头率。市场营销、销售、服务与技术支持等都是与客户有关的领域。无论所提供的产品是量化的物,还是无形的服务,最终都将受市场和普通消费者的检验。客户服务首先是一种服务理念,其核心思想是将企业的客户作为最重要的企业资源,通过完善的客户服务和深入的客户分析来满足客户的需求,保证实现客户的终身价值。

作为跨境电子商务卖家,提供优质的客户服务是业务的重要组成部分。很多卖家可能会忽略客户服务这一块,尤其是售后服务。提供及时专业的客户服务提升用户的购物体验对于卖家长期的经营成功至关重要。

6) 数据安全

在跨境电子商务应用中,业务数据和客户数据越来越受到重视。随着海外消费购物的线上化,跨境电子商务的布局也越来越依赖于线上运营和系统的 IT 架构。但是,一旦忽视数据合规,企业便可能遭受巨大的风险。

数据合规问题可能会带来归零风险,最典型的案例便是 2020 年印度政府下架众多中国 App。2019 年,印度政府出台了个人数据保护法,自 2020 年生效后,数百款来自中国的应用被印度政府以数据安全为名下架,其中不少是国内头部的跨境电子商务企业。在这一事件中,其中一些全球运营的跨境电子商务企业蒙受的损失相对较小,而专注于印度市场的跨境电子商务企业则遭受了致命的打击。

截止到 2020 年,欧盟数据保护当局就开出了 200 多张罚单,其中违法行为包括非法监视员工、对用户数据处理不当以及未采取有效的技术措施以避免数据泄露等。2023 年 5 月 22 日,爱尔兰数据保护委员会给元宇宙(Mata)公司开出 12 亿欧元罚单,创欧盟《通用数据保护条例》生效以来罚款最高纪录。

2021 年 6 月 10 日,第十三届全国人民代表大会常务委员会第二十九次会议正式通过并公布《中华人民共和国数据安全法》(以下简称《数据安全法》),并于 2021 年 9 月 1 日起施行。作为数据领域的基础性法律和国家安全领域的一部重要法律,《数据安全法》集中、全面地体现了我国当前的数据安全监管思路。在跨境电子商务应用中,跨境电子商务平台或企业要高度重视数据安全和数据合规问题。

7.2 中国跨境电子商务发展现状

随着经济全球化的发展,世界各国间的贸易往来越来越频繁,跨境电子商务已成为时代的主题。消费者足不出户,就能轻松"全球购"。受国内外贸易环境的影响,我国传统外贸发展速度明显放缓,而跨境电子商务却保持高水平增长速度,跨境电子商务进入迅猛发展阶段。近年来,随着互联网基础设施的完善和全球性物流网络的构建,跨境电子商务一直保持高速增长,交易规模日益扩大,目前跨境电子商务已经到了资本市场的风口。一大批传统企业将目光瞄准电子商务的新契机,转而投身跨境电子商务领域。

7.2.1 从服务模式的演化看跨境电子商务发展

我国跨境电子商务发展,从无到有、从弱到强,经历了从萌芽到成长、从探索到成熟。1999年,阿里巴巴用互联网连接中国供应商与海外买家后,中国对外出口贸易就实现了互联网化。从跨境电子商务应用及其服务模式角度来看,我国跨境电子商务发展一般分为三个阶段,实现了从信息服务到在线交易、全产业链服务的跨境电子商务产业转型,如图 7-9 所示。

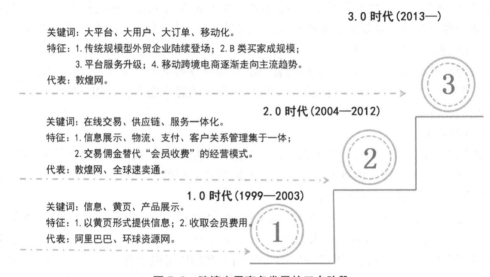

图 7-9 跨境电子商务发展的三个阶段

1) 跨境电子商务 1.0 阶段(1999—2003)

跨境电子商务 1.0 时代的主要业务模式是网上展示、线下交易的外贸信息服务模式。在跨境电子商务 1.0 阶段,第三方平台的主要功能是为企业以及产品提供网络展示平台,并不在网络上涉及任何交易环节。此时平台的盈利模式主要是向进行信息展示的企业收取会员费。在跨境电子商务 1.0 阶段发展过程中,也逐渐衍生出竞价推广、咨询服务等为供应商提供一条龙的信息流增值服务。

阿里巴巴国际站平台以及环球资源网是跨境电子商务 1.0 阶段的典型代表平台。其中,阿里巴巴成立于 1999 年,以网络信息服务为主、线下会议交易为辅,是中国最大的外贸信息黄页平台之一。环球资源网于 1971 年成立,前身为 Asian Source,是亚洲较早提供贸易市场资讯者,并于 2000 年 4 月 28 日在纳斯达克证券交易所上市(股权代码 GSOL)。在此期间还出现了中国制造网、韩国 EC21 网、KellySearch 等大量以供需信息交易为主的跨境电子商务平台。跨境电子商务 1.0 阶段虽然通过互联网解决了中国贸易信息难面向世界买家的难题,但是依然无法完成在线交易,对于外贸电子商务产业链的整合仅完成了信息流整合环节。

2) 跨境电子商务 2.0 阶段(2004—2012)

2004 年,随着敦煌网的上线,跨境电子商务 2.0 阶段来临。这个阶段,跨境电子商务平台开始摆脱纯信息黄页的展示现状,线下交易、支付、物流等流程实现了电子化,逐步实现在线交易。相比较1.0阶段,跨境电子商务2.0阶段更能体现电子商务的本质,借助于电子商务平台,通过服务、资源整合有效打通上下游供应链,包括B2B(平台对企业小额交易)和B2C(平台对用户)两种模式。跨境电子商务2.0阶段,B2B平台模式为跨境电子商务主流模式,通过直接对接中小企业商户实现产业链的进一步缩短,提升商品销售利润空间。2011年敦煌网宣布实现盈利,2012年持续盈利。

3) 跨境电子商务3.0阶段(2013—)

2013年成为跨境电子商务重要转型年,跨境电子商务全产业链都出现了商业模式的变化。随着跨境电子商务的转型,跨境电子商务3.0"大时代"随之到来。跨境电子商务3.0阶段具有大型工厂上线、B类买家成规模、中大额订单比例提升、大型服务商加入和移动用户量爆发五方面特征。与此同时,跨境电子商务3.0阶段服务全面升级,平台承载能力更强,全产业链服务在线化也是3.0时代的重要特征。在跨境电子商务3.0阶段,用户群体由草根创业向工厂、外贸公司转变,且具有极强的生产设计管理能力。平台销售产品由电商、二手货源向一手货源好产品转变。由于3.0阶段的主要卖家群体正处于从传统外贸业务向跨境电子商务业务的艰难转型期,生产模式由大生产线向柔性制造转变,对代运营和产业链配套服务要求较高。另外,3.0阶段的主要平台模式也由C2C、B2C向B2B、M2B模式转变,批发商买家的中大额交易成为平台主要订单。

跨境电子商务行业可以快速发展到3.0阶段,主要得益于以下几个方面。

① 中央及地方政府的高度重视:在中央及各地政府大力推动的同时,跨境电子商务行业的规范和优惠政策也相继出台。如《关于跨境贸易电子商务进出境货物、物品有关监管事宜的公告》(海关总署公告2014年第56号)、《关于进一步促进电子商务健康快速发展有关工作的通知》(发改办高技〔2013〕894号)、《关于促进电子商务健康快速发展有关工作的通知》(发改办高技〔2012〕226号)、《关于开展国家电子商务示范城市创建工作的指导意见》(发改高技〔2011〕463号)等多项与跨境电子商务相关政策的出台,在规范跨境电子商务行业市场的同时,也使跨境电子商务企业开展跨境电子商务业务得到了保障。

② 在海外市场,B2B在线采购已占据半壁江山:相关数据指出,在美国B2B在线交易额达5590亿美元,是B2C交易额的2.5倍。在采购商方面,59%的采购商以在线采购为主,27%的采购商月平均在线采购5000美元,50%的供货商努力让买家从线下转移到线上,以提升利润和竞争力。

③ 移动电商的快速发展也成就了跨境电子商务3.0阶段的快速到来:2013年,智能手机用户占全球人口的22%,首次超过PC比例,智能手机达14亿台。一方面,移动电商的快速发展得益于大屏智能手机和WiFi网络环境的改善,用户移动购物体验获得较大提升,用户移动购物习惯逐渐形成。另一方面,移动电商企业在移动端的积极推广和价格战促销等活动都进一步促进移动购物市场交易规模大幅增长。方便、快捷的移动跨境电子商务也为传统规模型外贸企业带来了新的商机。

7.2.2 从综合试验区看跨境电子商务发展

在我国跨境电子商务发展过程中,各级政府对跨境电子商务的推进发挥了重要作用。跨境电子商务综合试验区建设是推动跨境电子商务创新和发展的重要战略措施。中国跨境电子商务综合试验区是国家设立的跨境电子商务综合性质的先行先试的城市区域,旨在跨境电子商务交易、支付、物流、通关、退税、结汇等环节的技术标准、业务流程、监管模式和信息化建设等方面先行先试,通过制度创新、管理创新、服务创新和协同发展,破解跨境电子商务发展中的深层次矛盾和体制性难题,打造跨境电子商务完整的产业链和生态链,逐步形成一套适应和引领全球跨境电子商务发展的管理制度和规则,为推动中国跨境电子商务健康发展提供可复制、可推广的经验。

从2012年2月开始,海关总署联合相关部门选择了上海、重庆、杭州、宁波等城市开展跨境贸易电子商务试点,目前已取得明显成效。尤其是上海,由于拥有政策、人才及口岸优势,自2008年以来,上海跨境电子商务的复合年均增长率达到了40%左右。上海作为长三角地区的龙头城市,一直以来都扮演着该区域贸易及物流中心的角色,尤其是2013年中国(上海)自由贸易试验区的成立,更为区域内跨境电子商务带来政策利好。

2017年9月20日,国务院总理李克强主持召开国务院常务会议,部署进一步促进扩大就业,更好满足人民群众劳动有岗位收入有来源的需求;确定深入推进跨境电子商务综合试验区建设的措施,加快业态创新提高外贸便利度和竞争力。其中,确定深入推进跨境电子商务综合试验区建设的措施包括:一是在全国复制推广跨境电子商务线上综合服务和线下产业园区"两平台"及信息共享、金融服务、智能物流、风险防控等监管和服务"六体系"等成熟做法,积极探索新经验,在制定跨境电子商务国际标准中发挥更大作用。二是再选择一批基础条件好、发展潜力大的城市建设新的综合试验区,推动跨境电子商务在更大范围发展。三是围绕推动"一带一路"建设,着力打造互联互通、智能化的新型外贸基础设施,鼓励建设覆盖重要国别、重点市场的海外仓,加强物流网络等配套服务体系建设。四是按照包容审慎有效的要求加大监管创新,促进各综合试验区线上综合服务平台对接,实现信息互换、监管互认、执法互助。推动建立针对跨境电子商务的交易风险防范和消费者权益保障机制,大力打击假冒伪劣等违法行为。

2022年11月14日,国务院同意在廊坊等33个城市和地区设立跨境电子商务综合试验区。此次扩围之后,中国跨境电子商务综合试验区数量达到165个,覆盖31个省份。2021年7月,中国开始建立跨境电子商务综合试验区考核评估与退出机制,并组织开展跨境电子商务综合试验区的首次考核评估,促进优胜劣汰。

商务部、海关总署、税务总局等部门出台了一系列支持跨境电子商务综合试验区发展的政策措施,最具含金量的主要有以下四个方面:

(1) 无票免税　跨境电子商务零售出口"无票免税"政策,即对跨境电子商务综合试验区内的跨境电子商务零售出口企业未取得有效进货凭证的货物,凡符合规定条件的,出口免征增值税和消费税。

(2) 所得税核定征收　跨境电子商务零售出口企业所得税核定征收政策是指跨境电子商务综合试验区内符合一定条件的出口企业试行核定征收企业所得税办法,采用应税所得率方式核定征收企业所得税,应税所得率统一按照4%确定。符合小型微利企业(简称小微企业)优惠政策条件的,可享受小微企业所得税优惠政策;其取得的收入属于《中华人民共和国企业所得税法》第二十六条规定的免税收入的,可享受免税收入优惠政策。

(3) 通关便利化　通关便利化政策是指跨境电子商务综合试验区内符合条件的跨境电子商务零售商品出口,海关通过采用"清单核放,汇总申报"的便利措施进行监管验放,提高企业通关效率,降低通关成本。

(4) 放宽进口监管条件　放宽进口监管条件是指对跨境电子商务零售进口商品不执行首次进口许可批件、注册或备案要求,按个人自用进境物品监管。

7.2.3　从外贸进出口看跨境电子商务发展

当前,我国跨境电子商务产业正在加速外贸创新发展进程,已经成为我国外贸发展的新引擎。中国跨境电子商务的发展将始终以出口为主、进口为辅。我国作为世界的工厂,具有全球最完备的工业体系,短期内中国制造的地位难以撼动,"中国制造"在全球范围内仍具优势。同时,随着全球经济的发展和我国经济的崛起,我国跨境电子商务将服务整个"地球村",以崭新姿态容纳全球 70 亿消费者。在全球五大跨境电子商务市场中,追求产品的多样化及高性价比是消费者进行跨境网购的两大驱动力。热门消费类别中,服装、鞋及配饰稳居榜首,其他热门类别包括健康及美容产品、个人电子产品、计算机硬件及珠宝钟表。此外,各个市场的热门消费类别仍显现出地域性特点。例如,英国消费者更青睐网购机票,德国消费者更偏向于家庭电子产品,巴西消费者则更热衷于购买计算机硬件。

中国跨境电子商务行业发展政策密集出台,促进了跨境电子商务蓬勃发展。下面,我们分别从外贸进出口视角讨论目前跨境电子商务发展的现状和趋势。

1) 跨境进口电子商务发展

近年来,中国进口电子商务呈现出的爆发式增长,得益于国内海淘用户规模的快速增长、消费者对海外商品认知度的提高、消费观念的升级、需求多样化等驱动因素。同时,政府在跨境金融、税收、物流方面出台利好政策,也为跨境电子商务发展奠定了基础。

中国跨境进口电子商务历经三个阶段,分别为:代购时代、海淘时代以及跨境进口时代。

(1) 代购时代(1.0 时代)　消费者集中、小众、普及度不高。2005 年,个人代购兴起,出现海淘族,以海外留学生代购为主体。这一时期可以称为跨境进口电子商务 1.0 时代。这一时期是跨境进口电子商务的发展初期,消费者一般为留学生的亲戚朋友,消费群体还比较小众,跨境网购普及度不高。消费者主要通过海外买手、职业代购购买进口产品。这一消费模式周期长、价格高,而且产品的真伪以及质量难以保障。一些留学生、空姐等经常出国的群体,初期会为自己身边的亲朋好友代购一些海外产品。随着代购需求的增加,这些人群开始专门购买海外产品,并在淘宝上开店铺售卖。

(2) 海淘时代(2.0 时代)　形成常规的买方市场和卖方市场。2007 年开始进入海淘时代,也就是跨境进口电子商务 2.0 时代。在这一时期,形成了常规的买方市场和卖方市场。淘宝上线"全球购"。跨境进口电子商务市场开始形成,消费群体也开始扩大,商品的品类丰富多样起来,不断开始有跨境进口电子商务平台成立,逐渐开始有消费者选择通过跨境进口电子商务平台购买进口产品。跨境网购用户的消费渠道逐渐从海淘代购转向跨境进口电子商务平台。2011 年国务院启动跨境电子商务进口试点城市工作,2013 年第一批跨境进口电子商务试点城市获批,开启跨境进口电商元年。

(3) 跨境进口时代(3.0 时代)　平台模式多样化,跨境网购常态化。2014 年是跨境进口电子商务爆发的一年,流程烦琐的海淘催生了跨境进口电子商务的出现。2014 年,出现天猫国际、蜜芽宝贝、聚美优品海外购、唯品会全球特卖、小红书;2015 年出现京东全球购、风信子 O2O 体验店等,跨境进口电子商务野蛮生长。随着政策变更以及社会经济的发展,跨境进口电子商务加速发展,跨境购物开始走向规范化,跨境进口电子商务进入 3.0 时代。随着跨境进口电子商务的合法化,越来越多的消费者选择在跨境进口电子商务平台购买海外产品。随着消费者跨境网购的需求愈发旺盛,各类模式的跨境进口电子商务平台出现,满足了消费者消费需求,跨境网购走向常态化。跨境进口电子商务历经12年,从个人代购到海淘再到规范化的跨境网购,是消费者消费习惯的转变,也是消费者对商品品质、品类追求的提升。2016年4月8日起实施的跨境电子商务零售进口税收新政策(简称4.8新政),促使行业大洗牌。2018年11月,商务部等六部门下发《关于完善跨境电子商务零售进口监管有关工作的通知》,我国跨境进口电子商务开始进入规范化发展时期。

目前,中国跨境进口电子商务主流的三大模式包括一般进口模式、直购进口模式以及保税网购模式。一般进口模式包括从国外进口到国内、从国外进口到保税区、从国外通过保税区海关(一次性)进口到国内等方式。直购进口模式是指消费者在购物网站上确定交易后,商品以邮件、快件方式运输入境的跨境贸易电子商务商品通关模式。保税网购模式是指国外商品已经整批抵达国内海关监管场所,消费者在下单后,从国内的保税仓发货。

2) 跨境出口电子商务发展

跨境出口电子商务作为近年来出现的新贸易手段,相关政策制定也经历从无到有、从被动到主动的转变。1999年,阿里巴巴国际站成立;2000年,中国留学生开始在eBay上卖货;2005年,敦煌网上线;2007年,兰亭集势成立;2008年,米兰网上线;2010年,全球速卖通上线;2012年,东南亚最大跨境电商来赞达(Lazada)成立;2012年,亚马逊全球开店;2013年,Wish上线,DX、兰亭集势上市;2017年,天猫出海、京东全球售,环球易购、通拓、有棵树拥抱资本市场;2020年,出口跨境电子商务平台趋于稳定,寻求新的流量增长点,跨境直播和短视频崛起。另外,2012年以来,中央和地方层面密集出台支持跨境电子商务的各项政策,并在通关、税收、支付、海外仓建设等环节不断完善配套措施进行支持。

(1) 欧美发达国家为中国跨境出口电子商务的主要市场,新兴市场前景广阔。从跨境出口电子商务海外目的地分布来看,美国、法国拥有完善的基础设施和较为成熟的网络购物环境,促使其成为中国跨境电子商务出口的主要目的地。俄罗斯、巴西、印度等新兴市场蓬勃发展,拥有广阔电子商务发展基础和巨大发展潜力,也吸引了大量中国电子商务企业及卖家在这些市场纷纷布局。

(2) 市场、政策、配套等多方因素共同推动中国跨境出口电子商务行业增长。近年来受政策扶持、市场环境改善等利好因素的影响,中国跨境出口电子商务保持快速扩张的趋势。跨境零售是国际贸易未来发展一大趋势,是国家对外开放战略落地的重要支撑,也是国家积极推进供给侧结构性改革,助推产业升级、品牌升级的重要抓手。从全球跨境电子商务行业发展情况来看,整体市场规模保持持续增长态势,未来线上购物在全球范围内将越来越普及。此外,新冠疫情对品牌方和消费者均产生较大影响。一方面,新冠疫情进一步加速了消费者消费习惯的转变,越来越多的消费者通过线上方式进行商品采购。另一方面,新冠疫情的暴发也加速了服装零售企业布局数字化零售和全渠道融合的进程。中国跨境电子商务有着"全球货源基地"的制造基础,拥有优质的供应链资源。虽然近年来中国劳动力成本有所上升,但与发达国家劳动力成本相比仍然较低,在未来一段时间内较低的劳动力成本仍将是我国制造业在国际贸易分工中的一大优势;同时,作为全世界唯一拥有联合国产业分类中全部工业门类的国家,中国制造业上下游配套齐全,基础设施完善,为跨境电子商务提供了丰富、优质的产品。同时,作为中国外贸的重要力量,跨境出口电子商务也为中国制造业创造动能,并推动制造业加速向"数字化、网络化、智能化"发展,促进实体经济繁荣。

7.3 数字贸易与全球贸易数字化

在当今全球化的时代背景下,贸易已经不再局限于国界之内,日益向着数字化、网络化和智能化的方向发展。全球贸易数字化的浪潮正深刻地改变着传统贸易模式和商业运作方式,推动形成经济全球化和区域间合作的新格局。随着信息技术的不断进步和应用,全球贸易呈现出前所未有的数字化发展与趋势,这不仅给国际贸易体系带来了深远的影响,而且为各国经济发展和合作提供了更多的机遇与挑战。

7.3.1 数字贸易时代的来临

数字化技术的迅猛发展正在深刻地重塑着全球贸易的格局。互联网、大数据、人工智能、区块链等新兴技术的广泛应用,为贸易活动提供了更加高效、精准的信息交流和数据分析手段。全球供应链的数字化管理使得物流、仓储、生产等环节实现了更好的协同与优化,降低了成本,提高了效率。同时,跨境电子商务的兴起也使得小微企业有了更多参与全球贸易的机会,推动了贸易的平衡化和多样化。然而,全球贸易数字化也面临着一系列挑战和风险。信息安全、隐私保护、数据标准等问题亟待解决,不同国家的法律法规和监管体系也需要进行协调与合作。数字鸿沟可能会加剧发展中国家与发达国家之间的贸易不平衡,进一步加大技术和知识的差距。此外,数字贸易也可能导致传统产业结构的调整和就业形势的变化,需要各国在政策制定和人才培养方面做出相应调整。

在全球贸易数字化的浪潮下,国际合作显得尤为重要。各国应加强政策沟通,构建开放型数字贸易体系,推动数字经济的繁荣发展。同时,跨国企业也应积极拥抱数字化变革,加强创新能力,提升竞争力,实现可持续发展。全球贸易数字化既是一场技术革命,也是一场制度创新和思维转变的革命,只有不断适应和引领这场变革,各国才能在数字化时代中实现共同繁荣和发展。数字技术变革深刻影响国际贸易方式,数字外贸时代已经来临。过去10多年来,以跨境电子商务为代表的数字新外贸给全球贸易注入了强大动能,全球中小微企业和专业卖家成功融入全球市场,抢到了跨境电子商务的全球化红利。

2013年,美国国际贸易委员会(USITC)在《美国及全球数字贸易》报告中首次提出了数字贸易概念,指出数字贸易是一种在线交付服务及产品的贸易方式。上海市商务委员会、上海市发展和改革委员会和上海市经济和信息化委员会等9部门联合发布《上海市数字贸易发展行动方案(2019—2021年)》(以下简称《行动方案》),这也是全国首个由省市发布的数字贸易发展行动方案。上海《行动方案》将数字贸易定义为数字服务与产品在线交付和高效交换的跨境贸易活动,数字贸易是传统国际贸易在数字经济时代的创新和拓展,是外向型数字经济的核心内容和重要载体。

敦煌网于2013年首次提出"数字贸易"议题,提出帮助中小企业通过平台走向全球市场,实现"全球采,全球销"。纵观外贸行业的数字化历程,敦煌网开创并引领了两个重要时代:2004年以敦煌网的成立,开创B2B在线交易模式为标志的"跨境电子商务"时代;2017年,以数据为核心驱动力的"数字贸易"时代,如图7-10所示。所谓数字贸易,就是指以市场需求为基础,以线上交易平台为依托,提供以大数据及云服务为核心,同时包含营销、担保、支付结算、仓储、物流、金融、关检税汇等相关服务的智能泛贸易业态。

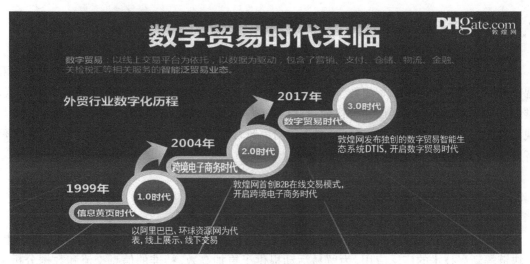

图 7-10 数字贸易时代来临

数字贸易是经济全球化、数字化的必然结果。随着中国由消费互联网向产业互联网转化，以敦煌网为代表的中国互联网企业所开创的数字贸易商业模式、产业标准和价值观念，逐渐发展成为全球模式、全球标准和全球观念，全球数字贸易发展进入"中国时间"。

敦煌网经过13年线上跨境贸易的实践，独创数字贸易智能生态体系DTIS，开启了"全球数字贸易看中国，中国数字贸易看敦煌网"的新时代。DTIS体系以大数据运营为核心服务能力，为外贸企业提供全流程服务——包括海外营销、品牌推广、物流、金融、支付、通关、检验检疫、结汇、退税等，并通过敦煌网两大平台：DHgate和DHport沉淀海量数据，进行不同类型的供需双向精准匹配，重塑贸易流程。简而言之，DTIS以交易数据和服务数据为核心驱动力，实现信息层面、资金层面、流通层面的循环优化，进化衍生贸易服务新模式，促进外贸整体生态不断进化。

在DTIS体系下，敦煌网首次提出"TaaS：贸易即服务"理念，针对不同的贸易场景和贸易主体，推出"乐高式"模块化数字贸易解决方案，将多维度、小颗粒、标准化的服务模块自由组合，具有快复制、轻落地、强延展等灵活高效的特性，不断打造"数字贸易中国样板"，开创"全球数字贸易看中国，中国数字贸易看敦煌网"的全新格局。TaaS服务贸易链上不同类型的主体如图7-11所示。

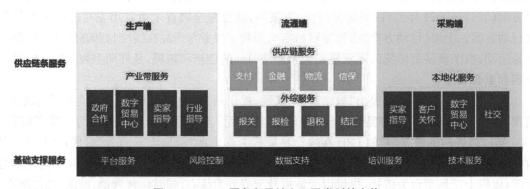

图 7-11 TaaS 服务贸易链上不同类型的主体

敦煌网基于独创的DTIS体系和TaaS"乐高式"模块化解决方案,打造了一系列数字贸易中国样板,"数字贸易中国样板"具备三大特点:独创的商业模式、可推广的行业标准以及可复制的创新实践,能够为更多的国家和地区带来新的发展机会,赋能更多的中小企业通过数字贸易走向全球市场。

敦煌网数字贸易中心(DTC)作为一种结合线上线下,整合售前、售中、售后全流程服务的一种新型数字贸易模式,海外采购商可以用大触摸屏浏览平台海量货源,可以现场体验样品,可以手机扫码下单,可以现场提货,并享受售后退换货服务。

2023年11月23日,商务部发布的《中国数字贸易发展报告(2022)》显示,2022年,中国跨境电子商务进出口规模首次突破2万亿元。

7.3.2 对数字贸易的理解

1) 数字贸易的概念

数字贸易(digital trade)是指信息通信技术发挥重要作用的贸易形式。数字贸易不仅包括基于信息通信技术开展的线上宣传、交易、结算等促成的实物商品贸易,还包括通过信息通信网络(语音和数据网络等)传输的数字服务贸易,如数据、数字产品、数字化服务等贸易。

通过联合运营模式,倡导企业以统一的技术标准搭建全球公共数字贸易平台,并以消费主权资本论调动消费者参与的主动性,平台不提供商品,而是通过供求双方互动电子信息通道达成数字化信息的高速交换,将数字化信息作为贸易标的,在完成商品服务交易时实现收益。

随着全球信息的无限扩张,以及5G时代的来临,贸易通过网络的信息处理和数字交换,能够减少流通渠道,直接面对用户,产生更大价值,因此日益被企业所喜爱。

2) 数字贸易的特征

数字贸易的两大特征分别是贸易方式数字化和贸易对象数字化。其中,贸易方式数字化是指信息技术与传统贸易开展过程中各个环节的深入融合渗透;贸易对象数字化是指数据和以数据形式存在的产品和服务贸易,如图7-12所示。

图7-12 数字贸易的特征

3) 数字贸易的内容

数字贸易是数字经济时代的重要贸易形式,主要包括电子贸易、数字服务贸易、数字内容贸易、数字技术贸易以及数字化转型服务五个方面。

(1) 电子贸易　电子贸易是指通过互联网或其他数字化平台进行的贸易活动,包括在线购买、销售、拍卖、拍卖招标等。电子贸易使得商品和服务能够快速、高效地跨越地理限制,进入更广泛的市场,从而拓展了贸易的范围和规模。

(2) 数字服务贸易　数字服务贸易是指通过数字化方式提供的服务,包括金融、教育、医疗、娱乐、咨询等各个领域。数字服务贸易不仅提高了服务的效率和质量,同时还打破了传统服务的地域限制,为消费者提供了更广泛的选择。

(3) 数字内容贸易　数字内容贸易是指以数字形式创作和交易的各种内容,包括音乐、电影、游戏、软件、图书等。数字内容贸易使得创作者能够更方便地将作品推向市场,同时也为消费者提供了更多样化的消费选择。

(4) 数字技术贸易　数字技术贸易是指以数字化技术为基础的技术贸易,包括人工智能、大数据、云计算、物联网等各个领域。数字技术贸易使得技术能够更快地传播和应用,从而推动了技术创新和产业升级。

(5) 数字化转型服务　数字化转型服务是指帮助企业和机构进行数字化转型的服务,包括战略规划、技术实施、人才培养等各个方面。数字化转型服务有助于提高企业和机构的效率和竞争力,从而为数字经济的发展做出贡献。

总之,数字贸易是数字经济时代的重要贸易形式,它涵盖了电子贸易、数字服务贸易、数字内容贸易、数字技术贸易以及数字化转型服务五个方面。这些方面的融合和发展,将进一步推动数字经济的快速发展和繁荣。

7.3.3　全球贸易数字化的关键技术

全球贸易的数字化,离不开技术的运用。下面重点介绍这些技术及其在贸易数字化中所起的作用。

1) 物联网

物联网是连接物体并使其能够相互通信的技术网络。在全球贸易中,物联网可以用于实时监测货物的位置、温度、湿度等信息,有助于提高物流运营效率。例如,在冷链物流中,物联网传感器可以监测食品的温度,确保其在运输过程中保持新鲜。

2) 区块链技术

区块链是一种分布式和不可篡改的账本技术,可以记录交易和信息的链式结构。在全球贸易中,区块链可用于建立透明的供应链,追踪产品的来源和去向。这有助于减少欺诈、假冒行为,降低供应链的不透明性。例如,区块链可确保可持续产品的真实性,从而推动可持续发展目标的实现。

3) 大数据分析和人工智能

大数据分析和人工智能技术有助于预测市场趋势、优化库存管理和提升客户体验。在贸易中,这意味着企业可以更好地了解市场需求,及时调整生产和供应链。例如,零售商可以根据购买模式和趋势预测商品需求,以避免库存积压或短缺。

4) 电子关务

电子关务系统使企业能够在线提交报关申请、支付关税和跟踪货物的清关过程。这样的技术提高了通关效率,减少了纸质流程和烦琐的手续。电子关务系统还有助于减少人为错误,提高报关的准确性。

5）数字支付和金融技术

数字支付和金融技术使得跨境支付更加便捷。支付网关、数字钱包和电子支付系统使消费者和商家可以安全地进行跨境交易,避免了传统的货币转换和支付障碍。

6）5G 通信技术

5G 通信技术提供了超高速、低延迟的通信连接,为全球贸易提供了更好的数据传输和通信基础。这对于实时数据共享、视频会议和远程监控等业务至关重要。

7）人工智能和自动化技术

人工智能在全球贸易中发挥着越来越重要的作用,其应用范围从预测市场需求到自动化仓储和物流。自动化技术如机器人、自动拣货系统和自动驾驶车辆可以提高效率并降低人力成本。

8）数据隐私和安全技术

随着跨境数据流的增加,数据隐私和安全变得至关重要。加密技术、身份验证和数据保护法规有助于确保敏感信息在跨境传输过程中的安全性。

9）虚拟现实和增强现实技术

虚拟现实和增强现实技术在全球贸易中也有应用,例如,通过虚拟展览会,企业可以展示其产品和服务,吸引全球客户,而不需要实际物理展台。

上述这些技术的结合使得全球贸易数字化变得更加智能、高效和便捷。然而,同时也需要解决数据安全、隐私保护和技术标准等问题,以确保数字贸易的可持续和安全发展。

7.3.4 全球贸易数字化的挑战

全球贸易数字化带来了许多机会,但同时也面临着一些挑战。

1）数字鸿沟

虽然数字化可以促进贸易的全球化,但在不同国家和地区之间,数字化的程度存在差异,形成了数字鸿沟。一些地区可能因为基础设施不足、技能缺乏或贫困问题,无法充分受益于数字贸易。

2）网络安全和数据隐私

随着数字化贸易的增加,数据泄露、网络攻击和个人隐私泄露的风险也在增加。保护跨境数据的安全性和隐私变得尤为重要,但在不同国家和地区之间,数据保护法规和标准存在差异,可能导致数据不安全。

3）合法和合规性

全球贸易数字化涉及不同国家和地区的法律和法规,这可能导致复杂的法律问题和合规性挑战。例如,涉及知识产权、电子支付、数据隐私等的问题需要符合不同国家和地区的规定。

4）跨境支付和金融体系

虽然数字支付技术有助于跨境交易,但不同国家和地区之间的货币转换、支付规定和金融体系之间的差异可能导致支付障碍和不稳定性。

5）技术标准化

在全球贸易中,各种技术标准的缺乏可能导致互操作性问题,限制了数字化贸易的无缝连接。为了确保各系统和平台之间的互联互通,需要统一的技术标准。

6）数字欺诈和安全风险

随着数字交易的增加,数字欺诈风险和网络犯罪风险增大。网络黑客和欺诈者可能利用数字贸易的漏洞进行非法活动,需要采取措施加强安全性保障。

7) 文化和语言障碍

尽管数字贸易可以跨越国界,但不同文化和语言的差异仍然可能成为沟通和交流的障碍。确保信息传递的准确性和文化敏感性是一个挑战。

8) 不平等和失业风险

数字贸易可能导致某些行业的劳动力需求减少,从而增加失业风险。此外,数字化技术的采用可能在一些地区加剧不平等,因为一些人可能缺乏适应数字化环境所需的技能。

9) 政治和地缘政治风险

全球贸易数字化可能受到政治变化、地缘政治紧张局势和国际关系的影响。政策的变化可能导致贸易政策的不确定性和风险。

10) 监管和税收问题

数字贸易的复杂性可能导致监管挑战,尤其是跨境业务。同时,税收问题也可能因数字化贸易的国际性而变得复杂,可能需要制定新的税收政策。

全球贸易数字化虽然带来了众多机会,但也需要应对一系列复杂的挑战。国际合作、技术创新、法律规范等方面的努力都是确保数字贸易可持续发展的关键。

7.3.5 全球贸易数字化的未来发展和趋势

伴随着技术进步和贸易需求的变化,全球贸易数字化正在不断演变。全球贸易数字化的未来发展和趋势如下:

1) 全球贸易数字化的未来发展

(1) 智能合约使供应链透明性提升　智能合约是基于区块链的自动执行合约,将进一步提升供应链的透明性和可追溯性。通过智能合约,交易可以自动执行,而且交易信息将被完整记录,从而减少欺诈和纠纷。

(2) 增强的虚拟展会和展示技术　虚拟展会和增强现实技术将进一步改变展览和展示方式。企业和消费者可以通过虚拟现实技术参与展会、产品演示和商务洽谈,从而节省时间和成本。

(3) 数字贸易金融服务　金融科技(Fintech)将为全球贸易提供更多数字化金融服务,如供应链融资、跨境支付和风险管理。这些服务将有助于缓解跨境交易中的金融瓶颈。

(4) 可持续供应链的推动　消费者对可持续发展的关注日益增加。企业将更加注重建立可持续供应链。数字技术可以追踪产品的来源、制造过程和运输路径,确保产品的环境友好性。

(5) 智能化的海关和贸易监管　政府和海关部门将采用数字技术改进贸易监管和清关流程。自动化的关务系统、电子报关和数字化文件将加速跨境贸易的运行。

(6) 新兴市场的数字化爆发　一些新兴市场在数字化方面可能取得快速进展。这些市场将成为全球贸易数字化的关键参与者,为全球贸易带来新的机会。

(7) 数据主权和跨境数据流规则　跨境数据流将引发有关数据主权和数据隐私的讨论。不同国家和地区可能会制定更严格的数据保护法规,涉及数据隐私和数据流动的规则将需要更多的国际协商和合作。

(8) 人工智能在海关和物流中的应用　人工智能将在海关流程和物流管理中发挥更大作

用。自动化的海关审批、智能预测货物到达时间等技术将提高贸易效率。

(9) 数字贸易中的新兴业务模式　随着数字贸易的发展,新的业务模式可能会出现,如数字化的服务外包、远程协作平台和虚拟市场。这些模式可能会重塑全球商业运作。

(10) 政府合作与国际规范　国际合作将在数字贸易中变得更为重要,以制定共同的规范和标准。国际组织和政府可能会加强合作,以确保数字贸易的公平和稳定发展。

以上发展展示了全球贸易数字化的多个方面,从技术创新到政策制定,都将共同塑造数字贸易的未来。这一领域的变化将持续影响商业模式、市场策略和全球经济格局。

2) 全球数字贸易的未来趋势

随着全球贸易数字化的不断发展,数字化的全球贸易将会呈现如下趋势:

(1) 贸易成本普遍降低　数字贸易充分利用互联网与数字技术优势,能有效降低各个贸易环节的成本支出。

① 数字贸易信息汇集能帮助贸易参与主体充分了解交易信息,大大降低了贸易各方合作沟通的信息成本和交易成本。

② 数字贸易的洽谈、合同签订和海关申报等过程均可通过数字化方式完成,这在很大程度上节约了谈判成本、合同成本和通关成本。

③ 数字贸易采用智能化的物流作业,将有助于降低国际贸易的物流成本支出。

(2) 中间环节大幅减少　数字贸易能有效减少因佣金中间商对贸易参与主体资质审查所需的征信、审查等中间环节,提高贸易效率。数字贸易还能有效促使企业和消费者直接进行沟通,达成交易,从而弱化了加价销售中间商在贸易中所起的贸易中介作用,缩减了相应的中间环节。

(3) 生态系统智能互联　随着数字贸易的广泛应用,数字贸易平台将成为协调和配置资源的基本经济组织,是价值创造和价值汇聚的核心。在数字贸易平台上,价值创造不再强调竞争,而是充分利用互联网技术,通过整合供应链各环节,促成相关贸易参与主体的交易协作和适度竞争。未来,将会逐渐形成以数字贸易平台为核心、各贸易环节智能联动、各贸易参与主体互利共赢的数字贸易有机生态系统。

(4) 弱势群体广泛参与　国际贸易弱势群体指的是相对于规模庞大的企业而言,在传统国际贸易中容易被忽视的贸易群体,如中小型企业。目前,尽管部分贸易弱势群体的产品和服务质量很高,但其却因信息不对称、贸易成本过高等问题难以进入国际市场。数字贸易的发展则为贸易弱势群体进入国际市场开辟了新渠道。数字贸易能有效弱化信息不对称,降低贸易弱势群体进入国际市场的门槛,进而使得各国贸易弱势群体能够广泛地参与国际贸易并从中获利。

(5) 个性偏好充分体现　随着网络信息技术的迅猛发展,消费者对产品和服务的个性化需求被进一步激发。数字贸易在消费与生产流通两个环节之间搭建起了一条高效的交流渠道,使消费者的个性化需求能够得到反映和满足。在数字贸易中,分散的贸易流量和消费者偏好等信息通过平台汇集成一个整体,这为数字贸易中的产品差异化生产和个性化服务定制提供了更多可能性,消费者的个性偏好和需求将因此得到充分体现。

7.3.6　全球贸易数字化的典型案例

随着互联网技术的发展,全球贸易正在经历一场深刻的变革。数字化技术以其高效、便捷、低成本等优势,正在改变全球贸易的传统模式。一些企业通过创新和探索,成了全球贸易数字化的典型案例。

1) 阿里巴巴国际站

阿里巴巴国际站作为全球领先的 B2B 电子商务平台之一,为全球企业提供了一个数字化的贸易平台。通过这个平台,供应商和买家可以轻松地建立联系,展示和浏览产品,进行在线谈判,实现订单交付和支付。这一数字化平台加速了全球采购和销售的过程,为中小型企业提供了与全球市场互联的机会。

2) Flexport

Flexport 是一家数字化的国际货运和物流公司,其通过技术创新改变了全球贸易中的物流环节。它提供了一个在线平台,帮助企业进行货物的运输、海关申报、跟踪和库存的管理。通过实时数据和透明的物流流程,Flexport 提高了全球供应链的可见性,帮助客户更好地掌握货物运输过程,降低了成本并提高了效率。

3) Maersk 和 IBM 的 TradeLens

Maersk 和 IBM 合作推出了 TradeLens,这是一个基于区块链技术的数字化供应链平台。该平台旨在改进全球贸易的可见性、透明性和合规性。通过将供应链中的数据记录在不可篡改的区块链上,TradeLens 增强了跨境贸易的可信度。参与者可实时追踪货物的位置、状态和文档,减少烦琐的物流流程,提高安全性和效率。

4) 京东全球开放平台

中国电商巨头京东推出了全球开放平台,旨在帮助全球品牌和零售商进入中国市场。通过这一数字化平台,国际品牌可以直接与中国的消费者互动,展示和销售其产品。平台提供了多语言支持、物流和支付解决方案,帮助跨境交易更加顺畅便捷。

5) Cainiao 全球智能物流网络

阿里巴巴旗下的物流平台 Cainiao 推出了全球智能物流网络,通过数字化技术来改善全球货物运输和配送。该网络整合了供应链信息、物流资源和物流服务,提供了更准确的物流计划、跟踪和配送服务,从而优化了全球贸易的物流环节。

上述典型案例突显了数字化技术在全球贸易中的作用。从连接供应链到改进物流,再到简化贸易流程,这些例子展示了数字化如何提高全球贸易的效率、透明性,推动全球贸易可持续发展。

思考与练习

1. 什么是跨境电子商务?影响跨境电子商务的主要因素有哪些?
2. 如何理解全球贸易数字化?数字化对全球贸易有哪些影响?
3. 跨境电子商务中的关税和海关流程对于企业而言意味着什么?
4. 在跨境电子商务中,地区性文化差异对商品和服务有何影响?
5. 跨境电子商务平台一般从哪几个视角来分类?要求举例说明。
6. 跨境电子商务应用一般要考虑哪些关键问题?说出三个以上。
7. 何谓数字贸易?数字贸易与跨境电子商务在概念上有何区别?
8. 我国跨境电子商务和全球贸易数字化可能面临哪些新的挑战?
9. 请分析全球贸易数字化和全球数字贸易两者的未来发展趋势。

8 农村电子商务与乡村数字化发展

【内容概要】

本章首先介绍农村电子商务相关的概念与基本内涵,然后讨论农村电子商务的发展模式、基本现状以及未来趋势,最后重点讨论数字农村战略以及如何通过农村数字化发展为乡村振兴赋能。

【学习目标】

(1) 掌握农村电子商务相关的概念与内涵。
(2) 掌握农村电子商务的发展与基本现状。
(3) 了解农村电子商务发展的未来与趋势。
(4) 了解数字农村与乡村振兴的战略目标。
(5) 掌握农村数字化为乡村振兴赋能途径。

【基本概念】

农村电子商务,乡村振兴,数字乡村

8.1 农村电子商务的概念与发展

随着互联网的普及和农村基础设施的改善,农村电子商务得到了快速发展。许多电商平台和农产品销售网站涌现,为农民提供了更多的销售渠道选择。同时,政府也出台了一系列支持农村电子商务发展的政策,进一步促进了农村电子商务的发展。2014 年以来,农村电子商务每年都会出现在中央一号文件中。随着国民收入的增长和农村网络的普及,农村电子商务得到了良好的发展机遇,越来越多的农民借助电子商务实现了脱贫致富。网络打破了地区局限,农村市场被"唤醒"。农村电子商务在促进农村经济发展、农业现代化以及增加农民收入方面的作用更加明显。

8.1.1 农村电子商务的概念和作用

1) 农村电子商务的概念

农村电子商务(Rural E-commerce),简称农村电商,从概念上说,是指农村地区的电子商务应用,是电子商务对农村商贸行为或交易活动的服务或赋能。

农村电子商务通过网络平台将各种服务与农村的资源链接,拓展农村信息服务业务种类、服务领域,使之成为遍布县、镇、村的"三农"信息服务站。

农村电子商务是一个区域性的总体概念。它对应于城市电子商务,是为农业生产和农村居民生活服务的电子商务。农村电子商务,首先是电子商务,然后是农村商贸交易,农村的特殊性使其具有一些特殊性。农村电子商务的特殊性主要体现在"三农"上,且交易中至少有一方是属于农村地区的。

2) 农村电子商务的作用

农村电子商务的作用主要包括以下几个方面:

(1) 促进农村经济发展　通过电子商务平台,农民可以将自己的产品销售到全国各地,增加农村经济收入和农民就业机会,提高农民的生活水平。同时,农村电子商务的发展也可以带动相关产业的发展,如物流、包装、信息服务等。

(2) 提升农产品的销售渠道　传统的农产品销售渠道比较单一,而电子商务平台为农民提供了一个新的销售渠道,扩大了销售范围,提高了销售量。同时,电子商务平台可以通过网络营销、促销等方式提高农产品的知名度和品牌价值。

(3) 优化农村供应链　农村电子商务的发展可以促进供应链的优化,提高物流效率和服务质量。通过互联网技术,可以实现信息的实时传递和共享,帮助农民更好地掌握供应情况,提高生产效率和销售效益。

(4) 推动农业现代化　农村电子商务的发展可以促进农业现代化进程,提高农业生产的技术水平和信息化程度。通过电子商务平台,农民可以获取更多的市场信息和科技信息,了解最新的农业技术和生产设备,提高生产效率和产品质量。

(5) 促进城乡协调发展　农村电子商务的发展可以促进城乡协调发展,缩小城乡差距。通过互联网技术,可以实现城乡之间的信息共享和资源互通,帮助农民更好地了解市场需求和消费趋势,提高生产效益和消费品质。同时,农村电子商务的发展也可以带动农村旅游、文化等产业的发展,提高农村的综合竞争力。

总之,农村电子商务的发展对农村经济发展、农民生活水平提高以及城乡协调发展都具有重要意义。

8.1.2　与农村电子商务相关的概念

1) 农业电子商务

农业电子商务,就是面向农业的电子商务应用,是服务于农业发展的电子商务应用。农业电子商务是农业现代化和信息化的体现和组成部分。农业电子商务的发展,促进了农业生产的转型,活跃了农产品市场,提高了农业产值。农业电子商务是现代农业发展迈向信息化、组织化在供应和销售环节的体现,农业信息化水平体现了国家农业发展水平和潜力。

农业电子商务的发展,可以促进农产品的销售和流通效率的提高,提高农民收入,推动农业的现代化和可持续发展。政府、农业企业、电子商务平台以及农民个体、合作社等各方应共同努力,推动农业电子商务的发展,在农村地区营造良好的电商环境。

2) 农资电子商务

农资电子商务的交易商品不是普通的消费品,而是农业生产资料,进入再生产过程是其重要特征。农资企业通过电子商务平台,整合和展示各类农业生产所需的农资产品,如种子、化肥、农药、农膜、农机具等,并提供在线销售和供应服务。农民可以方便地浏览和购买适合自己需求的农资产品。农资产品特点、产品质量、使用方法和时机、配套技术应用、售后服务保障,以及投入产出比计算等是农资电子商务的重要着眼点。

农资电子商务的发展,方便了农民购买农资产品,提高了农业生产的效率和质量,促进了农业可持续发展。同时,农资电子商务还可以整合相关技术和信息资源,提供更全面的农业技术支持,帮助农民提升农业生产水平。政府、企业和农民个体等各方应共同推动农资电子商务的发展,并加强监管,确保产品质量。

3) 农产品电子商务

农产品电子商务是指围绕农村农产品生产、经营而开展的一系列电子化的交易和管理活动,包括农业生产的管理,以及农产品的网络营销、电子支付、物流管理、客户关系管理等。农产品电子商务是以信息技术和网络系统为支撑,对农产品从生产地到客户手上进行全方位、全过程的管理。相比于其他电子商务,农产品电子商务的发展并不是一帆风顺的,受到诸多方面的挑战。

4) 涉农电子商务

涉农是指涉及农业、农村和农民,包括农业技术、农业经济、农业政策、农村社会、农民生活等方面。涉农电子商务是指涉及农业、农村和农民的电子商务活动,它包括通过网络平台销售农产品、购买农资、进行农业技术交流等活动。涉农电子商务可以帮助农民扩大销售渠道,提高农产品的附加值,增加农民收入,同时,也可以为消费者提供更加优质的农产品和服务。

涉农电子商务的发展对农村经济发展、农民生活水平提高以及城乡协调发展都具有重要意义。它可以促进农村产业升级、提高农民收入、推动农村现代化进程。同时,也可以为消费者提供更加优质的农产品和服务,满足人们对健康、绿色、有机农产品的消费需求。

5) 县域电子商务

县域电子商务是指利用互联网技术和电子商务平台,以县域为基础单元,推动农产品和地方特色产品向城市和全国范围推广销售的电子商务活动。县域电子商务与农村电子商务的角度有所不同,因为县域包括一些城镇地区。

县域电子商务鼓励和推广农村地区的特色产品和地方品牌,通过互联网平台展示和销售,提升地方产品的知名度和竞争力。发展县域电子商务可让城镇居民获得来自农村的优质农产品,也能让城市中高质量商品进入农村,加速城乡之间的商品流通。可以预见,县域电子商务可以改变地区间、城市间的传统优势和竞争格局,为落后地区跨越式发展提供新的可能。县域电子商务为增加农民收入提供了一条有效途径。特别是一些地方特色农产品,长期经受多重中间商的盘剥,城市居民买的贵,农民收益也不高,有了县域电商后,可以直接与消费者见面,大大减少了中间环节,城市居民买的实惠,农民也明显增收。县域电子商务为转变县域农业发展方式提供了有效切入点。

县域电子商务成为县域经济转型的新动力。电子商务是推动县域三产融合的有力抓手。电子商务在农村的发展不仅是渗透到传统产业之中,而且是深刻地影响与再造,甚至催生了农村新的产业。比如农产品上网,电子商务运用现代信息技术和科技手段进行了系统性的产业链改造,这对农业生产方式的影响是深远的。电子商务带动了配套的生产、加工、储藏、物流和电子商务服务业的发展,增加了就业,为经济转型提升带来持久动力。

8.1.3 农村电子商务的发展现状

随着 2014 年开始电子商务进农村综合示范、电子商务扶贫、农业电子商务等政策的出台与实施,农村电子商务顶层设计和配套措施进入相对完善阶段。同时,农村电子商务基础设施特别是网络与快递物流明显改善,大量青年人才返乡从事电子商务创业,各大电子商务平台下乡建设几十万个基层站点,整体发展效果逐渐显露。社交电子商务和社区电子商务有望成为农村电子商务的主要模式。在乡村振兴战略带来的新机遇下,中国农村电子商务应用产业将更加"商业化""品牌化"和"本土化",完成农产品产业链重塑,进一步加快发展。

农村电子商务是乡村振兴和数字乡村建设最好的抓手,我国农村电子商务20年的发展进程大体可分为三个阶段。

第一阶段,2003—2015年,农村电子商务发展路径探索阶段。2005年中央一号文件首次提及电子商务,此后10年国家主要从流通方式、交易方式和平台建设角度部署农村电子商务发展。2012年中央一号文件提出,充分利用现代信息技术手段,发展农产品电子商务等现代交易方式。2014年中央一号文件提出,启动农村流通设施和农产品批发市场信息化提升工程,加强农产品电子商务平台建设。2015年印发的《电子商务"十三五"发展规划》明确提出,积极发展农村电子商务,开展电子商务进农村综合示范,积极开展电子商务精准扶贫等,为农村电子商务发展指明方向。

第二阶段,2016—2020年,农村电子商务进入规模化、专业化发展阶段。国家加大对农村电子商务部署力度,逐步提出更高要求,明确农村电子商务的主要工作方向是:加大物流基础设施建设和完善县乡村三级农村物流体系;开展电子商务进农村综合示范;健全农村电子商务服务体系;支持涉农电子商务载体建设和新模式发展等。2016年以来,农村电子商务在促进农产品上行、推动农业数字化转型升级、带动农民就业创业和增收、改善提升农村风貌等方面成效显著,成为推动脱贫攻坚、乡村振兴和数字乡村建设的重要抓手。

第三阶段,2021年以后,农村电子商务发展进入"数商兴农"的高质量发展新阶段。2021年印发的《"十四五"电子商务发展规划》突出电子商务与一二三产业的融合,推动乡村产业振兴、数字乡村建设,大力实施"数商兴农"行动,加快完善农村电子商务生态体系。2022年中央一号文件进一步明确实施"数商兴农"工程,这是发展农村电子商务的新举措,也是农村电子商务发展新方向。

农村电子商务在中国得到了很大的发展,主要原因有三个:一是淘宝、京东和苏宁等电子商务大平台对农村电子商务市场的推进;二是中国政府为农村电子商务发展营造了很好的政策环境;三是一批特色农村电子商务发展模式起到了很好的示范和促进作用。

1) 电商平台市场推进驱动农村电子商务发展

(1) 阿里巴巴"农村淘宝" 淘宝比较早就关注了农村电子商务市场。农村淘宝是阿里巴巴集团的战略项目,其通过与各地政府深度合作,以电子商务平台为基础,搭建县村两级服务网络,充分发挥电子商务优势,突破物流、信息流的瓶颈,人才和意识的短板,实现"网货下乡"和"农产品进城"的双向流通。加速城乡一体化,吸引更多的人才回流创业,为实现现代化、智能化的"智慧农村"而积基树本。为了服务农民,创新农业,让农村生活更美好,阿里巴巴计划在3至5年内投资100亿元,建立1000个县级服务中心和10万个村级服务站。至少覆盖全国1/3的县及1/6的农村地区。

2014年10月13日,全国首个省级县域电子商务峰会在杭州阿里巴巴西溪园区隆重召开,揭开了发展农村电子商务的序幕:签署了浙江县域电子商务合作协议,并陆续在桐庐、临安等地落地;全国首个农村淘宝县、首个村点率先在浙江落地生根。农村淘宝,可以用"五个一"来概括:一个村庄中心点、一条专用网线、一台电脑、一个超大屏幕、一帮经过培训的技术人员。2018年7月,阿里巴巴"农村淘宝"在杭州落地了第一家线下农产品体验店。

随着电子商务在中国的发展,浙江、广东、江苏等地农村出现了一批专业的淘宝村和淘宝镇。阿里研究院对"淘宝村"的认定标准主要包括：①经营场所：在农村地区，以行政村为单元；②销售规模：电子商务年销售额达到1 000万元；③网商规模：本村活跃网店数量达到100家，或活跃网店数量达到当地家庭户数的10％。一个乡镇或街道的淘宝村大于或等于3个，即为"淘宝镇"。

截至2020年，淘宝村数量约占全国行政村总数的1％。从淘宝村的数量变化来看，2014年以前，淘宝村数量增加比较缓慢。2014年以来，随着国家电子商务进农村综合示范项目的实施，以及阿里巴巴集团农村战略的推进，淘宝村数量持续增加，屡创新高，近3年每年新增均在1 000个以上。淘宝村的覆盖范围也由星星点点发展为遍地开花。2020年，全国28个省、自治区、直辖市共发展5 425个淘宝村，比上年增加1 115个。从交易规模来看，淘宝村年交易额多集中在5 000万元以下，占淘宝村总数的72％。其中年交易额在2 000万元以下的最多，共计2 179个，占40％；2 000万~5 000万元的共计1 737个，占32％；5 000万~1亿元的共计764个；1亿元以上的共计745个。淘宝镇交易规模的分布与淘宝村正好相反，3亿元以上的占比最高。1亿元以上的淘宝镇有991个，约占56％，其中3亿元以上的有535个，1亿~3亿元的有456个。1亿元以下的淘宝镇有765个，约占44％，其中5 000万~1亿元的有404个，5 000万元以下的有361个。剔除重复部分，淘宝村和淘宝镇网店年交易额超过1万亿元，活跃的网店有296万个，创造了828万个就业机会，成为实现就地创业就业、就地城镇化的重要载体。

(2) 京东农村电子商务"3F"战略。早在2013年，京东就吹响了向农村电子商务市场进军的号角。经过3年的探索和实践，京东农村电子商务战略——包括工业品进农村战略(Factory to Country)、农村金融战略(Finance to Country)和生鲜电子商务战略(Farm to Table)(简称"3F"战略)逐渐成形并迅速推进。京东"3F"战略，实际上是针对长期困扰农村经济发展的三大难题提出的。工业品进农村战略，瞄准农民"买东西贵"的问题。京东发挥电子商务平台优势，让工业品下乡，消除城乡价格差异，让农民买到跟城里人同样价格的商品。农村金融战略，瞄准农民"借钱难"的问题。京东通过在金融领域的布局，让农民简单、方便地以合理的利息拿到贷款。生鲜电子商务战略，瞄准农民"卖东西难"的问题。京东全力打造生鲜电子商务，让优质农产品从产地直达消费者餐桌，打掉中间流通环节，以价格杠杆引导农民种植绿色、安全的农产品，帮助农民增收，为解决食品安全问题找到出路。京东乡村推广员人数已达到15万，服务于15万个行政村；京东县级服务中心超过1 100家；京东帮服务店布局超过1 300家；地方特产馆、特产店达到600多家。这些乡村推广员、服务站点以及地方特产馆、特产店构成了一张覆盖全国的网络，它既是农资和工业品进村的物流配送网络和营销推广网络，也是农村金融战略中重要的征信数据采集网络和推广网络，又是生鲜电子商务战略中的生鲜农产品信息采集网络和采购网络。

此外，从2016年开始，京东积极响应国家号召，全面参与电子商务扶贫工作，打造了产业扶贫、就业扶贫、金融扶贫、消费扶贫、科技扶贫等有京东特色的电子商务扶贫模式。2020年10月，京东正式提出"奔富助长计划"，致力于3年带动农村1万亿元产值成长。5年来，京东平台累计实现农产品交易额超5 800亿元，其中帮助全国贫困地区实现扶贫销售额超1 000亿元，直接带动超100万户建档立卡贫困户增收。在就业扶贫方面，京东聘用来自贫困地区的员工超过5万人；京东一线员工中80％来自农村地区，解决了超过20万农村人口的就业问题。在金融扶贫方面，京东在贫困地区上线众筹项目超过1 200个。在健康扶贫方面，2020年京东启动"健康中国·医药补助工程"，面向全国建档立卡贫困户(含已脱贫贫困人口)提供每人每年1 000元的购药补助。2020年下半年,京东成立了数智农业生态部,致力于打造农产品流通大平台。京东农产品流通大平台基于商品集采、数字化改造、仓配网络、渠道拓展四大能力,通过培育新农人、打造数字农场、创建农业现代化产业园、农批市场数字化改造、智能化仓配网络、大数据精准营销等众多手段,全面提升农产品生产、流通与营销的数智化水平。

(3) 苏宁易购"三化五当" 2014年起,苏宁将原先三四级市场的代购点、售后服务网点等进行升级改造,推出一大批集销售、物流、售后、客服、招商等功能为一体的苏宁易购服务站,目前在全国已经有1 000多家。这些自营服务站,涵盖了日用、百货、家电、3C、食品酒水、母婴美妆等多个品类,同时还摆放少量实物商品供当地居民体验试用。除销售商品外,服务站还同时具备品牌推广、购物消费、金融理财、物流售后、便民服务、招商等六大功能。

苏宁积极贯彻落实国家发展农业电子商务的政策,响应农业农村部的要求与号召,加快助推农业电子商务发展等系列行动,推进一二三产业融合发展,充分发挥自身线上线下双线融合的优势,主动承担社会责任,率先创新探索企业作为市场主体在"互联网+现代农业"行动中的示范作用,形成"三化五当"服务现代农业的新模式。苏宁2014年、2015年、2016年在农业电子商务方面的资金投入分别是8亿元、21亿元、50亿元。农业电子商务市场规模虽然很大,但也面临着农产品经营"小而散"、物流网络不健全以及电子商务人才匮乏等问题,为解决这些问题,苏宁发挥自身双线融合优势,实施"三化"战略与"五当"模式来推动农村电子商务发展。"三化"战略:一是通过苏宁易购直营店、中华特色馆等渠道反向推动农业的产业化发展;二是借助苏宁大聚惠、苏宁众筹等互联网特色营销平台助推农产品的品牌化发展;三是通过成立苏宁农村电子商务学院推动农村电子商务人才的专业化发展。"五当"模式:面对10万亿级规模的农村电子商务市场,苏宁通过"销售、服务、就业、纳税、造富"在当地的模式,力争打造农村经济发展的电子商务生态圈。

苏宁大力推进与省、市、县(区)政府的合作,目前已与近200个各级政府和部门签订了战略合作协议,其中,省政府与省商务厅超过20个,市级(地市级)100多个,县级近100个。在与这些政府(特别是云南省、河北省、山东省及各县)的合作内容中,必有的一项重要合作内容就是在当地推进农业电子商务发展,发挥苏宁的O2O模式及"中华特色馆"优势,共同推进农业电子商务。通过创建苏宁易购直营店,打造看得见的农村电子商务生活服务平台。直营店可以说是苏宁农村电子商务的核心,它通过自身店面的运营,以及对下辖镇级授权服务站、乡村联络员的管理,实现与农村消费者及当地企业的信息流、物流、资金流等多种内容的线上线下融合交互,建立起全新的O2O农业电子商务新模式。

苏宁是国内首家打破线上线下渠道闭环的互联网零售企业,线下拥有超过3 100家门店(含易购直营店),线上拥有3亿会员,渠道价值优势突出,通过城市门店展示与销售农产品,提升农村地区品牌的知名度与销售量。线下渠道方面,苏宁在门店(苏宁云店、苏宁超市实体店、苏宁易购服务站)通过虚实结合的展示出样方式,比如二维码出样、产品专区展示、对经济贫困地区优质农副产品展示。线上渠道方面,苏宁发挥苏宁易购的平台优势,开展产品与品牌等多层次的合作方式,提升农村地区产品营销与品牌塑造的能力,帮助当地拓宽经济增收渠道。苏宁易购大聚惠频道是苏宁线上平台最特有、稀缺的资源,是农副产品面向全国市场展示与销售的平台,其通过互联网特色营销助推农产品的销售。

2) 各级政府出台政策驱动农村电子商务发展

从中央到地方,各级政府都非常重视农村电子商务的发展,利好政策不断出台,不仅有前面介绍的中央部委相关政策,还有各省市政府出台的政策,如电子商务村建设、农村电子商务示范县建设等。在"国家乡村振兴战略"利好下,农村电子商务向好发展势头不改。随着新机遇的到来,未来农村电子商务模式将进一步演化,同时电子商务扶贫实践路径将日益多元化,农村电子商务将进一步推动农业产业结构升级。事实已经证明,农村电子商务在推动农业产业转型升级、促进地方经济发展、解决"三农"问题和实施精准脱贫等方面发挥着重要作用,前景依旧可期。

随着互联网持续在农村大面积普及,农村电子商务成为各地政府和电子商务企业谋求新一轮发展和转型的新动能,市场规模稳步扩大。虽然农村人口数量下降,但农村网民总规模仍在稳步增长,因此中国农村电子商务产业融资轮次增多,总体处于良好的发展环境。但不可忽视的是,在数字经济时代,乡村振兴战略的实施将面临互联网、大数据、人工智能和实体经济深度融合的经济环境。

3) 形成有鲜明特色的农村电子商务发展模式

农村电子商务作为发展"互联网+农业"的重要途径,需要乡村创业者寻求更精准发展模式,带动农民增收,促进乡村振兴发展。农村电子商务应用对农村地区经济发展起到很好的带动作用,这也是各级政府重视农村电子商务的主要原因。下面介绍几个具有鲜明地方特色的农村电子商务发展典型模式。

(1) 浙江遂昌模式——综合服务商+网商+传统产业 遂昌县位于浙江省西南部,隶属丽水市,位于钱塘江、瓯江上游,仙霞岭山脉横贯全境,山地占总面积的88.83%,全县总面积2 539平方公里,总人口23万。独特的自然环境造就了遂昌优质的农特产品。从2005年开始,遂昌就有网商自发做淘宝,主要经营竹炭、烤薯、山茶油、菊米等农特产品。近些年,遂昌的电子商务也逐渐发展出了服装、家具等品类,形成了朱阿姨童装等知名网络品牌。

2010年3月,遂昌网店协会成立,遂昌电子商务进入了快速发展期。2012年9月,遂昌县荣获阿里巴巴第九届全球网商大会"最佳网商城镇奖"。2012年底,协会共有卖家会员1 200多家,全年共完成电子商务交易约1.5亿元。至2013年1月,淘宝网遂昌馆上线,初步形成了以农特产品为特色、多品类协同发展的县域电子商务的"遂昌模式"。"遂昌模式"就是以本地化电子商务综合服务商作为驱动,带动县域电子商务生态发展,促进地方传统产业,尤其是农业及农产品加工业实现电子商务化,"电子商务综合服务商+网商+传统产业"相互作用,在政策环境的催化下,形成信息时代的县域经济发展道路。

遂昌模式给农村电子商务发展起了良好的带头示范作用,值得研究和学习,以下是遂昌模式的主要特征。

① 网商集群式发展,促进县域电子商务生态初步完备。遂昌网店协会的诞生,对遂昌网商的集群式发展起到了关键作用。2010年3月26日,遂昌网店协会由团县委、县工商局、县经贸局、碧岩竹炭、维康竹炭、纵横遂昌网等多家机构共同发起成立,从上海回乡的潘东明成为首任会长。遂昌网店协会为非营利组织,按社会团体法人依法登记注册。协会的定位是:服务性、互助性、自律性,是实现网店会员与供应商"信息共享、资源互补"的服务性公共联合平台。协会主要工作包括:帮扶网商成长,整合供应商资源,规范电子商务的服务市场与价格等。在遂昌农特产品网销快速发展的带动下,当地大批年轻人开始投身电子商务,从而使得当地电子商务种类更丰富,生态更健康。同时,电子商务引发的"创二代"现象也开始显现。这部分年轻人有计算机和网络技能,将之同企业的生产优势相结合。

② 产品电子商务成特色,传统产业加快电商化进程。与以家具、小商品为交易物的农村电子商务相比,"遂昌现象"最大的不同在于其交易物以农产品为主,属于典型的农产品电子商

务,而农产品正在成为淘宝上新兴的热门产品类目。从2013年开始,生鲜蔬果产品呈增强趋势,逐渐成为当地电子商务交易的主打产品。遂昌网店协会建立的农产品分销平台,对于合作社等农产品生产企业来说,是一条"触电"的快捷渠道。当地的合作社具有优质的产品资源,但缺少电子商务经验和人才,通过对接分销平台,能够以较低成本实现网络销售。这种方式极大地加快了传统农产品加工企业的电子商务化进程。

③ 遂昌馆面向全国,县域组团整体营销。"特色中国"是淘宝网倾力培育的中国地方土特产专业市场,遂昌馆是淘宝"特色中国"中第一个县级馆。2013年1月8日,遂昌馆正式上线,汇集了烤薯、竹炭花生、即食笋、菊米等遂昌本土美食,还包含遂昌金矿国家矿山公园、南尖岩、神龙谷等景点的门票、酒店等旅游产品。在遂昌馆,全国消费者可以将遂昌特色产品一"网"打尽。遂昌馆的推出,是遂昌县域的一次"整体营销"。遂昌馆以遂昌网店协会为运营主体,当地县政府鼎力支持,吸收网店卖家、网货供应商、农业专业合作社、县域内涉旅机构等产销方加入,大大提升了遂昌这个小县城在互联网上的知名度。

④ 政府积极营造电子商务软硬件环境。优良宽松的电子商务软硬件环境,是遂昌电子商务快速发展的重要保障。政府对电子商务的投入和支持,主要体现在两个方面。一方面,遂昌县政府加大对电子商务基础设施建设的投入,包括交通、宽带、产业园区等方面。交通方面,遂昌县政府积极完善交通建设,规划道路,开通了多条连接偏远农村和县城的交通支线。宽带方面,遂昌加快发展以宽带为核心的通信基础设施建设。园区方面,遂昌县规划专门的电商产业园,实现网商聚合、协同发展。另一方面,遂昌县政府出台政策扶持。2011年遂昌县政府出台"全民创业支持计划"及配套政策,每年给出300万元财政支持,其中不低于200万元的财政补助用于遂昌电子商务发展。遂昌县政府还承诺将在人才、空间、财政、政策等方面加大对遂昌电子商务发展的支持。

(2) 浙江丽水模式——区域电商服务中心＋青年网商　丽水市是浙西南的一个山区城市,因生态而扬名四海,优良的生态禀赋赐予丽水众多的名特优农副产品,但由于环境制约,这些农副产品的销路一度成了大难题。从2012年开始,丽水市委、市政府依据山区城市自身发展的实际和电子商务快速兴起的大环境,着眼于互联网技术的快速发展和本土优质的生态农特产品销售,在全市大力开展农村电子商务建设工作,在促进青年就业创业、改善农村居民购物环境、扩大丽水优质生态农特产的网销渠道上探索出一条具有丽水特色的农村电子商务发展之路。

① 建设区域电商服务中心,鼓励青年人加入电子商务创业大军是丽水模式的特色。为了不断提高丽水全市网创青年的专业技能,优化电商发展环境,丽水团市委不断深化服务平台建设。为了提高服务的专业性,2013年3月份,市政府和团市委联合丽水讯唯电子商务有限公司建立了全国首家农村电子商务公共服务中心,以政府主管、企业运营、公益为主、市场为辅的方式运营,通过培训服务、技术服务、沟通服务、增值服务全面助力全市农村电子商务的发展。深入推进淘宝APP中"丽水馆"和丽水青年电商网的建设,在加强服务功能的基础上,继续优化布局,通过手机平台和网络平台对丽水农特产品和生态旅游进行集中展示及销售;精选丽水的名优生态农产品以及龙头企业、电子商务企业(网店)入驻"丽水馆",从而为全市网创青年提供一个大流量展销平台。丽水市还成立了由青年网商、产品供应商、物流公司等相关服务商组成的青年网上创业组织——青年网上创业联盟,通过日常交流、专题培训、召开年会等方式打造"丽水网商之家"。全市9个县(市、区)也成立了网上创业联盟、网商协会等组织,如遂昌县网店协会,着重在技能培训、网货供销平台建设等方面进行探索,逐步形成了协会带动青年网

上创业的"遂昌模式",协会网上营销额已达1亿多元,在协会的推动和努力下,遂昌已成为远近闻名的"淘宝县",2012年被授予"最佳网商城镇"。

②打造特色品牌,为青年创业就业提供样板。2013年,为了让农村电子商务成为丽水市农村经济增长的"倍增器"和转变发展方式"助推器",丽水团市委谋划并提出了打造农村电子商务三大培育工程(万名青年网商培育工程、农村电子商务强企培育工程、丽水特色网货品牌培育工程),通过做大基础、做强龙头、做优品牌,积极提高农村电子商务在农特产品销售和区域经济发展中的贡献率。

(3) 吉林通榆模式——生产方+电子商务公司 通榆县位于吉林省西部,总人口36.4万,其中农村人口23万,多年来一直是国家扶贫开发重点县。2013年,该县主动出击,积极响应"互联网+"战略,大力发展农村电子商务。该地积极探索运用电子商务进行农产品原产地直销,采取"统一品牌、统一标准、统一质量、统一包装"的方式。以"原产地直供"为理念,以"政府背书、基地支撑、统一品牌、营销创新"为主要特征的"通榆模式"得到了业界高度认可。通榆成为继浙江桐庐、广东阳山之后第三个阿里巴巴"千县万村"农村淘宝示范试点县,"通榆模式"对全国农产品电子商务发展具有一定的借鉴意义。

①打造品牌,标准生产:过去,通榆县农民习惯粗放经营,收原粮、卖大粮,由于缺乏像样的农产品品牌,故长期停留在产业链的最末端,生态潜力未能充分彰显。为在电子商务"蓝海"中分得一杯羹,通榆县政府与电子商务龙头联手打造"三千禾"品牌,以便将当地特色农特产品通过各大电商平台集中推向市场。后来又创立了以畜禽产品为主的"大有年"、以养生产品为主的"云飞鹤舞"等品牌。"三千禾"天猫旗舰店上线第一天,成功交易1.3万单,交易金额达40万元。为保证产品质量,维护品牌信誉,该县建立了多层质检体系和农产品溯源体系,在4个节点乡镇建立农产品电子商务分包中心,实行"统一品牌、统一标准、统一质量、统一包装",推行农产品"原产地直供"计划。

②整合资源,链式经营:针对当地农业种养主体小而多、小而散、小而杂、小而乱的特点,由电商龙头牵头,联合本地10个较大规模的农业合作社,组建"三千禾"合作联社,开展杂粮杂豆、畜禽产品、镇赉大米、延边养生等产品的统一生产经营。按照"合作联社影响合作社、合作社影响农民、农民影响质量"的思路,推动农业生产方式转变,保证农产品供应链的安全。同时由县政府与高等院校、科研院所开展技术合作,促进种子、种植、繁育及深加工等领域转型升级、提质增效,创造出"电子商务+基地化种植+科技支撑+深加工"全产业链一体化运作模式。

③夯实基础,健全体系:该县投入5 000万元、落实9个编制,成立通榆农产品电子商务发展中心,为全县电子商务发展提供设计包装、营销策划、人员培训、孵化支撑、文案写作、信息咨询、产品展示等一条龙服务。整合本地17家企业7大类130多款商品,开设"通榆优品"展销区,以"O2O"形式销售网货。建设三级物流配送体系,整合邮政物流资源,在县城建农村电商物流分拨中心、乡镇建配送服务站、行政村建服务点,统一悬挂标识牌,购置配送车辆,实现物流配送行政村全覆盖,为网货下乡和本土产品进城的双向流动奠定了基础。

(4) 河北清河模式——专业市场+电子商务 清河县是历史名县,如今更以强大的羊绒产业闻名世界,有"中国羊绒之都"的称号,更有"世界羊绒看中国,中国羊绒看清河"的说法。这里拥有全国80%、全球50%以上的羊绒加工能力;山羊绒产量长期占到全国60%以上,全球40%以上的份额,具有非常雄厚的产业基础。早在2008年清河羊绒制品市场运营之初,清河县委、县政府就提出了"网上网下互动,有形市场与无形市场互补"的发展思路,在羊绒制品市场内大力营造适合电子商务发展的经营环境,相继建成了电子商务孵化区、电子商务聚集区和电子商务产业园,并大力引进网货供应、物流快递、人才培训、研发设计、摄影、美工等专业机构入驻市场,从而保证电子商务经营者能够以最快的速度、最低的价格享受到最全、最好的服务,提高了网商的市场竞争力。同时,通过电子商务的拉动作用,解决了传统专业市场受地域限制导致的销售难题,实现了传统专业市场与电子商务齐头并进、协调发展的良性格局,成就了全国独具特色的"专业市场＋电子商务"的新型电子商务模式——"清河模式"。

(5) 陕西武功模式——集散地＋电子商务　武功县地处陕西关中平原腹地,位于国家"关中天水经济区"核心位置。近年来,该县围绕打造"西北农村电子商务第一县"目标,通过多年探索实践,成功实现从无到有、从小到大、从弱到强,县域农产品电子商务销售排名全国第五位、西北第一位。武功县凭借"买西北、卖全国""买全国、卖世界"电子商务发展模式,2021 年网络零售额达 50.59 亿元,武功县也因发展农村电子商务成效突出于 2021 年受到国务院督查激励表彰。

武功县把电子商务产业列为县域经济发展的"首位产业",成立了县委书记、县长任组长,县委副书记、常务副县长担任副组长的电子商务工作领导小组,并组建正科级电商服务中心负责各项具体事务,形成了主要领导与电子商务企业负责人定期会商制度。县财政每年列支 1 000 万元,专项支持电子商务发展。武功县政府紧贴当地实际,找准发展定位。武功县东接西安、咸阳,西临宝鸡,与陕西自贸区杨凌片区零距离接触,陇海铁路、连霍高速、徐兰高铁横穿东西,108 国道纵贯南北,距咸阳国际机场 40 分钟车程,距离省会西安仅 70 公里,能够实现 4 个小时通江达海、连通国际。结合区位交通优势和产业实际,武功县确立了"买西北、卖全国"的电子商务发展模式,并进一步提出"立足陕西、辐射西北、面向丝绸之路经济带"发展思路,确立"西北电子商务第一县"的奋斗目标,打出"中华农都·电商新城"的名片。

(6) 江苏沙集模式——加工厂＋农民电子商务　沙集模式的起源地在江苏省徐州市沙集镇东风村。沙集镇是典型的苏北农村,以人均不足 1 亩的盐碱地种植着水稻和玉米,收入很低,青壮年多依靠外出打工增加收入。从 2006 年开始,以孙寒为首的"电商三剑客"开始尝试在网上销售简易家具。东风村网店生意从无到有、从小到大。2006—2008 年是沙集镇网商的萌芽、起步、摸索和初步成熟阶段。在这一阶段,网商的商业模式初步成型,探索出商品设计、网上销售、网下加工、物流配送这一整套成熟的商业运作模式。从 2008 年开始,网店模式被村民们快速复制,呈现爆发式增长。中国社会科学院信息化研究中心原主任汪向东把沙集模式定义为,农户自发地使用市场化的电子商务交易平台变身为网商,直接对接市场,网销细胞裂变式复制扩张,带动制造及其他配套产业发展,各种市场元素不断跟进,塑造出以公司为主体、多物种并存共生的新商业生态。

沙集模式与其他农村电子商务模式相比,不同之处在于以下几点:

① 自下而上的发展模式:沙集模式是自下而上式农村电子商务的代表,有别于自上而下式农村电子商务的发展模式。多年来,我国农村电子商务多是在政府主导下推进的。国家投资兴办了许多涉农网站和电子商务应用系统,多采用公司化运作,通过典型示范加上在农户端培训、组织引导的方式来推动。近年来,随着以淘宝网为代表的市场化电子商务平台和电子商务服务业迅速发展,越来越多的农户和其他市场主体在此类社会第三方网络平台上,依靠自己和社会的资源投入开展电子商务,从而形成自下而上式的农村电子商务。

② 突出的草根性质:从产业成长来看,沙集模式的产业载体(在沙集具体体现为家具产业)是在较低的技术起点上逐步发展的,一般处于所在产业的低端。正是因其具有劳动密集、中间投入小、进入门槛低、产品面向最终消费等技术经济特性,所以比较适合农户以小微企业

和家族企业的形式进入市场开展经营。这种技术经济特性让沙集模式在发展之初就打上了起步容易、包容性强和便于复制的烙印,却也容易受农户家庭经营习惯的负面影响,成为农户网商开拓创新、提升经营管理和服务能力,向现代公司发展的障碍。

③ 模仿式的快速复制:虽然自下而上式农村电子商务的发展靠的都是农民想要脱贫致富的内在动力,但他们在技术上和商业模式的扩散上仍存在着区别。在沙集模式的前期发展中,当地网销业规模扩张,主要依靠的是农户网商间的简单复制,通过细胞裂变式的外延式发展来实现。复制者或后来者为身边农民网商领头羊增收的实际成效所吸引,进而效仿先行者的做法,自己也开网店创业经营。从而,在他们与先行者之间,形成了一种既相互学习又相互竞争的关系。

8.2 农村电子商务的前景与趋势

随着互联网技术的不断发展和普及,电子商务逐渐渗透到农村地区。农村电子商务逐渐成为推动农村经济发展的重要力量。这一节,我们重点讨论我国农村电子商务的发展前景与未来趋势。

8.2.1 我国农村电子商务发展的前景

农村电子商务以其独特的优势和巨大的市场潜力,为农产品销售、农村经济发展、农民就业和生活品质提升带来了新的机遇。下面,我们从扩大农产品销售渠道,提升农村经济发展,增加就业机会,改善农民生活品质以及推广乡村旅游业,促进农村创新创业,普及农业科技和传承和弘扬乡村文化等方面,分析农村电子商务的发展前景。

1) 扩大农产品销售渠道

农村电子商务的发展,为农产品销售提供了更加广阔的销售渠道。传统的农产品销售渠道单一,往往只局限于当地的农贸市场和超市。而通过农村电子商务平台,农产品可以销售到全国各地,甚至可以出口到国外市场。这不仅扩大了农产品的销售范围,也提高了农产品的知名度和品牌价值。同时,可以根据市场需求和消费者反馈,及时调整农产品生产和销售策略,提高市场占有率和盈利能力。

2) 促进农村经济发展

农村电子商务的发展对农村经济的提升作用主要体现在以下几个方面:

(1) 促进农业产业结构调整 农村电子商务的发展可以引导农民根据市场需求调整农业生产结构,发展特色农业和精品农产品。同时也可以推动农业产业化和规模化的进程,提高农业生产的效益和竞争力。

(2) 带动相关产业的发展 农村电子商务的发展可以带动与农业相关的其他产业的发展,如物流、包装、信息服务等,可以提供更多的就业机会,促进农村经济的多元化发展。

(3) 增加农民收入 农村电子商务的发展可以增加农民的收入来源。农民可以通过网络销售农产品、提供农家乐旅游服务等方式,实现增收致富。同时也可以通过参与农村电子商务平台的建设和发展,获得更多的就业和技能培训机会,提高自身的素质和能力。

3) 增加就业机会

农村电子商务的发展可以创造更多的就业机会。首先,农村电子商务平台的建设需要大量的人才支持,包括网站建设、运营管理、营销推广等方面的人才。这些岗位的设立可以为当地居民提供就业机会。其次,随着农村电子商务的发展,与农业相关的其他产业也会得到发展,如物流、包装、信息服务业等。这些产业的发展也会为当地居民提供更多的就业机会。最后,农民可以通过参与农村电子商务平台的建设和发展,获得更多的技能培训和就业指导,提高自身的素质和能力,实现自我价值的提升。

4) 改善农民生活品质

农村电子商务的发展不仅可以增加农民收入,还可以改善农民的生活品质。首先,农民可以通过网络购买各种生活用品和生产资料,方便快捷,省时省力。其次,农村电子商务平台的建设和发展可以为当地居民提供更多的文化娱乐项目,丰富农民的文化生活。最后,通过参与农村电子商务平台的建设和发展,农民可以获得更多的知识和技能,提高自身的素质和能力,实现自我价值的提升。

5) 推广乡村旅游业

农村电子商务可以通过网络平台宣传当地的乡村旅游业,推介当地的旅游资源和特色产品,吸引更多的游客前来旅游消费。这不仅可以增加农民的收入来源,也可以促进当地旅游产业的发展和升级。同时,通过乡村旅游业的推广,还可以传承和弘扬当地的优秀传统文化和民俗风情,提升当地的文化软实力。

6) 促进农村创新创业

农村电子商务的发展可以促进农村的创新创业。通过网络平台的搭建,可以吸引更多的创业者和投资者来到农村投资创业。同时也可以为当地居民提供更多的创新创业机会和资源支持,激发他们的创业热情和创新精神。通过创新创业,可以推动农村经济的快速发展和转型升级。

7) 普及农业科技

农村电子商务可以通过网络平台普及农业科技知识,推广先进的农业技术和设备,提高农业生产的效益和质量。同时也可以为农民提供更多的科技支持和咨询服务,帮助他们解决农业生产中的技术难题和市场风险问题。通过农业科技的普及和应用,可以提高农业生产的效益和竞争力,推动农业的现代化发展。

8) 传承和弘扬乡村文化

农村电子商务可以通过网络平台传承和弘扬当地的优秀传统文化和民俗风情。通过宣传当地的特色文化和手工艺品等资源优势项目吸引消费者前来旅游消费。同时也可以通过网络平台的搭建为当地居民提供更多的文化交流和文化展示机会,从而激发他们对于本地历史文化的了解与传承发展的热情,树立当地特色文化的品牌形象。

通过乡村文化的传承和弘扬,可提升当地的文化软实力,促进乡村旅游业的推广和发展,并带动相关产业的发展,提供更多的就业机会,促进当地农民增收致富,推动当地经济的快速发展并改善农民生活品质,提高他们的幸福感和获得感。

总而言之,农村电子商务具有巨大的市场潜力与竞争优势,农村电子商务发展前景广阔,对促进农村经济社会的快速发展和实现乡村振兴具有重要意义。

8.2.2 未来农村电子商务发展的趋势

随着互联网技术的不断进步和普及,电子商务在农村地区的发展速度越来越快。下面,我们讨论未来农村电子商务发展的主要趋势。

1) 国家政策大力支持农村电子商务发展

从历年中央一号文件、国家乡村振兴战略规划、数字农业农村规划等国家级政策文件中对农村电子商务的大力倡导和推动,可见农村电子商务的重要性和战略意义。

农村电子商务作为数字乡村的标配,在兴产业、美农村、富农民,以及促进农业农村信息化、数字化上发挥着战略性作用,同时在加强县域商业体系和农村现代流通体系建设,补短板、促转型,扩内需、畅流通,助力构建国内大循环为主的新发展格局上也发挥着重要作用。

我国各级政府都非常重视支持农村电子商务发展。表8-1是对2015—2022年我国农村电子商务相关政策的盘点,未来,我国政府还会出台相关政策,大力支持农村电子商务发展。

表8-1 我国农村电商相关政策盘点(2015—2022年)

时间	发文单位	文件名称	主要内容
2015.5	国务院	《关于大力发展电子商务加快培育经济新动力的意见》	积极发展农村电子商务:加强互联网与农业农村融合发展,引入产业链、价值链、供应链等现代管理理念和方式,研究制定促进农村电子商务发展的意见,出台支持政策措施
2015.7	国务院	《国务院关于积极推进"互联网+"行动的指导意见》	开展电子商务进农村综合示范,支持新型农业经营主体和农产品、农资批发市场对接电商平台,积极发展以销定产模式;完善农村电子商务配送及综合服务网络,着力解决农副产品标准化、物流标准化、冷链仓储建设等关键问题,发展农产品个性化定制服务等
2015.7	财政部、商务部	《关于开展2015年电子商务进农村综合示范工作的通知》	以农村流通现代化为目标,以电子商务示范县建设为抓手,充分发挥市场与政府合力,重点依托邮政、大型龙头流通企业、供销合作社、电商企业,建设农村电子商务配送及综合服务网络
2015.11	国务院	《关于促进农村电子商务加快发展的指导意见》	农村电子商务是转变农业发展方式的重要手段,是精准扶贫的重要载体。通过大众创业、万众创新,发挥市场机制作用,加快农村电子商务发展,把实体店与电子商务有机结合,使实体经济与互联网产生叠加效应,对于促消费、扩内需,推动农业升级、农村发展、农民增收具有重要意义
2016.8	农业农村部	《"十三五"全国农村农业信息化发展规划》	加快发展农业农村电子商务,创新流通方式,打造新业态,培育新经济,重构农业农村经济产业链、供应链、价值链,促进农村一二三产业融合发展
2016.9	商务部、农业农村部	《关于开展"农商互联"工作的通知》	推动电商企业与新型农业经营主体、农产品加工流通企业合作,培育优秀农产品供应商及电商队伍,打造以电商企业为纽带,以消费需求为导向,以互联网、物联网等现代信息技术为支撑,以线下产品和物流资源为基础的一体化农产品供应链
2017.2	中共中央、国务院	《关于深入推进农业供给侧结构性改革加快培育农业农村发展新动能的若干意见》	建立和完善县乡村三级电商服务体系,以"互联网+"整合农村电商资源,与相关工作相结合,赋予农村电商新内涵,要着力解决"痛点"问题,保障农民权益,方便农民生活

(续表)

时间	发文单位	文件名称	主要内容
2017.8	商务部、农业农村部	《关于深化农商协作大力发展农产品电子商务的通知》	提出了10项重点任务,要求建立农村电商基地,搭建农产品电商供应链,促进培育农业农村品牌,推动农业转型升级,最终达到带领农民脱贫增收的目的
2017.8	农业农村部、国家发展改革委、财政部	《关于加快发展农业生产性服务业的指导意见》	积极发展农产品电子商务,鼓励网上购销对接等多种交易方式,促进农产品流通线上线下有机结合
2018.11	商务部	《关于进一步突出扶贫导向全力抓好电商扶贫政策贯彻落实的通知》	认真落实全国农村电子商务精准扶贫经验交流会、全国电商扶贫工作会等重要会议和有关文件要求,围绕脱贫攻坚,以电子商务进农村综合示范为抓手,扎实推进电商扶贫各项工作
2019.1	中共中央、国务院	《关于坚持农业农村优先发展做好"三农"工作的若干意见》	推进重要农产品全产业链大数据建设,加强国家数字农业农村系统建设;继续开展电子商务进农村综合示范,实施"互联网+"农产品出村进城工程。全面推进信息进村入户,依托"互联网+"推动公共服务向农村延伸
2019.2	中共中央、国务院	《关于促进小农户和现代农业发展有机衔接的意见》	支持小农户发展康养农业、创意农业、休闲农业及农产品初加工、农村电商等,延伸产业链和价值链。开展电商服务小农户专项行动。深化电商扶贫频道建设,开展电商扶贫品牌推介活动,推动贫困地区农特产品与知名电商企业对接。合理配置集贸市场、物流集散地、农村电商平台等设施
2019.6	国务院	《关于促进乡村产业振兴的指导意见》	深入推进"互联网+"现代农业,实施"互联网+"农产品出村进城工程。推动农村电子商务公共服务中心和快递物流园区发展
2019.12	国家发展改革委、财政部、商务部、农业农村部	《关于实施"互联网+"农产品出村进城工程的指导意见》	建立完善适应农产品网络销售的供应链体系、运营服务体系和支撑保障体系,促进农产品产销顺畅、优质优价,带动农业转型升级、提质增效,拓展农民就业增收渠道,以市场为导向推动构建现代农业产业体系、生产体系、经营体系,助力脱贫攻坚和农业农村现代化。
2020.1	农业农村部、中央网络安全和信息化委员会	《数字农业农村发展规划(2019—2025年)》	到2025年,数字农业农村建设取得重要进展,有力支撑数字乡村战略实施;数字技术与农业产业体系、生产体系、经营体系加快融合,农业生产经营数字化转型取得明显进展,管理服务数字化水平明显提升,农业数字经济比重大幅提升,乡村数字治理体系日趋完善
2022.4	农业农村部、中央网信办、国家发展改革委、工业和信息化部	《2022数字乡村发展工作要点》	到2022年底,数字乡村建设取得新的更大进展。数字技术有力支撑农业基本盘更加稳固,脱贫攻坚成果进一步实现。乡村数字经济加速发展,农业生产信息化水平稳步提升,农产品电商网络零售额突破4 300亿元

2) 大型电子商务平台上山下乡开拓市场

农村网民规模快速增加,为农村电子商务发展提供了基础条件。在"互联网+"的浪潮下,如淘宝、京东、苏宁等互联网电子商务平台开始向有着巨大人口和市场潜力的农村发展。

大型电子商务平台积极开拓农村市场的原因包括农村市场潜力、战略方向、消费需求和特点、品牌推广和营销机会等多个方面。首先,农村市场是一个潜力巨大的市场,具有广阔的消费者群体和消费能力。随着农村经济的发展和农民收入的提高,越来越多的农民开始注重生活品质和消费体验,这为电子商务平台提供了更多的商机和市场份额。其次,农村市场对于电子商务平台来说是一个重要的战略方向。随着城市市场的逐渐饱和和竞争的加剧,农村市场可成为电子商务平台的新增长点,可以提高其市场占有率和盈利能力。再次,农村市场的消费需求和特点与城市市场不同,这为电子商务平台提供了更多的商业机会和差异化竞争的机会。农村消费者更加注重实用性和性价比,对于价格敏感度较高,电子商务平台可以通过提供更加符合农村消费者需求的商品和服务,扩大市场份额。最后,开拓农村市场也可以为电子商务平台带来更多的品牌推广和营销机会。通过在农村市场建立品牌认知和信任度,电子商务平台可以更好地满足农村消费者的需求。

大型电子商务平台正在积极开拓农村市场,通过"上山下乡"的方式,为农村消费者提供更优质的商品和服务。一方面,电子商务平台可以利用自身的技术和资源优势,帮助农民解决信息不对称、农产品难卖等问题。例如,通过大数据分析,电子商务平台可以了解农民的生产情况和市场需求,为农民提供更加精准的生产和销售建议。同时,电子商务平台也可以通过建立农村服务中心和村级服务站等方式,为农民提供更加便捷的购物和销售服务。另一方面,电子商务平台也可以通过开拓农村市场,扩大自身的业务范围和市场份额。通过"下乡",电子商务平台可以深入了解农村消费者的需求和习惯,推出更加符合他们需求的商品和服务,提高农村消费者的满意度和忠诚度。

总的来说,大型电子商务平台"上山下乡"开拓市场是一种双赢的选择。一方面可以帮助农民解决实际问题,提高生产和生活水平;同时也可以为农村经济的发展注入新的动力和活力,促进农村经济的转型升级和发展。另一方面也可以扩大自身的业务范围和市场份额,提高竞争力和盈利能力。

3) 品牌农产品电子商务有广阔市场空间

一方面,随着消费升级,网民对农产品品质要求提高,农产品品牌工作逐渐得到重视,然而目前农村地区依旧存在品牌意识不强、保护意识不够的现象,导致农产品品牌化建设不足、农特产品价值挖掘不够、品牌认知度偏低等问题依旧存在,并在一定程度上制约着农产品上行。另一方面,公共品牌在提升市场知名度及产品价值的同时,也让不少企业借用,滥竽充数,很大程度上破坏了大家对品牌的信任度。另外,农产品同质化问题凸显,导致农产品附加值变低,市场竞争优势减弱,影响品牌打造工作开展,且目前缺乏具有竞争力的农产品国际大品牌。

近年来,我国深入实施质量兴农、品牌强农战略。2018 年,农业农村部印发《关于加快推进品牌强农的意见》。2019 年,农业农村部建立中国农业品牌目录制度。2021 年,农业农村部印发《农业生产"三品一标"提升行动实施方案》,启动实施农业生产"三品一标"(品种培优、品质提升、品牌打造和标准化生产)提升行动。2022 年,农业农村部实施农业品牌精品培育计划,为全面推进乡村振兴、加快农业农村现代化发展提供支撑。农业农村部数据显示,目前有省级重点培育的区域公用品牌 3 000 多个,一批优秀企业品牌和产品品牌正脱颖而出,脱贫地区品牌农产品平均溢价超过 20%。农产品区域公用品牌正在成为高品质农产品的代表,占比连年提升,成交单价不断上涨。农业品牌建设驶入"快车道"同时,阿里巴巴、京东、拼多多、抖音等各大电子商务平台也将农业品牌作为投入重点,推出一批扶持项目,集中开放运营、推广、物流、供应链等资源,涉及农业品牌认证、品牌营销、品牌服务、品牌消费、品牌保护等领域,全面赋能农业品牌化发展。多重因素叠加将推动农业品牌化发展大幅提速,农村电子商务将凭借数字化优势为农业品牌发展带来新的机遇。

4) C2B模式引领农产品电子商务未来

农产品需求的个性化体现在三个方面：消费需求个性化、购买方式个性化、电子商务服务个性化。所以，对农产品有如下两方面的需求：优质化产品＋优质化服务，个性化产品＋个性化服务。在未来的农村电子商务发展中，C2B的预售、定制模式将会成为受欢迎的优质农产品电商模式。

传统的农产品营销模式主要是B2B(合作社将农产品卖给批发商和零售商)模式和B2C(农产品销售商将农产品卖给消费者)模式，经过多层流通到达消费者手里，环节多，损耗大，质量和安全得不到保证。借助现代信息技术和互联网技术，农产品特别是生鲜农产品正在从传统的营销模式转变为C2B模式。

中国生鲜农产品市场规模巨大。中国农业科学院农业信息研究所发布《中国农产品网络零售市场暨重点单品分析报告》显示，2019年生鲜产品网络零售额超过1 094亿元。近年来，越来越多的生鲜产品电子商务企业出现，他们凭借受资本青睐和营销模式创新在市场中杀出一片蓝海。除了传统的B2C电子商务模式之外，还出现了O2O电子商务模式、B2C＋C2B(生鲜电子商务企业卖给顾客生鲜农产品和根据顾客需求定制生鲜农产品)电子商务模式、B2C＋O2O(生鲜电子商务企业通过线上线下两种渠道卖给顾客生鲜农产品)电子商务模式、C2B2B(消费者—生鲜电子商务企业—生产商)电子商务模式和C2B2F(顾客—商家—农场)电子商务模式等。随着城市中产阶层的崛起，他们对生鲜农产品的品质要求越来越高，对健康和营养的关注日益提升，一些生鲜农产品企业开始为这部分中高端顾客提供定制的生鲜农产品。

美国生鲜电子商务企业"Farmigo"可以给我国农产品电子商务带来一些启示。Farmigo由farm、I和go 3个单词组成，即连接农场和用户的平台。凭借独特的商业模式，Farmigo被很多媒体誉为"创新在线农产品销售平台"。Farmigo是连接消费者和农场的中介。对于农民而言，Farmigo是一个在线平台、一个新的销售渠道，农民通过它可以管理自己农产品的生产、销售及配送。对于消费者而言，Farmigo是一个在线的市集，消费者通过它可以直接从农民的手中购买优质新鲜农产品。Farmigo专注于高端食品市场。"Farmigo与众不同的地方是跳出了商品思维，而是以人为核心的真正的社会化电商思维。这种思维可以总结为'私人定制'。"Farmigo创造性地打造了"食物社区"的概念，即将地理位置相近的消费者以"食物社区"为单位和当地中小农场连接起来。Farmigo是典型的以用户需求为导向。Farmigo会为每一个社区制作专门的购物网页，然后带头人就可以把农场的产品添加到社区来。带头人需要邀请至少20个朋友或者邻居加入食品社区，没有上限。带头人每两周要发布一次食品需求征集信息，社区销售的10%会作为带头人的奖励，此外还有食物折扣，使带头人有发动周围的人加入社区积极性。

5) 农村互联网金融释放巨大潜力

我国农村人口有9亿多，但却并不是一个农业强国，因为我国现有1.29亿贫困人口，绝大部分来自农村。传统金融难以满足农村需求是现阶段制约农业发展的主要因素。农村人口获得的金融服务，与他们在经济中的贡献率不成比例。互联网金融与"三农"的结合，不但使以往以传统金融为主要依托的农村金融体系迎来了新的发展模式，同时也为加速发展现代农业提供了新的契机。

在传统金融模式下，农村地区特别是贫困地区资金外流明显，导致农村资本结构性短缺，出现"融资难""融资贵"等现象，在一定程度上阻碍了农村地区金融和经济的发展，不利于乡村振兴战略的全面实施。而在推动乡村振兴和调整优化农村经济结构的过程中必然会出现新的金融需求。在互联网技术的普及下,农村互联网金融迎来了快速发展,为村民提供了非常大的便利,由现金支付转为如今的移动线上支付,可以更好地满足融资需求。

近年来,移动互联网、大数据、云计算等新一代信息技术迅速发展,互联网金融得到了不断创新和发展。农村互联网金融就是互联网金融在农村金融市场的实际应用,主要围绕农户以及农业企业开展业务。利用信息技术通过互联网实现社会闲散资金的吸纳与再分配。当前,不少电子商务企业转型而来的互联网金融企业,如蚂蚁金服和京东金融,类似大北农、新希望这样的大型农业企业,不少产业资本以及以宜信为代表的网贷平台等,都先后进入农村金融领域。在农村金融领域,新的金融产品、新的金融生态、新的金融服务方式在不断地革命性地创新和涌现。

运营成本高、信息不对称带来的高违约率,一直都是传统农村金融机构运营效益差的主要原因。因此,在农村市场上,传统金融机构更加喜欢将贷款发放给经营效益良好的乡镇企业、有充足的现金流的商铺以及有可供抵押的资产的大型农户,但是这批客户本身的融资需求就比较小。而对服务对象包容不歧视、将金融服务覆盖到更大的范围是普惠金融追求的目标。农村新兴互联网金融的出现,促成了这个目标的达成,使得像缺乏抵押的普通农户、农村低收入者,以及普通的小微企业等这类被歧视的信贷需求者从金融机构获得金融服务的支持成为现实,降低了接受金融服务的门槛,扩大了受众的广泛性,对丰富农村地区金融供给,解决部分农村地区金融需求大有帮助。

6)农村电子商务促进乡村产业转型升级

未来农村电子商务会全面促进乡村产业转型升级。农产品电子商务、农资电子商务、农村再生资源电子商务得到发展;农村工业商业互联网化升级转型;农业服务业互联网化升级转型;乡村旅游业得到发展;农村电子商务服务业得到发展;农产品加工业、非农产品加工业得到进一步发展。

在促进农业数字化转型方面,电子商务从流通端切入,逐步向农业产业链上游延伸,渗透到农业生产、加工、流通等环节,推进农产品在生产、组织、管理、加工、流通、储运、销售、营销、品牌、服务等环节互联网化,助力农业全产业链的数字化转型。借助消费端积累的大量消费者数据,电子商务让农业生产按照消费者的需求来确定种植、生产的品种和方式,与市场建立持续、稳定的新型供需关系,赋能订单农业、定制农业、众筹农业、预售农业等的创新发展。

一些县域借助农村电子商务探索传统农业转型之路,将农村电子商务融入智慧农业综合信息系统建设,联合农村电子商务企业建设完善智慧农业大脑、农业大数据中心,以订单农业为基础,以农产品数字化供应链建设优化为重点,推动农业生产流程管控信息化、标准化、精细化发展,加速大数据、物联网、区块链、人工智能等数字技术在农业领域落地应用,带动传统农业全产业链实现数字化转型,促使数字农业发展步伐明显加快。

广东湛江市徐闻县联合一亩田持续构建徐闻菠萝大数据中心,建立种植面积、产量、产地价格等多个数据指标的大数据系统,作为研判菠萝行情的重要依据,让菠萝产地和国内大市场可以更加快速、高效地链接,进一步促进了徐闻菠萝降本增效,帮助其价格从2018年的0.40元/千克升至2021年最高的4元/千克,实现3年10倍的增长。

海南海口市秀英区永兴镇、上海浦东新区航头镇等地引入"盒马村",依托盒马的数字化供应链,以产供销一体的模式,聚合当地不少的农业企业、农民合作社等分散小农户,积极打造产业化联合体,通过输出新标准、新技术、新模式,实现订单生产,在销售端可以直联盒马鲜生的线上线下渠道,推动形成更加直接、稳定的销售网络。

江苏徐州市丰县、四川眉山市东坡区等地与京东合作建设京东农场,依托基于电子商务的智能供应链服务体系,不断赋能农产品产地的数字化发展,通过数字化生产基地建设,导入智能化管理系统,深入种植前端开展生产标准化和规范化管理,逐步搭建基于区块链技术的全程可视化溯源体系,再结合"京品源"自有品牌,完善产销全流程服务体系,有效地促进传统农业在品牌、产品、渠道、营销等方面的数字化转型。

截至2022年2月,京东已在全国对接超过1000个农特产地及产业带,直连超过500个大型优质蔬菜基地,共建70多个现代化、标准化、智能化农场,有力助推了农业产业数智化升级。

8.3 乡村振兴与乡村数字化发展

农村电子商务、乡村振兴与乡村数字化发展是相互促进、密不可分的。农村电子商务作为乡村振兴的重要支撑和保障,可以促进乡村经济发展、提高农民收入,同时也可以带动相关产业的发展,推动乡村振兴战略的实施。乡村数字化发展则是实现乡村振兴的重要手段和途径,可以为农村电子商务应用产业提供更好的发展环境和平台,促进农村经济的数字化转型和发展。这一节,我们重点讨论乡村振兴与乡村数字化发展。

8.3.1 国家乡村振兴战略规划提出

乡村振兴战略是习近平总书记于2017年10月18日在党的十九大报告中提出的战略。十九大报告提出,农业农村农民问题是关系国计民生的根本性问题,必须始终把解决好"三农"问题作为全党工作的重中之重,实施乡村振兴战略。实施乡村振兴战略,是党的十九大作出的重大决策部署,是决胜全面建成小康社会、全面建设社会主义现代化国家的重大历史任务,是中国特色社会主义进入新时代做好"三农"工作的新旗帜和总抓手。乡村振兴是以农村经济发展为基础,实现包括农村文化、治理、民生、生态等在内的乡村发展水平的整体性提升。要按照产业兴旺、生态宜居、乡风文明、治理有效、生活富裕的总要求,统筹谋划农村经济建设、政治建设、文化建设、社会建设、生态文明建设和党的建设,注重协同性、关联性、整体性,推动农业全面升级、农村全面进步、农民全面发展。

1)国家乡村振兴战略规划

民族要复兴,乡村必振兴。强大的国内市场的形成离不开乡村这个最庞大、最具潜力的市场。中共中央、国务院连续发布中央一号文件,对新发展阶段优先发展农业农村、全面推进乡村振兴作出总体部署,为做好当前和今后一个时期"三农"工作指明了方向。2018年3月5日,国务院总理李克强在《政府工作报告》中讲到,大力实施乡村振兴战略。2018年5月31日,中共中央政治局召开会议,审议《国家乡村振兴战略规划(2018—2022年)》。2018年9月,中共中央、国务院印发了《乡村振兴战略规划(2018—2022年)》,并发出通知,要求各地区各部门结合实际认真贯彻落实。2021年2月21日,《中共中央 国务院关于全面推进乡村振兴加快农业农村现代化的意见》发布,这是21世纪以来第18个指导"三农"工作的中央一号文件。2021年2月25日,国务院直属机构国家乡村振兴局正式挂牌。为作好乡村振兴这篇大文章,2021年3月,中共中央、国务院发布了《关于实现巩固拓展脱贫攻坚成果同乡村振兴有效衔接的意见》,提出重点工作。

2) 国家乡村振兴战略目标

按照党的十九大提出的决胜全面建成小康社会、分两阶段实现第二个百年奋斗目标的战略安排,中央农村工作会议明确了实施乡村振兴战略的目标任务。

(1) 到2020年,乡村振兴的制度框架和政策体系基本形成。各地区各部门乡村振兴的思路举措得以确立,全面建成小康社会的目标如期实现。

(2) 到2022年,乡村振兴的制度框架和政策体系初步健全。国家粮食安全保障水平进一步提高,现代农业体系初步构建,农业绿色发展全面推进;农村一二三产业融合发展格局初步形成,乡村产业加快发展,农民收入水平进一步提高,脱贫攻坚成果得到进一步巩固;农村基础设施条件持续改善,城乡统一的社会保障制度体系基本建立;农村人居环境显著改善,生态宜居的美丽乡村建设扎实推进;城乡融合发展体制机制初步建立,农村基本公共服务水平进一步提升;乡村优秀传统文化得以传承和发展,农民精神文化生活需求基本得到满足;以党组织为核心的农村基层组织建设明显加强,乡村治理能力进一步提升,现代乡村治理体系初步构建。探索形成一批各具特色的乡村振兴模式和经验,乡村振兴取得阶段性成果。

(3) 到2035年,乡村振兴取得决定性进展,农业农村现代化基本实现。农业结构得到根本性改善,农民就业质量显著提高,相对贫困进一步缓解,共同富裕迈出坚实步伐;城乡基本公共服务均等化基本实现,城乡融合发展体制机制更加完善;乡风文明达到新高度,乡村治理体系更加完善;农村生态环境根本好转,生态宜居的美丽乡村基本实现。

(4) 到2050年,乡村全面振兴,农业强、农村美、农民富全面实现。农业基础更加稳固,乡村特色产业更加兴旺发达,农民增收渠道更加多元化,农村人居环境更加优美,城乡基本公共服务均等化基本实现,城乡区域发展差距显著缩小,业兴、村美、民富、人和、村强的社会主义新乡村基本实现。

3) 国家乡村振兴战略的实施要点

(1) 乡村振兴战略的重点是产业兴旺 产业振兴是乡村振兴的重中之重,这是对我国乡村振兴实践的科学总结和概括。构建现代乡村产业体系,打造农业全产业链,既是加快农业农村现代化建设的重大任务,又是全面推进乡村振兴的坚实基础。"产业兴旺、生态宜居、乡风文明、治理有效、生活富裕"是实施乡村振兴战略的总要求,第一项就是产业兴旺。乡村振兴是包括产业振兴、人才振兴、文化振兴、生态振兴、组织振兴的全面振兴,其中最重要、最根本、最关键的是产业振兴。

产业振兴是乡村振兴的基础,是推进县域城镇化、促进城乡融合发展的重要支撑。只有把乡村产业发展起来,建立健全现代乡村产业体系,才能真正实现乡村振兴的总要求、总任务和总目标。产业兴才能乡村兴,产业旺才能经济强。只有实现乡村产业振兴,才能更好地推动农业全面升级、农村全面进步、农民全面发展。

(2) 乡村振兴战略的动力是改革与创新 实施乡村振兴战略,要坚持不懈推进农村改革。2021年中央一号文件进一步提出"深入推进农村改革",为新发展阶段的农村改革作出了新部署、指明了新方向,为全面实施乡村振兴战略做好了整体谋划,将推动乡村振兴开创新局面。十八大以来,在党中央坚强领导下,经过各方共同努力,农村改革取得重要进展,推动出台了一批顶层设计的改革方案,实施了一批纵深突破的改革试点,建立了一批成熟定型的法律制度。通过持续深化农村改革,破解了农业农村发展的许多难题和障碍,初步构建起了实施乡村振兴战略的"四梁八柱",为实施乡村振兴战略提供了制度和政策保障。实现乡村振兴本质上要依靠科技创新。习近平总书记指出:"要给农业插上科技的翅膀""让农民掌握先进农业技术,用最好的技术种出最好的粮食"。近年来,数字技术蓬勃发展,农村数字基础设施建设加快推进,深刻改变着农村地区生产生活方式,为农业农村现代化注入了强大动力,也为创新创业提供了更多机遇。推动乡村全面振兴,要坚持改革创新,充分发挥网络、数据等新一代信息技术的作用,激活农村要素资源,激发农村发展内生动力。

(3) 乡村振兴战略的重要支撑是人才 实施乡村振兴战略要把人力资本的开发和利用放在首要位置,充分挖掘和利用各种人才,服务于乡村振兴。习近平总书记指出,"要推动乡村人才振兴,把人力资本开发放在首要位置,强化乡村振兴人才支撑,加快培育新型农业经营主体"。强化乡村振兴战略的实施,人才是关键,因此强化农村人才的建设就显得尤其重要。大力推动乡村振兴建设,就需要相应的人才支撑,要使广大人才在农村的广阔天地中大展才华、大施所能、大显身手,努力打造出一支热爱农民、热爱农村、懂得农业的农村人才队伍,形成推动乡村振兴发展的强大人才资源动力。乡村振兴人才队伍建设,需要在党的领导下,将政府支持、市场推动、乡村社会组织以及农民的积极参与加以融合。乡村振兴最终目的是实现共同富裕,农民是其实施的最终受益者,为了确保始终为农民服务,就必须突出党的领导在乡村振兴人才资源建设中的重要地位。要将乡村人才振兴方面的工作纳入到各级党委人才工作的总体部署中,通过制定和完善人才服务的乡村激励机制,使农村能够拥有更多的机会吸引人才,以更好的环境留住人才,使乡村振兴每一个领域内的人才队伍规模大、素质提升快、结构更优化,形成人才支持服务乡村格局,不断满足实施乡村振兴战略的需要。

8.3.2 农村电子商务促进乡村振兴

"三农"问题是全党工作的重中之重,是关系国计民生的根本性问题。"乡村振兴战略"为农村电子商务提供了全新的发展机遇,如何在"乡村振兴战略"中寻求新机遇就成为农村电子商务发展的关键节点。随着我国农村移动网络覆盖和基础设施建设的广泛普及,农村电子商务在国家三农发展方略的指引下实现了迅猛发展,农村网民数量不断增多,电子商务交易规模不断扩大,商品交易种类不断丰富。因此电子商务在乡村振兴发展中的作用不言而喻。下面,我们重点讨论农村电子商务如何促进乡村五个振兴。

1) 农村电子商务促进产业振兴

电子商务促进农村一二三产业融合发展。当前,农村发展进入新阶段,因此需要融合农村一二三产业,有效扩展农民增收方式,提高农村的公共服务质量,进一步缩小城乡差距,促进城乡一体化发展。

农村电子商务拓展了乡村既有产业的销售渠道,如电子商务让江苏省沭阳花木产业的发展蓬勃兴旺。农村电子商务催生了一些农村原来没有的产业。如江苏省睢宁县的东风村原来做废品回收,现在搞起了家具。

农村电子商务推动了乡村原有产业的转型升级。好多农产品在生产时就决定了它们不好卖,因为不符合消费者需求,现在电子商务运用大数据倒推产业进行转型。典型的例子是阿里巴巴的农村淘宝兴农计划。

农村电子商务催生了电子商务服务业等新的配套产业集群。搞电子商务就必须有包装、印刷,要有纸箱加工、打包带生产,有快递物流、仓储、加工储存、美工摄影、数据分析、市场推广、人才培训等电子商务服务业,甚至会进一步催生生活服务业的发展。

近年来,在数字技术驱动下,各地不断推动农村电子商务创新发展,农村电子商务与直播电子商务、跨境电子商务等新业态加速融合。随着网络直播在农村地区加速普及，农村直播电子商务已经成为赋能乡村振兴的一种重要方式，一批新农人主播逐渐走向全国，农产品垂直主播赛道更加专业化、精细化，农产品多渠道、跨平台直播成为行业共识。在政府和市场的双重推动下，农村直播电子商务领域的基地建设、主播孵化、运营管理、人才培训、仓储物流、行业联盟等不断推进，促进我国农村直播电子商务生态发展更加优化。同时，直播电子商务与农业传统展会深度融合，开创了电子商务促销、直播展、直播电子商务节等展销一体的新模式。商务部数据显示，2022年，重点监测的电子商务平台累计直播场次超1.2亿场，累计观看超1.1万亿人次，直播商品超9500万个，活跃主播近110万人。

2）农村电子商务促进人才振兴

农村电子商务吸引了大量人员返乡创业。电子商务创业成本低，参与便捷，吸引了大量的农民工等返乡创业，也吸引城市青年开始新的"上山下乡"。像从上海辞职到新疆创业的新农人刘敬文的团队，创建了维吉达尼电子商务品牌，得到了阿里巴巴平台的扶持。农村电子商务为农村残疾人提供了难得的自强机遇。残疾人难以从事体力劳动，而从事电子商务不需要太多体力，简单便捷，典型案例不断涌现。

在返乡入乡创业项目中，55%的运用信息技术开办网店、直播直销、无接触配送等，打造"网红产品"。全国农村网商、网店到2021年底有1632.5万家。2021年，全国淘宝村、淘宝镇电子商务从业人员达360万人，交易额突破1.3万亿元，人均年销售收入超过36万元，电子商务创业就业的带动效益增强。拼多多发布的《2021新新农人成长报告》显示，截至2021年10月，平台"新新农人"（95后涉农商家）数量已超过12.6万人，在涉农商家中的占比超过13%，其数量在两年内增长了近10万人，呈现爆发式增长态势。每位"新新农人"平均带动5～10位95后参与到电子商务创业中，并平均增加当地就业岗位超过50个，95后逐渐成长为农村电子商务创业带头人中的重要力量。

为了提升我国农村电子商务的运营能力，各级政府大力培养农村电子商务人才，如为农民、合作社和政府人员等提供技能培训，引导具有实践经验的电子商务从业者返乡创业，鼓励电子商务职业经理人到农村发展。电子商务平台也采取了专项扶助、培训指导、货品补贴等方式，支持新农人和中小商家在乡村经营。据统计，2021年9月至2022年9月，某电子商务平台上的三农电子商务达人数量同比增长了252%，农货商家数量同比增长了152%。有研究显示，2022年国内某电子商务平台帮助超过10万名创业者实现了农资转化。

3）农村电子商务促进生态产业振兴

农村电子商务在促进农村经济发展、提高农民收入、优化农业产业结构等方面具有重要作用。生态产业是一种以生态理念为指导，将生态系统和经济系统相结合的新型产业模式。农村电子商务的快速发展为生态产业振兴提供了新的机遇和平台。

农村电子商务的兴起，带动了工商业在农村的复兴，最为典型的就是大量淘宝村、微商村的诞生。

农村电子商务催生了节约国土空间的资源友好型发展。农民发展农村电子商务，他往往是前店后厂，不用征地，不用建专门的车间，低成本地实现了网络经营和相关要素的配套。

农村电子商务推动了对农业资源特别是农业废弃物的有效利用。比如，江苏省沭阳县的手工干花，是使用玉米棒的包衣制成的，是典型的农业废弃物再利用。

4）农村电子商务促进文化振兴

农村电子商务不仅对农村经济有显著的推动作用，同时也能促进农村文化的繁荣和振兴。

农村电子商务可以让农村的传统文化和手工艺品走出村庄,走向更广泛的市场。通过互联网平台,具有地方特色的产品可以获得更多的关注和认可,从而促进传统文化的传播和保护。农村电子商务的发展可以帮助提升农村的整体形象和品牌价值。通过电子商务平台,可以展示农村的自然风光、人文历史和特色产业,吸引更多的游客和投资者来到农村,进一步推动农村文化的繁荣和发展。农村电子商务可以与乡村旅游相结合,为游客提供更加多元化和个性化的旅游产品和服务。通过互联网平台,游客可以更加便捷地了解农村的旅游资源和特色服务,从而制定更加适合自己的旅游计划。这不仅可以促进农村旅游业的繁荣,同时也可以展示农村的文化魅力。

农村电子商务的发展可以带动农民的文化素质和意识的提高。通过参与电子商务活动,农民可以了解和学习到更多的文化知识和商业技能,提高自身的文化素质和意识。同时,也可以通过电子商务平台了解和学习到其他地区和国家的文化和商业经验,进一步拓宽视野。农村电子商务改变了农民的传统观念。如赫赫有名的广东省揭阳市军埔电子商务村的带头人是残疾少年王创平,还有许多淘宝村的带头人是所谓的"问题少年"。他们的成功打破了村民的传统观念。

农村电子商务带来的文化交流促进了乡村文明建设。农村电子商务发展带来值得高度关注的文化交流,新的思想观念、管理理念、生活态度、合作精神等,使农民虽然人还在农村,却已是新时代的新农民。农村电子商务也促进了农村和谐社会建设。农村电子商务对农村剩余劳动力进行了充分利用,村庄的闲散人员明显减少,打架斗殴、聚众赌博、封建迷信活动等明显减少。

5) 农村电子商务促进组织振兴

伴随农村电子商务返回或来到农村的一大批年富力强、富有新思想和新技能的年轻人为乡村组织振兴注入了新活力。经过几年的电子商务实践洗礼,农村电子商务创业者逐渐成为有一定带动能力的带头人,形成了一定的群众基础。

农村电子商务理念可以促进乡村组织治理提升。农村电子商务实现了农村商业生态的数字化,大数据、云计算带来的公开透明、公众参与等是其重要优势,借助这些优势可以改进乡村治理方式。农民可在家门口收快递、交话费、订车票、医院挂号等,办理便民服务事项,可实现农村"数据多跑腿、农民少跑腿"。

农村电子商务可以推动乡村治理的现代化。发展农村电子商务,将引入更多的市场规则和制度约束,促进农村市场的规范化和法治化。同时,可以借助互联网平台加强信息公开和民主监督,推动乡村治理的透明化和民主化进程。此外,农村电子商务还可以促进城乡之间的交流与互动,加快乡村城市化进程和社会进步。

8.3.3 数字乡村与乡村数字化发展

数字乡村是中国政府为推动乡村振兴和农业现代化,提高乡村生活质量,实现乡村经济社会可持续发展而提出的重要战略。乡村数字化发展是指在农村地区利用数字技术,包括互联网、大数据、人工智能等,推动农业现代化,提升农村治理水平,促进农民增收和乡村旅游业发展等。围绕数字乡村战略目标的乡村数字化发展对于实现乡村振兴和农业现代化具有重要意义,是实现农村经济社会可持续发展的重要途径。

1) 数字乡村的概念

2019年5月,中共中央办公厅、国务院办公厅印发的《数字乡村发展战略纲要》中指出,数字乡村是伴随网络化、信息化和数字化在农业农村经济社会发展中的应用,以及农民现代信息技能的提高而内生的农业农村现代化发展和转型进程。数字乡村既是乡村振兴的战略方向,也是建设数字中国的重要内容。数字乡村为乡村数字化发展迎来最重要的战略机遇,如图 8-1 所示。

图 8-1 数字乡村的战略机遇

习近平总书记在党的二十大报告中提出,要"加快发展数字经济,促进数字经济和实体经济深度融合"。这是以习近平同志为核心的党中央对发展数字经济作出的重大战略部署,也为新时代全面推动数字乡村建设、以数字技术助力建设宜居宜业和美乡村指明了前进方向。

数字乡村的内涵是以新一代信息通信技术作为农业生产经营的新工具、农民生活幸福的新驱动、乡村生态保护的新手段,以信息化赋能农业生产、经营、管理、服务等环节,不断提高农业农村数字化、网络化、智能化的水平,提高农民生活的智慧化水平,促进农民收入稳步增长、生活质量显著提升。

2) 数字乡村的战略目标

中共中央办公厅、国务院办公厅印发的《数字乡村发展战略纲要》对我国数字乡村战略目标做了明确规定。

(1) 到 2020 年,数字乡村建设取得初步进展。全国行政村 4G 覆盖率超过 98%,农村互联网普及率明显提升。农村数字经济快速发展,建成一批特色乡村文化数字资源库,"互联网+政务服务"加快向乡村延伸。网络扶贫行动向纵深发展,信息化在美丽宜居乡村建设中的作用更加显著。

(2) 到 2025 年,数字乡村建设取得重要进展。乡村 4G 深化普及、5G 创新应用,城乡"数字鸿沟"明显缩小。初步建成一批兼具创业孵化、技术创新、技能培训等功能于一体的新农民新技术创业创新中心,培育形成一批叫得响、质量优、特色显的农村电子商务产品品牌,基本形成乡村智慧物流配送体系。乡村网络文化繁荣发展,乡村数字治理体系日趋完善。

(3) 到 2035 年,数字乡村建设取得长足进展。城乡"数字鸿沟"大幅缩小,农民数字化素养显著提升。农业农村现代化基本实现,城乡基本公共服务均等化基本实现,乡村治理体系和治理能力现代化基本实现,生态宜居的美丽乡村基本实现。

(4) 到 21 世纪中叶,全面建成数字乡村,助力乡村全面振兴,全面实现农业强、农村美、农民富。数字乡村建设将促进农业现代化,提高农业生产效率和质量,同时推动农村一二三产业深度融合,培育新的农业业态和模式,为农民提供更多的就业机会和收入来源。数字乡村建设还将推动乡村治理体系和治理能力现代化,促进乡村社会和谐稳定,提高农民的生活质量和幸福感。

上述我国数字乡村战略目标,实际上也是我国数字乡村战略实施的四个阶段。

3) 数字乡村推动乡村振兴

数字乡村是全面推进乡村振兴战略的重要突破口,也是建设数字中国的重要内容。数字乡村建设对于推动乡村振兴具有重要意义,主要体现在以下几个方面。

(1) 促进乡村产业发展　数字乡村建设通过引入现代信息技术,优化农业生产经营模式,提高农业生产的效率和质量,同时推动农产品加工、销售等环节的数字化,加速农业产业升级和优化。现代信息技术推动农村经济提质增效,激发乡村旅游、休闲农业、民宿经济等乡村新业态蓬勃兴起。随着光纤和4G网络在行政村的全覆盖,互联网技术和信息化手段助力乡村旅游、休闲农业、民宿经济加快发展。

(2) 提升乡村治理水平　数字乡村建设通过信息化手段,提高乡村治理的效率和水平,例如通过智慧政务系统、公共安全系统等信息化平台,实现乡村治理的数字化、智能化。"互联网＋政务服务"加快向乡村延伸覆盖,乡村数字化治理模式不断涌现,乡村智慧应急能力明显增强,信息化成为提高乡村治理水平的重要支撑。健康码在农村地区开通运行,实现了核酸检测、疫苗接种等涉疫情数据共享,为有效实施乡村精准防控、农民工有序流动提供了有力支撑。"互联网＋基层社会治理"行动深入实施,各地积极推进基层社会治理数据资源建设和开放共享,实行行政村(社区)和网格数据综合采集、一次采集、多方利用,不断探索将网格形成的"人网"与大数据编成的"云网"相结合,以数据驱动公共服务和社会治理水平不断提高,使农民群众的安全感明显增强。

(3) 增强乡村公共服务能力　数字乡村建设通过信息化手段,提高乡村公共服务的覆盖面和质量,例如通过互联网教育、远程医疗等信息化平台,实现优质教育、医疗资源的共享和普及。随着数字乡村建设的稳步推进,"互联网＋教育""互联网＋医疗健康""互联网＋人社"以及线上公共法律与社会救助等服务不断向农村地区下沉覆盖,农村数字惠民服务水平不断提升。

(4) 推动农民增收致富　数字乡村建设通过发展农村电商、智能农业等新业态,为农民提供更多就业机会和增收渠道,同时通过数字化手段提高农业生产效益,增加农民收入。

(5) 传承和弘扬乡村文化　数字乡村建设不仅关注物质层面的建设,也注重文化层面的传承和发展,通过数字化手段记录和传承乡村文化,保护和弘扬乡村特色。

总之,数字乡村建设是乡村振兴的重要内容,对于推动农业现代化、加强乡村治理、提高公共服务水平、促进农民增收致富以及传承和弘扬乡村文化等方面都具有重要意义。未来,需要大力推进乡村数字化发展,为乡村振兴注入新的动力。

4) 乡村数字化发展的主要内容

随着科技的快速发展,数字化技术正在改变全球的各个领域。乡村地区作为国家发展的重要组成部分,其数字化发展对于提升经济、社会和环境水平具有重要意义。乡村数字化发展主要包括乡村通信网络建设、物联网和大数据应用、农业数字化转型、乡村旅游数字化、农村电子商务、数字金融下乡、乡村治理智能化、乡村公共服务数字化、智慧乡村建设和农村资源数字化等方面。

(1) 乡村通信网络建设　通信网络是实现乡村数字化的基础。通过建设高速、稳定的通信网络,能够促进信息流通,提高乡村与外界的沟通效率。这有助于缩小城乡差距,提高乡村地区的生产力水平。

（2）物联网和大数据应用　物联网技术可将物理世界与数字世界相连接，实现数据的实时采集和共享。在乡村地区，物联网技术可应用于农业、环境监测等领域，提高生产效率，保护环境资源。同时，通过大数据分析，可对乡村经济、社会和环境等方面进行深入研究，为政策制定提供科学依据。

（3）农业数字化转型　农业数字化转型是指利用数字技术提升农业生产效率、改善农产品质量、降低生产成本的过程。具体包括精准农业、智能农机、农业物联网、农业大数据等技术的应用，可实现农业生产过程的自动化、智能化和信息化。

（4）乡村旅游数字化　数字化技术可以提升乡村旅游的体验和服务水平。通过互联网平台，可以宣传乡村旅游资源，吸引更多游客。同时，利用智能导游、虚拟现实等技术，可以让游客更加深入地了解乡村文化和历史。

（5）农村电子商务　农村电子商务可以帮助农产品走出大山，进入城市市场。通过互联网平台，农民可以直接将产品销售给消费者，提高农产品的销售收入。同时，电子商务还可以带动农村物流业的发展，提高乡村地区的物流效率。

（6）数字金融下乡　数字金融可以通过移动支付、网上银行等方式，将金融服务延伸到乡村地区。这有助于提高农村居民的金融素养，促进农村经济的发展。同时，数字金融还可以为农村创业者和企业提供更多的融资渠道，支持农村创新创业。

（7）乡村治理智能化　乡村治理智能化是指利用数字技术提高乡村治理的效率和公正性。通过智能化的治理手段，如智慧政务、村务公开、村民自治等，实现乡村治理的信息化、规范化和透明化。

（8）乡村公共服务数字化　数字化技术可以提高乡村公共服务的效率和质量。例如，通过电子政务平台，可以实现在线办理各种事务，提高政务服务水平。同时，数字化技术还可以应用于教育、医疗等领域，提高公共服务的质量和覆盖面。

（9）智慧乡村建设　智慧乡村是指通过数字化技术，实现乡村管理的智能化和高效化。通过智慧乡村建设，可以实现对乡村资源的全面监控和管理，提高乡村管理的效率和可持续性。同时，智慧乡村还可以为村民提供更加便捷的生活服务，提高乡村居民的生活质量。

（10）农村资源数字化　农村资源数字化是指对农村的土地、水资源、农业资源等进行数字化管理，实现资源的精细化和可持续利用。通过数字技术，可以对农村资源进行全面的监测和管理，提高资源的利用效率，促进农村经济的可持续发展。

乡村数字化发展是推动农村经济、社会和环境发展的重要途径。乡村数字化可以全面提升农村地区的经济社会发展水平。同时，政府和企业应加强合作，共同推动乡村数字化发展的进程。

思考与练习
1. 如何理解农村电子商务？农村电子商务的作用体现在哪几个方面？
2. 我国农村电子商务20年的发展进程大体可以分为哪几个阶段？
3. 影响农村电子商务发展和乡村数字化发展的主要因素分别有哪些？
4. 农村电子商务的前景如何？未来农村电子商务的发展趋势有哪些？
5. 简述国家乡村振兴战略规划提出的四个目标任务和三个实施要点。
6. 农村电子商务、乡村振兴和数字乡村三者之间有什么区别和联系？
7. 简述近几年来出台的农村电子商务、数字乡村和乡村振兴相关政策。
8. 如何理解数字乡村和数字乡村战略？数字乡村如何促进乡村振兴？

9 电子商务服务与新兴产业的发展

【内容概要】

本章首先介绍电子商务服务与电子商务服务业的概念与基本内涵,然后讨论电子商务对新兴服务业的主要影响及促进作用,最后讨论电子商务如何促进互联网智慧技术和互联网智慧产业发展。

【学习目标】

(1) 掌握电子商务服务与电子商务服务业的相关概念和内涵。
(2) 掌握典型电子商务服务业和新兴产业的发展动态。
(3) 了解电子商务催生和影响新兴服务业发展的方法。
(4) 了解电子商务促进互联网智慧技术的发展的方法。
(5) 掌握电子商务促进互联网智慧产业的发展的方法。

【基本概念】

电子商务服务,电子商务服务业,新兴服务业,互联网智慧产业。

9.1 电子商务服务催生新服务业

随着科技的不断进步、互联网速度的不断提升、移动设备的不断普及和安全技术的不断改进,人们可以更加方便地进行在线购物和支付,同时互联网应用的普及使得信息传播和交流变得更加便捷和区域扩大。这为电子商务应用提供了一个广阔的平台,从而进一步推动电子商务服务业的发展。这一节重点讨论电子商务服务及电子商务服务业的定义和相关概念,目的在于准确理解电子商务服务及电子商务服务业的本质内涵。

9.1.1 电子商务服务概述

1) 电子商务中的服务

电子商务是基于电子化互联网络创造和变革商业关系,创新和发展业务能力的过程。对企业来说,电子商务应用是一种服务能力,是对外开展商务活动的一种方式。电子商务与传统商务比较,只是商务方式不同,电子商务也是为具体业务服务的,其应用的目的是为客户提供所需产品和服务。因此电子商务服务是指为电子商务应用提供的服务,如图 9-1 所示。

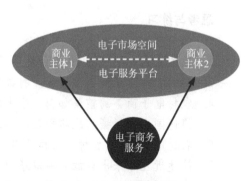

图 9-1 对电子商务服务的理解

在电子商务应用包括的一系列活动中,有一部分活动提供的服务是客户所购买服务之外的服务,这类服务没有被客户购买,但却是客户所需的产品和服务的运营职能所必需的,如基础设施和技术支持服务、在线支付服务、配送服务等,我们称之为电子商务应用的支持服务,电子商务应用不能没有这些支持服务。这些支持服务中有相当部分是电子商务所特有的,如商务网站维护、在线支付服务等。支持服务,有的是由电子商务企业自己提供的,有的是由外部服务商提供的,应根据企业与具体业务的实际情况、具体业务战略而定。

2)两类电子商务支持服务

电子商务应用的支持服务,总体上可分为两大类:平台支持服务与流程支持服务。所谓平台支持服务,是指电子商务运营中与网络商务平台相关的支持服务。例如商务网站建设与维护、网络安全管理、在线分析工具等。这类支持服务需要技术基础设施投资和IT专业人员。对中小企业来说,信息化基础设施投资与IT专业人员较少是企业电子商务应用发展的一大瓶颈。阿里巴巴与淘宝网等一些电子商务平台服务运营商为中小企业电子商务应用提供了很好的商务平台支持服务。所谓流程支持服务,是指电子商务运营中与具体业务运营流程相关的支持服务。例如,仓储、运输、配送、支付、信息等。这类支持服务并非电子商务特有的,在传统商务中也有。像仓储与配送这类商务支持服务,有的由企业自己提供,有的由外部服务商提供。

9.1.2 生态视角的电子商务服务

电子商务作为一个复杂的系统,涉及多个参与者,包括消费者、商家、物流公司、支付服务提供商,以及整个数字化的商业环境。当从生态视角来看电子商务服务时,我们将关注该服务如何在整个生态系统中发挥作用,以及其与技术、政策、法律、社会和经济等各方面的相互作用。

在这个生态系统中,电子商务应用不是一种单向流动,而是一个相互联系和依赖的网络。从供应链到消费者购买决策,所有这些环节都在一定程度上影响着彼此。总体而言,生态视角下的电子商务应用,不应仅追求短期的经济利益,更应该将可持续性和互利共赢作为核心价值。通过促进可持续供应链、产品生命周期管理和数据安全与隐私保护等的发展,电子商务应用在整个生态系统中扮演着推动电子商务可持续发展的积极角色。生态视角下的电子商务应用共有三层,由外至内分别为环境层、扩展层以及核心层,如图9-2所示。

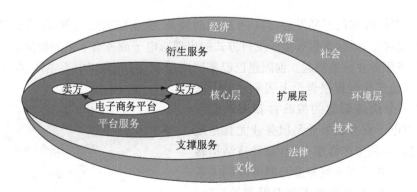

图9-2 电子商务生态系统

（1）环境层　环境层由影响电子商务应用的各种外部环境构成，包括经济、政策、社会、技术、法律、文化等因素。上述因素共同影响着电子商务应用的未来发展等。

（2）扩展层　扩展层是连接环境层和核心层的中间层次，其为电子商务应用提供支撑服务和衍生服务。电子商务支撑服务为电子商务交易订单的完成提供共性服务，包括电子支付、电子商务物流、信息技术服务、电子商务认证等。衍生服务是伴随着电子商务应用的深入发展而产生的各类专业服务，有着较高的服务水平及技术含量，如电子商务代运营服务、电子商务品牌服务、电子商务咨询服务、电子商务教育培训服务、电子商务安全服务等。

（3）核心层　核心层是平台服务层，主要是由各电子商务平台为买方和卖方提供综合服务，并撮合交易。例如电子商务平台为商家提供展示商品、管理库存、处理订单等功能，帮助他们在互联网上开展电子商务业务。

9.1.3　电子商务服务业概述

电子商务服务业是伴随电子商务应用的发展派生出的为电子商务应用提供服务的各行业的集合，是电子商务系统的一个重要组成部分，是一种新兴服务行业体系，是促进电子商务应用创新和发展的重要基础力量。

电子商务服务业以硬件、软件和网络为基础，向电子商务企业和个人提供全面而有针对性的服务支持，服务内容主要包括交易服务、业务支持服务及信息技术系统服务。在服务形式上，主要是以电子商务平台为核心，以支撑服务为基础，整合多种衍生服务。

电子商务服务业涵盖广泛，旨在促进在线商业的发展和顺利运营。电子商务服务业在数字化和互联网普及的背景下持续发展壮大，它为企业提供了更广阔的市场，同时也为消费者带来了更便捷、多样化的购物方式。随着技术的不断进步和市场的变化，电子商务服务业将继续演进，为商业和消费者创造更多机遇和便利。

对于电子商务服务业有两种理解：一是广义的理解，指传统服务业自身的电子化，即传统服务业借助互联网信息技术优化升级后实现服务的电子化。这适用于服务业电子商务的一般概念，其实质是技术进步引起的产业自身的优化升级，属于新技术应用中产业改造升级的范畴。二是狭义的理解，指伴随电子商务的发展催生（或衍生）出的专门为电子商务活动提供服务的新兴服务行业体系。其实质是服务业自身的延伸和深化，具有创新性和拓展性，是新技术应用背景下催生（或衍生）的新兴产业或行业，富有广阔的发展前景，属于创新技术应用和衍生的范畴。

得益于互联网技术的不断发展、移动互联网的普及、物流配送的完善，以及支付方式的不断改善（包括支付宝、微信支付等电子支付方式的出现），电子商务有了更加便捷和安全的支付方式，电子商务服务业快速崛起。前阿里巴巴集团副总裁、阿里研究中心主任、高级研究员梁春晓曾在中国信息化进程报告会上表示："电子商务服务业是一个快速崛起的战略性新兴产业"。梁春晓还提出电子商务服务业是服务业尤其是现代服务业的核心，是生产性服务业，是经济结构转型的强大动力。电子商务服务业与服务业的关系如图9-3所示。电子商务服务业发展前景广阔，发展态势迅速，发展需求巨大，是各电子商务企业

图9-3　电子商务服务业与服务业的关系

必须重视的发展方向。

电子商务应用离不开很多电子商务专业服务的支持,从而催生新的服务业,包括电子商务平台服务业、电子商务技术服务业、电子商务安全服务业、电子商务支付服务业、电子商务物流服务业、电子商务代运营服务业、电子商务咨询服务业、电子商务培训服务业等。所以,电子商务服务业是一个很大的产业,其具体构成如图 9-4 所示。

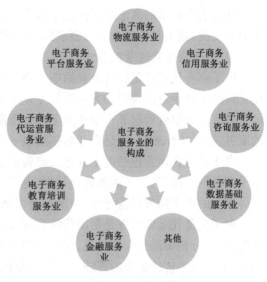

图 9-4 电子商务服务业的构成

9.1.4 典型的电子商务服务业

电子商务专业服务是在电子商务应用中专门为企业和消费者提供在线购物、交易、支付以及其他与商业活动相关的服务。一般涉及整个电子商务流程,如渠道规划、网站建设、营销规划、客服、物流、售后等。下面重点讨论一些典型的电子商务服务业。

1) 电子商务软件服务业

电子商务软件服务是专门为电子商务应用提供的软件服务,如电子商务 ERP、电子商务 CRM、网店促销软件、网店商品管理工具等。

电子商务 ERP 系统是一种专门为电子商务企业设计和开发的综合性企业资源规划 (ERP) 软件。它集成了各种关键业务功能和模块,包括订单管理、库存控制、采购管理、财务管理、报表分析、客户关系管理等,旨在提高电商企业的运营效率和管理能力。

国内现有电子商务 ERP 系统有万里牛 ERP、吉客云 ERP、马帮 ERP、卖家云等。电子商务 ERP 系统很大程度上提高了工作效率,减少了人为错误,为企业提供了准确和可靠的数据基础,覆盖了多种业务模式。例如,万里牛产品覆盖全渠道 ERP、跨境电子商务 ERP、WMS(仓储管理系统)、门店 POS、CRM(会员管理系统)、B2B 供应链(多牛订货系统)、智能 BI 等业务产品。

电子商务 CRM 系统是用于管理公司与当前和未来客户互动的系统。它采用相关技术来实现销售、营销、客户服务同步,并提供技术支持。如数云 CRM 系统能为电子商务企业提供包括全域消费者自动化营销、全域触达与体验管理、数据分析及业务赋能、消费者数据管理、会员忠诚度管理等在内的多项电子商务服务。

2) 电子商务营销服务业

电子商务营销服务是专门服务于电子商务应用的营销服务,如精准营销、效果营销、病毒营销、邮件营销等。

在电子商务领域,亚马逊公司是最早推出弹性计算云和简单存储服务的企业。通过云计算可以更深入地挖掘用户信息,从数据中精准挖掘消费者的偏好和需求,从而提高企业营销的精准度。通过对海量消费者的购物日志数据进行分析,可以在短时间内准确找到目标客户,以更精准地向其推荐满足其需求的商品或服务。针对消费者和市场需求实施不同营销举措,将有助于电子商务企业提升营销效果。

搜索引擎技术的高速发展促进了电商企业的发展,通过设置搜索索引,可以让客户购买商品更加便捷,这也是电商企业需要掌握的技术之一。

3) 电子商务代运营服务业

电子商务代运营是针对企业的电子商务需求而开展的一种商业服务。电子商务代运营企业是传统品牌企业以合同的方式委托专业电子商务服务商为企业提供部分或全部的电子商务运营服务或网络营销服务。电子商务代运营服务可以帮助企业有效地降低成本,获得更专业的服务,提高工作效率,满足企业对拓展电子商务战略的需求。

电子商务代运营包括电子商务战略咨询、电子商务渠道规划、电子商务平台设计与建设、电子商务网站推广、电子商务营销策划、电子商务培训辅导、数据分析、客户关系管理、商品管理等在内的电子商务运营托管,帮助企业以低成本快速推进电子商务业务的增长。

电子商务代运营服务是帮助传统企业涉足电子商务的重要力量,从网站建设、营销推广、数据分析、分销渠道到仓储物流,代运营服务在电子商务运作的各个环节上相对传统企业优势明显,得到很多传统企业的青睐。电子商务代运营作为一个独立行业不断发展壮大,可分为两大派系:一类是轻公司,公司主做运营核心业务,在软件、呼叫中心等领域选择可信的合作伙伴,一起为客户提供服务,易网达境、益商优势、戈洛博等都可以归入此类,它们专注自己最擅长领域。另一类是重公司,如兴长信达,为用户提供全程服务,从ERP到仓储物流都由自己构建,宝尊、北联、瑞金麟、熙浪等也都有向此方向发展的趋势。

从代运营的环境看,现阶段大部分代运营商主要依靠淘宝来开展代运营业务,但未来将有更多的B2C企业演变成平台,如京东、当当、卓越、凡客等。这些企业已经允许第三方企业入驻,在其平台上开设店中店,进而收取适当的店面和物流费用。此外,一些B2B平台也将发挥更大作用,比如阿里巴巴、慧聪等。多种多样的电子商务模式,将会使电子商务的发展更好,代运营也是电子商务未来发展的趋势。

4) 电子商务物流服务业

电子商务物流服务是专门服务于电子商务应用企业的物流服务,如仓储、配送服务等。电商企业的物流服务涵盖订单处理、仓储管理、包装和标记、配送、运输以及售后物流和订单跟踪等。首先,接收和处理客户的订单,包括确认订单信息、支付状态等。然后将商品存放在仓库中,并实时更新库存信息。再将商品进行适当的包装,并贴上必要的运输标签进行配送,将商品从仓库发运至客户的指定地址,可以通过快递物流公司或者自建物流团队来实现。运输时提供实时的运输跟踪信息,让客户可以随时了解商品的物流状态。最后,提供售后物流支持,包括换货、维修、退货等问题。国内的菜鸟科技已成功构建了包含上述整个生态的物流云平台。

在2016年10月14日的云栖大会上,菜鸟网络CTO王文彬宣布,菜鸟网络与阿里云联合推出物流加速上云行动"鲲鹏计划"。鲲鹏计划的核心思想就是加速整个物流生态化、平台化的建设步骤和推进步骤。鲲鹏计划通过阿里云云计算平台为电子商务企业更好地提供物流服务,加速国内的物流合作,最终达到统一部署和全球化输出。

从基础设施到混合架构再到数据闭环,是菜鸟物流云为电商企业提供物流服务的核心。具体来说,通过菜鸟网络和底层的阿里云平台全球化部署能力,借助菜鸟在物流云领域的技术沉淀、行业沉淀和数据沉淀,实现物流合作伙伴的IT赋能和解决方案赋能,最终实现数据驱动的平台生态,从而实现物流数据的服务。

电子商务企业通过菜鸟物流云的数据服务产品和行业基础数据,利用菜鸟提供的分析工具、算法模型,提出的商务分析模型,能够简单和方便地挖掘出历史数据和现在运行数据背后的价值,从而打造数据驱动的智能物流。

菜鸟物流云提供的电子商务物流服务具有如下核心优势。

(1) 数据服务　很多物流公司虽然意识到物流数据的价值,但受限于他们自身的数据处理能力,包括数据处理经验、BI、商务智能和预测经验的积累,往往是做不到挖掘出数据背后的价值的。

(2) 云产品开放　在云平台上,菜鸟主要实现了产品市场、服务产品介入的标准化,产品模型定义的标准化。

(3) 大数据赋能　菜鸟依托整个电子商务行业的大数据,将大数据分析、分布式系统、商务智能、人工智能、预测领域积累的经验集成到物流云平台上。

菜鸟物流云为电子商务提供了多项成熟的物流服务,包括车辆路径规划、订单分配算法、智能调度、DPS 数据推送解决方案、隐私面单解决方案、四级地址标准化解决方案等。

物流订单分派服务,融合了运筹优化、深度学习等技术手段,根据每个物流公司的历史时效、服务质量、报价,为每个物流订单实时分派物流服务商,在保证消费者体验的同时,最小化公司的成本。

算法支持运营设置各种约束规则,例如某条线路的订单,不能分派给某某物流公司;某条线路的订单,选择时效好的公司等。算法可以在满足这些规则前提下,进行分派,并最小化成本,如图9-5 所示。

车辆路径规划服务能够根据实际场景灵活配置订单信息、车辆信息、路况信息等 14 种约束条件,能够结合实际道路拥堵数据以及特定区域的货车限行和限号等数据规划出路线和订单履约到

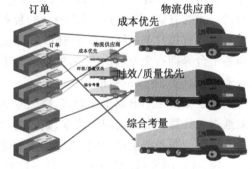

图 9-5　物流订单分派服务

达时间,最大程度上提升电商企业配送效率。菜鸟的车辆路径规划服务在全球最权威的车辆路径规划(VRP)问题评测系统中创造了 26 项世界纪录。

5) 电子商务支付服务业

电子商务支付服务包括在线支付技术、电子钱包、分期付款服务、虚拟货币支付等。

电商企业通常会与在线支付平台合作,以便客户可以使用各种支付方式完成交易。知名的在线支付平台有 PayPal、支付宝、微信支付、Apple Pay 等。某些电商企业也支持使用电子钱包支付,例如使用预付卡或电子钱包余额支付订单金额。此外,对较高金额的商品,电商企业可能提供有息或无息的分期付款选项,让客户可以分几个月支付金额,刺激消费者超前消费。

6) 电子商务数据基础服务业

电子商务数据基础服务主要包括电子商务数据分析服务、用户行为跟踪与数据收集服务、推荐系统服务、市场研究与竞争情报服务、电子商务数据 API 服务、数据安全与隐私保护服务等。

电子商务数据分析服务提供电子商务数据分析、挖掘和可视化的服务,帮助企业了解消费者行为、趋势和市场动态,以做出更明智的决策。当用户在电子商务网站上有了购买行为之后,就从潜在客户变成了网站的价值客户。电子商务网站一般都会将用户的交易信息,包括购

买时间、购买商品、购买数量、支付金额等信息保存在自己的数据库里,所以对于这些客户,电商企业可以基于网站的运营数据对他们的交易行为进行分析,估计每位客户的价值以及针对每位客户扩展营销的可能性。

国内电商企业非常重视数据基础服务。2011年5月25日,阿里巴巴就宣布推出数据门户,并正式启用新域名,新推出的数据门户根据4 500万中小企业用户的搜索、询单、交易等电子商务行为进行数据分析和挖掘,为中小企业以及电子商务从业人士等第三方提供综合数据服务。现已正式开放面向全体用户的宏观行业研究模块,由行业搜索动态趋势图、专业化行业分析报告、细分行业和地区的内贸分析和针对行业各级产品的热点分析,以及实时行业热点资讯等部分构成,并且免费提供。

全球各大行业巨头都表示将进驻"开放数据"这一蓝海。以沃尔玛为例,该公司已经拥有2 000多万亿字节数据,相当于200多个美国国会图书馆的藏书总量。其中,很大一部分是客户信息和消费记录。通过数据分析,企业可以掌握客户的消费习惯,优化现金和库存,并扩大销量。数据已经成为各行各业商业决策的重要基础。

电子商务平台也很注重这方面的数据分析,例如世界工厂网就设有排名榜的数据分析,通过分析用户在世界工厂网的搜索习惯及搜索记录,免费提供产品排行榜、求购排行榜和企业排行榜。无独有偶,作为行业门户网站的装备制造网也提供数据分析的功能,从网站的介绍中可以看到将有每月企业网站专业SEO检测报告、季度专业行业研究报告等等。行业网站、电子商务平台等拥有企业数据优势,能集合整个行业信息,并有分析整合数据的能力,才能真正为企业提供真实、有效的数据分析。

对于很多中小电商企业而言,缺乏专业的数据分析团队和强大计算能力的设备。因此,需要通过云计算平台来实现低成本、高效的数据分析基础服务。阿里云是国内规模较大、技术较为先进的云服务提供商,其能为电商企业提供功能强大的数据分析服务。

Salesforce Social Commerce是一款专为中国市场打造的,由阿里云托管的Headless电子商务中台产品。该产品能够管理和统一企业在WEB网站、移动App及小程序等多种渠道的电子商务应用,以获得客户的360°视图,从而提高客户体验,促进业务增长,帮助企业取得成功。作为全球最大的在线零售市场,在中国开展业务对许多Salesforce客户来说至关重要。然而,企业在中国运营时面临很多挑战,包括性能、数据合规性以及与中国本地平台的集成。Salesforce社交电子商务正是考虑到这些而构建的。它旨在帮助企业统一其中国店面在不同渠道的数据,并提供与关键本地系统的集成。其业务架构如图9-6所示。

同时该平台还具有如下功能和优势。

(1) 统一的数据 平台内置多渠道管理,帮助企业统一管理各个渠道的消费者数据和商品数据。

(2) Tableau集成 提供与Tableau的集成,使用Tableau可视化电子商务数据及调整业务,从而提高效率和转化率。

(3) 数据本地化 托管在中国境内的阿里云上,有助于满足企业的合规性和数据本地化要求。

(4) 商品目录 品牌商可以在控制台管理商品、类别、库存和定价,可以快速设置和更新商品分类。

(5) 支持标准浏览功能 例如查看、收藏、筛选以及跨多个店面搜索。

(6) 支持标准购物功能 例如购物车、本地支付集成、订单和通知。

图 9-6 Salesforce Social Commerce 业务架构图

（7）API 优先策略　采用 API 优先的策略，企业可以通过店面和业务 API，或者利用 Salesforce 领先的集成软件 Mulesoft 同步数据。

（8）业务 API　开发团队、经销商或系统集成商可以使用原生的业务 API 集成本地的 PIM、ERP、OMS、物流公司等。

9.2　电子商务为新兴服务业赋能

9.2.1　新兴服务业概述

1）新兴服务业的概念

新兴服务业是指伴随着信息技术的发展、知识经济的出现、社会分工的细化和消费结构的升级而新生的行业，或是用现代化的新技术、新业态和新的服务方式改造提升传统服务业而产生的，向社会提供高附加值，满足社会高层次和多元化需求的服务业。这些行业可能是全新的产业，也可能是传统服务业通过引入现代化的新技术、新业态和新服务方式进行改造和提升后而产生的。

2）新兴服务业的特点

新兴服务业的特点是向社会提供高附加值的服务，能够满足社会高层次和多元化的需求。随着科技的发展，新兴服务业通常涉及信息技术、互联网、人工智能、虚拟现实等领域，为消费者提供更便捷、高效、个性化的服务体验。这些服务往往在满足基本需求的同时，还能为用户提供更多的附加价值。新兴服务业的兴起带动了经济结构的转型和发展，推动了就业机会的增加，为经济增长带来新的动力。因此，政府和企业通常都会重视和支持新兴服务业的发展，以促进经济的创新和提升整体竞争力。

3) 新兴服务业的类别

新兴服务业按照服务内容划分,包括计算机服务业、软件服务业、租赁业、商务服务业、科技交流业、推广服务业、居民服务业、社会福利业、体育业、娱乐业、仓储业、装卸搬运和其他运输服务业等。这些服务行业极大地推动了第三产业的发展,安置了大量的城镇富余劳动力。它们的出现,与社会的需要密不可分。

4) 电子商务催生新兴服务业

随着互联网和信息技术的普及,电子商务在过去几十年里发展迅猛,使整个商业模式产生了巨大的改变。这种变革不仅影响了传统的零售业,还催生了许多新的服务业。例如,电子商务催生了物流与配送服务业。随着电子商务的兴起,商品的线上销售大幅增加,使得物流和配送服务成为至关重要的一环。为了满足快速、高效、准时的配送需求,许多物流和快递企业应运而生,提供包括快递、仓储、配送等各类物流服务。催生了在线支付与金融服务业,电子商务的发展推动了在线支付的普及,为消费者提供了更加便捷和安全的支付方式。催生了在线金融服务,如虚拟钱包、支付平台、P2P借贷等,满足了人们多样化的支付和资金管理需求。还催生了跨境电商服务,并且随着跨境电商的发展,涉及国际贸易、海关清关、国际物流等方面的服务需求也逐渐增加,相关的新兴服务业也在不断壮大。

5) 电子商务对新兴服务业的影响

电子商务对新兴服务业的影响主要体现在以下几个方面。

(1) 促进新兴服务业的发展　电子商务的兴起,使得新兴服务业得以迅速发展,如网络零售、在线旅游、在线教育等。这些新兴服务业态的出现,不仅提供了更多的就业机会,也满足了人民日益增长的消费需求。

(2) 优化服务业结构　电子商务的发展,使得传统服务业得以转型升级,新兴服务业得以快速发展。这使得服务业的产业结构更加合理,提高了服务业的整体竞争力。

(3) 创新服务模式　电子商务的发展,使得服务企业得以创新服务模式,如O2O、B2B等。这些新的服务模式,不仅提高了服务效率,也提高了服务质量,满足了消费者的个性化需求。

(4) 拓展市场空间　电子商务的全球化特点,使得新兴服务业得以拓展市场空间。通过网络销售、跨境电子商务等手段,新兴服务业可以将产品和服务销售到全球各地,实现国际化发展。

(5) 推动用户体验升级　电子商务竞争激烈,用户体验成为企业重要的竞争优势。新兴服务业受到电子商务对用户体验重视的影响,不断改进服务流程,提供更便捷、高效、个性化的服务,以满足用户的高层次需求。

(6) 带动相关产业发展　电子商务的发展不仅带动了新兴服务业的发展,也带动了物流、支付、信息等产业的发展。这些产业的发展,进一步促进了电子商务的繁荣。

总之,电子商务对新兴服务业的影响是多方面的,它促进了新兴服务业的发展,优化了服务业结构,创新了服务模式,拓展了市场空间,推动用户体验升级,同时也带动了相关产业的发展。

9.2.2　新兴服务业中的电子商务应用

1) 电子商务与旅游服务行业

电子商务对旅游服务行业有着深远的影响,它已经成为该行业发展的重要驱动力。电子商务使得旅游服务更加便捷和实时。旅游者可以通过在线平台享受预订机票、酒店、旅游团等服务,不再需要亲自前往实体旅行社或等待电话确认,这提供了更快速和高效的服务体验。同时电子商务技术为旅游服务提供了更多个性化和定制化的选择。在线平台能够根据用户的喜好、需求和历史记录推荐合适的旅游产品,为客户提供更加个性化的体验。

此外,电子商务拓宽了旅游服务的市场范围。旅游供应商可以通过互联网接触到全球各地的潜在客户,而消费者也能够轻松比较不同供应商的价格和服务,选择最适合自己的选项。电子商务对旅游服务行业的积极影响可以概括为:降低经营成本,提供全新营销渠道和销售平台,整合旅游资源,使消费者更便捷地获取旅游信息,实现个性化旅游定制5个方面。

旅游电子商务可以分为三大类:B2B、B2C、C2B模式。B2B模式在当前是一种广泛存在的运营模式,这种运营模式主要针对企业与企业之间的网络交易行为。旅游业作为当今社会经济一个重要的产业,集合了相当多的其他行业。要发展旅游业,就必须做好基础建设,对与其相关的各类子行业进行相互协调,其中就涉及各种类型企业之间的相互贸易,而通过B2B的模式可以大大提高电子商务的办事效率。B2C模式是一种企业针对消费者个人的服务,如旅游者利用互联网查询各种旅行信息、预订票务。B2C模式方便旅游者远程搜寻、预定旅游产品,提高了交易效率。C2B网络模式是游客针对旅游企业的需求。旅游者可以自由地提出他们在旅行中的需要,通过网络提交给旅游公司,旅游公司收到旅游者提出的要求后,可以制定一系列个性化的旅游服务来满足游客,通过网络平台,游客可以很方便地进行旅游计划的安排。

目前我国旅游电子商务发展并不完善,可以从如下三个方向加强。一是完善企业网络环境,旅游业需要考虑当前我国经济发展实际情况和居民实际消费能力,完善自身的运营体系。针对不同层次的旅游者制定不同的旅游策略,为不同的人群提供更好的服务。在现阶段,我们可以通过推动实体经济和网络经济相结合的方式促进旅游业的发展,这样才能更充分发挥旅游电子商务的优势。二是加强网上旅游市场的培育,电子商务+旅游的模式需得到游客的认可,游客对它的认知程度深刻影响着它的发展进程。尽管目前的在线支付已十分完善,但有些消费者仍不习惯网上支付。因此,政府和企业需要引导和培养网民的新观念,调动游客消费的积极性。三是要注重网络经营与传统经营的合作,相比较于网络化的电子商务旅游,传统的旅游方式仍占据了市场中的绝大部分。对于电子商务旅游的全新方式而言,传统的旅游经营方式有着其自身独特的优势。电子商务+旅游可以为传统的旅游提供网络上的便利,如果将电子商务式的旅游和传统方式的旅游有机地结合在一起,将为游客和商家带来更好的服务和便利,并推动旅游业的发展。

游客是旅游行为的主体,也是所有旅游活动(管理、服务、营销)的体验者。在旅游行为的各个场景中,围绕游客的"吃、住、行、游、购、娱"六要素,贯穿整个旅游产业价值链。以游客为主线的旅游场景总视图如图9-7所示。

电子商务旅游服务分为旅游前、旅游中、旅游后三个阶段。旅游前,游客会通过各大旅游平台或在线网站在线规划行程,通过景区门户或景区APP在线了解景区的门票价格、景区特色、景区项目等相关信息。在规划完自己的行程后,可以通过预订平台订购车票、酒店。目前大多数服务平台都能提供精准营销服务,例如当购买完机票后,平台会推荐相应的接机服务;在预订完景区门票后,平台会推荐附近的酒店。

在旅游中,一些旅游APP会提供自助语音导览,景区智能导览系统能提供基于位置的导览服务,景区旅游电子商务平台能够提供预定、支付、物流等全栈式服务。对于景区管理者而言,景区全媒体信息发布系统能够提供景区信息发布统一管理功能;景区客流监控分析平台能

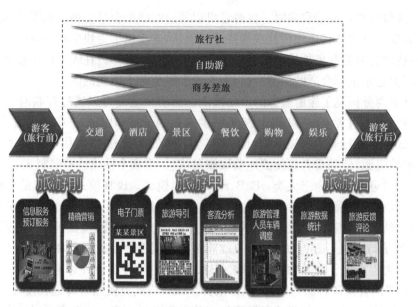

图 9-7 以游客为主线的旅游场景总视图

够分析游客从哪里来、哪个景区游客最多,提供预警和分流服务;景区应急指挥调度平台能够对突发事件全面监控,对景区状况实时掌握,实现应急指挥科学高效。大多数景区突发事件应急调度平台都与相关部门的应急响应指挥中心连接,以便协调资源和信息的共享。平台允许各方实时沟通,确保信息传递的及时性和准确性。还可以向游客和公众发布紧急通知和指示,提供疏散路线、安全提示等信息,以确保游客和员工的安全。

在旅游后,游客可以通过旅游 APP 等对景点、酒店评价,提供意见反馈。还可以通过易信、微信朋友圈等跟好朋友分享旅游心得。上述内容为电子商务旅游服务的一个完整流程。

2)电子商务与物流服务业

随着经济全球化和互联网经济的飞速发展,现代企业竞争的结果使生产企业和商业企业都进入了微利时代。而电子商务的推广,加快了世界经济一体化的进程,在互联网实现电子商务活动后,需要一个有效的现代物流体系为实物提供低成本、高效率、快速、安全的转移服务,这使现代物流在整个商务活动中占有非常重要的地位。电子商务对物流有巨大需求,而物流对电子商务发展的制约瓶颈也日益突出。

电子商务和物流是构建高效供应链和满足消费者需求的两个重要组成部分,主要体现在如下几个方面。

(1)订单处理与配送 电子商务平台使消费者可以在线下订单购买商品和服务。一旦订单产生,物流系统就参与其中,从仓库或供应商处获取商品,进行打包和标记,然后通过物流渠道将商品送达顾客的手中。物流的效率和准确性直接影响了消费者的购物体验。

(2)供应链管理 电子商务经营需要一个高度协调和高效的供应链。物流管理在供应链中的角色是确保从生产商到消费者的产品流动,确保产品能够及时送达,同时最大程度地降低库存和运输成本。

(3)物流技术支持 电子商务的成功离不开先进的物流技术,如全球定位系统(GPS)、智能仓储系统、运输优化算法等,可以提高物流运营的效率和准确性,它提供实时信息、优化运输路线,可降低延误率,并使得物流公司能够更好地跟踪货物。

（4）运输选择　电子商务的繁荣促使物流行业发展，物流配送有了多样化的运输选择。除了传统的陆运、海运、航空运输外，物流领域还出现了新的解决方案，例如快递服务、同城配送等，以满足电子商务的快速交付需求。

（5）逆向物流　退货和售后服务涉及逆向物流。物流在处理退货、退款和维修等方面的效率，对于维护客户关系和提高客户满意度非常重要。

（6）全地理覆盖　电子商务使得产品信息可以迅速传递给全球范围的消费者。这就需要物流公司具备跨国运输和全球覆盖的能力，以满足跨境运输和国际配送的需求。

电子商务与现代物流的关系非常紧密，已有一些成熟的应用，下面举例说明。

① A 公司共有 2 个发货仓库，覆盖广州、深圳、惠州、东莞等地区 3 202 个门店，每个门店平均有 2 000 个 SKU，约 110 种包装规格，同区域内门店平均距离 1.6 千米。部分市区有限行要求，只允许 4.2 吨以下配送车辆驶入。不同配送区域有不同的时限要求，发货仓库要求同区域 T+0 送达、跨区域 T+1 送达。每日送货前，物流配送公司需要提前通知门店收货时间段，偏差需要小于 40 分钟。上线 TMS 前，A 公司 7×24 小时循环发货，收到客户发货指令后，人工通过 Excel 预估需要送货的车辆数量和每辆车的配送地点，通过微信通知司机前往客户仓库提货，并开始不同区域的配送。配送过程中，司机通过电话、微信告知项目团队配送的进度。在运作过程中存在诸多痛点：车辆装载率较低；因人工调度失误，同个门店同天多次配送的情况时有发生；司机在开车过程中无法主动上报配送进度，客服团队每日需要进行大量的电话沟通，信息滞后失真，也带来安全隐患；门店无法掌握到货的准确时间段，不断地电话交流，对物流公司满意度不高。

TMS 运输管理系统对接货主 ERP 系统后，可以实时获取每日发货指令。系统动态规划本次配送需要使用的车型和数量，规划车辆的行驶线路。调度人员一键将调度指令下发给对应的司机进行配送作业，并开启车辆作业定位，全程监控车辆轨迹。同时将预计到店时间通过邮件、短信发送给对应的收货门店。司机在微信小程序上完成本次作业。物流专员通过鹰眼平台，对运输作业过程实时监控，及时获得运单的时限预警。TMS 智慧城配系统的界面如图 9-8 所示。

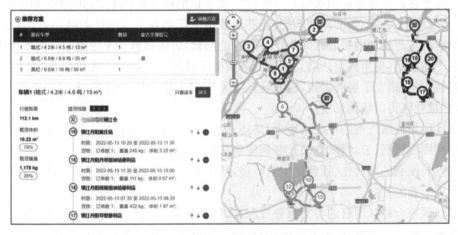

图 9-8　TMS 智慧城配系统界面

② B 公司以生产制造和财务管理为核心的生产 ERP 信息系统，着重生产流程和内部成本核算，在供应链物流管理模块明显力不从心，无法满足上游品牌企业对 OEM 代工企业的供

应链集成要求。品牌企业要求 OEM 工厂打通供应链信息流,同步精确订单生产、运输计划,对订单履约过程要全程可视。细节上需要支持不同工厂货物的在途合并 MIT 作业、加急、暂存等特殊指令、迅速处理各类运输异常,避免最终用户投诉。B 公司希望通过物流管理系统建设,使得物流管理能够灵活、快速、高效地适应公司的供应链战略,提升作为计算机品牌企业一级供应商的竞争优势。

某科技公司推出的生产 ERP+智慧物流管理系统成功帮助其解决了上述问题。首先和物流管理系统和上游品牌企业的 Oracle 系统集成,获取订单、运输、作业指令,反馈运输状态和作业结果。接着,物流管理系统和 B 公司生产 ERP 集成,将 ERP 中的运输需求自动转入系统,并将核心运输状态数据同步给生产 ERP。然后,订单实现全流程线上管理,关键节点信息采集。B 公司物流专员通过平台,对运输作业偏差进行实时预警,系统自动+人工干预保障货物准时到达目的仓库。下游中小承运商通过 TMS 电脑端和微信小程序第一时间反馈运输过程数据,全国型承运商通过平台 API 接口反馈作业信息。智慧物流管理系统部署在客户工厂私有云中,系统运行、运维完全符合客户信息安全标准。

生产 ERP+智慧物流管理系统匹配了 B 公司的供应链提升战略,初步实现了上游品牌企业、企业自身、下游承运商的产品流(货物流)、信息流、资金流的集成,并建立了长期合作,实现供应链整体成本最低。提升了物流网络的整体透明度,能更好地分析订单的履约时效、成本、异常的现状和方向,为物流网络的持续优化提供了翔实的运作数据。此外,作业过程全程可视化,可实时预警,让一线物流管理人员从事后应急管理转为事前主动干预。

从上述两个案例可以看出,电子商务对现代物流服务产生了多方面的影响,推动了物流行业的发展和创新。为了适应电子商务的快速变化和客户需求,物流服务提供商不断采取新的技术和策略,以提供更高效、可靠和环保的物流服务。

3)电子商务与社区服务业

电子商务与社区服务业是以服务具有社区属性的城乡居民家庭生活消费为目的,整合社区周边一定范围内的产品与资源,通过在社区开设实体门店或者设置代理点,开展线上与线下互动相结合的商业销售模式,具有快速、便捷、成本低、维权高效等优势。

电子商务在社区服务业的应用是通过构建数字化的供应链体系,实时捕捉和感知消费者的需求,实现线下人、货、场的精准匹配,能够让源头工厂和农户以最优的链路直连社区小店,能够有效解决生产者和消费者之间信息不对称的问题,为居民更快速便捷地提供质量更好、价格更低的产品,尤其是生鲜农产品。电子商务改变了社区服务业的方式和途径,让人们更加近距离地接触服务,拓宽了服务渠道,比如已经渗入人们生活的外卖服务、上门维修服务等。与此同时,智慧社区得以蓬勃发展。

智慧社区是社区管理的一种新理念,是新形势下社会管理创新的一种新模式。智慧社区是指充分利用物联网、云计算、移动互联网等新一代信息技术的集成应用,为社区居民提供一个安全、舒适、便利的现代化、智慧化生活环境,从而形成基于信息化、智能化社会管理与服务的新的管理形态的社区。

智慧社区整合社区现有的各类服务资源,为社区群众提供政务、商务、娱乐、教育、医护及生活互助等多种便捷服务,能够有效推动经济转型,促进现代服务业发展。从应用方向来看,"智慧社区"应实现"以智慧政务提高办事效率,以智慧民生改善人民生活,以智慧家庭打造智能生活,以智慧社区提升社区品质"的目标。智慧社区涵盖平台端、终端、服务端三个部分,每个部分的功能如图 9-9 所示。

有赞社区团购是一个覆盖超过 600 万商家的社区团购平台,是业内公认的私域营销专家,专注为客户提供社交电商、小程序、新零售、智慧门店、分销、会员 CRM 系统及一体化经营解决方案。有赞凭借全渠道经营、仓储配送管理、供应链管理、千人千面营销、团长招募与管理、一体化管理提效六个核心功能模块,为消费者和商家提供全方位智慧社区运营服务。有赞社区团购能为商家、团长和消费者提供便利。对于商家来说,具有以销定采,轻库存,低消耗,能够获得流量红利,获客成本低等优势;对于团长来说,具有利润丰厚,激励分销,自主卖货,无库存压力,转发即可获利等优势;对于顾客来说,具有高性价比好货,购物便捷,裂变式传播,快速拓展,熟人交易,买卖更放心等优势。有赞社区团购平台具体交易流程如图 9-10 所示。

图 9-9 智慧社区部分功能

图 9-10 有赞社区团购平台交易流程

从图中可以看到,有赞社区团购平台先由商家开团并提供商品,接着团长参团,然后团长转发团购物品信息并将活动转发到群。团员看到订单后下单成团,平台生成总订单。商家根据订单配货,并通过物流系统发货给团员。之后团员自提收货,团长获得交易佣金。最后团长向平台传递消费者反馈信息,由商家负责给消费者提供售后服务。它将电子商务服务与社区服务相结合,能从很大程度上给社区成员提供便利并改善居民生活,同时也能为电子商务企业创造更多经济利润。

4) 电子商务与房地产业

相对于传统的房地产居间经营模式,电子商务在房地产业的应用整合了房产平台和房产网站,它能够解决房地产业内信息不对称等问题,充分整合企业的内部资源,以及房地产周边产业的商机资源。经过对客户价值的创新开发,经营者为消费者带来"省时、省力、省心、省钱"的消费体验的同时,完成自身品牌内涵的差异化塑造。

电子商务在房地产业的应用可以带来诸多优势,例如可以为房地产企业提供更加高效和便捷的销售渠道,提升销售效率和客户满意度。具体来说,房地产企业可以通过建立网上房产交易平台,让客户可以在线上查看房源信息、线上预约看房、在线咨询客服等。这样不仅可以节省客户的时间和精力,也可以让房地产企业提供更加全面和便捷的服务。电子商务可以为房地产企业提供更加精准的客户定位和营销手段。通过数据分析和人工智能技术,房地产企业可以更加准确地了解客户的需求和偏好,并针对性地制定营销策略。例如,通过客户的搜索历史、行为轨迹等数据,房地产企业可以为客户推荐更加符合需求的房源,从而提高销售转化率和客户满意度。电子商务可以为房地产企业提供更加高效的管理手段,例如通过建立在线支付、在线签约等功能,可以大大减少房产交易的时间和成本,提升效率和安全性。通过数据分析和监控系统,房地产企业可以及时掌握市场动态和客户反馈,及时调整营销策略和服务质量,提高企业的竞争力和品牌形象。

电子商务保证了网络交易的公平公开性。传统的房地产交易具有较低的透明度。消费者通过营销人员的描述来判断房产的优劣,这很大程度上抑制了房产本身特性的展示和消费者的主观意识。电子商务改变了传统房地产的交易模式,采用消费者、开发商、材料供应商、政府以及银行等多领域共同参与的新型模式,使消费者可利用网上强大的信息交互优势对房产信息有更系统的认识,同时又可以进行不同维度的比较和评估,把房子的定价权交给客户。用公开透明的信息建立完善的定价机制,避免了传统房地产中间机构垄断信息、牟取暴利,实现了传统交易无法比拟的公平公开性。

此外,电子商务还能提供丰富的推广手段和强大的广告宣传效应。网络购物已经成为消费者青睐的购物方式,采用网络平台进行购物的消费群体日益增多。利用网络高效率的搜索引擎、网络广告、网站资源合作、E-mail 营销等,可以不受时间和空间限制,对产品进行宣传。同时,VR 360 度旋转影像浏览技术、三维动画模拟、效果图展示等构成了网上楼盘的销售系统,为消费者营造身临其境的真实感觉。

链家网是集房源信息搜索、产品研发、大数据处理、服务标准建立为一体的国内领先且重度垂直的全产业链房产服务平台。目前,链家网线上房源已覆盖北京、上海、广州、深圳、天津、成都、青岛、重庆、大连等 40 多个城市。在房产 O2O 服务领域,链家网旨在通过不断提高服务效率、提升服务体验,为用户提供更安全、更便捷、更舒心的综合房产服务。链家成立于 2001 年,十余年积累了百万级别的成交数据,楼盘字典累积了 7 000 万套房屋的详情信息,超过 2 000 万的用户数据。目前日均成交近千套,每日新增房源达 6 000 套。经纪人带购房者带看近 4 万套,每日产生的日志数据超过 5 TB。这些海量的数据为链家进行数据挖掘提供数据来源上的可行性。

链家的数据挖掘体系从下到上依次是基础层、画像层、算法层、应用层。

(1) 基础层 主要是数据采集、数据存储、数据运算平台。得益于链家在数据上的早期布局,能够采集到经纪人线下的大部分行为,包括经纪人带看行为数据、经纪人对房屋的点评、经纪人和用户的电话数据、经纪人成交数据等,还包括 10 万名经纪人手动采集的 7 000 万套楼盘字典的数据。此外,为了采集到丰富的线上用户行为数据以及经纪人的作业行为数据,链家在产品中设置了丰富的埋点,包括用户注册、登录、浏览、点击、关注、取消关注、搜索、线上聊天、点评、地图找房等。这些埋点也会反馈回业务系统,辅助进行模型效果的评估。这些数据构成了链家数据挖掘和分析的基石。

(2) 画像层 是整个挖掘算法的基础,它的直接输出是挖掘算法的数据来源。画像层包括了四个方面:用户画像、经纪人画像、房源(业主)画像、小区画像。链家的用户画像能够从更抽象的层面对用户进行喜好和行为建立标签,并基于 Spark 和 MLlib 做跨设备的用户识别,得到更为完备的自然人的画像数据。

(3) 算法层 链家网使用了以协同过滤为基础的推荐算法为用户推荐房源信息。在估价中,平台使用了 GBDT、Hedonic、ANN、RandomForest 四种算法。在房源分级中,使用了 LR、SVM 等算法。在客源解读中刻画用户购房意愿时,使用了 HMM 算法。在寻找相似房源相似小区时,使用了 Kmeans 算法。

(4) 应用层　应用层是挖掘算法结合业务在产品端的落地。涉及实际中已经运行在线上的项目,例如房源推荐、内容推荐、住哪儿、链链小机器人、房屋估价、房价频道、房源竞争力、客源解读、相似房源、检索策略、排序策略、展位规则、标签体系。可以看出,数据挖掘技术在链家网的产品中得到了广泛深入的使用。

总之,电子商务在房地产业中的应用可以为企业带来更加高效和便捷的销售渠道,更加精准的客户定位和营销手段,以及更加高效和科学的管理手段,从而提升企业的竞争力和客户满意度。

9.3　智慧技术与互联网智慧产业

9.3.1　电子商务应用中的智慧技术

电子商务的广泛应用催生了一系列互联网智慧技术(Smart Technology)。这些互联网智慧技术相互融合,为电子商务发展提供全方位的支持和推动。随着技术的不断进步和创新,电子商务将会有更多智能化、高效化的应用场景,为消费者和商家带来更多便利和价值。

互联网智慧技术指的是利用人工智能、大数据、云计算、物联网等技术手段,通过对海量数据的分析、处理和挖掘,实现智能化决策、优化业务流程和提升用户体验的技术。

互联网智慧技术的主要应用有以下几个方面:

(1) 大数据分析　通过对海量数据的采集、存储、处理和分析,挖掘数据背后的信息和关联,提供全面的数据支持,帮助企业做出更明智的决策。

(2) 人工智能　包括机器学习、深度学习、自然语言处理等技术,可以帮助企业自动化处理大量烦琐的工作,提高效率和精确度。

(3) 云计算　通过云计算技术,企业可以实现资源的共享和集中管理,节省 IT 成本,提高数据的安全性和可靠性。

(4) 物联网　将各种物理设备连接到互联网,实现设备之间的互联互通,实现智能化的控制和管理,提高生产效率和用户体验。

(5) 区块链　通过区块链技术实现数据的分布式存储和传输,保证数据的安全性和可信度,可以应用于数字货币、物联网安全等领域。

(6) 聊天机器人　利用自然语言处理技术和机器学习技术,实现智能对话,为用户提供更加智能化的服务。

(7) 智能家居　利用物联网技术,将家居设备连接到互联网,实现远程控制和智能化的管理,提高生活品质。

当今的电子商务领域广泛运用了各种互联网智慧技术,这些技术可用于提高网站的用户体验、促进销售以及提高运营效率等。例如,推荐系统是电子商务网站最常用的技术之一,它可以根据用户的历史浏览记录、购买记录、搜索关键词等信息,向用户推荐可能感兴趣的商品或服务,从而提高用户的购买率和满意度。同时电子商务网站收集有大量的用户数据和交易数据,通过大数据分析技术,可以深入了解用户需求、行为习惯、购买偏好等信息,从而优化网站的内容和功能,提高用户体验。聊天机器人是一种能够进行自然语言交互的智能客服系统,它可以帮助用户快速解决一些常见问题,提高用户满意度和忠诚度。搜索引擎优化通过调整网站的结构、内容和关键词等方式,提高网站在搜索引擎中的排名,从而增加网站的曝光率和流量,提高销售。虚拟现实和增强现实技术可以为用户提供更加沉浸式的购物体验,例如在虚拟商场中逛街、试穿衣服等,可以提高用户的购买欲望,可以让用户足不出户就能买到心仪的衣服。

总之,互联网智慧技术在电子商务领域的应用非常广泛,可以帮助电商企业提高用户满意度、促进销售、提高运营效率,进而实现商业价值的最大化。

在电子商务应用中,越来越离不开物联网、云计算、大数据等基础的互联网智慧技术。这些智慧技术可以为电子商务提供智能化、实时化、服务化、个性化和定制化的服务。

物联网是物物相连的互联网,是互联网的延伸,它利用局部网络或互联网等通信技术把传感器、控制器、机器、人员和物等通过新的方式连在一起,形成人与物、物与物相连,实现信息化和远程管理控制。物联网技术通过传感器、RFID、无线通信、云计算等技术手段,将各种设备和物品连接起来,形成一个庞大的网络。这个网络可以实时地获取各种设备和物品的状态信息,比如温度、湿度、压力、位置等。这些信息可以用于实现自动化控制、远程管理、智能监测等功能。在智能家居领域,物联网技术可以通过连接各种智能家居设备,实现智能化的家居控制。用户可以通过智能手机或者语音助手等设备,实现对家居设备的远程控制,比如控制灯光、温度、窗帘、音响等。在工业领域,物联网技术可以实现智能制造、智能监控、预测性维护等功能,通过连接各种工业设备和传感器,实时获取生产过程中的数据,进行数据分析和处理,从而优化生产流程,提高生产效率和产品质量。

云计算实现了通过网络提供可伸缩的、廉价的分布式计算能力,用户只要在有网络接入条件的地方,就可以随时随地获得所需的各种IT资源。其代表了一种以虚拟化技术为核心,以低成本为目的,动态可扩展的网络应用基础设施,是一种网络计算技术与模式。它通过将计算资源、存储资源、网络资源等服务进行虚拟化和集中化管理,为用户提供按需获取、按需使用、按需付费的计算服务。云计算技术是一种高度灵活、可扩展的计算模式,它为用户提供了更加便捷、高效、经济的计算资源管理方式。

大数据是规模庞大、类型多样、处理速度快、价值密度低的数据集合。这些数据集合通常难以使用传统的数据处理工具和技术进行分析和处理。大数据的产生涉及互联网、物联网、移动设备、传感器等各种数据源,包括结构化数据、半结构化数据和非结构化数据等多种类型。大数据的价值在于可以通过大数据分析技术挖掘出隐藏在数据背后的信息和知识,为企业、政府、学术界等提供更多的商业价值、社会价值和科学价值。大数据分析技术可以帮助人们更好地理解和预测市场趋势、消费者需求、自然灾害、社会事件等各种现象,从而为决策提供支持和指导。大数据技术主要包括数据采集、数据存储、数据处理、数据分析和数据可视化等方面。但大数据技术也面临着一些挑战,如数据安全和隐私保护、数据质量和数据管理等方面。因此,在使用大数据技术的过程中,需要注重数据的安全性、隐私性和合规性,同时也需要注重数据的质量和管理。

物联网、云计算、大数据三者之间既有区别,又有联系。三者之间的区别是大数据侧重于对海量数据的存储、处理与分析,从海量数据中发现价值,服务于生产和生活。云计算旨在整合和优化各种IT资源,并通过网络以服务的方式廉价地提供给用户。物联网发展目标是实现物物相连,应用创新是物联网发展的核心。三者之间的联系是大数据根植于云计算,云计算的分布式数据存储和管理系统提供了海量数据的存储和管理能力,分布式并行处理框架 MapReduce 提供了海量数据分析能力。反之,大数据为云计算提供了"用武之地",没有大数据这个"练兵场",云计算技术就无法发挥其应用价值。物联网传感器源源不断产生的大量数据,构成了大数据的重要来源。同时,物联网需要借助云计算和大数据技术,实现物联网大数据的存储、分析和处理。

9.3.2 智慧产业与互联网智慧产业

1) 智慧产业

智慧产业(Smart Industry)是指数字化、网络化、信息化、自动化、智能化程度较高的产业,它是智力密集型产业、技术密集型产业,而不是劳动密集型产业。智慧产业的特点在于高度智能化、信息化、个性化和自适应性,注重创新和创造力,强调团队合作和知识共享。智慧产业是智慧经济的龙头产业,是人的智慧在生产各要素中占主导地位的产业形态,如图 9-11 所示。

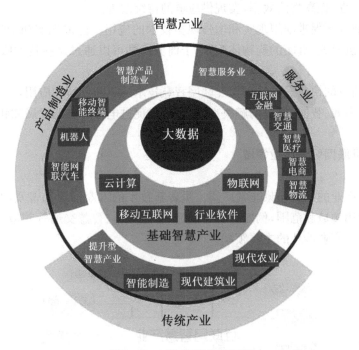

图 9-11 对智慧产业的理解

广义地讲,教育、研究和咨询也属于智慧产业。与传统产业相比,智慧产业更强调智能化,包括研发设计的智慧化、生产制造的智慧化、经营管理的智慧化、市场营销的智慧化。它以人的智慧作为生产要素,以实现生产、管理、营销等各个环节的智慧化,提高企业的效率,降低成本,提升产品和服务的质量。

需要说明的是,智慧产业中的智慧(Smart)可能需要以高智能(Intelligence)为基础,但是,智慧是一种迅速、灵活、正确理解和处理的能力。也就是说,智慧是行为或服务导向的,而非技术导向的,尽管可能是以技术为基础。

2) 互联网智慧产业

互联网和电子商务的发展已经渗透到生活和社会的方方面面,扩宽了生活和生产的方式和渠道。互联网的发展和对各个方面渗入推动着产业的变革和发展。电子商务在各个方面的迅速发展,也推动了各个领域的信息化、智慧化发展,催生互联网智慧产业发展。

电子商务应用对互联网智慧技术的影响巨大,电子商务的快速发展促进了互联网智慧技术的不断创新和应用。

首先,电子商务推动大数据和人工智能的发展。电子商务网站需要处理大量的用户数据、商品数据和交易数据,人工智能技术可以通过对这些数据的分析和处理,提高用户体验、优化商品推荐、增加销售效果。

其次,电子商务促进物联网技术的应用。电子商务网站需要实时监测商品库存、物流情况、交易状态等信息,物联网技术可以实现对这些信息的实时监控和管理,提高网站的运营效率和用户满意度。

同时,电子商务推动区块链技术的发展。电子商务的发展推动了数字货币的普及和应用。数字货币采用区块链技术,为电子商务提供了更加便捷、安全的支付方式。区块链技术有助于实现供应链的透明化和规范化管理。通过区块链技术,企业可以更好地掌握市场需求和库存情况,优化库存管理,提高物流效率,实现供应链的持续改进。

此外,电子商务还促进虚拟现实和增强现实技术的应用。虚拟现实和增强现实技术可以为用户提供更加沉浸式、真实的购物体验,电子商务网站可以通过这些技术吸引用户、提高用户的购买欲望。

总之,电子商务的快速发展推动了互联网智慧技术的不断创新和应用,这些技术为电子商务企业提供更加高效、智能、便捷的解决方案,进一步促进电子商务的发展和壮大。

9.3.3 典型的互联网智慧产业领域

互联网智慧产业的发展前景非常广阔。随着新技术的不断涌现和普及,互联网智慧产业将不断拓展其应用领域和范围,例如在智能制造、智慧城市、智慧交通等领域。图 9-12 所示,是目前互联网智慧产业涉及的主要领域。

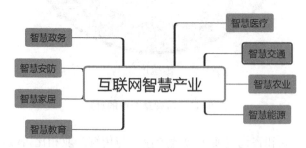

图 9-12 互联网智慧产业的主要领域

互联网智慧产业的发展,将有力推动经济转型升级和改变人们生活方式。随着人们对于生活品质和便利性需求的不断提升,互联网智慧产业也将得到更广泛的应用和推广。下面,我们重点讨论几种典型的互联网智慧产业领域。

1)互联网智慧交通

互联网智慧交通是指在传统交通基础设施上,通过信息技术、传感技术、人工智能等手段,实现交通系统的智能化管理、优化调度、信息共享、公共服务等目标。通过智慧交通系统的实时监测和智能调度,可以及时发现和解决路段拥堵问题,提高道路通行能力,减少交通拥堵和行车延误,从而提高通行效率和道路安全。同时,智慧交通系统可以通过交通监控、智能信号控制、车辆行驶辅助等技术手段,实现对道路交通的全方位监管和控制,提高交通安全性和通行效率。此外,通过促进共享交通工具和优化交通流量,互联网智慧交通可以减少私人车辆的使用,降低交通拥堵和排放,从而减少对环境的影响。如图 9-13 所示是互联网智慧交通的主要内容。

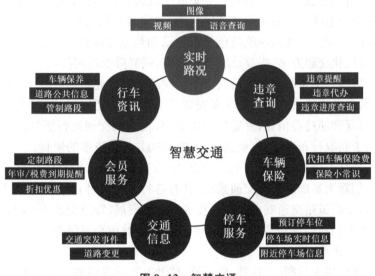

图 9-13 智慧交通

总体而言,互联网智慧交通的应用可以改善城市交通系统的运行效率和用户体验,推动交通领域的创新和可持续发展。

(1) 实时交通信息 互联网智慧交通系统收集和分析实时交通数据,可以提供准确的交通信息,包括拥堵情况、交通流量、事故报告等。这些信息可以帮助驾驶员选择最佳路线,避免拥堵,节省时间和燃料消耗。

(2) 智能导航系统 互联网智慧交通可以提供智能导航系统,根据实时交通信息和驾驶员的目的地,提供最佳路线规划和导航指引。这有助于减少路程时间,避免拥堵,提高驾驶效率。

(3) 共享出行服务 互联网智慧交通推动了共享出行服务的发展,如共享汽车、共享单车和拼车服务等。这种模式可以减少城市交通拥堵,节约能源,降低碳排放,并提供灵活的出行选择。

(4) 智能交通管理 互联网智慧交通系统可以实时监测和管理交通流量,通过智能交通信号灯控制和路段优化,优化交通流动,减少拥堵,并提高道路的利用率。

(5) 电子支付和电子收费 互联网智慧交通可以实现电子支付和电子收费系统,提供便捷的支付方式,如电子标签、移动支付等。这样可以减少交通拥堵和等待时间,提高支付效率。

(6) 数据分析和预测 互联网智慧交通系统可以通过大数据分析和机器学习等技术,对交通数据进行分析和预测。这有助于交通管理部门制定更科学的交通规划,提前预测和应对交通拥堵等问题。

目前互联网智慧交通已在我国的多个城市、企业和交通枢纽获得了相对成熟和成功的应用,为减少交通拥堵和环境污染做出了杰出贡献。

深圳市拥有名为"智慧交通管理系统"的智能交通系统,该系统集成了各种智能设备,包括传感器、路网监测设备和视频监控摄像头,可利用实时数据和算法,预测交通拥堵,并将信息发送给司机、乘客和其他交通参与者。此外,该系统还能检测车辆违法行为,如闯红灯和超速行驶,以加强道路交通安全。深圳智慧交通管理系统的实施成功地减少了城市交通拥堵,提高了交通效率,并在交通安全方面发挥了积极作用。

上海虹桥枢纽智能交通控制中心是一个集成了虹桥机场、虹桥火车站和虹桥商务区的大型综合区域智能交通系统。该系统采用高端技术,如实时视频监控、车牌识别和卫星导航,提高了交通效率和道路安全。此系统的特色是在场景和数据之间建立动态关联,通过分析路况和交通流量,实时优化交通方案,提高旅客出行效率,同时降低路网拥堵。

北京市采用智能公交系统来提高公共交通行业的效率。此系统包括计算机控制的公共汽车、自动售票机和自动更新系统等。公交车安装了 GPS 和 GPRS 技术,每天都会通过云平台上传数据,监测路况和油耗等信息,并通过分析数据,使公共交通运行更加高效和安全。智能公交系统还可用于获取行车路线,避免拥堵,节省时间并提供更多的便利。

智慧交通系统是一个全新的城市交通形态,它的实际应用和效果将在未来迎来更深层次的创新。以科技创新为基础的智慧交通系统,具有各种有益特性,可提高交通效率,减少城市拥堵和环境污染,提高道路交通安全。随着技术的不断发展,智慧交通系统将能够更好地综合城市交通信息,为人们提供更加高效、更安全和更便利的城市交通服务。

2) 互联网智慧医疗

智慧医疗综合运用大数据、云计算、物联网、移动互联网等新兴信息技术和生物技术、纳米技术等,融合管理部门、医疗机构、服务机构、家庭的医疗资源及设施,创新健康管理和服务模式,建立全息全程的医疗健康动态监测与服务体系,如图 9-14 所示。

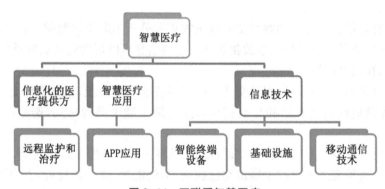

图 9-14 互联网智慧医疗

与传统医疗相比,智慧医疗利用信息技术和人工智能技术对医疗流程进行优化和自动化,可以减少繁琐的人工操作和纸质文件的使用。这样可以提高医疗过程的效率,减少等待时间,提高患者就诊体验。同时,智慧医疗可以通过数据分析和挖掘,提供更准确的诊断和治疗方案,减少医疗错误和疏漏。智能医疗设备和传感器可以实时监测患者的生理参数,提供及时的健康状态反馈,帮助医生做出更准确的判断。智慧医疗可以基于大数据和人工智能技术,对大量病例和医学知识进行分析和学习,为每个患者提供个性化的医疗方案。结合患者的基因组信息、病历记录和生活习惯等多维度数据,医生可以更好地了解患者的疾病风险和治疗需求,制定更加精准的诊断和治疗方案。

但智慧医疗的发展也面临一些挑战,如数据隐私和安全性、技术标准的统一、医疗机构的接受程度等。但总体来说,智慧医疗通过信息技术和人工智能的应用,有望为医疗行业带来更高效、更精准、更便捷的服务。

智慧医疗技术已应用于智能医疗监护、远程医疗、医疗用品智能管理、智能医疗服务等多个领域,让医护人员可实时感知医疗信息,为人民群众提供一流的医疗服务,为构建和谐的社会环境打下坚实基础。

(1) 智能医疗监护　智能医疗监护是指通过感知设备采集体温、血压、脉搏等多种生理指标,对被监护者的健康状况进行实时监控。智能医疗监护可以实现移动生命体征监测。其将移动、微型化的电子诊断仪器,如电子血压仪、电子血糖仪等植入到被监护者体内或者穿戴在被监护者身上,持续记录各种生理指标,并通过内嵌在设备中的通信模块以无线方式及时将信息传输给医务人员或者家人。移动生命体征监测可以不受时间和地点的约束,既方便了被监护者,还可以弥补医疗资源的不足,缓解医疗资源分布不平衡的问题。智能医疗监护能够实现医疗人员对设备的实时定位。在医疗服务过程中,对于患者、医疗设备的实时定位可以很大程度地改善工作流程,提高医院的服务质量和管理水平,并方便医院对特殊病人(如精神病患者、智障患者等)的监护和管理,对紧急情况进行及时的处理。此外,智能医疗监护还能够进行行为识别和跌倒检测。行为检测依赖于行为识别系统,行为识别系统用于计量用户走路或者跑步的距离,从而计算运动所消耗的能量,对用户的日常饮食提供建议,保持能量平衡和身体健康。跌倒检测系统是对一些特殊人群特别是高血压患者等进行意外摔倒的检测,并可在患者跌倒后迅速报警。

(2) 远程医疗　远程医疗支持家庭社区远程医疗监护系统、医院临床无线医疗监护系统、床旁重患监护和移动病患监护。远程医疗监护系统由监护终端设备和无线专用传感器节点构成一个微型监护网络。医疗传感器节点用来测量如体温、血压、血糖、心电、脑电等人体生理指标。传感器节点将采集到的数据,通过无线通信方式发送至监护终端设备,再由监护终端上的通信装置将数据传输至服务器终端设备上。再在远程医疗监护中心,由专业医护人员对数据进行观察,提供必要的咨询服务和医疗指导,实现远程医疗。

(3) 医疗用品智能管理　医疗用品智能管理应用于药品防伪、血液管理、医疗垃圾处理等多个领域。

在药品防伪方面,RFID 电子标签识别技术应用比较广泛。生产商为生产的每一批药品甚至每一个药瓶都配置唯一的序列号,即产品电子代码。通过 RFID 标签存储药品序列号及其他相关信息,并将 RFID 标签粘贴在每一批(瓶)药品上。在整个流通环节,所有可能涉及药品的生产商、批发商、零售商和用户等都可以利用 RFID 读卡器读取药品的序列号和其他信息,还可以根据药品序列号,通过网络到数据库中检查药品的真伪。

在血液管理方面,基于 RFID 识别技术的血液管理实现了血液从献血者到用血者的全程跟踪与管理。献血者首先进行献血登记和体检,合格后进行血液采集。每一袋合格的血液上都被贴上 RFID 标签,同时将血液基本信息和献血者基本信息存入管理数据库。血液出入库时,可以通过读卡器查询血液的基本信息,并将血液的出入库时间、存放地点和工作人员等相关信息记录到数据库中。在血库中,工作人员可以对库存进行盘点,查询血袋的存放位置,并记录血液的存放环境信息。在医院或患者使用血液时,可以读取血液和献血者的基本信息,还可以通过 RFID 编码从数据库中查询血液的整个运输和管理流程。

在医疗垃圾处理方面,医疗垃圾监控系统实现了对医疗垃圾装车、运输、中转、焚烧整个流程的监控。当医疗垃圾车到医疗垃圾房收取医疗废物时,系统的视频就开始监控收取过程。随后医疗垃圾被装入周转桶,贴上 RFID 标签并称重,标签信息和重量信息实时上传到监控系统。在医疗垃圾装车时,垃圾车开锁并将开锁信息汇报到监控系统。在运输过程中,通过 GPS 定位系统实时将车辆位置进行上报。在垃圾中转中心,系统会将垃圾车的到达时间和医疗垃圾的分配时间上报。焚烧中心将上传垃圾车的到达时间,并对垃圾的接收过程进行视频监控,焚烧完毕后将对医疗垃圾周转桶的重量进行比对,并将信息上传给监控系统。整个流程实现了医疗垃圾处理的智能管理,确保医疗垃圾被销毁,防止医疗垃圾流入市场进行二次使用。

(4)智能医疗服务 智能用药提醒通过记录药物的服用时间、用法等信息,提醒并检测患者是否按时用药。如某一款基于 RFID 的智慧药柜会提醒患者按时、准确服药。使用者从医院拿回药品后,为每个药盒或药包配置一个专属的 RFID 标签,标签中记录了药品的用法、用量和时间。把药放入智慧药柜时,药柜就会记下这些信息。当需要服药时,药柜就会发出语音通知,同时屏幕上还会显示出药的名称及用量等。使用者的手腕上戴有 RFID 身份识别标签。如果药柜检测发现用户的资料与所取药品的资料不符合,会马上警告用户拿错药。如果使用者在服药提醒后超过 30 分钟仍未吃药,那么系统会自动发送消息通知医护人员或者患者家属。

智慧医疗应用人工智能、云计算、大数据等先进技术来提高医疗服务的效率、质量和可靠性。它将医疗机构、医疗设备、医生和病人等各个医疗资源进行信息化和数字化,实现数据的共享和交互,以提高医疗系统的整体效能。智慧医疗的应用可以提高医疗服务的效率和质量,改善患者的医疗体验,同时也可以降低医疗成本和减轻医疗资源的压力。

3)互联网智慧旅游

互联网智慧旅游是指通过互联网和智能技术,为旅游者提供更智能、便捷和个性化的旅游服务和体验。旅游者可以通过互联网获取丰富的旅游信息,包括目的地介绍、景点推荐、交通、住宿、餐饮等各种信息,帮助他们更好地规划和安排行程。通过大数据和人工智能技术,旅游服务商可以根据旅游者的偏好和需求,提供个性化的旅游推荐和定制化的行程安排,使旅游者得到更符合自己需求的旅游体验。互联网智慧旅游平台融合了互联网、移动互联网、大数据、人工智能等技术,为旅游行业带来了许多创新和变革。智慧旅游平台连接了游客、景区景点、企业商家和旅游管理部门,结构体系如图 9-15 所示。

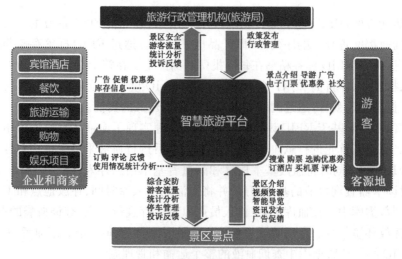

图 9-15 互联网智慧旅游平台架构

智慧旅游平台通过个性化推荐系统向游客推送景点信息、导游、景区广告信息、景区门票优惠信息等吸引目标游客。同时游客能够在平台上自行搜索景区信息,根据其他游客的评论信息综合制定旅游计划,并通过平台订酒店和买机票。对于景区管理者而言,智慧旅游平台能够提供综合安防、游客流量统计分析、停车管理、投诉反馈等功能,还能对外发布景区图片、视频介绍、智能导览、广告促销等信息。对于企业和商家而言,平台能够撮合商家和游客之间的交易,包括宾馆酒店、餐饮、购物、旅游出行服务等。对于旅游行政管理机构而言,平台辅助政府部门监控各景区游客流量确保公共安全,同时接收游客投诉意见和反馈信息帮助景区改善和旅游政策出台。

智慧旅游以信息技术为基础,通过数字化、智能化、自动化等手段,提高旅游企业的管理效率和服务质量,降低成本,增强竞争力。智慧旅游可以帮助旅游企业实现从传统模式向数字化、智能化、创新型模式的转型升级,推动旅游业的可持续发展。此外,互联网智慧旅游为旅游业带来了更广阔的发展空间。通过互联网平台,旅游从业者可以更好地推广和宣传旅游产品,吸引更多的游客。同时,互联网智慧旅游也促进了旅游业的创新和升级,推动了旅游业态的多元化发展,激发了新的商机和就业机会。

4)互联网智慧教育

互联网智慧教育是指在教育领域(教育管理、教育教学和教育科研)全面深入地运用现代信息技术来促进教育改革与发展的过程,其技术特点是数字化、网络化、智能化和多媒体化。教育信息化促进教育现代化,用信息技术改变传统模式。

互联网智慧教育的出现和发展在教育领域带来许多积极的影响和变革:

(1)扩大学习资源和机会　互联网智慧教育打破了传统教育的时空限制,使得学习资源更加广泛和丰富。通过在线课程、开放式教育资源和远程教育平台,学生可以获得来自全球各地的知识和学习机会。无论是在学校还是在家中,学生都能根据自己的需求和兴趣进行个性化学习。

(2)提供灵活的学习方式　互联网智慧教育为学生提供了更加灵活和多样化的学习方式。学生可以根据自己的节奏和学习风格选择学习内容和学习时间,自主安排学习进程。同时,互联网智慧教育也提供了互动性强的学习环境,通过在线讨论、协作工具和个性化反馈等方式,促进学生的参与和主动学习。

(3)个性化教育和定制化学习　互联网智慧教育通过智能化技术和数据分析,可以实现个性化教育和定制化学习。通过收集和分析学生的学习数据和行为,系统可以根据学生的特点和需求提供个性化的学习建议、教学资源和评估反馈。这样的个性化教育能够更好地满足学生的学习需求,提高学习效果和成果。

(4)提升教育质量和效率　互联网智慧教育可以帮助教育机构提升教育质量和效率。教师可以利用在线平台进行教学和资源分享,扩大教育影响力。同时,智能化教学工具和自动化评估系统可以减轻教师的工作负担,提高教学效率。教育机构可以通过数据分析和评估系统监测学生的学习进展,及时调整教学策略和资源配置。

(5)促进教育创新和全球合作　互联网智慧教育为教育创新和全球合作提供了平台和机会。教育者可以通过在线教育平台和社交媒体与其他教育者共享经验、交流教学理念,促进教育创新和教育改革。同时,学生也可以通过在线学习和国际交流项目,与来自不同国家和文化背景的学生互动和合作,增进全球视野和跨文化交流。

科大讯飞是国内智慧教育的先驱者之一。讯飞学习机是科大讯飞旗下的智能硬件产品,如图 9-16 所示。科大讯飞将高科技人工智能技术应用在教育行业，为学生提供精准的三步 AI 教学方式：做测试题智能检测知识掌握情况、AI 推荐应优先学的知识点、针对学再做习题巩固。通过人工智能与学习机的交互，令学生的学习效率实现较大的提升，避免了题海战术。

总的来说，互联网智慧教育的意义在于扩大学习资源和机会，提供灵活的学习方式，实现个性化教育和定制化学习，提升教育质量和效率，促进教育创新和全球合作。它正在推动教育领域的变革和进步，为学生、教师和教育机构带来更多的教育机会和发展空间。

图 9-16　讯飞学习机

5）互联网智慧家居

随着科技的进步，互联网＋家居正在成为家居装饰新趋势。通过数字化技术的应用，传统家居得以与互联网、智能设备和人工智能结合，为我们带来更加智能、便捷和舒适的居住体验。

互联网智慧家居是以建筑物为平台，通过自动控制技术、感应技术、网络通信等技术，为人们构建高效的家居生活管理系统，提升家居安全性、便利性、舒适性和艺术性，同时打造节能环保的居住环境。互联网智慧家居是物联网发展的一个重要组成部分，是最生活化的应用之一。

智慧家居是互联网＋家居中的核心概念。通过将家居设备与互联网连接，我们可以远程控制家庭电器，如照明、安防系统等。物联网技术在互联网＋家居中发挥着重要作用，它通过将各种传感器和设备连接到互联网上，实现设备之间的互联互通。人工智能为互联网＋家居带来了更多的可能性。通过机器学习和深度学习算法，人工智能可以对用户的行为和喜好进行学习，并为用户提供智能化的个性化服务，如图 9-17 所示。

互联网智慧家居的应用涵盖智能安防类、智能娱乐类、智能环境类和智能家电类等多个方面。

（1）智能安防类　如智能门锁，可以实现远程锁门和开门操作，可通过密码、指纹、刷卡等多种方式进行识别，确保房屋安全，同时避免了物理钥匙的管理难题。

（2）智能娱乐类　如智能音箱，可以接入家庭的互联网系统，在保持音质的情况下实现语音唤醒、控制其他智能家居等一众功能，提高生活品质。

（3）智能环境类　智能环境能够自动调节室内温度、湿度、光线等环境因素。当人离开家的时候，智能家居会通过感应器自动关闭空调、灯光等设备，提高能源利用效率。

（4）智能家电类　如智能扫地、拖地机器人一般内置 AI 智能芯片，采用激光导航技术，能够实现自主清扫拖洗地板、自动避障、自动充电、手机远程操控等诸多实用功能，减轻家庭清洁的生活压力。此外，还有智能灯泡、智慧电子医疗、智能开关、智能温度计等产品。

互联网＋家居的发展带给人许多便利。首先，它提供了更高的便捷性和舒适度。通过智能化的家居系统，我们可以远程控制家庭设备，无论我们身在何处，都可以轻松管理家庭设备。其次，它提供了更高的安全性。智能家居系统可以监控家庭的安全状况，并及时发送警报。最

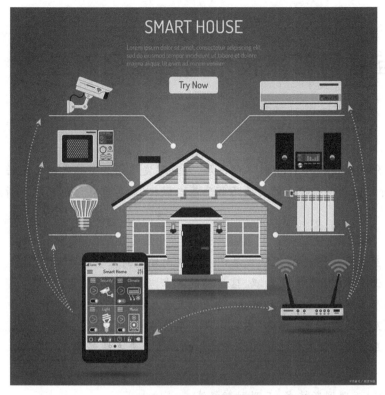

图 9-17 互联网智慧家居

后,它还可以节省能源、提高能源利用效率。智能家居可以根据室内环境和用户行为,智能调整设备的运行状态,实现能源的合理利用。随着技术的不断发展,我们可以期待互联网+家居在未来的进一步创新和发展。

思考与练习

1. 如何理解电子商务服务?如何从生态视角看待电子商务服务?
2. 在电子商务应用中,平台支持服务与流程支持服务有什么区别?
3. 分别从广义和狭义角度阐述电子商务服务业,并探讨二者区别。
4. 何谓新兴服务业?新兴服务业按服务内容划分,一般有哪几种?
5. 电子商务催生哪些新兴服务业?又如何影响新兴服务业发展?
6. 什么是互联网智慧技术?电子商务如何催生互联网智慧技术?
7. 如何理解智慧产业?为什么说电子商务催生了互联网智慧产业?

10 互联网新兴技术与互联网新经济

【内容概要】

本章首先介绍互联网与 Web 技术的发展、互联网发展的三个时代以及互联网应用涌现的新技术,然后介绍互联网新技术的发展历程和基本现状,最后重点讨论互联网新经济的未来发展和趋势。

【学习目标】

(1) 掌握互联网与 Web 技术的发展以及互联网发展的三个时代。
(2) 掌握云计算、物联网、大数据、区块链的基本概念和典型应用。
(3) 了解人工智能和元宇宙的概念、特点以及发展的现状与趋势。
(4) 掌握互联网新经济的概念、内涵以及发展历程和面临挑战。
(5) 了解互联网新经济对于中国经济的影响以及未来发展趋势。

【基本概念】

互联网发展,互联网新技术,互联网新经济。

10.1 互联网的发展与新技术涌现

互联网已经成为我们生活中不可或缺的一部分。在这个数字科技时代,互联网新技术不断涌现,为我们的生活和工作带来了更多的便利和创新。这一节,我们重点讨论互联网的发展以及发展中涌现的新技术。

10.1.1 互联网与 Web 技术的发展

1) 互联网技术发展的三个阶段

第一阶段:这个阶段是从单个网络 APPANET 向互联网发展,TCP/IP 协议初步成型。1969 年美国国防部创建的第一个分组交换网 ARPANET 最初只是一个单个的分组交换网。所有要连接在 ARPANET 上的主机都要直接与就近的节点交换机相连。为了突破这个限制,ARPA 开始研究多种网络(如分组无线电网络)互连的技术,这是后来互联网出现的基础,也是现在因特网的雏形。1983 年,TCP/IP 协议成为 ARPANET 上的标准协议,使得所有使用 TCP/IP 协议的计算机都能利用互联网进行通信,因而人们将 1983 年作为因特网的诞生之年。

第二阶段:建成三级结构的互联网,分为主干网、地区网和校园网。随着应用的拓展,人们意识到因特网必将扩大其使用范围,不应局限于大学和研究机构。随着世界上许多公司纷纷接入因特网,网络通信量急剧增大。于是,美国政府决定将因特网的主干网转交给私人公司进行经营。

第三阶段：形成多层次 ISP 结构的互联网。从 1993 年开始，由美国政府资助的 NSF-NET 逐渐被若干个商用的因特网主干网替代，出现了因特网服务提供者（Internet Service Provider，ISP）。ISP 可从因特网管理机构申请得到多个 IP 地址，同时拥有通信线路及路由器等联网设备。用户只需要向 ISP 交纳规定费用，就可以从 ISP 得到所需的 IP 地址，并通过该 ISP 接入到因特网。

需要注意的是，上述三个阶段并没有明确的时间界限，而是随着技术的不断进步和演变的。不同的观点对各个阶段的定义和时间范围有所差异。

2）Web 技术发展的三个阶段

互联网是全球网络，而 Web 网络，也称为万维网（www），是通过互联网访问的信息集合。也即互联网是基础设施，而 Web 是在该基础设施之上提供服务的。或者可以将互联网视为大型书店，而将 Web 视为该商店中的书籍集合。在更高层次上，我们甚至可以将互联网视为硬件，将 Web 视为软件。

Web 发展的三个阶段分别是 Web 1.0 时代、Web 2.0 时代和 Web 3.0 时代。

Web 1.0 时代：是互联网应用的第一个阶段，大约在 20 世纪 90 年代中期到 21 世纪 00 年代初期。在这个阶段，互联网主要是以静态网页形式存在的，用户主要是被动消费信息。网站内容的制作和发布由专业人士和组织来完成，用户的参与度较低。Web 1.0 时代的网站大多由个人或企业自己搭建和维护，缺乏标准化的技术和工具支持。常见的网站类型包括在线目录、新闻网站和电子商务网站。

Web 2.0 时代：是互联网应用的第二个阶段，大约在 21 世纪 00 年代中期开始兴起，并持续至今。在这个阶段，互联网变得更加交互式和社交化。用户可以不仅仅是被动消费信息，还可以主动创建、共享和交互内容。Web 2.0 催生了许多著名的社交媒体平台（如 Facebook、Twitter 和 Instagram），以及由其他用户生成内容的网站（如维基百科和 YouTube）。此外，Web 2.0 还引入了基于云计算的应用程序和在线协作工具，使得用户可以更方便地访问和共享信息。Web 2.0 时代是互联网的一个重要阶段，它为互联网的发展和演化带来了重大的影响和变革。

Web 3.0 时代：是互联网发展的第三个阶段，也被称为"语义网"或"智能网"。Web 3.0 的目标是进一步提升互联网的智能性和个性化，使得互联网能够更好地理解和应对用户的需求。Web 3.0 的特点实现数据的智能化、语义化和分布式存储，使得互联网更加智能、开放、安全和去中心化，以提供更智能、更个性化的服务，例如智能助理、虚拟现实和增强现实应用、物联网等。Web 3.0 的相关技术是多种多样的，它们共同构成了一个智能、开放、安全和去中心化的互联网生态系统。

Web 的发展史可以看作是一个不断演化和发展的过程，不断地引入新的技术和概念，不断地提高用户体验和互动性。随着 Web 技术的不断发展和演化，我们可以期待更加智能、便捷和个性化的 Web 应用程序和服务的到来。

10.1.2 互联网发展的三个时代

中国工程院院士杨善林教授等人提出的互联网的资源观认为，互联网发展经历了技术性互联网时代、平台性互联网时代以及资源性互联网时代三个时代，这三个时代的主要特征和内涵有较大区别。

1) 技术性互联网时代

在这一时期,互联网表现出的主要特征是一类技术系统,即互联网是计算机及其外部设备之间或者网络与网络之间,通过一组通用的协议连接起来,借助网络操作系统和网络管理软件等,实现信息传递与共享,从而形成逻辑上的网络系统。

围绕互联网的技术性特征,这一时期关于互联网研究的主要理论技术问题有分布式通信系统理论、TCP/IP 网络协议、分组交换理论、路由选择算法和超文本传输协议等。为了充分发挥互联网的技术系统价值,人们关注的主要产品应用问题有计算终端的运算性能、信息传输、存储效率、路由交换配置与管理以及信息检索与人机交互等。

在这一时期,互联网作为一种技术系统,具有多个重要特征。首先,它实现了计算机及其外部设备之间,以及网络与网络之间的通信。互联网的核心是一组通用的协议,如 TCP/IP 协议套件,它们定义了数据在网络中的传输和通信方式。通过这些协议,互联网实现了全球范围内的信息传递和共享,使得人们能够以前所未有的方式进行交流和合作。其次,借助网络操作系统和网络管理软件等技术,互联网形成了一个逻辑上的网络系统,提供了网络连接、数据传输、路由选择、安全性和管理等方面的功能。这些软件和系统确保了互联网的稳定性、可靠性和安全性,为用户提供了良好的网络体验。

2) 平台性互联网时代

在平台性互联网时代,互联网不再仅仅是一个技术系统,而是成为一种应用平台,为商务和金融等领域的在线服务提供了重要的基础设施。互联网作为一个开放的平台,通过在线技术和网络基础设施,为用户提供了便捷的途径,使他们能够在线进行交易和获取所需的产品和服务。

互联网的平台性质改变了用户与产品、服务供应商之间的交互方式。传统的商务和金融活动通常需要面对面的接触和实体场所的交易,而平台性互联网时代,人们可以通过在线平台进行交易和互动,使得交易变得更加便捷和高效。用户可以随时随地通过互联网平台浏览商品、下订单、支付和获取服务,而不再受制于时间和地理位置的限制。

平台性互联网催生了新的商业模式、服务模式和营销模式。通过互联网,企业可以建立自己的在线平台,直接与用户进行交互和销售产品。这种直接连接的商业模式使得企业能够更好地了解用户需求,提供个性化的产品和服务。同时,互联网平台也为创新型企业和个人提供了机会,他们可以通过平台发布自己的产品和服务,实现商业化运作。

平台性互联网已经成功应用于商务、金融、制造、物流、交通等各个经济社会领域。通过互联网平台,企业可以在线展示和销售产品,实现线上交易;金融行业可以提供在线支付、贷款和投资等服务;制造业可以通过互联网实现智能制造和物联网技术的应用;物流和交通行业可以通过互联网平台实现物流信息的跟踪和运输服务的在线预订。这些应用使得经济社会系统的运行更加高效、便捷和智能化。

3) 资源性互联网时代

在这一时期,互联网作为一种资源,即与"机器"和"电力"等类似。互联网是人类有史以来对经济社会发展影响最为广泛的人造资源,这种资源全面融入经济社会系统运行的全过程,广泛渗透到生产生活的各方面,促进线上线下资源的深度融合与重构,推动了生产和生活方式变革。

类似于机器和电力等资源,互联网为经济社会带来了历史性的机遇。通过互联网,人们可以实现全球范围内的信息共享、交流和合作。企业可以利用互联网平台扩大市场覆盖范围,拓展全球业务;个人可以通过互联网平台开展创业和自我实现。互联网的出现为经济社会的创新和发展提供了广阔的空间,推动了产业结构的升级和转型。

随着互联网应用的不断发展,产生了大量的数据,这些数据成为一种重要的人造资源,被称为大数据。大数据的应用具有巨大的潜力和影响力。它可以帮助企业更好地理解市场需求、优化生产流程,并支持智能决策和创新。然而,大数据也带来了数据隐私、安全性和伦理等方面的挑战,需要制定相应的政策和法规来保护个人和社会利益。

10.1.3 互联网发展中涌现的新技术

在当今这个数字化时代,互联网的快速发展和普及使其已经成为现代社会不可或缺的一部分。随着时间的推移,互联网一直在不断演化和改进,涌现出许多令人兴奋的新技术,为人们的生活和工作带来了深远的影响。这些新技术可以分为新一代的互联网技术、基于互联网的新技术、服务互联网的新技术三类。

这些新技术的出现是由多个因素推动的。首先,硬件和网络基础设施的不断进步为新技术的实现提供了支持。随着计算机处理能力的增强、存储设备容量的增加以及网络带宽的提升,人们可以更快、更稳定地访问和传输数据,这为新技术的实现创造了条件。其次,软件和算法的创新是新技术发展的重要推动力量。人工智能、机器学习和深度学习等技术的进步,使得计算机能够处理和分析大规模的数据,并从中提取有价值的信息。这为许多新技术开辟了广阔的应用领域,如智能推荐系统、自然语言处理和图像识别等。最后,社会和经济的需求也推动了互联网新技术的发展。人们对更快速和更便捷的通信方式、更高效的数据处理、更安全的交易方式的需求促使了新技术的涌现。同时,不同行业对于提升生产力、改进服务和创造新商业模式的追求,也催生了一系列互联网新技术的发展。

这些互联网新技术描述了一个迅速变化和创新的领域,不断涌现出能够改变人们生活和工作方式的新技术。这些技术的发展对于推动数字经济、促进社会进步和改善人们的生活质量具有重要意义。

1) 新一代的互联网技术

在不久的将来,随着光和无线通信技术的发展、网格计算等革命性应用,新一代互联网将朝着"更大、更快、更及时、更方便、更安全、更可管理和更有效"的方向发展。

"更大"指的是新一代互联网络将采用 IPv6 为基本网络层协议,从而彻底解决目前互联网地址空间严重缺乏的问题,为新一代互联网络进一步大规模发展奠定基础。

"更快"是指与目前互联网相比,新一代互联网络骨干网将逐渐向 T 比特过渡(1 Tb=1 024 Gb, 1 Gb=1 024 Mb),用户端到端性能也有大幅度提升,至少达到 100 Mb/s 以上。

"更及时"是指新一代互联网络必须支持组播和面向服务质量的传输控制等功能,从而可以更及时地为用户提供各种实时多媒体信息。

"更方便"指新一代互联网络必须能够支持更方便、更快捷的接入方式,支持终端的无线接入和移动通信等。

"更安全"是指新一代互联网络必须提供可信任网络服务,包括网络对象识别和网络攻击防范等。

"更可管理"是指新一代互联网络必须提供更方便、灵活的管理手段,对网络运行的各个方面实施全面、高效的管理。

"更有效"是指新一代互联网络必须提供合理的盈利模式,提供方便的计费手段,使网络更加有效地运行。

上述技术革命将涉及多个领域,包括光和无线通信技术的进步以及网格计算等革命性应用,具体包括:

(1) 10GB 以太网。
(2) 最后一公里接入技术。
(3) 多层交换。
(4) 全光网络。
(5) IPv6。
(6) 新兴无线通信技术。
(7) P2P 技术。

具体而言,光通信技术的发展将带来更大的带宽和更快的数据传输速度。光纤网络的广泛应用将大大提高互联网连接的速度和稳定性,使得用户能够更快地访问和传输大容量的数据。这将为高清视频、虚拟现实和增强现实等宽带密集型应用提供更好的性能和体验。

其次,无线通信技术的进步将实现更广泛、更可靠的无线连接。下一代移动通信技术(如 5G 和未来的 6G)将提供更高的带宽、更低的延迟和更大的容量,支持更多设备的同时传输更多数据。这将推动物联网的发展,实现智能城市、智能交通和智能医疗等领域的创新应用。

最后,网格计算将使计算资源更加可管理和高效利用。网格计算将分散的计算资源整合起来,形成一个虚拟的计算环境,为用户提供强大的计算能力和存储能力。这种分布式计算模型将促进大规模数据处理、机器学习和人工智能等任务的高效执行,推动云计算和边缘计算的发展。

新一代互联网技术还将重点关注安全性和隐私保护。随着互联网的普及,网络安全威胁日益增加,对于用户数据的保护和隐私的重视也日益提升。新一代互联网技术将致力于加强网络安全措施,如加密技术、身份验证和访问控制,保护用户在互联网中的数据和个人信息。

总而言之,新一代互联网技术将以更大、更快、更及时、更方便、更安全、更可管理和更有效的方式改变我们的互联网体验。这些技术的发展将为各个领域带来巨大的创新和进步,为人们提供更丰富、更便捷和更安全的互联网服务。

2) 基于互联网的新技术

基于互联网的新技术指的是利用互联网技术和架构,开发出的新的技术和服务。这些技术和服务通常利用互联网的全球性、高速性和便利性,提供了许多创新的功能和应用。基于互联网的新技术包括但不限于如下几个方面:

(1) 新媒体技术　是指利用计算机、互联网、通信、数字媒体等现代科技手段开展信息传播、交流和营销等活动所采用的技术手段。新媒体技术的出现改变了传统媒体的格局,也给我们的生活和工作带来了许多改变和便利。新媒体技术包括社交媒体技术、视频分享技术、即时通信技术、虚拟现实技术、智能语音助手等多个技术,对人们的生产和生活产生巨大影响。例如,社交媒体通过用户生成的内容和社交互动,允许用户创建、共享和交流内容,改变了人们之间的沟通方式,成为信息传播和社交交流的重要渠道。

(2) 电子商务技术　是指利用计算机技术、互联网和电子通信技术,进行商业活动和交易的技术手段,实现整个商务过程中的电子化、数字化和网络化。它涵盖了各种技术和平台,用于在线买卖商品和服务、进行金融交易、数字营销等。电子商务技术的重要特征是利用 Web 的技术来传输和处理商业信息,包括整合用户、商家、金融、安全认证、配送中心等模块。电子商务技术的发展和应用,极大地改变了商业模式和消费者行为。例如,电子商务技术利用大数据分析和机器学习算法,对用户行为和偏好进行分析,以实现个性化推荐和定制化内容。通过了解用户的购买历史、浏览行为和社交媒体数据,电商平台可以向用户推荐更相关和个性化的产品和服务。

(3) 物联网技术　是指通过互联网连接和交互的各种物理设备、传感器和其他对象。物联网技术使得设备之间能够互相通信和协作,实现智能化的监测、控制和管理。其通过射频识别、红外感应器、全球定位系统、激光扫描器等信息传感设备,按约定的协议,将任何物品与互联网相连接,进行信息交换和通讯,以实现智能化识别、定位、追踪、监控和管理。物联网技术可以实现对设备和系统的实时监测和控制,与传感器和执行器组合,可以对设备状态、环境参数等进行监测,并根据需要远程控制设备的操作。

(4) 云计算技术　云计算技术是一种基于互联网的计算模式,它允许用户通过网络访问和使用计算资源,如计算能力、存储空间和应用程序,而无需拥有这些资源的实际物理设备。云计算技术通过将计算任务和数据存储在远程的服务器上,提供了一种灵活、可扩展和经济高效的计算方式。云计算技术依靠弹性伸缩、资源共享、安全性高、虚拟化技术等优势,在各种领域得到广泛应用,包括企业计算、大数据处理、人工智能、物联网等。它为用户提供了强大的计算能力和灵活性,同时降低了成本和维护负担。云计算提供了不同的服务模型,包括基础设施即服务(Infrastructure as a Service,IaaS)、平台即服务(Platform as a Service,PaaS)和软件即服务(Software as a Service,SaaS)。

(5) 区块链技术　是分布式数据存储、点对点传输、共识机制、加密算法等计算机技术的新型应用模式。它本质上是一个去中介化的数据库,是一串使用密码学方法相关联产生的数据块,每一个数据块中包含了一次比特币网络交易的信息,用于验证信息的有效性(防伪)和生成下一个区块。它是一种分布式账本技术,通过去中心化的方式记录和验证交易,并确保数据的安全和可信性。区块链被设计为一个不可篡改、透明和可追溯的数据库,它可以用于记录数字资产交易、合约执行、身份验证和许多其他领域。区块链系统由数据层、网络层、共识层、激励层、合约层和应用层组成。

这里仅介绍了一部分主流和常用的基于互联网的新技术的基本概念,这些技术的具体应用和发展现状将在第 10.2 节中详细介绍。

3) 服务互联网的新技术

服务互联网的新技术是指基于互联网技术和平台,为企业或用户提供的新型服务。服务互联网的新技术包括如下多个领域:

(1) 大数据技术　是指处理和分析大规模、复杂和多样化数据集的技术和方法。这些技术包括大数据采集和存储技术、数据挖掘技术、大数据可视化技术、数据安全和隐私保护技术。随着互联网的快速发展和数字化时代的到来,大量的数据被生成和收集,大数据技术应运而生,以帮助人们从这些海量数据中提取有价值的信息和洞察。

(2) 人工智能技术　是研究和开发用于使计算机具备某种智能的方法和技术。它旨在模拟、扩展和增强人类的智能能力,使计算机能够感知、理解、学习、推理和决策。具体而言,感知能力,即计算机能够从外部环境中获取和理解信息;理解能力,即计算机能够理解和解释这些信息的含义和上下文;学习能力,即计算机能够通过经验和数据不断改进和提升自己的性能;推理能力,即计算机能够根据已有的知识和规则进行逻辑推理和推断;决策能力,即计算机能够基于推理和分析结果做出合理的决策。为了实现这些能力,人工智能技术涉及多个子领域和技术方法,例如,机器学习技术、自然语言处理技术、计算机视觉技术、强化学习技术等。

(3) **个性化推荐技术**　旨在根据用户的兴趣、偏好和行为,向其提供个性化的推荐内容或建议。这种技术基于对用户数据的分析和模型训练,以预测用户可能喜欢的项目、产品或服务,并向其推荐最相关的内容。个性化推荐技术的实现通常包括以下步骤:数据收集,数据预处理,特征工程,模型训练,推荐生成,评估和优化。个性化推荐技术可以应用于各种场景和领域,如电子商务、社交媒体、音乐和视频流媒体平台等。在电子商务中,个性化推荐可以帮助用户发现符合其兴趣和需求的产品,提升购物体验和销售转化率。

(4) **隐私保护技术**　是为了保护个人数据和隐私而采取的各种措施和方法。在数字时代,个人数据的收集和处理已成为普遍现象,因此保护用户的隐私变得尤为重要。常见的隐私保护技术包括数据加密、脱敏和匿名化、访问控制和权限管理、数据去标识化、差分隐私、隐私增强技术等。数据加密技术是最常用的隐私保护技术,其通过使用密码算法将敏感数据转换为不可读的密文,只有拥有正确密钥的人才能解密并获得原始数据。这可以保证数据在传输和存储过程中的机密性。除了技术层面的隐私保护措施,法律和政策也扮演着重要角色,例如数据保护法规和隐私政策的制定和执行,以确保组织和个人在数据处理过程中遵守隐私保护的规定。隐私保护技术需要综合考虑技术、法律、政策和伦理等多个方面。

(5) **网络安全技术**　是为了保护计算机网络及其相关设备、系统和数据不受未经授权的访问、使用、破坏或泄露的各种威胁而采取的措施和方法。一方面确保网络系统畅通无阻地运行;另一方面确保数据信息在网络环境中具有可使用性、保密性及完整性三者融于一体。网络安全作为一个大的管理客体,其安全性主要体现在物理性、操作系统、逻辑性及传输环境四大方面。常见的网络安全技术包括防火墙技术、入侵检测与防御系统(IDS/IPS)、虚拟私有网络(VPN)、身份认证和访问控制、安全审计和日志管理等。

总体而言,基于互联网的新技术和服务使得人们的生活更加智能、便捷、高效和个性化。它们打破了时间和空间的限制,为人们提供了更多的选择和机会,推动了社会的数字化转型和发展。

10.2　互联网新兴技术的发展现状

本节将重点对一些互联网新兴技术的概念内涵、具体应用以及发展现状进行详细介绍。这些技术包括云计算技术、物联网技术、大数据技术、区块链技术、人工智能技术、元宇宙技术等。这些互联网新兴技术正不断推动着数字化转型和创新发展,对包括金融业、制造业、工业、医疗行业、智慧交通、供应链在内的各行各业产生了深远影响。随着技术的不断进步和应用场景的扩大,这些技术将进一步演进和发展,为人们带来更多便利和机遇。

10.2.1　云计算技术

根据美国国家标准和技术研究所(NIST)的定义,"云计算是一种按使用量付费的模式,这种模式对可配置的 IT 资源(包括网络、服务器、存储、应用软件、服务)共享池提供了可用的、便捷的、按需供应的网络访问。在这些 IT 资源被提供的过程中,只需要投入很少的管理和交流工作"。通俗来说,用户一般是通过调用自有的单一 IT 资源,这就好比每家每户自己发电供自己用;而云计算则好像是建了一个大型的发电站,然后将"电力"(IT 资源)输出给所有的用户来用。

在云计算中,简单的数据资源是外包的,这些资源可以临时使用,这使得它具有成本效益,因为用户可以为他们使用的内容付费。为了在云应用程序上工作,用户需要更快的互联网连接和标准的 Web 浏览器。云计算技术通过将资源共享到用户的网页或 IP 地址,立即为用户提供可扩展的按需访问。

1) 云计算的技术特点

(1) 按需使用(On-demand Usage) 即云端的 IT 资源一旦配置完成,云的使用者就可以自由地访问这些资源,而云服务的提供者则不需要有更多的介入。

(2) 泛在接入(Ubiquitous Access) 也就是说,云服务的使用者可以通过多种的设备终端、不同的传输协议、不同的接口来访问云资源;云服务的提供者需要通过调整自己的架构来满足不同用户的需要。

(3) 多租户性(Multitenancy)和资源池(Resource Pool) 云服务的提供者会把很多 IT 资源放在一个资源池中,让很多不同的用户来使用。在这个过程中,不同的用户可以各取所需,灵活调用自己的资源,不会产生相互干扰。

(4) 高度的弹性(Elasticity) 即云服务的提供者可以根据运行的实际情况来及时调配和扩展 IT 资源。

(5) 可度量的使用(Measured Usage) 云计算服务需要像水、电那样,可以清楚地被记录使用状况,并按照使用状况来进行收费。

这些特点使得云计算服务用户,可以以较低成本,按量、弹性地使用云计算资源完成自身业务,而无需花费高昂成本购买单独的服务器实现业务需求。此外,云计算服务提供商还提供统一的维护服务和网络安全技术,中小企业无需再组建专业的技术团队维护企业的服务器。

2) 云计算的创新点

云计算技术在虚拟化、面向服务的体系结构、网格计算、按量计费四个方面做出了巨大创新。

(1) 虚拟化 它是在完全不同的用户之间共享应用程序或物理计算资源的方法。该技术的主要目的是向所有或任何购物者提供典型版本的云应用程序,因其灵活性和即时运行而被广泛使用。虚拟化包括硬件虚拟化、操作系统虚拟化、服务器虚拟化、存储虚拟化。硬件虚拟化是指虚拟机直接放在硬件服务器上,这使得管理虚拟机比物理服务器更容易。操作系统虚拟化是指虚拟机安装在客户机服务器而不是硬件系统中。它增加了各种软件在各种操作系统平台上的测试场景。服务器虚拟化是指虚拟机安装在系统上。它被划分为不同的资源,并将用于按需负载平衡。存储虚拟化是指从不同的网络存储设备收集物理存储的过程。它主要用于数据存储、备份和恢复。

(2) 面向服务的体系结构 它是一个应用程序,它将服务划分为单独的业务功能和过程。云计算技术的这一组成部分使与云相关的安排能够根据客户的要求进行修改和调整。面向服务的架构分散了两个主要组成部分,一个是质量即服务;另一个是软件即服务。质量即服务的功能是从不同的角度识别服务的功能和行为。软件即服务提供了一种新的软件交付模式,该模式继承自应用程序服务提供商的世界。

（3）网格计算　这是一种连接来自多个提供商的多个服务器以实现共同目标的方法。网格计算将巨大的问题转化为较小的问题，并向服务器广播后将其放置在网格中。它主要应用于电子商务平台，旨在通过大规模集群计算共享资源，解决复杂的科学问题。

（4）按量计费　此方法依赖于按使用量付费模型。其按需向客户端提供弹性的计算服务，具有计量优势。其主要通过减少初始投资来帮助削减成本。随着云计算业务需求的变化，计费成本也会相应变化，而不会产生任何额外的成本。如果客户端使用量减少，则计费成本也会相应降低。这样能够最大程度降低用户成本，使用户能够按需使用云计算服务。

3）云计算的技术优势

云计算是无处不在的计算，用户在任何时间、任何地点、任何设备登录都可进行云计算服务。同时，云计算具有安全性高和维护成本低的优势，这得益于云端。云计算的数据在云端，用户不怕丢失，不必备份；云计算的软件在云端，用户不必自动升级，不必花高昂成本组建专业团队维护。总的来说，云计算具有如下技术优势：

（1）高可扩展性　包括水平扩展和垂直扩展，这可以使云计算在没有任何人工参与的情况下大规模供应资源。水平扩展是指能够连接多个软硬件的特性，这样可以将多个服务器从逻辑上看成一个实体。当一个现有 IT 资源被具有更大或更小容量的资源所代替，则为垂直扩展。也就是对当前服务器的 CPU 性能等进行原地的扩大和缩小。

（2）高可用性和可靠性　能够保证服务器在正确的时间可用，且没有任何重大延迟。

（3）敏捷性　云计算能够非常快速地在客户端和功能之间有效地分配资源。

（4）多共享　通过分布式计算，使来自多个领域的不同用户通过基础设施共享相同的资源。

（5）易访问　云计算是无处不在的计算，用户在任何时间、任何地点、任何设备登录都可进行云计算服务。

（6）低成本　云计算技术成本效益比很高，用户使用云计算资源的单位成本很低。

（7）服务即付费使用模式　应用平台接口给用户提供使用资源和云计算服务，并根据使用情况付费。

（8）按需自助服务　云计算技术为用户提供所需的服务和应用程序。使用登录凭据，用户可以开始使用这些云计算资源，而无需和云服务提供商进行任何人工交互。

4）云计算的交付模式

云计算具有三种交付模式，分别如下：

（1）基础设施即服务(Infrastructure-as-a-Service，IaaS)　在这种交付模式下，云服务的提供者供给的主要是存储、硬件、服务器和网络等基础设施，所有这些资源都按时间成本提供给客户端。比如我们常见的"云服务器"系列产品。

（2）平台即服务(Platform-as-a-Service，PaaS)　在这种交付模式下，云服务的提供者需要供应的资源更多，以便为使用者提供一个"就绪可用"（ready-to-use）的计算平台，以满足他们设计、开发、测试和部署应用程序的需要。程序员和开发人员可以有效地构建、部署、测试和处理软件即服务应用程序。平台即服务的主要属性具有点对点设备，使开发人员能够设计基于 Web 的应用程序。

（3）软件即服务(Software-as-a-Service，SaaS)　在这种交付模式下，云服务提供者将成品的软件作为产品来提供给用户使用。它通过 Web 浏览器将应用程序传输到最终用户。在云计算技术客户端安装应用程序,可以使其能够在云计算平台上运行。

云计算技术以其灵活性和可扩展性、低成本、高可靠性、快速交付等优势,为用户提供弹性、可伸缩、按需付费的云计算服务,这使得云计算服务成为许多用户必需的服务之一。在未来云计算将继续发展,并为用户提供更加灵活、高效和创新的计算服务。例如,混合云,其将公有云和私有云结合起来,允许企业在公有云和私有云之间灵活地迁移和管理工作负载。混合云模型提供了更大的灵活性和安全性,将成为企业广泛采用的部署模式。未来边缘计算将计算能力和数据存储推向网络的边缘并存储在云端,通过云计算强大的算力实现更低的延迟和更高的数据处理效率。此外,人工智能将与云计算结合,人工智能需要大量的计算资源和存储空间来进行模型训练和推理,而云计算提供了强大的计算和存储能力,使得企业和开发者能够利用云平台来更好地支持人工智能应用的开发和部署。

10.2.2 物联网技术

物联网(Internet of Things,IoT)是互联网、传统电信网等的信息承载体,让所有能独立行使功能的普通物体实现互联互通的网络。物联网通过将传感器和智能设备与互联网相连,实现了物理世界与数字世界的融合,使得物体能够感知、收集和交换数据,从而实现自动化、智能化和远程控制。

物联网的核心思想是将各种物理设备和对象赋予智能化和互联能力,使其能够感知环境信息、自主决策和执行任务。这些物联网设备可以是传感器、执行器、智能手机、家电、车辆、工业设备,等等。它们通过互联网连接到一起,形成一个庞大的网络,共享和交换数据,从而实现更高效的信息传递、资源管理和服务提供。

物联网就是"物物相连的互联网"。这有两层意思:其一,物联网的核心和基础仍然是互联网,是在互联网基础上的延伸和扩展的网络;其二,其用户端延伸和扩展到了任何物品与物品之间,进行信息交换和通信,也就是物物相息。

物联网的应用范围非常广泛,涵盖了各个领域,如智慧家居、智慧交通、智慧城市、工业自动化、智慧医疗保健、智慧农业、智慧环境监测等。通过物联网,我们可以实现智慧家居中的智能灯光、智能家电、安防系统的远程控制和自动化管理;在智慧交通中,可以实现车辆之间的通信和交通流优化;在智慧城市中,可以实现智能能源管理、智慧交通、智能安防等;在工业领域,可以实现设备的远程监控、生产线的自动化调度和优化;在医疗保健领域,可以实现远程医疗、健康监测和智能药物管理等。

传感网指的是利用近距离无线通信技术构成的一个独立的网络,小范围地实现物物之间的信息交换。

泛在网指的是在现有网络技术下,人与人、人与物、物与物之间实现信息获取、传递与存储功能。

泛在网、物联网、传感网各有定位,传感网是物联网、泛在网的重要组成部分,物联网是泛在网的物联阶段,三者是包含关系,如图 10-1 所示。

图 10-1 泛在网、物联网、传感网三者关系

1) 物联网涉及的技术

物联网产业涉及方方面面,所涉技术也多种多样,从传感技术到传输技术,最终到数据分析、处理与挖掘等多种技术。每一项技术的实现,都需要其余技术配合完成,以下列举物联网

产业发展中涉及的几项技术。

（1）传感技术　物联网传感技术是实现物联网的关键组成部分，它通过使用各种类型的传感器来感知和采集环境中的数据，并将这些数据传输到物联网中的其他设备和系统进行分析、处理和应用。传感器类型多样，如温度传感器、湿度传感器、光传感器、压力传感器、加速度传感器等。这些传感器能够感知和测量环境中的不同参数和条件。通过实时或定期采集环境数据，例如温度、湿度、光照强度、位置等，反映物体、设备或环境的状态和变化。然后将采集到的数据通过无线通信技术（如 Wi-Fi、蓝牙、Zigbee 等）或有线连接传输到物联网中的其他设备、云平台或服务器，这样就实现了数据的实时传输和共享。接收到传感器数据的设备或系统进行数据处理和分析，以提取有用的信息，使用的技术包括数据过滤、聚合、模式识别、异常检测等。最后，基于传感器数据的分析结果，物联网系统可以实现实时反馈和控制。例如，当温度传感器检测到过高的温度时，物联网系统可以自动触发警报或发送指令来控制空调系统。

（2）射频识别技术（Radio Frequency Identification, RFID）是一种无线通信技术，用于识别和跟踪物体、商品或个体。它基于射频信号和电子标签（RFID 标签），通过无线电波进行数据传输和识别。RFID 标签是物联网射频识别的核心组件，它是一种微型芯片和天线的组合，可以附着在物体上。RFID 标签分为主动标签和被动标签，主动标签具有自己的电源，而被动标签则从 RFID 读写器接收电能。RFID 标签的识别依赖于 RFID 读写器。RFID 读写器是用于与 RFID 标签进行通信的设备，它通过发射射频信号，与附近的 RFID 标签进行无线通信，并接收标签传回的数据。读写器可以连接到物联网系统，将识别到的数据传输到上层应用进行处理和分析。物联网 RFID 的识别范围取决于标签和读写器之间的距离以及通信频率。通常情况下，被动 RFID 系统的识别距离在几厘米到几米之间，而主动 RFID 系统的识别距离可以达到几十米甚至更远。

（3）网络通信技术　是实现物联网中设备间通信和数据传输的关键，主要包括广域网络通信和近距离通信两种方式。广域网络通信技术涵盖了通过互联网实现远程通信的各种协议和技术。其中，基于互联网协议（IP）的通信方式，如以太网、Wi-Fi、3G/4G/5G 等无线通信技术，覆盖范围广，传输速度快。这些技术可用于连接物联网设备到云平台，实现实时数据传输和远程监控。通过广域网络通信，物联网设备可以实现远程控制、远程诊断和远程管理，从而提高工作效率和响应速度。近距离通信技术主要用于设备之间的短距离通信和数据交换。蓝牙、Zigbee 和 RFID 等通信协议广泛应用于物联网中的近距离通信。这些技术适用于局域网内的设备连接和数据传输，具有低功耗、低成本和部署简单的特点。近距离通信技术适用于家庭自动化、智慧城市、智慧工厂等场景，可实现设备间的互联和数据共享。上述所有技术使得传感器获取到的信息能够通过网络传输技术迅速、安全、可靠地传送到云平台，实现数据的集中存储、处理和应用。

2）物联网应用领域

物联网技术已经广泛应用于各个领域，推动了许多创新和改变。以下是一些常见的物联网应用领域。

（1）智慧家居　物联网技术使得家庭设备和系统能够互联互通，实现智能化控制和管理。通过智慧家居系统，用户可以远程控制家中的照明、温度、安全系统、家电等设备，提高生活便利性和能源管理效率。

（2）智慧城市　物联网在城市基础设施和服务中的应用，使城市变得更加智慧和高效。例如，智慧交通管理系统可以实时监测交通流量、优化信号灯控制，减少交通拥堵；智慧能源系统可以实现能源监测和管理,提高能源利用效率;智能垃圾管理系统可以实现智能垃圾桶的监测和自动化收集等。

(3) 工业自动化 物联网技术在工业领域的应用,被称为工业物联网(IIoT)。它实现了机器之间的互联和数据共享,提高了生产效率和设备管理。工业物联网可以用于设备监测、预测性维护、生产优化、供应链管理等方面,帮助企业提升生产力和降低成本。

(4) 农业物联网 物联网在农业领域的应用,被称为农业物联网(Agri-IoT)。它可以用于监测土壤湿度、气象条件、植物健康等信息,实现精准灌溉和农作物管理,提高农业生产效率和可持续性。此外,物联网还可以在农村地区提供基础设施监测、远程医疗和教育等服务。

(5) 医疗物联网 物联网技术在健康医疗领域的应用被称为医疗物联网(IoMT)。通过传感器和设备的连接,医疗机构可以实时监测患者的健康状况、远程诊断和远程监护。物联网还可以用于智能医疗设备、健康追踪器、远程健康管理等方面,促进医疗保健的个性化和智能化。

除了以上领域,物联网技术还可以应用于智能零售、智慧环境监测、智能物流等众多领域。

10.2.3 大数据技术

1) 大数据的概念

在 2008 年《Science》杂志出版的专刊中,大数据被定义为"代表着人类认知过程的进步,数据集的规模是无法在可容忍的时间内用目前的技术、方法和理论去获取、管理、处理的数据"。比较有影响力的 Gartner 公司也给出了对大数据的定义,"大数据是高容量、高生成速率、种类繁多的信息资产,同时需要新的处理形式去确保判断的作出、洞察力的发现和处理的优化"。

2) 大数据的特征

大数据具有 4V 特征,分别是数据规模大(Volume)、价值密度低(Value)、数据类型多(Variety)、增长速度快(Velocity)。

(1) 数据规模大 大数据的第一个特征是庞大的数据量。2024 年 4 月召开的全国数据工作会议上信息显示,2023 年我国数据生产总量预计超 32 ZB。传统的数据处理工具和技术无法有效处理和分析如此庞大的数据集。大数据的数据量通常以千兆字节(Terabytes)或更高的级别进行计量。数据量的增长源于各种来源,包括传感器、社交媒体、日志文件、交易记录等。

(2) 价值密度低 大数据具有巨大的潜在优势,但和其呈几何指数爆发式增长相比,某一对象或者模块的数据的价值密度较低,这无疑给挖掘海量数据增加了难度和成本。

(3) 数据类型多 大数据和传统数据相比,数据来源广、维度多、类型杂,各种仪器仪表在自动产生数据的同时,人自身的生活行为也在不断创造数据。不仅有企业组织内部的业务数据,还有海量相关的外部数据。数据以各种结构和形式存在,包括结构化数据(如数据库中的表格数据)、半结构化数据(如 XML、JSON 格式的数据)和非结构化数据(如文本、图像、音频、视频等)。大数据的多样性要求灵活的数据处理和分析方法,以从各种数据源中提取有价值的信息。

(4) 增长速度快 随着现代感测、互联网、计算机技术的发展,数据生成、存储、分析、处理的速度远远超出人们的想象力,这是大数据区别于传统数据或者小数据的显著特征。大数据以惊人的速度被实时或准实时地生成、收集和传输。例如,社交媒体上的实时推文、在线交易的秒级记录以及传感器生成的连续流数据都是数据速度快的示例。处理这些数据需要实时或近实时的分析和响应能力。

大数据的发展经历了三个阶段,第一阶段:萌芽期,20 世纪 90 年代至 21 世纪初;第二阶段:成熟期,21 世纪前 10 年;第三阶段:大规模应用期,2010 年以后,如表 10-1 所示。

表 10-1 大数据发展的三个阶段

阶段	时间	内容
第一阶段:萌芽期	20 世纪 90 年代至 21 世纪初	随着数据挖掘理论和数据库技术的逐步成熟,一批商业智能工具和知识管理技术开始被应用,如数据仓库、专家系统、知识管理系统等
第二阶段:成熟期	21 世纪前 10 年	Web 2.0 应用迅猛发展,非结构化数据大量产生,传统处理方法难以应对,带动了大数据技术的快速突破,大数据解决方案逐渐走向成熟,形成了并行计算与分布式系统两大核心技术,谷歌的 GFS 和 MapReduce 等大数据技术受到追捧,Hadoop 平台开始大行其道
第三阶段:大规模应用期	2010 年以后	大数据应用渗透各行各业,数据驱动决策,信息社会智能化程度大幅提高

大数据技术对社会发展的多个方面产生了非常深远的影响。在社会发展方面,大数据决策逐渐成为一种新的决策方式,大数据应用有力促进了信息技术与各行业的深度融合,大数据开发大大推动了新技术和新应用的不断涌现;在就业市场方面,大数据的兴起使得数据科学家成为热门职业;在人才培养方面,大数据的兴起,将在很大程度上改变中国高校信息技术相关专业的现有教学和科研体制。

3) 大数据的典型应用

大数据无处不在,包括金融、汽车、零售、餐饮、电信、能源、政务、医疗、体育、娱乐等在内的社会各行各业都已经融入了大数据的印迹。下面介绍大数据的两个典型应用。

(1) 大数据在医疗领域的应用　东京大学研究者利用美国医院数据和谷歌搜索数据,建成了可以预测流感疫情的模型。他们通过分析谷歌搜索中与流感相关的关键词的搜索量变化,成功预测了流感暴发的时间和程度,从而为公共卫生部门提供了宝贵的信息。

在过去,公共卫生部门主要依靠传统的流感监测方法,如医院和疾病控制中心报告的数据,来评估流感的传播情况。然而,这种方法通常需要花费大量时间和资源,并且在信息获取方面存在一定的滞后性。谷歌搜索预测流感趋势为监测流感提供了一种新的、实时的方法。

这家医疗研究机构收集了过去几年的谷歌流感趋势数据,并与实际的流感暴发数据进行对比。通过建立相关模型和算法,他们发现谷歌搜索中与流感相关的关键词的搜索量与实际流感暴发之间存在一定的关联性。例如,在一个地区,当谷歌搜索中与流感相关的关键词的搜索量骤增时,实际流感暴发通常也会在短时间内发生。

基于这一发现,该研究机构利用谷歌流感趋势数据,结合其他公共卫生数据,如天气数据和人口统计数据,建立了一个复杂的预测模型。该模型能够实时监测谷歌搜索中与流感相关的关键词的搜索量,并根据这些数据预测流感的暴发时间和程度。

上述案例展示了谷歌流感趋势数据在大数据分析中的巨大潜力和应用价值。通过利用大数据和先进的分析技术，我们能够更准确地预测疾病的暴发和传播情况，从而及时采取相应的预防和控制措施，保障公众的健康与安全。

（2）大数据在零售业的应用　从 2008 年开始，农夫山泉的业务员每天例行公事地来到销售点，拍摄 10 张照片，包括水怎么摆放、位置有什么变化、高度如何等信息。这样的点每个业务员一天要跑 15 个，并将拍摄的 150 张照片传回总部。每个业务员每天产生 10 MB 的数据。农夫山泉全国有 10 000 个业务员，这样每天的数据就是 100 GB，每月为 3 TB。当这些图片如雪片般进入农夫山泉在杭州的机房时，公司 CIO 胡健就会有一种感觉：守着一座金山，却不知道从哪里挖下第一锹。

2011 年 6 月，SAP 和农夫山泉开始共同开发基于"饮用水"这个产业形态运输环境中的数据场景。利用这些大数据，农夫山泉计算出一套最优的仓储运输方案，使各条线路的运输成本、物流中心设置的最佳地点等信息及时呈现；将全国十多个水源地、几百家办事处和配送中心整合到一个体系之中，形成一个动态网状结构，进行即时的管控；让退货、残次等问题与生产基地能够实时连接起来，通过大数据准确获知该生产多少、送多少。

利用大数据技术，农夫山泉最终解决了采购、仓储、配送这条线上的顽症，实现产品运输决策的智能化、物流成本的精准化、运输资源配置的合理化。有强大的数据分析能力做支持后，农夫山泉以 30%～40% 的年增长率，在饮用水方面快速超越了原先的三甲：娃哈哈、乐百氏和可口可乐。

4）大数据计算模式与关键技术

大数据有批处理计算、流计算、图计算、查询分析计算四种计算模式。每种模式的代表性产品如表 10-2 所示。

表 10-2　大数据计算模式及其代表产品

大数据计算模式	代表产品
批处理计算	MapReduce、Spark 等
流计算	Storm、S4、Flume、Streams、Puma、DStream、Super Mario 等
图计算	Pregel、GraphX、Giraph、PowerGraph、Hama、GoldenOrb 等
查询分析计算	Dremel、Hive、Cassandra、Impala 等

大数据的关键技术，涉及数据采集、数据存储和管理、数据处理与分析、数据隐私和安全等四个方面。

（1）数据采集　利用 ETL 工具可以将分布的、异构数据源中的数据如关系数据、平面数据文件等，抽取到临时中间层后进行清洗、转换、集成，最后加载到数据仓库或数据集市中，成为联机分析处理、数据挖掘的基础。也可以把实时采集的数据作为流计算系统的输入，进行实时处理分析。

（2）数据存储和管理　利用分布式文件系统、数据仓库、关系数据库、NoSQL 数据库、云数据库等，实现对结构化、半结构化和非结构化海量数据的存储和管理。

（3）数据处理与分析　利用分布式并行编程模型和计算框架，结合机器学习和数据挖掘算法，实现对海量数据的处理和分析；对分析结果进行可视化呈现，帮助人们更好地理解数据、分析数据。

（4）数据隐私和安全　在从大数据中挖掘潜在的巨大商业价值和学术价值的同时，构建隐私数据保护体系和数据安全体系,有效保护个人隐私和数据安全。

大数据技术的影响是广泛而深远的。它正在改变组织的运营方式、决策过程和市场竞争力,为创新和增长提供了强大的支持,正融入我们日常生活的方方面面。

10.2.4 区块链技术

1) 区块链与比特币

区块链技术的一个重要应用是加密货币,比特币是其中的代表。通过区块链,比特币实现了去中心化的数字货币系统,实现了安全、快速、低成本的跨境交易。

进入 21 世纪后,华尔街的金融衍生品如雨后春笋般冒了出来,甚至泛滥,同时房地产催生的泡沫也越来越厉害,这一系列的因素引发了美国的次贷危机。与此同时,华尔街很多金融从业人员依旧拿着高薪,引发了民众的不满,并引发华尔街抗议。2008 年 9 月,以雷曼兄弟的倒闭为开端,金融危机在美国爆发并向全世界蔓延。自由学派的经济学者认为全球货币超发是金融危机的根源之一。人们开始思索:有没有一种货币可以保障人民财产权不被侵犯,货币可以超越主权,不被第三方机构控制,也不会超发、滥发。基于此背景,比特币诞生了。

比特币(Bitcoin)的概念最初由中本聪在 2008 年提出。它是一种点对点的电子现金系统(A Peer-to-Peer Electronic Cash System)。点对点的传输意味着它是去中心化的支付系统。区块链是比特币系统的底层技术,也是其核心与基础架构。

2) 区块链简介

区块链是一种分布式账本技术,它通过加密和共识机制,实现了去中心化的数据存储和交易验证。区块链的核心概念是将数据以区块的形式链接在一起,形成一个不可篡改的链条。

在区块链中,每个参与者都可以拥有一个副本,并通过网络共享和同步数据。当有新的交易发生时,这些交易被验证、打包成区块,并添加到链的末尾。每个区块都包含了前一个区块的哈希值,这样就形成了一个连续的、有序的链条。

区块链的去中心化特性使得数据存储在多个节点上,而不是集中在单个机构或服务器上。这意味着没有单点故障,提高了系统的安全性和可靠性。同时,区块链中的数据是公开透明的,任何人都可以查看和验证交易,从而增加了信任和可追溯性。

从数据的角度来看,区块链是几乎不可能被更改的分布式数据库。这里所说的"分布式"不仅体现为数据的分布式存储,也体现为数据的分布式记录(即由系统参与者共同维护)。

从技术的角度来看,区块链并不是一种单一的技术,而是多种技术整合的结果。这些技术以新的结构组合在一起,形成了一种新的数据记录、存储和表达的方式。区块链核心技术包括 P2P 网络、数字签名、加密算法、时间戳、共识机制、智能合约等。

区块链使用加密算法来确保数据的保密性和完整性。交易数据在添加到区块链之前会被加密,只有拥有相应私钥的人才能解密和访问数据。同时,区块链使用哈希算法生成唯一标识(哈希值)来确保数据的完整性,即使是微小的更改也会导致完全不同的哈希值。

区块链通过共识机制解决参与者之间的信任和一致性问题。共识机制是一种算法或规则集,用于确定哪个参与者可以添加新的区块到链上。常见的共识机制包括工作量证明(Proof-of-Work,PoW)和权益证明(Proof-of-Stake,PoS)。这些机制确保只有满足一定条件的参与者才能添加新的区块,从而保证了区块链的安全性和可信度。

智能合约是一种在区块链上执行的自动化合约。它们是以代码形式编写的,能够自动执行预定的条件和操作。智能合约可以实现自动化的交易和业务逻辑,消除了传统合约中的中介和信任问题。通过智能合约,参与者可以在不需要第三方干预的情况下进行可靠的交易和合作。

这些核心技术相互结合,构建了一个安全、去中心化的区块链系统。它们为区块链提供了可靠的数据存储、加密保护、共识达成和智能合约等功能,推动了区块链在各个领域的应用和发展。

3)区块链的特点

区块链作为一种创新的技术和解决方案,适用于金融、供应链管理、数字身份验证、智能合约等各个领域,具有如下特点。

(1)开放、共识　任何人都可参与,每一台设备都能作为节点,每个节点都允许获得完整的数据库拷贝。节点间基于共识机制,通过竞争共同维护区块链。任一节点失效,其余节点仍能工作。

(2)去中心、去信任　区块链由众多节点共同组成一个端到端的网络,不存在中心化的设备和机构。节点之间通过数字签名技术进行验证,无需互相信任,某个节点不能也无法欺骗其他节点。

(3)交易透明、双方匿名　区块链的规则公开透明,所有数据也是公开的,每一笔交易都对所有节点可见。由于节点之间是去信任的,因此节点无需公开身份,每个节点都是匿名的。

(4)不可篡改、可追溯　单个甚至多个节点对数据的修改无法影响其他节点的数据库,除非超过51%的节点同时修改。区块链中的每一笔交易都可以追溯到前世今生。

(5)快速和低成本的交易　区块链可以实现快速和低成本的交易,尤其对于跨境交易来说具有很大的优势。由于去除了中间商和烦琐的程序,交易可以直接在参与者之间进行,并且由共识机制验证和确认。这减少了交易的时间和成本,并提高了效率。

(6)高安全性　区块链使用密码学和共识机制确保数据的安全性。交易数据在添加到区块链之前会被加密,只有拥有相应私钥的人才能解密和访问数据。共识机制确保只有满足一定条件的参与者才能添加新的区块,从而保证了区块链的安全性和可信度。

4)区块链发展的未来前景

区块链将由可编程货币向可编程金融发展,最后发展成可编程社会。区块链技术的发展带来的这种新型的经济和社会模型,具有更高的灵活性和自动化能力,如图10-2所示。

(1)可编程货币　是使用了智能合约技术的数字货币,可以自动执行预定的条件和操作。与传统货币不同,可编程货币可以根据事先设

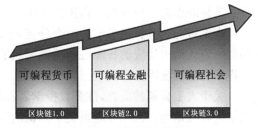

图10-2　区块链发展路线

定的规则自动触发支付、转账和其他金融交易,无需人为干预。这种自动化能力使得支付和财务流程更加高效、准确和可靠。

(2)可编程金融　是指利用智能合约和区块链技术来实现更灵活和自动化的金融服务和交易。通过智能合约,金融合同和交易可以以编程的方式定义和执行,消除了传统金融中的中介和烦琐的程序。可编程金融可以提供更快速、低成本和安全的金融服务,如借贷、保险、衍生品交易等。

(3) 可编程社会　是指通过区块链和智能合约技术实现社会组织和治理的自动化和去中心化。可编程社会可以实现更透明、公正和高效的社会运作。例如,智能合约可以用于公共投票和选举,确保选举过程的透明性和可信度;智能合约还可以用于管理公共资源、社会援助和慈善事务,提高资源的分配效率和透明度。

可编程货币、可编程金融和可编程社会的概念突破了传统金融和社会组织的限制,提供了更灵活、高效和可信赖的解决方案。

很显然,未来的区块链发展具有广阔的前景。图 10-3 所示是区块链主要应用领域。

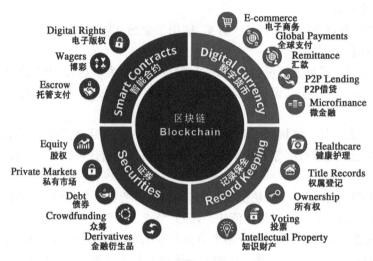

图 10-3　区块链主要应用领域

10.2.5　人工智能技术

1956 年美国达特莫斯大学(Dartmouth)召开了一次影响深远的历史性会议,参加这次聚会的青年学者的研究专业包括数学、心理学、神经生理学、信息论和电脑科学等,他们分别从不同的角度共同探讨人工智能的可能性,这次会议首次提出了"人工智能"(AI)这一术语,标志着人工智能作为一门新兴学科正式诞生。

人工智能是计算机科学的一个分支,它试图了解智能的实质,并生产出一种能与人类智能相似的方式做出反应的智能机器。该领域的研究包括机器人、语音识别、图像识别、自然语言处理和专家系统等。

关于人工智能的概念,许多教授学者都给出过解释。美国斯坦福大学人工智能研究中心尼尔逊教授认为:"人工智能是关于知识的学科——怎样表示知识以及怎样获得知识并使用知识的科学。"美国麻省理工学院温斯顿教授认为:"人工智能就是研究如何使计算机去做过去只有人才能做的智能工作。"

本书作者认为,人工智能(Artificial Intelligence,AI)是一种模拟人类智能的技术和科学领域。它致力于使计算机系统能够感知、理解、学习、推理和决策,以执行各种任务和解决问题,与人类进行智能交互。

人工智能基于大数据、机器学习、深度学习、自然语言处理和感知技术等多个领域的研究成果。它的目标是使计算机具备人类智能的某些方面,如视觉感知、语音识别、自动推理和情感理解等能力。人工智能可应用于各个领域,如医疗保健、金融、交通、制造业、教育和娱乐等。它可以帮助医生进行疾病诊断和治疗规划,为金融行业提供智能风险管理和投资建议,优化交通流量和减少拥堵,提升制造业的自动化水平,提供个性化教育和娱乐体验等。

下面重点介绍人工智能中的机器学习技术以及未来发展前景。

1) 机器学习技术

机器学习(Machine Learning)是人工智能的一个重要分支,旨在使计算机系统能够通过数据和经验进行学习和改进性能,而无需明确的编程指令。机器学习技术通过构建和训练数学模型,使计算机能够从数据中自动学习和提取模式,并基于这些学习得出预测、决策或行为。它依赖于统计学、概率论和优化算法等方法,以对数据进行建模和推断。

机器学习可以分为监督学习(Supervised Learning)、无监督学习(Unsupervised Learning)、强化学习(Reinforcement Learning)和深度学习(Deep Learning)等不同类型。

(1) 监督学习　监督学习通过输入样本和相应的标签进行训练,使计算机能够预测未标记数据的标签。在监督学习中,训练数据包含了输入特征和对应的预期输出标签。这些数据被用来训练一个模型,使其能够学习输入特征与输出标签之间的关系。模型通过对训练数据进行分析和学习,从中提取出一般化的规律和模式。

监督学习中的模型是各种算法和模型,如线性回归、决策树、支持向量机、神经网络等。这些模型根据输入数据的特征和标签之间的关系进行参数调整和优化,以实现对未知数据的准确预测。

一旦模型训练完成,就可以使用它来对新的、未知的输入数据进行预测。模型会根据已学习到的规律和模式,将输入映射到相应的输出标签。监督学习的目标是使模型在未知数据上具有良好的泛化能力,即能够对新数据进行准确预测。

监督学习在许多领域中得到广泛应用,如图像分类、文本分类、语音识别、垃圾邮件过滤、股票预测等。通过监督学习,我们可以训练出能够自动识别图像中的物体、将文本分类、识别语音中的单词等的智能化系统。

(2) 无监督学习　无监督学习与监督学习不同,它不依赖预先标记的输出标签,而是通过对输入数据进行分析和建模,从中发现数据的内在结构、模式和关系。在无监督学习中,我们只有输入数据,而没有对应的输出标签。模型的任务是从这些未标记的数据中找到一些有意义的结构,例如聚类、降维、关联等。

聚类是无监督学习中常用的技术,它将数据划分为具有相似特征的组或类别。通过聚类,我们可以发现数据中的群组、簇或类别,从而获得对数据的认知和理解。

降维也是一个常见的无监督学习技术,它旨在减少数据的维度,同时保留数据的主要特征。通过降维,我们可以将高维数据转换为低维表示,从而简化数据分析和实现可视化。

关联规则挖掘是无监督学习的另一个重要领域。它用于发现数据中的频繁项集和关联规则,帮助我们理解数据中的关联关系和相关性。关联规则挖掘可应用于市场篮子分析、推荐系统等领域。

无监督学习的应用广泛,包括数据压缩、异常检测、图像分割、推荐系统、文本聚类等。通过无监督学习,我们可以发现隐藏在数据中的模式、结构和关联,从而为数据分析和决策提供有价值的信息。

(3) 强化学习　强化学习旨在通过与环境的交互,学习最优行为策略,以最大化累积奖励。在强化学习中,有一个智能体(Agent)与环境进行交互。智能体通过观察环境的状态

(State),执行特定的动作(Action),并接收环境返回的奖励(Reward)。智能体的目标是通过学习和试错,找到一种最优策略,使其在给定环境中获得最大的累积奖励。

强化学习的核心思想是基于行为的后果来调整智能体的行为。智能体通过尝试不同的动作及观察环境的反馈,逐渐学习到哪些动作会带来积极的奖励,哪些会带来负面的奖励。通过不断与环境的交互和反馈,智能体可以优化其行为策略,以取得最佳的长期奖励。

强化学习中的一个重要概念是马尔可夫决策过程(Markov Decision Process,MDP)。MDP描述了强化学习的环境,包括状态、动作、奖励和状态转移概率等。基于MDP,强化学习算法可以通过价值函数或策略函数来评估和选择动作,以达到最优的决策策略。

强化学习在许多领域中得到广泛应用,如机器人控制、游戏策略、自动驾驶、资源管理等。通过强化学习,可以训练机器人在复杂环境中完成任务,如让游戏智能体学会优化战略,或者让自动驾驶汽车学会遵守交通规则和安全驾驶。

(4) 深度学习 深度学习是一种基于人工神经网络的机器学习方法,旨在通过多层次的非线性转换来对复杂数据进行建模和学习。

深度学习的核心是深度神经网络,它由大量的神经元和层次结构组成,每一层都对输入数据进行特征提取和表示学习。每一层的输出作为下一层的输入,通过逐层的计算和学习,神经网络能够自动地从原始数据中学习到更加抽象和高级的特征表示。

深度学习的优势在于它能够处理大规模复杂数据,并从中学习到更加准确和高级的模式。相比传统的机器学习方法,深度学习可以自动地从原始数据中提取特征,无需手工设计特征提取器,从而减少了人工特征工程的工作量。

深度学习在许多领域中取得了重大突破和应用,如计算机视觉、自然语言处理、语音识别、推荐系统等。例如,在计算机视觉领域,深度学习已经实现了出色的图像分类、目标检测和图像生成等任务。在自然语言处理领域,深度学习也在机器翻译、文本分类、情感分析等方面取得了显著的成果。

2)人工智能未来发展前景

随着人工智能技术的飞速发展,越来越多的人担心人工智能不是科技革命而是人类灾难,担心人工智能会取代人类。事实上,人工智能的发展和进步确实在许多领域中展示出了强大的能力,但是目前的人工智能仍然存在一些限制和挑战。人工智能在某些任务和领域中已经能够超过人类的表现,如在某些棋类游戏中的人工智能对战选手、大规模数据分析和处理、自动驾驶等。人工智能可以以超人的速度和准确性进行重复性任务和复杂计算,具有很高的效率和精度。然而,人工智能目前仍然有一些限制。它通常是基于已有数据进行训练和学习,对于新领域或不常见的情况可能无法做出准确的判断。人工智能缺乏人类的创造力、情感和直觉等特质,这些特质在许多领域中仍然非常重要。

生成式人工智能(Generative AI)是一种利用机器学习模型和深度学习技术,通过研究历史数据的模式来生成新内容的人工智能技术。这种技术可以生成各种形式的内容,包括文本、图像、音频和视频等。生成式人工智能的基本原理是使用概率模型或神经网络模型,将已有数据的结构和规律学习到模型中,并基于这些结构和规律生成新的数据。它不是根据给定的规则或数据生成输出,而是自主生成全新内容,类似于人类的创造。然而,生成式人工智能也带来一些挑战和风险,因生成内容有不可控性、误导性等问题。因此,在使用生成式人工智能时,需要遵守法律法规的要求,尊重社会公德、公序良俗,并注意评估和防范潜在风险。

从目前来看,人工智能更可能在特定领域中与人类合作和共同发展,而不是完全取代人类。人类的智慧、创造力和情感依然是独特而重要的,而人工智能可以作为工具和辅助来增强人类的能力和效率。重要的是,我们需要关注人工智能的发展,制定合适的政策和规范,确保其应用符合伦理和社会价值,以实现人机合作的最佳结果。

人工智能作为一项快速发展的技术领域,未来的发展趋势包括增强自身学习和适应能力,发展多模态人工智能技术,将更加注重与人类的自然交互对话,增强人工智能的可解释性和可信任性,更加关注改善人类生活质量和辅助人类工作。这些趋势将推动人工智能技术的不断发展和创新,使其在更多领域中发挥重要作用,并对社会产生深远影响。

10.2.6 元宇宙技术

元宇宙(Metaverse)是一个虚拟世界的概念,它是由数字技术、虚拟现实和增强现实等技术所构建的一个综合性、互动性极高的虚拟空间。元宇宙可看作是一个跨平台、跨设备的数字化世界,融合了现实世界和虚拟世界的元素,用户能够在其中体验和参与各种活动。

元宇宙技术涉及多个关键技术领域。首先是虚拟现实(VR)和增强现实(AR)技术,它们能够提供逼真的沉浸式体验和与真实世界的交互。其次是人工智能(AI)技术,用于构建智能化的虚拟角色、智能代理和场景生成等。最后是区块链技术,用于实现元宇宙中的数字资产拥有权和交易的安全和去中心化。

元宇宙技术的应用非常广泛。人们可在元宇宙中创造虚拟身份、社交互动、商业交易、艺术创作、娱乐活动,等等。

1) 元宇宙的基本特征

"元宇宙"的 8 个基本特征由沙盒游戏平台 Roblox 提出,分别是身份(Identity)、朋友(Friends)、沉浸感(Immersive)、低延迟(Low Friction)、多样性(Variety)、随地(Anywhere)、经济(Economy)、文明(Civilization)。

(1) 身份　指我们在元宇宙中的虚拟身份,这个身份与我们的真实身份是对应的,相当于我们在虚拟世界中的化身。

(2) 朋友　元宇宙内置了社交网络,我们的活动和交流都在元宇宙中进行,社交是元宇宙活动中的重要一环。

(3) 沉浸感　沉浸感和代入感是元宇宙的重要因素。沉浸感在应用了虚拟现实技术的元宇宙中尤为重要,这也正是元宇宙与现在的网络游戏等的关键区别。良好的沉浸感是提高玩家在元宇宙中体验感的重要因素。

(4) 低延迟　低延迟一方面直接影响元宇宙中的交互效率及其发展;另一方面也构成沉浸感的重要一环。元宇宙要求设备具有低延迟的性能。

(5) 多样性　虚拟世界拥有超越现实的能力,自然也有相应的自由和多元性。

(6) 随地　人们可以随时随地利用终端进入元宇宙,不受所在地点的限制。

(7) 经济　作为虚拟世界与社会,元宇宙自然也需要自己的经济系统。

(8) 文明　虚拟世界也有自己的文明体系。人组成社区,社区组成城市,城市(们)产生共识和规则,演化出一个文明社会。

2) 元宇宙的价值链

元宇宙的价值链是指在元宇宙生态系统中,各个参与方通过不同的环节和功能实现价值创造和交换的过程。元宇宙的典型价值链环节如下所述。

(1) 虚拟资产创造和交易　在元宇宙中,用户可以创造、购买和销售各种虚拟资产,包括虚拟土地、虚拟物品、虚拟货币等。虚拟资产创造商、设计师和开发者通过创作和设计具有独特价值的虚拟资产,为元宇宙提供丰富的内容和体验。

(2) 虚拟世界开发和建设　元宇宙需要虚拟世界的建设和开发,包括创造虚拟场景、建筑物、交通系统等。虚拟世界开发者和技术团队负责设计、构建和维护元宇宙的虚拟环境,提供用户可互动的虚拟空间。

(3) 用户体验和互动　用户是元宇宙生态系统的核心。用户可以通过自己的虚拟角色进入元宇宙,并与其他用户进行社交互动,参与活动和体验虚拟世界。用户体验和互动的提供者包括社交平台、游戏开发者、虚拟现实设备制造商等。

(4) 平台和技术支持　元宇宙的运营和发展需要各种平台和技术支持。这包括元宇宙平台的提供商,他们构建和管理元宇宙的基础设施,提供开发工具、安全性和可扩展性等方面的支持。

(5) 虚拟经济和商业活动　在元宇宙中,存在着虚拟经济和商业活动。用户可以进行虚拟商业交易,购买和销售虚拟商品和服务,参与虚拟广告、品牌合作等商业活动。虚拟经济的运营者和参与者包括虚拟货币提供商、电子商务平台、广告商等。

(6) 内容创作和娱乐　元宇宙需要丰富多样的内容和娱乐体验。内容创作者、娱乐公司和媒体平台负责提供虚拟世界中的音乐、电影、游戏、演出等内容,为用户带来娱乐和文化体验。

这些环节和参与方相互关联,形成了一个复杂的价值链,共同推动元宇宙的发展和繁荣。随着元宇宙概念的普及和技术的进步,元宇宙的价值链将不断演化和扩展,为用户和参与者带来更多机会和创新。

3) 元宇宙的创新之处

元宇宙集成了数字技术、虚拟现实和增强现实等技术,具有如下几个方面的创新:

(1) 平台和跨设备　元宇宙不再局限于特定的硬件或平台,而是跨越多个设备和平台。用户可以通过虚拟现实头显、智能手机、电脑等多种设备进入元宇宙,实现互动和体验。

(2) 用户创造内容　元宇宙鼓励用户参与内容的创造和共享。用户可以创造自己的虚拟角色、设计虚拟场景、开展虚拟商业活动等,成为元宇宙中的创作者和参与者,共同构建丰富多样的虚拟世界。

(3) 社交互动和合作　元宇宙提供了全新的社交互动和合作方式。用户可以通过虚拟角色与其他用户进行实时交流和互动,参与虚拟活动、游戏和合作项目,创造出富有互动性和社交性的虚拟社区。

(4) 虚实融合　元宇宙致力于将虚拟世界与现实世界相融合。通过增强现实技术,元宇宙可以将虚拟物体和信息叠加到现实场景中,实现虚实融合的交互体验。这种融合可以带来更多的实用性和创新可能,例如在虚拟购物中试穿虚拟服装。

(5) 经济系统和价值交换　元宇宙具有自己的虚拟经济系统,用户可以进行虚拟货币交易、购买虚拟资产和服务,甚至参与虚拟商业活动。这为用户和参与者提供了经济价值的创造和交换的机会。

以上创新之处,使得元宇宙成为一个全新的数字化交互和社交平台,为用户提供了丰富多样的体验和机会。随着技术的发展和创新的推动,元宇宙未来可能会朝着跨行业融合、元宇宙商业、全球虚拟社区等方向发展。

10.3 互联网新经济的发展与趋势

10.3.1 互联网新经济的概念与内涵

如前所述,互联网经济是互联网及其应用所形成的经济形态,是基于互联网的新经济。不同人对互联网经济有不同的理解,以下是常见的三种理解:①互联网经济是互联网产品或服务的经济。②互联网经济是基于互联网应用的经济。③互联网经济是互联网时代的经济。

互联网应用在不断演化和改进,会涌现出令人兴奋的新一代互联网技术、基于互联网的新技术、服务互联网的新技术,这些互联网新技术将不断促进互联网新经济的发展。本书认为,互联网新经济是指以互联网技术和数字化创新为核心驱动力的经济发展形态。它在传统经济的基础上,通过数字化、网络化和智能化的手段,改变了传统产业的运作方式,创造了新的商业模式和价值链,为经济增长和社会发展带来了巨大的机遇和变革。

在互联网新经济中,信息和数据成为重要的生产要素和资源。互联网的普及和数字技术的进步使得信息的获取、传播和处理变得更加便捷和高效。企业和个人可以通过互联网平台和工具,实现创新的产品和服务,与全球市场进行无缝对接,迅速获取和分析大数据,实现精准的营销和决策。

互联网新经济的特点之一是创新驱动。互联网技术的应用为创新提供了广阔的空间。通过互联网平台和数字化工具,企业和创业者可以更加便捷地进行产品研发、市场推广和商业模式创新。互联网新经济催生了一批新兴产业,如电子商务、共享经济、在线教育、虚拟现实等,推动了经济结构的升级和转型。

此外,互联网新经济还具有开放性和全球性的特征。互联网的普及使得地域和国界的限制逐渐消失,企业和个人可以通过互联网平台与全球范围内的用户和合作伙伴进行交流和合作。跨境电子商务、跨境支付和数字化服务等形式的全球化合作成为互联网新经济的重要组成部分,促进了国际贸易和经济一体化的发展。

当然,互联网新经济也面临一些挑战和风险。数据安全和隐私保护、网络安全和知识产权保护等问题需要引起重视和解决。此外,数字鸿沟的存在和数字包容性的不平衡也需要关注,以确保互联网新经济的发展惠及更广泛的人群和地区。

总体而言,互联网新经济作为一种创新的经济模式,正在推动着全球经济的发展和变革。它的发展潜力巨大,将继续引领着数字化时代的经济发展方向,为创业者、企业和社会创造更多机遇和福祉。

10.3.2 互联网新经济的发展历程

互联网新经济的发展历程可以概括为互联网电子商务的发展、智能手机和移动互联网的普及、云计算和物联网的应用、人工智能和机器学习的突破等多个阶段。

1) 互联网电子商务的发展

20世纪90年代,随着互联网的商业化和普及,互联网开始迅速改变着人们的生活和经济活动。电子商务、在线支付、搜索引擎等互联网相关的产业开始崭露头角,为后续的互联网新经济奠定了基础。例如,互联网的普及为电子商务的兴起提供了基础条件。随着互联网的发展,人们可以通过在线商店购买商品和服务,而不再局限于传统的实体店面。在线购物平台的出现,如亚马逊和 eBay,改变了消费者的购物习惯,为企业提供了全球化销售渠道。电子商务的快速发展推动了供应链和物流行业的创新,促进了商品的流通和交易的安全性。

2) 智能手机和移动互联网的普及

随着智能手机和移动互联网技术的快速发展,人们开始更加便捷地接入互联网。移动应用的出现,如社交媒体、在线购物和共享经济平台,为互联网新经济注入了更多活力和可能性。移动支付的普及也推动了线上线下融合的发展。这一时期的代表是智能手机的普及。随着智能手机的普及,移动应用成为人们生活中不可或缺的一部分。社交媒体应用,如 Facebook、Instagram 和微信,为人们提供了与朋友、家人和同事保持联系的平台。在线购物应用如淘宝、亚马逊和京东,改变了传统的购物方式,使得人们可以随时随地购买商品和服务。共享经济平台,如 Uber、Airbnb 和共享单车,为人们提供了更加灵活和经济的出行和住宿选择。移动应用的出现注入了互联网新经济更多的活力和可能性,推动了创新的商业模式和服务方式。

3) 云计算、物联网和区块链的应用

云计算技术的出现使得数据和服务能够被更加高效地存储和共享,为互联网新经济提供了更强大的基础设施。云计算通过将数据和应用程序存储在远程的服务器上,使得用户能够通过互联网访问和共享这些资源。它提供了高度可扩展的计算和存储能力,为企业和个人提供了灵活、可靠和成本效益高的解决方案。云计算的出现推动了软件即服务(SaaS)、平台即服务(PaaS)和基础设施即服务(IaaS)等服务模式的兴起,为互联网新经济的创新和发展提供了强大的支持。

物联网技术的应用,如智能家居、智慧城市和工业物联网,将现实世界与互联网连接起来,拓展了互联网新经济的边界。通过物联网技术,智能家居系统可以实现家电设备的互联互通,提供智能化的居住体验。智慧城市的建设借助物联网技术实现了城市基础设施的智能化管理,提高了城市的运行效率和生活质量。工业物联网的应用使得生产设备和供应链系统能够实时监测和调整,提升了生产效率和质量。物联网的发展为互联网新经济带来了更多的机会和挑战,推动了各行各业的数字化转型和创新。

区块链作为一种去中心化的分布式账本技术,为互联网新经济带来了更多的信任和安全性。区块链技术的应用,如加密货币、智能合约和去中心化应用,为数字资产和数字经济的发展提供了新的可能性。区块链技术的最著名应用之一是加密货币,如比特币和以太坊。加密货币通过区块链技术实现了去中心化的数字货币发行和交易系统,使得用户可以直接进行点对点的价值转移,绕过传统金融机构的限制。加密货币的出现为互联网新经济提供了一种全新的支付方式和价值存储方式,促进了数字资产的发展和数字经济的繁荣。

4) 人工智能和大数据的突破

随着人工智能和机器学习算法的不断进步,互联网新经济正迎来更加智能化的发展。互联网的广泛应用产生了大量的数据,而大数据技术的兴起使得这些数据能够被有效地收集、存储和分析。结合人工智能技术,企业和组织可以更好地理解和利用数据,实现个性化推荐、精准营销和智能决策,进一步推动互联网新经济的发展。

此外,自然语言处理、计算机视觉、语音识别等技术的应用,使互联网新经济能够更好、更快地理解和响应用户需求,提供更加个性化和智能化的产品和服务。通过自然语言处理、计算机视觉和语音识别等技术,互联网新经济能够处理和分析大量的文本、图像和语音数据,提取有价值的信息,并根据用户的需求和偏好进行个性化推荐和定制化服务。这些技术的不断进步和创新将进一步推动互联网新经济的发展,为用户带来更多便利和智能化的体验。

10.3.3 互联网新经济对中国经济发展的影响

在中国经济转型升级、新旧动能转换中出现的一大可喜局面是,以互联网特别是移动互联网为核心的新经济新金融成为经济发展的新动力源泉。

中国在互联网商用领域创造了奇迹。在这里,创新精神发挥了作用,企业家精神发挥了作用。一批具有创新精神、企业家精神的开创者,使得中国在互联网商业应用上跑在了世界前列。特别是互联网进入移动互联网时代后,中国互联网公司三巨头(BAT)紧紧抓住这一机遇,产生了令人难以想象的商业机会与互联网投资财富。在世界经济进入工业4.0时代后,中国已经开始转向大数据、人工智能、区块链技术的深度研究。目前百度已经彻底转型为人工智能公司。

根据2023年8月发布的第52次《中国互联网络发展状况统计报告》显示,截至2023年6月,我国网民规模达10.79亿人,互联网普及率达到76.4%;我国手机网民规模达10.76亿人,网民使用手机上网的比例为99.8%;我国农村网民规模达3.01亿人,占网民整体的27.9%;城镇网民规模达7.77亿人,占网民整体的72.1%;我国网络视频用户规模为10.44亿人,占网民整体的96.8%;我国网络支付用户规模达9.43亿人,占网民整体的87.5%;我国网络购物用户规模达8.84亿人,占网民整体的82.0%;我国网络直播用户规模达7.65亿人,占网民整体的71.0%;我国网上外卖用户规模达5.35亿人,占网民整体的49.6%;我国网约车用户规模达4.72亿人,占网民整体的43.8%;我国在线旅行预订用户规模达4.54亿人,占网民整体的42.1%。上述互联网络发展统计数据说明,我国已有庞大的互联网用户基础,为互联网新经济的发展注入了强大活力。

作为世界第一人口大国,中国网民绝对数量和占人口比例都处在世界前列,足以看出中国互联网发展程度和速度。互联网、移动互联网、大数据、云计算、人工智能、电子商务、互联网金融、金融科技、共享经济等是中国创新力度最大、项目最多的行业,并且创新衍生出的新业态层出不穷。

以互联网为平台的新经济已经成为中国经济最具活力的新动力。正是互联网新经济这个新动力,持续多年支撑中国经济增速持续增长。并且,互联网平台衍生出的一大批新经济业态支撑着大批适龄就业人口的就业,创造了非常巨大的就业岗位,包括网红业态容纳了一批年轻人就业。

未来中国在信息和通信技术(ICT)领域将继续前行,涵盖人工智能、5G、开源芯片、金融科技、工业互联网、5G+8K高清直播、无人投递车、5G远程驾驶、AR、VR、MR、加密货币和区块链技术等是全球新一轮新经济创新方向和热点。

互联网新经济对于中国经济的影响主要体现在以下几个方面:

1) 互联网新经济逐渐成为我国经济新的增长点

互联网新经济是依托大数据实现传统产业与互联网的深度融合,助推我国经济脱虚向实,实现经济转型的重要路径之一。目前,互联网、大数据、云计算在助推我国经济转型中优势日益凸显。

2) 有利于加快推进经济结构调整和产业升级

我国当前正在加速推进的工业化与信息化的两化融合,互联网新经济的兴起,标志着我国制造、农业、能源、交通、教育等诸多传统领域都通过信息化实现优化重构,并通过互联网提高跨行业协同的效率,实现跨越式发展。

3) 有助于增添新活力缓解我国的就业压力

我国是发展中国家,又是人口大国,近些年来就业压力加大,加之近几年遭遇突发疫情,社会所能提供的就业岗位就更加有限,不能满足就业需求。当前互联网新经济快速发展,为经济发展增添新活力,而且吸纳就业人数很多,对此,相关部门应该采取相应的鼓励措施,大力发展网络经济,以该产业带动相关产业的发展,吸纳更多的就业人数。

10.3.4 互联网新经济中人工智能的发展趋势

人工智能是目前全球最受互联网业界和市场关注的新技术及应用。全球主要互联网企业均在向人工智能转型。未来几年,人工智能将会为互联网行业带来如下几个重要发展趋势:

1) 人机交互界面转向语音化

继键盘鼠标、触摸屏之后,语音交互正在成为新的人机交互方式。对于互联网企业来说,掌握了新的接口才更容易掌握新的流量入口,更容易通过此入口向用户推广服务。

2) 拓展互联网服务应用场景

互联网的各个应用场景都开始受益于人工智能。未来几年里,在传统互联网应用场景(例如搜索、新闻和电子商务等服务)中,人工智能将更多地被运用,并有效地提高服务效率和产品质量。在一些新兴领域,人工智能技术则会拓展互联网服务应用场景,带来新的商业化模式。

3) 要素驱动转换为数据驱动

互联网新经济时代,大数据成为支撑人工智能发展的重要基础。大规模的数据收集和存储为人工智能算法提供了充足的训练素材,使得人工智能能够从数据中学习和发现模式,提高其预测和决策的准确性。

4) 边缘计算和物联网的结合

互联网新经济时代,物联网得到了快速发展,大量设备和传感器连接到互联网,产生海量的数据。边缘计算与物联网的结合,使得智能设备能够在本地进行数据处理和分析,减少了对云端计算的依赖,提高了响应速度和隐私安全性。

5) 促进人机智能协同的发展

互联网新经济时代,人工智能不再是简单的替代人类劳动力,而是与人类进行协同工作的重要工具。人工智能可以承担繁琐的重复性工作,释放出人力资源,使人们能够更多地从事创造性和高级思维的工作。人机协同的发展也催生了新的职业和岗位,如数据科学家、机器学习工程师等。

如今,以互联网为代表的数字经济已然深刻改变了大众的日常生活。随着互联网数字科技的飞速发展,互联网数字经济正成为全球经济的引擎之一,而中国作为全球第二大数字经济体,正在经历着数字经济领域的飞速崛起。中国在数字经济和互联网领域持续扩大开放,涵盖了电子商务、数字支付、云计算、人工智能、区块链、元宇宙等多个领域。互联网数字经济已经成为推动经济社会发展的新引擎,而中国正在成为这个引擎的积极推动者和构建者。未来,互联网数字经济将不断迭代升级,成为推动全球经济增长和创新发展的重要动力。

思考与练习

1. 如何理解互联网发展的三个阶段和 Web 技术发展的三个时代?

2. 比较技术性互联网、平台性互联网和资源性互联网之间的不同。
3. 基于互联网的新技术和服务互联网的新技术有何区别和联系?
4. 如何理解大数据的特征?大数据技术会在哪些领域广泛应用?
5. 未来区块链的发展前景如何?区块链的主要应用领域有哪些?
6. 人工智能会对人类社会产生什么影响?人工智能会取代人吗?
7. 一个企业如果不积极利用互联网技术发展业务会有什么后果?
8. 目前主要互联网企业都在向人工智能转型,怎么看待这一趋势?
9. 未来几年,人工智能将会如何影响互联网新经济发展的趋势?

参 考 文 献

[1] 吴清烈.我国电子商务人才培养误区与专业发展思路[J].中国大学教学,2015(2):37-41.
[2] 吴清烈.电子商务:理念、误区与未来[J].南京邮电大学学报(社会科学版),2010,12(2):55-63.
[3] 张静.数字经济背景下马克思劳动价值论的当代阐述[J].经济研究导刊,2022(28):1-3.
[4] 陈越.探索数字经济"浙江模式":访浙江大学管理学院教授、浙大互联网金融研究院院长贲圣林[J].浙江经济,2018(4):24-25.
[5] 卢嘉馨.关于国内数字经济发展的思考[J].全国流通经济,2018(25):79-80.
[6] 倪浩轩,倪浚轩.互联网经济发展中消费异化现象及对策探讨[J].领导科学论坛,2022(2):73-76.
[7] 刘安平.数字经济给国民经济核算带来的挑战:兼论数字经济卫星账户的构建[J].统计科学与实践,2019(3):32-35.
[8] 李洋."互联网+"人工智能环境下微信公众平台在高校财务服务的应用研究[J].经济师,2019(7):194+196.
[9] 石翠仙.数字经济发展趋势与政策供给分析[J].长江技术经济,2022,6(3):89-93.
[10] 梁大秀.虚拟试衣与智能电子商务系统研究[J].科技创新与生产力,2017(6):61-62+65.
[11] 张顺,费威,佟烁.数字经济平台的有效治理机制:以跨境电商平台监管为例[J].商业研究,2020(4):49-55.
[12] 柳春锋,孙源,曹园园.在线品牌社群意见领袖特征对消费者冲动性购买意愿的影响机制研究[J].信息与管理研究,2020,5(6):22-35.
[13] (瑞士)亚历山大·奥斯特瓦德(alexanderOsterwalder),(比)伊夫·皮尼厄(YvesPigneur);黄涛,郁婧,译.商业模式新生代:经典重译版[M].北京:机械工业出版社,2016.
[14] 王会,唐国强.电子商务应用[M].3版.北京:清华大学出版社,2015.
[15] 吴清烈.电子商务物流管理[M].南京:东南大学出版社,2022.
[16] 吴清烈.电子商务:理论与实践[M].北京:电子工业出版社,2015.
[17] 姚林青,程静薇,虞海侠.互联网经济学[M].北京:清华大学出版社,2022.
[18] 马晓飞.互联网经济学[M].北京:北京邮电大学出版社,2023.
[19] 钟元生.移动电子商务[M].上海:复旦大学出版社,2012.
[20] 王亮,李岚.移动电子商务基础[M].西安:西安电子科技大学出版社,2021.
[21] 宋扬.社交电子商务消费者行为研究[M].北京:中国财政经济出版社,2019.
[22] 刘侠威,赵晓萌,龚康,等.移动社交电商:电子商务的下一个风口[M].北京:机械工业出版社,2016.
[23] 吴菊花.基于社会化电子商务的价值共创[M].广州:华南理工大学出版社,2017.

[24] 张玉林,张小静,黄琦炜.社会化电子商务[M].2版.北京:化学工业出版社,2023.
[25] 华红兵.移动互联网全景思维[M].2版.广州:华南理工大学出版社,2015.
[26] 杨波,王刊良.电子商务创新与创业案例[M].北京:中国人民大学出版社,2017.
[27] 董随东,王淼静,任桂玲.电子商务创业与运营[M].北京:清华大学出版社,2022.
[28] 肖细根.电子商务创业[M].北京:中国财富出版社,2021.
[29] 耿菊徽,井润田.数字经济背景下传统零售平台企业的商业模式创新路径:基于红星美凯龙和宜家中国的双案例研究[J].研究与发展管理,2023,35(3):15-35.
[30] 程絮森,杨波,王刊良,陈姚.电子商务商业模式及案例[M].北京:清华大学出版社,2022.
[31] 刘宇熹.电子商务商业模式创新[M].北京:清华大学出版社,2017.
[32] Weill P, Vitale M. What IT infrastructure capabilities are needed to implement e-business models?[J]. Management Information Systems Quarterly,2002,1(1):17-34
[33] 孙建红.电子商务:理论与实务[M].北京:清华大学出版社,2022.
[34] 钱再见.科层制组织的理性与非理性:兼论中国组织体制改革的理性化趋向[J].求实,2001(3):55-58.
[35] 江雨燕,高毅斌.电子商务概论[M].北京:机械工业出版社,2022.
[36] 杜博涵,余文涛.生产性服务业与制造业协同集聚形态研究:基于互联网平台视角的案例分析[J].河北工业大学学报(社会科学版),2023,15(2):32-38.
[37] 刘吉超.我国制造业服务化发展机理与转型模式研究[J].价格理论与实践,2022(5):57-60.
[38] 周永务,李斐.新零售运营管理面临的问题与挑战[J].系统管理学报,2022,31(6):1041-1055.
[39] 杨剑锋,樊少明,付岩.数字化转型智能化发展[M].北京:石油工业出版社,2021.
[40] 陈春花.组织的数字化转型[M].北京:机械工业出版社,2023.
[41] 迟红刚,徐飞.瓦特蒸汽机技术创新的社会视角分析[J].科学与社会,2015,5(4):102-114.
[42] 中国科学院科技战略咨询研究院课题组.数字科技:第四次工业革命的创新引擎[M].北京:机械工业出版社,2021.
[43] 赵岩.工业和信息化蓝皮书:数字化转型发展报告(2021—2022)[M].北京:社会科学文献出版社,2022.
[44] 封伟毅.数字经济背景下制造业数字化转型路径与对策[J].当代经济研究,2021(04):105-112.
[45] 王露露,徐拥军.海尔创新平台知识管理模式研究[J].现代情报,2017,37(12):52-58.
[46] 王禹棋,张艺,张思源.社区团购平台的顾客满意度研究:以多多买菜为例[J].商场现代化,2022(12):1-4.
[47] 尹应凯,贺紫超.数字金融与全国统一大市场建设:基于新结构经济学视角的分析[J].秘书,2022(5):3-10.
[48] 史丹,李晓华.打造数字经济新优势[J].智慧中国,2021(11):24-27.
[49] 丁永善.基于FIDO协议的多认证模式统一框架关键技术研究[D].郑州:战略支援部队信息工程大学,2018.
[50] 孟月.云网赋能助推数字化转型[J].通信世界,2021(11):21-22.

[51] 蒋永霞.鼓励引导亮"绿灯"平台经济监管进入新阶段[N].中国商报,2022-08-02(4).

[52] 倪浩轩,倪浚轩.互联网经济发展中消费异化现象及对策探讨[J].领导科学论坛,2022(2):73-76.

[53] 王诗玮.新经济体背景下营销改革发展探微:以2017年天猫"双十一"为例[J].杭州学刊,2018(1):37-45.

[54] 郑寿勇.企业招标采购工作存在的问题及措施[J].中国商论,2018(16):101-102.

[55] 佘丛国,徐赟.核心互联网经济体将成为我国社会经济核心驱动力[J].通信企业管理,2015(12):20-23.

[56] 李芃达.互联网服务实体经济前景广阔[N].经济日报,2021-07-19(6).

[57] 黄先超."淘宝村"发展的"清河模式"与诸要素分析[J].管理观察,2017(12):56-57.

[58] 汪向东."沙集模式"及其意义[J].互联网周刊,2010(23):107-110.

[59] 王国振,翟璐.O2O和C2B创新背景下农产品流通模式的融合与发展[J].商业经济研究,2022(9):125-128.

[60] 文丰安.全面实施乡村振兴战略:重要性、动力及促进机制[J].东岳论丛,2022,43(3):5-15.

[61] 郭顺义.数字乡村:数字经济时代的农业农村发展新范式[M].北京:人民邮电出版社,2021.

[62] 李开明.数字乡村的概念、产业、运营[M].广州:华南理工大学出版社,2022.

[63] 梁丽芝,刘超.数字驱动乡村公共服务效能提升[M].湘潭:湘潭大学出版社,2022.

[64] 李丽莉,曾亿武,郭红东.数字乡村建设:底层逻辑、实践误区与优化路径[J].中国农村经济,2023(1):77-92.

[65] 吴清烈.电子商务导论[M].大连:东北财经大学出版社,2011.

[66] 吴清烈.电子商务管理[M].北京:机械工业出版社,2009.

[67] 杨善林,周开乐.大数据中的管理问题:基于大数据的资源观[J].管理科学学报,2015,18(5):1-8.

[68] 杨善林,周开乐,张强,等.互联网的资源观[J].管理科学学报,2016,19(1):1-11.

[69] 中共中央办公厅,国务院办公厅.数字乡村发展战略纲要[M].北京:人民出版社,2019.

[70] 郭红东,曾亿武,曲江.数字乡村建设:理论与实践[M].杭州:浙江大学出版社,2023.

[71] 阿里研究院.数字乡村:县域发展新引擎[M].北京:中国商务出版社,2023.

[72] 徐旭初,吴彬,金建东.数字赋能乡村:数字乡村的理论与实践[M].杭州:浙江大学出版社,2022.

[73] 刘玉荣,杨柳,刘志彪.跨境电子商务与生产性服务业集聚[J].世界经济,2023,46(3):63-93.

[74] 吴婷,肖健华.我国电子商务发展对产业结构高级化的影响:基于生产性服务业集聚的中介效应分析[J].商业经济研究,2022(19):172-175.

[75] 孙张.电子商务、消费质量与服务业发展的关系辨析[J].商业经济研究,2020(11):104-107.

[76] 史浩,戴小红.从电子商务到元宇宙商务:中国电子商务高水平发展的跃升路径[J].区域经济评论,2022(6):38-48.

[77] 聂林海.我国电子商务发展的特点和趋势[J].中国流通经济,2014,28(6):97-101.

[78] 李淑珍,李晓宾."互联网+"时代电子商务发展的挑战与战略选择[J].商业经济研究,

2016(16):87-89.

[79] 高艳丽,刘勇."互联网+"时代电子商务发展的挑战与选择[J].人民论坛,2016(5):109-111.

[80] 中华人民共和国商务部.中国电子商务报告2022[R].2023年6月13日.

[81] 项高悦,曾智,沈永健.我国智慧医疗建设的现状及发展趋势探究[J].中国全科医学,2016,19(24):2998-3000.

[82] 杨现民,余胜泉.智慧教育体系架构与关键支撑技术[J].中国电化教育,2015(1):77-84+130.

[83] Yang C W, Huang Q Y, Li Z L, et al. Big Data and cloud computing: Innovation opportunities and challenges[J]. International Journal of Digital Earth, 2017, 10(1):13-53.

[84] 周志华.机器学习[M].北京:清华大学出版社,2016.

[85] 李航.统计学习方法[M].北京:清华大学出版社,2012.

[86] 孙其博,刘杰,黎羴,等.物联网:概念、架构与关键技术研究综述[J].北京邮电大学学报,2010,33(3):1-9.

[87] 涂新莉,刘波,林伟伟.大数据研究综述[J].计算机应用研究,2014,31(6):1612-1616+1623.

[88] 何蒲,于戈,张岩峰,等.区块链技术与应用前瞻综述[J].计算机科学,2017,44(4):1-7+15.

[89] 荆文君,何毅,刘航.中国互联网经济与互联网经济学20年:1998—2018[J].山西财经大学学报,2020,42(5):46-60.

[90] 姚林青,程静薇,虞海侠.互联网经济学[M].北京:清华大学出版社,2022.

[91] 梁春晓,盛振中,潘洪刚.电子商务服务[M].2版.北京:清华大学出版社,2015.

[92] 李宗伟.电子商务服务业生态系统研究[M].上海:同济大学出版社,2016.

[93] 桂学文,谢浩.电子商务服务业产业结构与协同发展[M].武汉:华中师范大学出版社,2019.

[94] 李琪,彭丽芳.现代服务业中电子商务发展战略研究[M].北京:科学出版社,2011.

[95] 周星,白勇,谭毓银,等.下一代互联网新技术理论与实践[M].北京:科学出版社,2022.

[96] 赵占波,张新福.互联网+新经济[M].北京:首都经济贸易大学出版社,2016.